"평강의 주님께서 친히
때마다 일마다 평강을 주시며
반드시 승리케 하시기를
기도합니다."

김장환

특별히

_____ 님께

이 소중한 책을 드립니다.

"내 영혼아
여호와를 송축하며
그 모든 은택을 잊지 말찌어다
저가 네 모든 죄악을 사하시며
네 모든 병을 고치시며
네 생명을 파멸에서 구속하시고
인자와 긍휼로 관을 씌우시며

좋은 것으로 네 소원을 만족케 하사
네 청춘으로 독수리 같이
새롭게 하시는도다"

- 시편 103편 2-5절 -

김장환 목사와 함께 / 경건생활 365일

좋은 것으로
채워주리라

나침반

시작하면서

세상 사람들이 가장 걱정하는 것 중 하나는 불확실한 미래입니다. 국내 한 시장전문조사 기관에 따르면 20대들 중 70%가 불확실한 미래로 걱정을 하고 있으며 전 연령층이 같은 걱정을 하고 있다고 합니다.
그러나 우리에게는 언제나 희망이 존재합니다. 늘 좋은 것으로 채워주시는 주님을 향한 믿음이 있기 때문입니다. 하나님의 약속입니다.

"좋은 것으로 네 소원을 만족하게 하사 네 청춘을 독수리 같이 새롭게 하시는도다"(시편 103:5)
"너희가 악한 자라도 좋은 것으로 자식에게 줄줄 알거든 하물며 하늘에 계신 너희 아버지께서 구하는 자에게 좋은 것으로 주시지 않겠느냐?"(마태복음 7:11)

믿음의 사람들은 "바랄 수 없는 중에도 바라고 믿음"(로마서 4:18)으로, 처한 상황과 주위 환경에 관계없이 언제나 주님이 주시는 좋은 것으로 채움을 받았습니다.

지금 처한 환경이 어떠하든 상관없이 하나님의 말씀에 대한 믿음만 있다면 주님께서 우리의 영육을 좋은 것으로 넘치도록 채워주실 것을 믿으십시오. 우리와 항상 함께 하시는 주님이 우리에게 늘 좋은 것으로 채우십니다.

김장환

김장환(목사/극동방송-이사장)

1월 1일
실패, 끝, 거절의 진짜 의미

읽을 말씀 : 시편 42:1-5

● 시 42:5 내 영혼아 네가 어찌하여 낙심하며 어찌하여 내 속에서 불안해 하는가 너는 하나님께 소망을 두라 그가 나타나 도우심으로 말미암아 내 하나님을 여전히 찬송하리로다

어느해 시작된 첫 달, 어떤 사람이 매일 같이 뉴욕의 거리에 나와 다음과 같은 '실패(Fail)'에 대한 피켓을 들고 있었습니다.

"F.A.I.L. is First Attempt In Learning."

'실패'란 '배움을 위한 첫 번째 시도'이기 때문에 실패한 상태라 하더라도 포기하지 말라는 메시지였습니다.

다음날은 '마지막(End)'이라는 단어에 대한 피켓을 들고 나왔습니다.

"E.N.D. is Effort Never Dies."

노력은 절대로 끝나지 않기 때문에 끝이라고 생각될 때는 오히려 더 노력을 해야 될 때란 뜻입니다.

다음날은 '거절(No)'에 대한 피켓을 들고 나왔습니다.

"No is Next Opportunity"

거절은 다음 기회를 준다는 뜻이기에 더 긍정적으로 생각하라는 것이 마지막 피켓의 내용이었습니다.

지금까지의 삶이 어떤 모습이든 주님이 함께 하신다면 언제든 새로운 시작을 할 수 있습니다. 날 도우시고, 은혜를 베푸시는 주님을 믿고 의지하며 다시 한 번 시작하십시오. 반드시 할 수 있다는 자신감을 가지고 인생도 전도도 성공해내십시오. 반드시 주님께서 좋은 것으로 채워주십니다.

💚 주님! 새해를 주신 것은 새로운 기회를 주시는 것임을 알게 하소서.
📖 금년에 이루고자 하는 소망을 기록한 후, 그 위에 손을 얹고 기도합시다.

실천의 가치

1월 2일

읽을 말씀 : 야고보서 1:19-27

● 약 1:25 자유롭게 하는 온전한 율법을 들여다 보고 있는 자는 듣고 잊어버리는 자가 아니요 실천하는 자니 이 사람은 그 행하는 일에 복을 받으리라

'**방**아쇠 이론'을 만든 세계적인 리더십 전문가 골드스미스 박사의 강의에는 구글, 마이크로소프트, 포드와 같은 대기업의 경영자들이 많이 찾아옵니다.

그런데 수십억의 연봉을 받는 이들이 이 강의에 찾아오는 이유는 '금연, 아침에 일찍 일어나기, 규칙적인 운동하기'와 같은 소소한 습관의 변화를 위해서입니다. 강의는 1회 참석에 무려 2억 5천만 원이나 내야 하지만 그럼에도 이 강의에는 발 디딜 틈이 없을 정도로 사람들이 모인다고 합니다. 그런데 어느 날 이 강의를 끝내고 한 남자가 박사를 찾아와 물었습니다.

"박사님 책을 사서 읽고 강의도 들었습니다. 그런데 제가 모르는 뭔가 특별한 내용은 딱히 없던데요."

"아마도 그럴 것입니다. 그러나 그 쉬운 내용들을 실천해 본 적이 있다면 아마 여기까지 오지 않으셨을 겁니다. 이해와 실천은 완전히 다른 내용이고 저는 바로 그 일을 돕기 위해 강의를 하고 있습니다."

하나님이 나에게 주신 말씀을 하루에 한 절이라도 실천한다면 세상에서 가장 비싼 강의보다 훨씬 값진 변화가 내 삶에 일어납니다. 우리의 삶에 필요한 모든 것이 수록된 하나님의 말씀인 성경에서, 이제는 아는 말씀을 실천할 수 있는 한 해가 되게 해달라고 주님께 간구하십시오. 반드시 주님께서 좋은 것으로 채워주십니다.

♡ 주님! 순종으로 주님이 주시는 큰 복을 누리는 한 해 되게 하소서.
📖 금년에 삶의 목표로 삼을 말씀을 정해 자주 볼 수 있는 곳에 붙입시다.

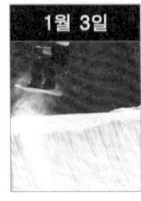

1월 3일 하루를 시작하며 해야 할 일

읽을 말씀 : 여호수아 1:1-9

● 수 1:8 이 율법책을 네 입에서 떠나지 말게 하며 주야로 그것을 묵상하여 그 안에 기록된 대로 다 지켜 행하라 그리하면 네 길이 평탄하게 될 것이며 네가 형통하리라

에이미 커디 박사는 한 지식컨퍼런스강연에 나와서 '하루를 활기차고 행복한 마음으로 사는 방법'을 알려주겠다고 했습니다. 많은 청중들이 귀를 기울였는데, 그 강의를 한 마디로 요약하면 다음과 같습니다.

"아침에 일어나서 실컷 기지개를 켜라!"

예전에 하버드 연구팀의 조사에 따르면 우리가 사용하는 스마트 기기의 화면 크기에 따라서 사람의 자신감이 변한다는 내용이 있었습니다. 그리고 그 이유는 큰 화면의 기기를 조작할 때 자세가 점점 펴지기 때문이었습니다. 마찬가지로 우리는 잠을 잘 때 태아 때의 습관처럼 웅크리려는 본능이 있는데 아침에 일어나서 반대로 기지개를 한껏 켜주면 그 자세를 따라 자신감이 생기고 행복감이 느껴진다는 내용이었습니다.

때로는 우리가 느끼는 감정과 생각보다 행동이 더 중요할 때가 있습니다. 그렇기에 감정에 휘둘리기 보다는 좋은 습관과, 좋은 영성을 위해 반복하는 동작으로 하루를 시작하고 마무리하는 것이 좋습니다.

하루의 시작과 마무리를 주님의 사랑과 충만한 은혜로 채워줄 나만의 방법을 찾아보십시오. 그리고 감정과 상황에 관계없이 매일 말씀을 묵상하며 기도하며 하루를 시작하십시오. 반드시 주님께서 좋은 것으로 채워주십니다.

💟 주님! 아침에 할렐루야로 주님을 찬양하며 일어나게 하소서.
🖼 아침에 깨자마자 의식을 상쾌하게 해줄 암송 성구나 동작을 만듭시다.

성공을 위한 6가지 성품

읽을 말씀 : 베드로후서 1:1-11

● 벧후 1:4 …이 약속으로 말미암아 너희가 정욕 때문에 세상에서 썩어질 것을 피하여 신성한 성품에 참여하는 자가 되게 하려 하셨느니라

백화점 왕인 믿음의 사람 워너메이커가 사랑하는 손자 존이 21살이 될 때 인생의 교훈을 담은 편지를 보냈습니다.

"나와 같은 이름을 가지고 살아가는 존, 이제 성인이 된 너에게 할아버지가 그동안 살면서 느끼고 깨달은 교훈을 몇 가지 전해주고 싶구나. 네가 확실히 지키기만 한다면 네 인생을 바르게 살아갈 수 있는 이정표가 되어 줄 수 있을거다."

그리고 워너메이커는 다음의 6가지 성품을 말했습니다.

1. 근면-꾸준함을 이길 수 있는 것은 아무것도 없다.
2. 고귀함-말과 행동의 진실함이 고귀함을 만든다.
3. 유능함-일을 신속하게 처리할 능력이 필요하다.
4. 명예-작은 일을 소홀히 하지 않고, 큰 일 앞에서 두려워하지 않는다.
5. 재물-4가지 덕목을 실천하면 재물은 알아서 따라온다.
6. 행복-멀리서 찾는 것이 아니라 늘 가까이에 있다.

워너메이커가 손자를 위해 전해 준 지혜는 특별한 것이 아니었습니다. 다만 그것을 실천하는 사람과, 실천하지 못하는 사람이 있을 뿐입니다. 매일 주님의 말씀을 읽으면서 깨달아지는 것이 있다면 거기에서 한 걸음 더 나아가 실천하십시오. 반드시 주님께서 좋은 것으로 채워주십니다.

♥ 주님! 읽은 말씀을 깨닫는 지혜와 실천하는 지혜를 주소서.
📖 위 6가지 성품이 있는지 점검하고 이웃들에게 전합시다.

1월 5일
경건의 훈련
읽을 말씀 : 잠언 17:1-10

●잠 17:3 도가니는 은을, 풀무는 금을 연단하거니와 여호와는 마음을 연단하시느니라

매일 새벽에 일어나는 여자 초등학생이 있었습니다. 여학생은 일어나자마자 아파트로 달려가 15층까지 계단을 계속해서 오르내렸습니다. 그리고 땀이 마르기도 전에 6km를 뛰었고, 달리기를 멈추면 600번의 퍼팅 연습을 했습니다. 아침에 눈을 뜰 때마다 몸이 멀쩡하다고 느낀 적이 하루도 없었지만 그래도 매일 같이 훈련을 계속했습니다. 한국 최초로 세계 메이저 골프대회에서 우승하며 골프계의 신데렐라라고 불리며 새로운 역사를 쓴 박세리 선수 이야기입니다.

지금 전 세계에서 활약하는 많은 한국의 여자골퍼들은 스스로를 '박세리 키즈'로 부릅니다. 끊임없는 노력은 박세리 선수를 세계최고의 골프 선수로 만들었고, 또한 많은 사람들에게 꿈을 주었습니다.

세계에서 가장 많은 대전료를 받는 무패의 복서 메이웨더는 자신의 재능이 아닌 노력을 평가해 달라고 인터뷰 때마다 자주 말을 합니다.

미켈란젤로는 자신의 노력을 안다면 천재라는 말을 하지 못할 것이라고도 이야기했습니다.

끊임없는 인내의 훈련은 반드시 열매를 맺습니다. 그러나 세상의 그 어떤 열매도 경건의 유익보다 크지는 못합니다. 가장 귀한 열매를 위해 매일 경건의 훈련을 놓치지 않는 지혜로운 성도가 되십시오. 반드시 주님께서 좋은 것으로 채워주십니다.

♡ 주님! 매일 끊임없는 노력으로 뭔가 이루는 성도가 되게 하소서.
※ 어떤 방법으로 비전을 이룰지를 생각하고 오늘부터 행동합시다.

내 안의 들보

읽을 말씀 : 누가복음 6:39-45

1월 6일

● 눅 6:42 너는 네 눈 속에 있는 들보를 보지 못하면서 어찌하여 형제에게 말하기를 형제여 나로 네 눈 속에 있는 티를 빼게 하라 할 수 있느냐...

국내의 한 교육방송에서 가족에 대한 다큐멘터리를 촬영하며 부모님들에게 물었습니다.

"자녀를 보며 가장 많이 하는 생각이 무엇입니까?"
- 나처럼 살면 안되는데..., 나보다는 더 잘 살았으면 좋겠는데...
- 저 녀석 저렇게 해서 먹고 살 수 있으려나...

그렇다보니 부모님들은 자녀를 볼 때마다 항상 속상합니다. 미래를 제대로 준비하지 않고 놀고만 싶어 하는 것 같아서입니다. 더불어 항상 못해주는 것 같은 미안함도 공존합니다.

그럼 자녀들은 어떤 부모님의 모습을 가장 좋게 평가할까요?
- 한결같은 모습으로 삶을 살아갈 때...
- 결과에 상관없이 노력하는 내 모습을 지지해줄 때...

심리학자들은 부모의 자존감이 부족할 때 자녀의 성과를 가지고 자기가 좋은 부모라는 걸 확인한다고 합니다. 그러나 그것은 성경적으로도, 교육적으로도, 또한 자녀가 보기에도 좋은 본이 되지 않습니다.

자녀의 삶을 대신 살려하지 말고, 먼저 스스로의 삶을 회복하십시오. 하나님이 나의 삶을 책임져주시듯이 자녀의 삶을 책임져 주심을 믿고, 대리인이 되기보다는 지지자와 격려자가 되어주십시오. 반드시 주님께서 좋은 것으로 채워주십니다.

♡ 주님! 좋은 성과로 만족해 하기보다 주님의 자녀 됨으로 만족하게 하소서.
🖼 무엇에 만족하며 살고 있는지 점검해 봅시다.

1월 7일 — 므두셀라 소나무

읽을 말씀 : 신명기 10:12-22

● 신 10:20 네 하나님 여호와를 경외하여 그를 섬기며 그에게 의지하고 그의 이름으로 맹세하라

미국 레드우드국립 공원에는 하이페리온이라고 불리는 삼나무가 있습니다.

115m로 세계에서 가장 큰 나무로 아직까지 한 장으로 담을 수 있는 카메라와 렌즈가 없습니다.

또한 세쿼이아 국립공원의 '제네럴 셔먼'은 가장 밑둥이 14m로 세계에서 가장 굵은 나무입니다. 자이언트 세쿼이아는 수명이 3천년이 넘으며 껍질이 30인치가 넘어 산불이 나도 타지 않고, 병충해도 들지 않습니다.

그런데 세계에서 가장 오래 사는 나무는 세계에서 가장 긴 삼나무도, 평균 수명이 3천년인 자이언트 세쿼이아도 아닙니다. 삼나무는 수명이 짧아 오래 살지 못하며 자이언트 세쿼이아는 뿌리를 깊이 내리지 못해 바람에 약해 쉽게 쓰러집니다. 그러나 술만의 숲에 있는 브리슬콘 소나무는 무려 4800년을 살았습니다. 척박한 돌땅에 자리를 잡고, 껍질이 두껍지도, 길이가 길지도 않은 마른 볼품없는 나무지만 반대로 세상에서 가장 강한 나무입니다. 사람들은 이 나무에게 '므두셀라'라는 이름을 붙여주었습니다.

힘들고 어려운 순간에도 주님을 믿고 의지하는 사람만이 주님이 주시는 복을 누리며 살게 됨을 믿으십시오. 반드시 주님께서 좋은 것으로 채워주십니다.

♥ 주님! 오로지 주님을 의지하며 당당하게 살게 하소서.
✦ 나의 강함을 의지하지 말고 주님의 강함을 의지합시다.

전해야 할 이유

읽을 말씀 : 로마서 10:1-15

●롬 10:15 보내심을 받지 아니하였으면 어찌 전파하리요 기록된 바 아름답도다 좋은 소식을 전하는 자들의 발이여 함과 같으니라

1월 8일

영국의 한 일간지 1면에는 죽어가는 자녀에게 마지막 입맞춤을 하는 한 부모의 사진이 실렸습니다.

실린 내용은 너무나 안타까웠습니다. 7살 아들이 갑자기 고열과 복통을 호소하며 응급실로 실려 갔는데, 급성뇌수막염이 걸려 쓰러지진지 하루 만에 숨을 거두고 말았습니다. 아들이 죽은 이유는 부모가 예방접종을 하지 않았기 때문이었는데, 사소한 실수로 너무나 사랑하는 아들을 잃은 부모의 슬픔은 이루 말할 수가 없었습니다.

그리고 바로 그런 이유로 인해 이들 부부가 아들에게 입맞춤을 하는 사진이 신문에 실릴 수가 있었습니다. 자식을 잃은 가슴 아픈 사연, 그것도 자신들의 실수로 인한 부끄러운 일이었지만 부부는 더는 다른 부모들이 자신과 같은 실수로 사랑하는 자녀를 잃지 않도록 우연히 그 모습을 찍은 사진 기자에게 신문에 사진과 기사를 실어도 된다고 허락을 해주었습니다.

하나님이 이 땅에 예수님을 보내주신 것은 한 영혼도 잃지 않기 위해시입니다. 예수님이 기꺼이 십자가에 달리신 이유는 우리의 죄를 용서하시고, 구원하기 위해서입니다. 우리가 오늘도, 내일도, 모레도 복음을 전해야 할 이유는 이토록 명확합니다. 죽어가는 영혼을 살리기 위해 예수님이 감당하신 일을 생각하며, 이웃에게 복음을 전하십시오. 반드시 주님께서 좋은 것으로 채워주십니다.

♥ 주님! 언제나 어디서나 예수 그리스도의 복음을 전하게 하소서.
📖 항상 순간적으로라도 복음을 전하기 위해 전도지를 가지고 다닙시다.

1월 9일 주님을 닮아가는 노력

읽을 말씀 : 디모데후서 4:9-18

● 딤후 4:18 주께서 나를 모든 악한 일에서 건져내시고 또 그의 천국에 들어가도록 구원하시리니 그에게 영광이 세세무궁토록 있을지어다 아멘

영국의 소설가 맥스 비어봄의 '행복한 위선자(The Happy Hypocrite)' 소설에는 이런 내용이 나옵니다.

주인공 로드 헬은 타고난 악한이었습니다. 그런 그가 하루는 어떤 여인을 보고 사랑에 빠졌습니다. 그러나 그 여인은 자신과 어울리지 않았습니다. 자기와는 달리 너무나 순수하고 착한 성품을 지닌, 게다가 외모도 아름다운 여인이었습니다.

운명의 사랑을 놓치고 싶지 않았던 그는 온화해 보이는 성자의 가면을 쓰고 그녀를 찾아갔습니다. 그리고 그녀와 함께 만나며 이전과는 180도 다른 삶으로 선행을 베풀며 살았습니다.

그렇게 결혼까지 하고 몇 년의 시간이 흘렀는데 이런 로드 헬의 비밀을 알게 된 과거의 여자가 나타났습니다. 그 여자는 기회를 엿보고 있다가 로드 헬이 아내와 함께 많은 사람들 틈에 있을 때 나타나 로드 헬의 가면을 벗겼습니다. 그런데 가면 뒤에 있던 로드 헬의 얼굴은 전의 흉측한 모습이 아니라 이미 가면의 얼굴과 똑같은 모습이었다는 이야기입니다.

날마다 넘어지면서, 회개하며 주님을 닮아가고자 몸부림치는 모습을 주님은 기쁘게 받으시며 내 삶을 변화시키십니다. 내 안의 가장 약하고 악한 모습까지도 주님께 맡기며 더욱 주님을 바라고 따르십시오. 반드시 주님께서 좋은 것으로 채워주십니다.

♡ 주님! 매순간 주님을 닮아가는 삶을 살아 주님께 영광이 되게 하소서.

📖 나의 약한 모습을 주변 사람들과 기도제목으로 나눕시다.

하나님 자녀의 자격

1월 10일

읽을 말씀 : 요한1서 4:7-21

● 요1 4:9 하나님의 사랑이 우리에게 이렇게 나타난 바 되었으니 하나님이 자기의 독생자를 세상에 보내심은 그로 말미암아 우리를 살리려 하심이라

미국 할리우드 최고의 인기배우이자 팝스타인 제니퍼 로페즈가 한 잡지와 성공에 대한 인터뷰를 한 적이 있습니다.

기자가 물었습니다.

"배우로 성공하는 것은 결코 쉬운 일이 아닙니다. 그런데 가수로도 엄청난 성공을 했고, 최근에는 영화배우에, 패션 디자이너로까지 좋은 모습을 보여주고 있습니다. 이런 성공에 대해서 어떻게 생각하십니까?"

"당연한 결과라고 생각합니다."

놀란 기자가 다시 물었습니다.

"당연한 결과라고요?"

"예, 저는 충분히 그럴만하니까요."

단역배우 시절부터, 다른 가수의 백댄서 일을 하면서도 자신은 충분히 스타가 될 가치가 있는 사람이라고 계속 생각했던 것이 제니퍼 로페즈의 성공의 비결이었습니다.

하나님의 자녀로써의 이런 긍지가 우리의 삶에도 필요합니다. 우리는 연약하고 죄가 많습니다. 그러나 예수님의 공로로 그 무엇과도 비교할 수 없는 하나님의 귀한 자녀가 되었습니다. 그 은혜로 인해 자신감을 갖고 스스로를 귀한 존재임을 믿으십시오. 반드시 주님께서 좋은 것으로 채워주십니다.

♡ 주님! 전능하신 하나님의 자녀임을 매순간 기억하며 승리하게 하소서.

 내 삶에 부족한 부분을 찾아 하나씩 주님을 의지해 이룹시다.

1월 11일 — 마음의 문을 닫는 이유

읽을 말씀 : 잠언 25:1-15

● 잠 25:11 경우에 합당한 말은 아로새긴 은 쟁반에 금 사과니라

초등학생 2학년들을 대상으로 부모님께 가장 많이 듣는 말이 무엇인지 물었습니다.

'공주님, 이쁜이, 순둥이, 귀염둥이'와 같이 귀여운 애칭이 1등이었습니다.

그러나 6학년이 되자 순위가 달라졌습니다.

"핸드폰 좀 꺼, 숙제는 했니?"

중학생이 되고부터는 상위권이 온통 공부와 관련된 것이었고, 고등학생들은 노력을 해서 성적을 올려도 칭찬을 해주지 않고 공부를 더 잘하는 친구들과 비교를 한다고 부모님을 평가했습니다.

초등학교 4학년을 기점으로 부모님들의 자녀를 바라보는 기준이 바뀌면서 대화시간도 짧아지기 시작했고, 불화도 커지기 시작했습니다. 자녀들은 부모님들이 자기들 말을 아예 듣지 않는다고 생각했고, 그래서 마음 속 이야기도 하지 않았습니다.

진짜 문제는 대화의 부재에서 찾아옵니다. 듣지 않으면 가장 가깝고 사랑스러운 자녀와도 사이가 결국 멀어집니다. 주님께서 우리의 말을 들어 주시듯 자녀를 사랑하는 만큼 들어주고 상대방 입장에서 공감하려고 노력해주십시오. 반드시 주님께서 좋은 것으로 채워주십니다.

♡ 주님! 늘 입은 하나고 귀는 둘로 만드신 주님의 뜻을 깨닫게 하소서.
📖 먼저 말을 하고 싶을 때에도 3초를 참고 생각한 후에 합시다.

다섯 가지 질문

1월 12일

읽을 말씀 : 마가복음 8:27-38

● 막 8:29 또 물으시되 너희는 나를 누구라 하느냐 베드로가 대답하여 이르되 주는 그리스도시니이다 하매

'**동**방의 등불'을 쓴 인도의 시인 타고르에게는 많은 제자가 있었습니다.

하루는 한 제자가 찾아와 물었습니다.

"인생에서의 참된 성공은 무엇입니까?"

"자기 자신을 다스릴 수 있는 사람이다."

제자가 다시 물었습니다.

"자기 자신을 다스리기 위해서는 어떻게 해야 합니까?"

"매일 저녁 다섯 가지 질문을 던져보고, 그 질문에 만족하면 된다."

타고르가 제자에게 말한 5가지 질문입니다.

● 첫째, 오늘은 무엇을 하려 했는가?
● 둘째, 오늘은 어디에 갔는가?
● 셋째, 오늘은 누구를 만났는가?
● 넷째, 오늘 무슨 일을 했는가?
● 다섯째, 오늘 후회한 일은 무엇인가?

오늘 우리의 삶에 대한 5가지 질문이 우리가 주님을 따라 사는 사람인지, 아직도 말로만 주님을 외치며 세상 속에 살아가는 사람인지 알 수 있습니다. 말이 아닌 삶을 주님을 위해 살아가십시오. 반드시 주님께서 좋은 것으로 채워주십니다.

♡ 주님! 후회하지 않는 하루를 보내며 매일 밤 주께 기도하게 하소서.

 오늘 밤부터 주님을 위해 한 일을 기록할 메모장을 구합시다.

1월 13일
생명을 살리는 사랑

읽을 말씀 : 요한복음 15:1-17

● 요 15:13 사람이 친구를 위하여 자기 목숨을 버리면 이보다 더 큰 사랑이 없나니

쌍둥이 아이를 임신한 산모가 검사를 받으러 병원에 갔습니다. 아이가 건강한지 초음파 검사를 하는 도중에 의사가 깜짝 놀라 말했습니다.

"어쩌면 아이가 오늘 태어날 수도 있습니다. 어서 준비하세요."

그렇게 임신 27주차에, 7개월도 되지 않은 채로 쌍둥이가 갑자기 태어났습니다. 언니인 썸머는 그나마 800g정도로 생명에는 지장이 없었지만 동생인 릴리는 300g이 조금 넘게 태어나 위험한 상황이었습니다. 의사도 릴리는 어려울 것 같다며 미리 마음의 준비를 하라고 부부에게 이야기했습니다.

의사의 말처럼 릴리는 날이 갈수록 점점 연약해졌습니다. 하지만 부부는 포기하지 않았습니다. 혹시 모를 기적을 바라며 자매를 같은 인큐베이터에 넣어달라고 의사에게 부탁했습니다. 그런데 같은 인큐베이터에 들어간 썸머는 릴리를 꼭 안아주었고, 그 순간부터 릴리의 체력이 기적적으로 회복되기 시작했습니다.

이런 사랑의 행동으로 동생은 기적적으로 회복되었고, 쌍둥이 자매는 무럭무럭 자라나 새로운 삶을 살아가고 있습니다.

주님이 주신 사랑으로 서로 연합할 때 생명이 살아나고 복음이 전파됩니다. 주님이 그러셨던 것처럼 연약한 지체를 사랑으로 품으십시오. 반드시 주님께서 좋은 것으로 채워주십니다.

♥ 주님! 나의 행동이 누군가를 살리는 사랑이 되게 하소서.
📖 나의 도움이 필요한 사람을 찾아서 그에게 뭔가를 베풉시다.

복음의 씨앗을 뿌립시다

1월 14일

읽을 말씀 : 마 13:1-9

● 마 13:8 더러는 좋은 땅에 떨어지매 어떤 것은 백 배, 어떤 것은 육십 배, 어떤 것은 삼십 배의 결실을 하였느니라

프랑스의 한 황무지에 부피에라는 양치기가 한 무리의 양을 돌보며 살고 있었습니다.

워낙 척박한 황무지라 양치기 외에는 아무도 그곳에서 살려고 하지 않았습니다. 종종 찾아오는 여행자들도 걸음을 서둘러 그곳을 벗어났습니다. 양치기도 그런 곳에서 고작 3,40마리의 양이나 지켜야 하는 자기의 삶이 한스러웠습니다.

그러다 하루는 그 황무지를 자신이 가꿔보면 어떨까라는 생각이 들었습니다. 그날부터 양치기는 하루에 100개씩 도토리나무를 심었고, 나중에는 밤나무, 단풍나무를 심으며 계속해서 가꾸기 시작했습니다.

어느새 그곳은 황무지가 아니라 아름다운 숲이 되었습니다.

이곳을 방문했던 한 여행자는 이런 변화를 보고 깜짝 놀라 양치기에게 이곳이 프로방스가 맞냐고 물었습니다.

"네, 여기가 프로방스입니다. 그러나 더 이상 황무지는 아닙니다."

환상의 숲으로 살기 좋은 지역으로 손꼽히는 남프랑스의 '프로방스'는 사실 황무지의 대명사였습니다.

작은 씨앗에 사막에 숲을 만들 가능성이 숨어있습니다. 황무지에 심겨진 씨앗이 심겨져 아름다운 숲이 되듯이, 삭막한 사람들의 마음에 복음의 씨를 뿌리십시오. 반드시 주님께서 좋은 것으로 채워주십니다.

♡ 주님! 제 삶에 황무지가 있다면 그곳을 개발할 힘을 주소서.
📖 황무지를 개발하는 마음으로 오늘, 내일을 준비합시다.

1월 15일 하나님께 맞춰라

읽을 말씀 : 마태복음 26:36-46

● 마 26:39 … 내 아버지여 만일 할 만하시거든 이 잔을 내게서 지나가게 하옵소서 그러나 나의 원대로 마시옵고 아버지의 원대로 하옵소서 하시고

슈바이처 박사가 아프리카에 의료선교를 가기로 결심했을 때 헬레네라는 여인을 만나 사랑에 빠졌습니다.

고생을 모르고 자란 헬레네가 아프리카라는 오지로 떠날 확률은 사실상 없었기에 주위 사람들은 결국 슈바이처 박사가 아프리카 선교를 포기할 것이라고 생각했습니다. 헬레네는 연약하고 귀하게 자랐으며, 슈바이처 박사는 헬레네를 너무나 사랑했기 때문입니다.

그러나 슈바이처 박사는 고심 끝에 헬레네를 찾아가 큰마음을 먹고 자신은 아프리카로 떠나야 한다고 말했습니다. 사실상의 이별통보였지만 이 말을 들은 헬레네는 미소를 지으며 대답했습니다.

"그렇다면 저는 간호사가 되어야겠군요. 그래야 당신 바로 옆에서 도우며 지낼 수 있으니까요."

그리고 간호학을 공부해 간호사가 된 헬레네는 정말로 슈바이처 박사를 따라 평생 동안 아프리카에서 남편을 도와 헌신을 하며 살았습니다.

하나님의 뜻을 따라 살면 하나님이 이루어주십니다. 그러다 내 생각을 따라 살면 주님이 끼실 틈이 없습니다. 우리의 작은 생각으로 하나님을 시험하며 우리 뜻대로 살지 말고, 주님이 가르쳐주신 대로 주님의 뜻을 구하며 주님의 뜻을 따라 살아가십시오. 반드시 주님께서 좋은 것으로 채워주십니다.

♥ 주님! 주님을 위해 준비할 것이 있다면 지금이라도 준비하게 하소서.
📖 오늘은 아는 선교사님에게 사랑과 격려의 편지를 보냅시다.

작은 관심이 필요합니다

1월 16일

읽을 말씀 : 마태복음 25:31-46

● 마 25:40 임금이 대답하여 이르시되 내가 진실로 너희에게 이르노니 너희가 여기 내 형제 중에 지극히 작은 자 하나에게 한 것이 곧 내게 한 것이니라 하시고

지난 봄, 서울의 한 지역 관할 경찰서에 어떤 소녀가 전화를 걸었습니다.

"네, 무엇을 도와드릴까요?"

"저...저희 오빠가 많이 아파서요. 수혈을 좀 해야 하는데 도와주실 수 있나요?"

119도 아닌 경찰서 112에 전화해서 오빠가 아프다는 말에 전화를 받은 경찰은 단순한 장난전화로 생각을 하고 전화를 끊으려다가 이상한 느낌이 들어 조금 더 물어보았습니다.

"오빠가 아프다구요? 정확히 어디가 아프죠?"

잠시 망설이던 소녀는 오빠가 급성백혈병에 걸렸으며 부모님이 안 계셔서 자기와 동생을 오빠가 그동안 보살폈다는 이야기까지 경찰에게 모두 전했습니다. 이야기를 나누며 소녀의 전화가 장난이 아니라 정말로 도움이 필요해서 전화를 걸었다는 것을 알게 된 경찰관은 방범순찰대에 무전을 걸어 소녀와의 대화 내용을 전달했습니다.

그리고 잠시 뒤 기적이 일어났습니다. 소녀의 오빠에게 골수이식을 해주겠다며 수많은 경찰관들이 찾아왔고, 그 중에 3냉이나 이식 가능 판정을 받았습니다.

이웃의 필요에 언제나 귀를 기울이시고 배려하셨던 예수님처럼 이웃에게 관심을 가지십시오. 반드시 주님께서 좋은 것으로 채워주십니다.

♡ 주님! 가까이에서 내 도움이 필요한 사람을 발견하고 돕게 하소서.
🖼 부모님 없이 살고 있는 아이들을 찾아 조금이라도 도웁시다.

1월 17일 — 한 번의 선행

읽을 말씀 : 창세기 4:1-15

● 창 4:7 네가 선을 행하면 어찌 낯을 들지 못하겠느냐 선을 행하지 아니하면 죄가 문에 엎드려 있느니라 죄가 너를 원하나 너는 죄를 다스릴지니라

네덜란드와 영국이 종교적인 문제로 주트펜이라는 도시에서 전쟁을 벌이고 있었을 때였습니다.

필립 시드니라는 유명한 작가도 영국군으로 이 전쟁에 참여를 했는데 중간에 많이 지친 그의 모습을 보고 상관이 얼마 남지 않은 물을 건넸습니다. 그러나 그는 그 수통을 받아 자기 옆에 부상병에게 넘겼습니다.

"나보다는 자네에게 물이 훨씬 필요할 것 같네."

부상병의 상태는 목숨을 잃을 정도로 위험했지만 한 모금의 물로 조금이나마 고통을 덜길 바라는 마음으로 친절을 베풀었던 것입니다. 이런 그의 모습은 전쟁터를 넘어 영국 본토에까지 전해졌고, 지금까지도 필립 시드니는 '친절한 사람'이라고 불리며 신사다움의 대명사로 통하고 있습니다.

진정한 친절과 배려는 내가 아닌 남을 먼저 생각함으로 나오는 것입니다. 단 한 번의 선행이 닫힌 마음을 열 수 있고, 한 생명과 영혼을 살릴 수 있는 놀라운 기회가 될 수 있습니다.

한번의 선행을 무시하지 말고, 한 영혼의 소중함을 기억하며 주님이 보여주신 섬김을 실천하여 사십시오. 반드시 주님께서 좋은 것으로 채워주십니다.

♡ 주님! 남을 먼저 배려하며 사는 사람이 되게 하소서.

 나보다 더 어려운 상황에 있는 사람을 찾아 예수님 이름으로 도웁시다.

농구 황제의 자유투

읽을 말씀 : 다니엘 6:1-10

1월 18일

● 단 6:10 다니엘이 이 조서에 왕의 도장이 찍힌 것을 알고도... 전에 하던 대로 하루 세 번씩 무릎을 꿇고 기도하며 그의 하나님께 감사하였더라

마이클 조던이 뛰던 시카고 불스와 피닉스 선즈의 농구 경기가 있었습니다.

'농구 황제' 마이클 조던을 취재하기 위해서 한 방송사가 오전에 미리 경기장을 찾아 촬영을 준비하고 있었는데, 경기장 문은 이미 열려 있었고, 마이클 조던은 혼자서 슛을 연습하고 있었습니다.

촬영팀원인 닉 핀토는 경기장 관리인을 찾아가 물었습니다.

"저기서 뛰고 있는 사람이 진짜 마이클 조던인가요?"

"네, 맞습니다. 언제나 경기가 있는 날이면 아침 일찍부터 나와서 자유투를 연습합니다. 워낙 자주 있는 일이라 시카고 불스가 오는 날은 일찍 열어놓습니다."

이 이야기를 들은 뒤에 닉 핀토는 회의를 거쳐 방송의 초점을 황제라는 이름에 걸맞은 타고난 재능에서 노력과 연습에 대한 내용을 중심으로 바꾸었습니다.

꾸준한 반복의 노력만이 진짜 실력을 만들 듯이 꾸준한 경건 생활이 잠된 믿음을 만듭니다. 그러나 우리는 노력도 하지 않고 믿음이 약해서 안 된다며 지레 포기하고 있지는 않습니까? 주님을 향한 사랑의 마음이 진심이라면 말씀과 기도생활을 단 하루도 소홀히 하지 마십시오. 반드시 주님께서 좋은 것으로 채워주십니다.

♡ 주님! 매일 주님과 만나는 기도시간을 충분히 갖게 하소서.

🖼 매일 주님과 만나는 것을 방해하는 요소를 정리하십시오.

1월 19일
마지막 편지

읽을 말씀 : 마태복음 28:16-20

● 마 28:20 내가 너희에게 분부한 모든 것을 가르쳐 지키게 하라 볼지어다 내가 세상 끝날까지 너희와 항상 함께 있으리라 하시니라

마판 증후군이라는 불치병으로 사랑하는 아내와 돌도 안 지난 딸을 남기고 세상을 떠난 남편이 있었습니다.

아내는 남편의 장례를 치른 후 유품을 정리하고 있었는데 낡은 일기장에 끼어 있는 여러 장의 편지를 찾게 되었습니다. 그 편지에는 이렇게 쓰여 있었습니다.

"평생 행복하게 해준다고 해놓고 이렇게 먼저 떠나서 미안해... 장례비용으로 혹시나 힘든 상황이 되지 않을까 걱정이 많네. 함께 하지 못할 날들을 위해 당신과 사랑하는 우리 딸을 위해 미리 편지를 써놨는데 때에 맞게 좀 전해주겠어? - 사랑하는 못난 남편이"

일기장에 껴 있는 편지들은 결혼기념일, 아내와 딸의 생일과 같은 날에 맞춰 남편이 미리 쓴 편지들이었습니다.

서른이 되기도 전에 세상을 떠나야 했던 남편의 안타까운 사연이지만 아내와 가족에 대한 사랑이 너무 컸기에 떠나는 순간까지 남아 있던 것은 세상에 대한 분노나 억울함이 아닌 가족에 대한 걱정과 사랑이었습니다.

죄가 없으신 예수님이 십자가에 억울하게 달려 고통 가운데 돌아가실 때 남기신 것 역시 사랑과 용서였습니다. 주님의 말씀이 전하는 그 사랑을 오늘도 느끼며 오늘도 베푸십시오. 반드시 주님께서 좋은 것으로 채워주십니다.

♡ 주님! 주님께서 저를 사랑하시듯 저도 가족을 사랑하게 하소서.
📖 가족들에게 사랑의 마음을 가능하면 카드로 또는 문자로 적어 보냅시다.

선행을 부르는 선행

읽을 말씀 : 히브리서 13:1-19

●히 13:16 오직 선을 행함과 서로 나누어 주기를 잊지 말라 하나님은 이같은 제사를 기뻐하시느니라

1월 20일

제주도에 기록적인 한파와 폭설이 계속되면서 비행기가 며칠 동안 연발이 되고 있었습니다.

워낙 유명한 관광지라 찾는 사람도 많다보니 밀린 관광객으로 주변의 숙소도 없었고 눈으로 인한 교통마비로 공항에는 순식간에 몇 만 명의 사람들이 오갈 데 없이 머무는 아수라장이 되었습니다.

공항 측도 방법이 없어 발만 구르고 있던 상황에 한 남자가 이 뉴스를 보고 노약자와 아이가 있는 분들에게 우선적으로 자기 집을 민박으로 제공하겠다는 글을 SNS에 올렸습니다. 그런데 이 소식이 퍼지면서 갑자기 여러 곳에서 놀라운 소식이 들리기 시작했습니다. 다른 사람들도 자신의 집을 제공하기 시작했고 이에 자극을 받은 다른 기업들도 비어 있는 숙소를 제공했습니다. 그리고 많은 음료와 식수, 구호물자들이 공항으로 도착하기 시작했습니다.

한 남자의 작은 선행이 불씨가 되어 다른 수많은 선행의 도화선으로 연결됐고, 그로 인해 수 만 명이 어려움을 해소할 수 있었습니다.

예수님이 일으키신 오병이어의 기적처럼 다른 사람을 사랑하는 마음으로 작은, 하나의 선행이라도 매일 실천하십시오. 반드시 주님께서 좋은 것으로 채워주십니다.

♡ 주님! 저에게 주신 할 수 있는 능력으로 어려운 사람들에게 베풀게 하소서.
📖 한국에서 일하고 있는 외국인 노동자들에게 좋은 것을 나눕시다.

1월 21일
진정한 사랑의 조건

읽을 말씀 : 잠언 17:1-9

● 잠 17:9 허물을 덮어 주는 자는 사랑을 구하는 자요 그것을 거듭 말하는 자는 친한 벗을 이간하는 자니라

한 교수가 강의 중에 남학생들에게 질문을 했습니다.

"정말 멋진 외모를 가진 한 여자가 사고를 당해 얼굴이 추하게 변하고 말았네, 그녀와 함께 지내던 남자는 그녀를 이전처럼 사랑할 수 있을까? 자네들 생각은 어떤가?"

30%가 이전처럼 사랑은 어려울 것이라고 말했습니다. 교수는 여학생들에게 물었습니다.

"백만장자가 불황으로 하루아침에 알거지가 됐네, 그와 함께 지내던 여자는 이전처럼 그를 사랑할 수 있을까? 자네들이 그 여자라면 어떨까?"

비슷한 비율의 대답이 나왔습니다. 교수가 말을 이었습니다.

"대부분이 이 질문의 관계를 아마 연인으로 생각했겠지, 그러나 첫 번째 질문의 여자는 어머니였고, 두 번째 질문의 남자는 아들이었네, 그렇다면 어떻게 생각하나?"

이 말을 들은 학생들은 모두 100% "이전처럼 사랑할 수 있다"고 손을 들었습니다.

"진정한 사랑이란 조건에 따라 변하는 게 아니지, 그렇게 사랑할 수 있는 사람을 꼭 만났으면 좋겠네."

진정한 사랑은 모든 것을 참고, 모든 것을 이깁니다. 사랑은 버티지 않고 극복합니다. 조건없이 변함없이 날 사랑하시는 주님을 통해 참된 사랑을 깨달으십시오. 반드시 주님께서 좋은 것으로 채워주십니다.

♡ 주님! 조건 없이 변함없이 저를 사랑하는 주님을 느끼며 살게 하소서.
📖 주님이 베푸신 사랑을 통해 참된 사랑이 무엇인지 배웁시다.

진정한 가족

1월 22일

읽을 말씀 : 마태복음 7:7-12

● 마 7:9 너희가 악한 자라도 좋은 것으로 자식에게 줄 줄 알거든 하물며 하늘에 계신 너희 아버지께서 구하는 자에게 좋은 것으로 주시지 않겠느냐

미국 플로리다의 한 가족이 행복한 시간을 보내고 있었습니다. 인사를 드리러 온 딸의 남자친구와 부모님은 즐겁게 식사를 마치고 단란한 대화를 나누고 있었는데 갑자기 복면을 쓴 강도들이 문을 부수고 들어왔습니다. 남자친구가 막아보려 했지만 금세 제압당했고 강도는 남자친구를 바닥에 쓰러뜨린 뒤에 총을 꺼내 가족을 위협하기 시작했습니다.

그런데 그 순간 이 모습을 본 반려견이 괴한들에게 달려들었습니다. 덩치가 큰 개는 아니었지만 워낙 맹렬히 달려드는 탓에 괴한들은 당황해 총을 두발이나 쐈습니다. 그러나 개는 총을 맞은 뒤에도 계속해서 강도들에게 달려들었고, 총성을 듣고 경찰이 올까봐 강도들은 곧 도망을 갔습니다. 강도들이 떠나자 가족들은 개를 급히 병원으로 옮겼고 총을 두 방이나 맞았지만 치명상은 아니어서 다시 회복할 수 있었습니다. 그리고 도망치던 강도들은 신고를 받고 출동한 경찰에게 붙잡혀 감옥에 가게 되었습니다.

이틀 가족이 키우던 개는 단순한 반려견이 아니라 진정한 가족이었습니다. 진정한 가족은 어렵고 힘들 때 도망가지 않고 오히려 힘이 됩니다. 내 주위에 있는 형제, 자매, 모든 이웃들을 주님 안에 한 가족으로 여기고 섬기십시오. 반드시 주님께서 좋은 것으로 채워주십니다.

♥ 주님! 하나님이 허락하신 가정에 믿음과 사랑이 충만하게 하소서.
🖼 서로에게 힘이 되고 의지가 되는 관계로 가정을 세워 가십시오.

1월 23일
죽음이 보이는 이유

읽을 말씀: 고린도후서 4:1-15

● 고후 4:10 우리가 항상 예수의 죽음을 몸에 짊어짐은 예수의 생명이 또한 우리 몸에 나타나게 하려 함이라

최근 중국 하얼빈에서 돌고래 벨루가와 함께하는 프리다이빙 대회가 열렸습니다.

프리다이빙은 산소통이 없이 숨을 참고 다이빙을 하는 종목인데, 사람을 잘 따라서 유명한 돌고래 벨루가와 함께 특설로 제작된 대형 수족관에 최대한 깊게 내려가 숨을 오래 참고 올라오는 대회였습니다.

참가자들이 한명 한명 지나고 중국인 참가자 양윤의 차례가 되었습니다. 그는 수조 밑에 내려가 이전의 기록들보다 한참 앞선 기록을 세우며 강력한 우승후보가 되었습니다. 그런데 갑자기 벨루가가 양윤에게 다가가 다리를 물고 수면 위로 올리기 시작했습니다. 사람들은 벨루가가 양윤을 해치려는 줄 알고 급히 건졌는데, 알고 보니 벨루가가 양윤을 구해준 것이었습니다.

다리에 쥐가 나서 위로 올라올 수가 없던 상황이었는데 사람들은 그의 위급한 모습을 보고 기록을 세운다며 좋아했지만 벨루가는 그의 이상한 모습을 눈치 채고 물 위로 올려주었던 것입니다.

같은 삶을 살아도 어떤 이는 살아가고 있고, 어떤 이는 죽어가고 있습니다. 관심을 가지면 상대방의 삶이 보이고, 상대방의 삶이 보이면 복음을 전하게 됩니다. 죄로 죽은 우릴 위해 예수님이 오셨다는 사실을 아직 모르는 사람들에게 전하십시오. 반드시 주님께서 좋은 것으로 채워주십니다.

♡ 주님! 십자가의 보혈의 능력을 온 세상 사람들에게 전하게 하소서.
📷 언제나 어디서나 전도하는 사람이 됩시다.

솔직함의 힘

1월 24일

읽을 말씀 : 시편 37:32-40

● 시 37:37 온전한 사람을 살피고 정직한 자를 볼지어다 모든 화평한 자의 미래는 평안이로다

미국의 한 상점의 주인은 직원들에게 절대로 진실만을 말할 것을 강조했습니다. 그래서 이 상점의 직원들은 손님에게 단점을 가리거나 장점을 부풀릴 수도 없었습니다. 어떤 물건에 대해서 손님이 질문을 하면 직원들은 항상 정직하게 대답했습니다.

그런데 한 직원은 실적 욕심에 신상품에 관심을 보이는 고객에게 장점을 크게 부풀려 말했습니다. 때마침 이 모습을 본 사장님은 급히 달려와 손님에게 말했습니다.

"죄송합니다. 그 말은 사실이 아닙니다. 이 물건이 괜찮긴 하지만 그 가격으로는 더 좋은 제품을 살 수 있습니다. 딱히 급한 것이 아니라면 곧 경쟁사의 제품이 나올 테니 그 물건을 보고 구입을 결정하는 것이 좋으실 것 같습니다."

일반적인 상식으로는 이해가 되지 않는 영업방침이지만 이 상점은 곧 미국에서 가장 큰 상점으로 성장했고, 훗날 미국 최초의 백화점이 되었습니다. '마블 팰리스'를 세운 알렉산더 스튜어트의 이야기입니다.

사람의 마음을 얻는 일도, 세상에서 성공하는 가장 빠른 길도 정직입니다. 작은 유혹부터 이겨내며 하루를 먼저 정직하게 살아가십시오. 반드시 주님께서 좋은 것으로 채워주십니다.

♡ 주님! 앞에 있는 욕심 때문에 거짓된 삶을 살지 않게 하소서.
🖼 하는 일에 거짓된 부분이 있는지 살피고 매일매일 고칩시다.

1월 25일

함께 사는 세상

읽을 말씀 : 누가복음 12:22-34

● 눅 12:33 너희 소유를 팔아 구제하여 낡아지지 아니하는 배낭을 만들라 곧 하늘에 둔 바 다함이 없는 보물이니 거기는 도둑도 가까이 하는 일이 없고 좀도 먹는 일이 없느니라

서울 강남의 한 아파트 게시판에 붙어있던 2천원과 쪽지가 화제가 된 적이 있습니다.

편지에는 이런 내용이 적혀 있었습니다.

"전 2천원이 아깝지 않습니다. 함께 살아야 하지 않겠습니까? 2천원을 아끼기 위한 자동화시스템에 반대합니다."

세대 당 2천원의 관리비를 아끼기 위해 자동 방범시스템 도입을 추진 중이었는데 이 내용에 불만을 품은 어떤 사람이 적은 글이었습니다. 짧지만 강한 이 글은 1주일 내내 이천 원과 함께 붙어있었고, 같은 의견을 가진 주민들이 많아지면서 결국 기존의 계획은 취소되었습니다.

서울 성북구의 한 아파트는 낡은 난방공사를 다시 하기 위해 입찰을 진행했습니다. 그런데 계약서에 기본적으로 '갑, 을'로 사용하는 표기를, 아파트는 '동', 시공사는 '행'으로 바꿔했습니다. 붙여 읽으면 '동행'입니다. 단어로 단순히 명령을 주고받는 관계가 아닌 함께 길을 가는 신뢰의 계약이 되기를 바라는 마음에서 이렇게 계약서를 꾸렸고, 이 소문이 퍼져 성북구청에서는 모든 계약서의 '갑, 을'표기를 '동, 행'으로 바꾸기로 했습니다.

세상의 모든 사람들이 하나님이 창조하신 귀한 창조물이자, 형제자매임을 기억하십시오. 반드시 주님께서 좋은 것으로 채워주십니다.

♡ 주님! 남을 배려할 줄 아는 성숙한 사람이 되게 하소서.
🖼 수직 관계가 있다면 수평관계로의 전환을 위해 힘 씁시다.

더 중요한 성품

읽을 말씀 : 베드로후서 1:1-11

●벧후 1:4 … 이 약속으로 말미암아 너희가 정욕 때문에 세상에서 썩어질 것을 피하여 신성한 성품에 참여하는 자가 되게 하려 하셨느니라

1월 26일

중국 청나라 시대의 가장 뛰어난 황제인 강희제는 즉위하자마자 전국의 관리들에게 인재를 등용하는 법칙을 아래 같이 알렸습니다.

"인재를 등용할 때는 첫째로 가장 먼저 덕을 봐야 합니다. 성품이 선량하지 않으면 학식과 재능도 소용이 없습니다. 재능이 덕을 능가하는 사람이 있다 해도 나라를 다스리는 데는 아무런 도움이 되지 않습니다."

미국 최대의 가전 기업 제네럴 일렉트릭의 제프리 이멜트 회장도 최근에 "성과가 아무리 좋아도 성품지수가 낮은 직원은 포기하겠다"라고 말했습니다. 성인의 경우 실력은 교육으로 올릴 수 있지만 성품은 고치기가 어렵다는 것이 이유였습니다.

스탠퍼드대의 연구에 따르면 재능이 좋은 사람은 환경이 좋을 때만 능력을 발휘하고 역경이 찾아올 때는 오히려 실패의 원인을 남에게 돌리며 빠져나갈 탈출구를 찾는다고 합니다.

하나님께 쓰임 받은 대부분의 사람들도 배우지 못하고, 돈이나 권력도 없는 사람들이었습니다. 그러나 진리의 말씀이 그들 안에 들어갔을 때 그들은 어떤 역경에도 굴하지 않고 믿음을 전하는 주님의 제자와 군사가 되었습니다. 더 나은 실력, 더 나은 재물보다도, 주님을 아는 지식과 사랑의 열매인 아름다운 성품들을 구하십시오. 반드시 주님께서 좋은 것으로 채워주십니다.

♡ 주님! 성령의 열매가 주렁주렁 맺히는 삶이 되게 하소서.
📖 성령의 열매 중 가장 약한 부분을 집중해서 개선합시다.

사막의 샘물

1월 27일

읽을 말씀 : 이사야 58:1-12

●사 58:11 여호와가 너를 항상 인도하여 메마른 곳에서도 네 영혼을 만족하게 하며 네 뼈를 견고하게 하리니 너는 물 댄 동산 같겠고 물이 끊어지지 아니하는 샘 같을 것이라

한 지질학자가 사막을 건너는 도중에 오아시스를 보고 생각했습니다.

'사막은 이리도 척박한 땅인데 오아시스에는 어떻게 물만 있다고 야자수와 다양한 풀들이 자랄 수 있는가?'

그리고 혹시나 싶어서 사막의 지질을 조사해봤는데 전혀 뜻밖의 결과가 나왔습니다. 사막은 물이 없어서 풀이 자라지 못할 뿐이지 모래는 매우 비옥했고, 일조량이 풍부해 물만 충분히 수급된다면 굉장히 비옥한 토지의 조건을 갖추고 있었습니다. 그래서 사하라 사막에는 오아시스 근처에 농장을 만들어 야자수, 무화과, 올리브, 포도 등을 재배하고 있고, 미국 아리조나의 임페리얼 사막에는 후버댐의 물을 끌어다가 품질 좋은 목화와 옥수수를 재배하고 있습니다.

척박한 사막에 물만 공급되면 비옥한 토지가 되듯이, 시들어가는 나의 삶에 진리의 말씀이 들어오면 생명의 삶으로 변화됩니다. 우리 인생이 메마른 사막과 같이 황량하게 느껴질지라도 확실한 방법이 있습니다. 생명수 되신 예수님을 온전히 우리 안에 모시기만 하면 됩니다. 유일한 구원의 방법인 예수님을 우리의 구주로 영접하면 갖게 되는 새 생명으로 새 성품을 가지고, 새 생활을 하십시오. 반드시 주님께서 좋은 것으로 채워주십니다.

💙 주님! 주님이 제게 주신 새생명을 풍성하게 누리게 하소서.
🖼 내 영혼에 사막지대가 있다면 생수의 말씀으로 꽃이 피게 합시다.

50만원으로 사는 새 인생

읽을 말씀 : 누가복음 11:37-54

● 눅 11:41 그러나 그 안에 있는 것으로 구제하라 그리하면 모든 것이 너희에게 깨끗하리라

영국에서는 노숙인들을 돕기 위한 목적으로만 판매되는 잡지가 있습니다.

표지모델부터 촬영, 기사 구성까지 대부분 재능기부로 이루어지는 이 잡지는 운영비용을 제외한 50%의 수익이 판매자에게 고스란히 돌아갑니다. 게다가 일정 기간 이상 꾸준히 판매를 하면 정식 판매원으로 승급이 되고, 나중에는 자립을 위한 숙소비용까지 일정 금액 지원을 해줍니다.

재능기부로 대부분의 출간과정이 이루어지고 오로지 노숙인들만 판매하기 때문에 지속되기 힘든 사업처럼 보이지만 어느새 40년 가까이 판매되고 있습니다. 한국에도 지난 2010년에 도입되었는데, 처음에는 그냥 잡지 판매원인 줄 알다가 이 잡지의 취지와 구매금액의 활용도가 알려지고 나서부터는 많은 분들이 노숙인을 돕기 위해 이 잡지를 구입하고 있습니다.

서울시는 노숙인들의 재기를 위해 단기 월세를 6개월 동안 지원하는 프로그램이 있는데, 통계에 따르면 2달 이상 지원받은 노숙인들의 80%기 노숙생활을 청산하고 재기했다고 합니다.

아주 약간의 도움과 사랑으로도 충분히 한 영혼을 살릴 수 있습니다. 사회적 약자들에 대한 편견을 벗어버리고 영혼을 살리는 귀한 일에 돈과 마음을 쏟으십시오. 반드시 주님께서 좋은 것으로 채워주십니다.

♡ 주님! 내게 주신 은사와 물질을 약한 이들을 위해서도 사용하게 하소서.
🖼 노숙인들이 판매하는 잡지인 빅이슈를 한 부라도 구입 합시다.

1월 29일
행복 10계명

읽을 말씀 : 전도서 6:1-12

● 전 6:6 그가 비록 천 년의 갑절을 산다 할지라도 행복을 보지 못하면 마침내 다 한 곳으로 돌아가는 것뿐이 아니냐

행복에 대해 많은 글과 연구를 담은 '행복'이라는 책에 나오는 행복 10계명입니다.

01. 일주일에 3회, 30분 이상 운동을 하라.
02. 행복한 순간을 떠올리며 아침을 시작하고, 저녁에는 감사로 마무리 하라.
03. 일주일에 한 시간은 가족이나 친구와 함께 대화를 나누라.
04. 식물이나 반려동물을 키우라.
05. TV시간을 절반으로 줄이고 독서를 하라.
06. 마주치는 사람에겐 미소와 함께 인사를 건네라.
07. 일주일에 친구 3명 이상에게 간단한 안부라도 전하라.
08. 하루에 한 번 정도는 유쾌하게 웃으라.
09. 자신에게 작은 선물을 주는 것을 아까워하지 말아라.
10. 매일 누군가에게 선행을 실천하라.

아무리 열심히 살아도 인생에 행복이 없다면, 중심에 예배가 없다면 삶의 방향이 잘못 설정된 것입니다.

하나님이 창조하신 원리를 따라 살 때에 건강과 행복이 함께 찾아옵니다. 우리가 지금 행복하지 않다면 하나님으로부터 점점 멀어지고 있는 것입니다. 사랑을 베풀고, 감사를 잊지 않으며 하나님이 주신 몸과 마음을 올바르게 가꾸십시오. 반드시 주님께서 좋은 것으로 채워주십니다.

♡ 주님! 주님이 주신 행복으로 삶을 살아가게 하소서.
📖 위 10가지 목록 중에 부족한 것을 찾아 보강합시다.

불가능이란 없다

1월 30일

읽을 말씀 : 마가복음 9:14-29

● 막 9:23 예수께서 이르시되 할 수 있거든이 무슨 말이냐 믿는 자에게는 능히 하지 못할 일이 없느니라 하시니

한여학생이 우연히 학교에서 드럼을 치는 친구의 모습을 보게 되었습니다. 그 모습에 매료된 여학생은 바로 드럼을 배우러 선생님을 찾아갔지만 선생님은 여학생이 악기를 배울 수 없다고 말했습니다.

"에블린, 안타깝지만 너는 드럼을 칠 수 없어. 너는 청각장애가 있잖니?"

12살 때 청력을 완전히 상실했기에 소리를 들을 수가 없었고 제대로 따라 연주할 수 없던 것은 분명한 사실이었습니다.

그러나 에블린은 포기하지 않고 스스로 악기를 배우기 시작했습니다. 그것도 취미가 아니라 전문 연주자로서의 꿈을 갖고 매일 연주할 수 있는 방법을 찾았습니다. 무수한 노력 끝에 찾아낸 소리가 내는 진동을 뺨과 발끝의 진동으로 느끼며 연주하는 방법이었습니다. 연습을 통해 극도로 민감하게 감각을 발달시킨 에블린은 음의 높낮이까지 파악할 수 있게 되었고, 20년이 지나 무려 50개의 악기를 자유자재로 다룰 수 있는 프로 연주가가 되었습니다.

세상 사람들이 안 된다고 하는 것은 정말 안 되는 것이 아니라 그들이 알지 못하는 것입니다. 우리가 듣고 믿어야 할 것은 세상의 목소리와 지식이 아니라 성경의 말씀과 주님의 음성입니다. 세상보다 주님을 향해 귀를 세우고 마음을 쏟으십시오. 반드시 주님께서 좋은 것으로 채워주십니다.

♡ 주님! 세상이 뭐라고 해도 주님이 안 된다고 하실 때만 포기하게 하소서.
📖 가지고 있는 비전을 다시 한 번 점검하고 열심히 준비합시다.

1월 31일 세상을 바꾸는 통로

읽을 말씀 : 요한복음 14:25-31

● 요 14:27 … 내가 너희에게 주는 것은 세상이 주는 것과 같지 아니하니라 너희는 마음에 근심하지도 말고 두려워하지도 말라

해리엇 스토우 여사가 남편과 함께 단란한 저녁을 보내고 있었는데 갑자기 급하게 누군가 문을 두드렸습니다.

문을 열어보니 한 흑인 소녀가 눈물범벅이 된 채로 서 있었습니다.

"제발 저 좀 도와주세요. 저는 지금 주인에게 쫓기고 있어요."

어린 소녀를 못 본 척 할 수 없었기에 스토우 여사는 남편과 함께 상의 후에 집에 흑인 소녀를 숨겨주었습니다. 그리고 소녀와의 대화를 통해 노예들의 비참한 상황에 대해서 상세히 들을 수 있었습니다.

그런데 몇 달 뒤에 그 흑인 소녀의 주인이 이 마을에 왔다는 소식이 들렸습니다. 당시에는 '도망노예법'이라는 것이 있어서 도망간 노예가 잡히면 끔찍한 형벌을 받게 되었기에 남편과 상의 끝에 흑인 소녀를 배를 태워 자유로운 캐나다로 보냈습니다.

그리고 노예제의 부당함을 알려야겠다 싶어 소녀에게 들은 이야기를 토대로 소설을 썼는데, 그 책이 바로 '톰 아저씨의 오두막'입니다.

한 번의 선행이 한권의 책이 됐고, 미국의 역사를 바꾸는 일에 큰 기여를 했습니다. 오늘 나의 삶이 하나님과 함께라면 세상을 바꾸는 통로가 될 수 있음을 믿으십시오. 반드시 주님께서 좋은 것으로 채워주십니다.

💗 주님! 순간에 일어나는 일에서도 주님의 크신 뜻을 분별하게 하소서.
📖 오늘 길을 가다가 만난 어렵게 보이는 사람에 대해 관심을 가집시다.

"우리가 무엇이든지
구하는 바를 들으시는 줄을 안즉
우리가 그에게 구한 그것을
얻은 줄을 또한 아느니라"
(요한일서 5장 15절)

2월 1일 함께 하시는 예수님

읽을 말씀 : 히브리서 11:1-10

● 히 11:6 믿음이 없이는 하나님을 기쁘시게 하지 못하나니 하나님께 나아가는 자는 반드시 그가 계신 것과 또한 그가 자기를 찾는 자들에게 상 주시는 이심을 믿어야 할지니라

바르셀로나 올림픽의 남자 육상 400m의 준결승이 벌어지고 있었을 때 중간 지점까지 선두를 달리던 데릭 레드몬드가 갑자기 쓰러졌습니다.

허벅지 근육이 끊어지는 큰 부상을 당했지만 그동안 쏟은 땀과 노력이 아쉬워 그대로 포기할 순 없었습니다. 이미 다른 선수들은 모두 결승선을 지나고 데릭 레드몬드만 남은 상황이었습니다. 그전까지 영국의 각종 육상 신기록을 갈아치우면서 강력한 우승후보로 손꼽히던 데릭이었기에 어떻게든 완주하려고 했지만 걷기조차 힘든 상황이었습니다.

그런데 갑자기 한 남자가 안전요원을 뿌리치고 트랙 안으로 난입을 했습니다. 그는 데릭을 부축해주었고, 위로해주었습니다.

그는 데릭의 영국대표팀의 육상코치이자 데릭의 아버지였습니다. 결국 경주도 끝나고 실격처리까지 됐지만 데릭은 아버지의 부축을 받으며 경주를 마쳤고, 이 모습을 본 경기장의 모든 관중들은 기립박수로 격려해주었습니다.

예수님과 함께 하는 것이 인생을 아름답게 완주하는 모습입니다. 내가 힘들 때나 기쁠 때나 함께 하시는 주님을 잊지 말고 언제나 그 손을 잡고 동행하십시오. 반드시 주님께서 좋은 것으로 채워주십니다.

♡ 주님! 주님이 오실 때 까지 믿음의 경주를 완주하게 하소서.
📖 지금 포기하고 싶은 일이 있으면 주님을 한 번 더 생각하십시오.

우연한 기회

읽을 말씀 : 전도서 3:1-11

● 전 3:11 … 그러나 하나님이 하시는 일의 시종을 사람으로 측량할 수 없게 하셨도다

미국 플로리다 남부의 한 시골에서 태어나 학교도 못 다니고 인쇄소에서 일을 하던 소년이 있었습니다.

아버지가 일찍 돌아가셔서 일을 해야 했으나 고되게 하고도 버는 것은 너무 적었기에 소년의 인생에는 꿈도 희망도 없었습니다. 그렇게 하루하루 살아가던 소년은 밤늦게 퇴근을 하고 있었는데 갑자기 바람에 날려 종이 한 장이 굴러왔습니다. 뭔가 싶어 읽어보니 '잔 다르크 위인전'의 한 장이었습니다. 무심코 한 장을 서 있는 자리에서 다 읽었는데 소년은 글을 읽는 것이 그렇게 재밌는 것인지 처음 깨달았습니다.

그리고 다음 날부터 인쇄소에서 일을 하며 나오는 책들을 비롯해 구할 수 있는 책은 닥치는 대로 읽었습니다. 잔 다르크의 위인전에 특히 감명을 받은 소년은 몇 번이나 반복해서 읽었는데, 14살 때 글을 쓰는 작가가 되어야겠다는 결심을 하고 '잔 다르크의 회상'이라는 책을 처음으로 냈습니다. 그리고 이 책을 시작으로 인쇄소 직원이 아니라 작가 마크 트웨인으로 새로운 인생을 살아가게 됩니다.

길가에 떠도는 책 한 장도 사람의 인생을 바꿀 힘이 있다면 하나님의 말씀인 성경에는 얼마나 놀라운 힘이 있겠습니까? 주님의 말씀을 전도지로, 문자로, 말로, 우리의 삶으로 다른 사람에게 전하십시오. 반드시 주님께서 좋은 것으로 채워주십니다.

♡ 주님! 주님의 말씀을 통해 큰 힘을 얻게 하소서.
🖼 평소 관심 없었던 책이나 팜플렛을 읽고 뭔가 생각해봅시다.

2월 3일 — 행복의 시작, 행복의 근원

읽을 말씀 : 시편 17:1-15

● 시 17:15 나는 의로운 중에 주의 얼굴을 뵈오리니 깰 때에 주의 형상으로 만족하리이다

미국 위스콘신 대학교의 리차드 박사 연구팀은 인간의 행복에 대해서 연구를 했습니다.

연구팀은 먼저 평소 봉사활동을 열심히 하는 사람들을 불러서 다른 사람을 돕는 생각을 회상해달라고 한 뒤에 뇌의 움직임을 연구했습니다. 그러자 남을 돕는 생각만 해도 뇌의 전두엽이 활동하면서 행복감을 느낄 때와 똑같은 반응이 일어났습니다.

다음으로는 평소에 봉사활동을 자주 하지 않는 사람들을 대상으로 일주일에 최소 5번은 아무에게나 어떤 종류의 친절이든지 베풀도록 요구했습니다. 그리고 관련 없는 것처럼 인생의 만족도를 조사했는데, 너무나 사소한 친절을 모르는 사람에게만 베풀어도 삶의 만족도가 큰폭으로 높아졌습니다.

"자신이 행복하고 싶다면 다른 사람을 행복하게 하라"가 이 연구팀이 내린 최종 결론이었습니다.

하나님이 주신 마음에 따라 살 때에 저절로 행복은 찾아옵니다. 사랑을 베풀고 자비와 양선을 실천하고, 이런 놀라운 마음을 주시는 분이 하나님이심을 잊지 않는 것이 인생의 최고의 만족이자 최고의 행복임을 기억하십시오. 반드시 주님께서 좋은 것으로 채워주십니다.

♡ 주님! 주님의 이름으로 어려운 사람들을 돕는 삶이 되게 하소서.

📖 사소한 친절의 습관을 들이십시오.

얼마나 간절히 원하는가?

읽을 말씀 : 잠언 8:1-17

2월 4일

● 잠 8:17 나를 사랑하는 자들이 나의 사랑을 입으며 나를 간절히 찾는 자가 나를 만날 것이니라

소크라테스를 동경하던 한 청년이 찾아와 물었습니다.
"저도 선생님과 같은 지혜로운 사람이 되고 싶습니다. 그러나 아무리 노력을 하고 공부를 해도 선생님과 같은 말과 생각을 할 수가 없습니다."

소크라테스는 청년을 데리고 강가로 갔습니다.

"내가 시키는 일을 하면 그 답을 주겠네, 강의 깊은 곳으로 가서 숨을 참을 수 있을 만큼 참았다가 나와 보게. 다만 숨을 오래 참을수록 자네가 답을 얻을 확률은 높아지네."

청년은 정말 죽을힘을 다해 숨을 참았다가 나왔습니다. 거칠게 숨을 몰아쉬는 청년에게 소크라테스가 물었습니다.

"물에서 나올 때 가장 먼저 생각난 것이 무엇인가?"

"공기.. 숨을 쉴 수 있는 공기입니다."

"그 간절함을 잊지 말게. 방금 숨을 쉬고 싶어 했던 만큼 평소에 지혜를 원한다면 지혜를 반드시 얻을 것이네."

실제로 소크라테스는 사람들에게 미움을 받으면서도, 또 독약을 먹으면서까지 자기가 믿고 구하는 바를 관철하며 피하지 않았습니다. 이런 간절한 마음으로 하나님을 섬기고, 또 예수님의 성품을 닮아가고자 노력하십시오. 반드시 주님께서 좋은 것으로 채워주십니다.

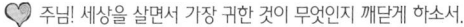

💗 주님! 세상을 살면서 가장 귀한 것이 무엇인지 깨닫게 하소서.
🖼 지혜로운 사람이 되기 위해 무엇을 해야 할지 생각해봅시다.

2월 5일 살기위한 죽음

읽을 말씀 : 요한복음 11:17-27

● 요 11:25 예수께서 이르시되 나는 부활이요 생명이니 나를 믿는 자는 죽어도 살겠고

서울 지하철 4호선 대공원에서 한 시각장애인 여성이 지하철을 타려고 준비하고 있었습니다.

그런데 지팡이를 방향을 잘못 잡아 입구에서 대기를 한다는 게 그만 선로 밑으로 떨어지고 말았습니다. 어린이들이 많이 찾는 역임에도 아직까지도 스크린도어 공사가 안 되어 있어 일어난 사고였습니다. 그 순간 열차가 들어온다는 방송이 나오기 시작했고, 이 모습을 본 사람들은 어떻게 해야 할지 몰라 발만 동동 구르고 있었습니다.

그런데 한 남성이 갑자기 선로 밑으로 뛰어가 떨어진 시각장애인 여성을 데리고 플랫폼 밑에 빈 공간으로 몸을 피신시켰습니다.

자칫하면 자기 목숨까지 잃을 뻔한 사고였지만 잠시의 망설임도 없이 바로 행동했기 때문에 한 생명을 구할 수가 있었습니다.

예수님이 이 땅에 오시지 않았으면, 또 날 위해 십자가에 죽으시지 않았다면 나 역시 살 수 없습니다. 나에게 부어주신 예수님의 사랑을 생각할 때 우리도 다른 사람을 위해 희생할 수 있고, 다른 영혼을 위한 간절한 마음을 품을 수 있습니다. 나를 살리기 위해 십자가에 기꺼이 달려 돌아가신 주님의 사랑을 품고 오늘도 살아가십시오. 반드시 주님께서 좋은 것으로 채워주십니다.

♡ 주님! 영혼과 육체의 생명을 구하는 삶을 살게 하소서.
🖾 아직도 예수님을 믿지 않고 있는 지인들에게 문자로라도 전도합시다.

부모님의 교육

2월 6일

읽을 말씀 : 잠언 22:1-9

● 잠 22:6 마땅히 행할 길을 아이에게 가르치라 그리하면 늙어도 그것을 떠나지 아니하리라

한 남자가 길을 걷다가 떨어진 지갑을 발견했습니다. 지갑을 손에 든 남자는 안에 내용물을 확인했습니다. 간단한 인적사항을 알 수 있는 신분증이 있었고, 현금 약 5만원과 카드 몇 개가 있었습니다. 남자는 잠깐 고민을 하다가 그 지갑을 근처의 경찰서로 가서 맡겼습니다.

잠시 뒤 아까 그 남자가 지갑을 주웠던 곳에 또 같은 지갑이 떨어져 있었습니다. 이번엔 어떤 여자가 그 지갑을 발견했는데, 그 여자도 똑같이 경찰서에 가져다주었습니다.

'지갑을 주운 사람들의 반응'을 연구하기 위한 미국의 한 심리학 연구소의 실험이었습니다. 연구원들은 지갑을 다시 돌려준 사람들에게 그렇게 행동한 이유가 무엇인지 물었는데, 1위는 '어릴 때 부모님에게 그렇게 하라고 배웠기 때문에', 2위는 '양심을 속일 수 없기 때문에'였습니다. 실험 기간 동안 120명이 지갑을 주웠는데 그 중 80개는 다시 주인에게 돌아왔습니다.

어린 시절의 부모님의 교육이 아이의 인생을 바꾸듯이, 매일 접하는 하나님의 말씀이 우리의 삶을 변화시킵니다. 내 삶이 변하지 않는다면 더욱 말씀을 갈망하고, 더욱 주님을 사랑하도록 노력하십시오. 반드시 주님께서 좋은 것으로 채워주십니다.

♡ 주님! 자녀들에게 성경적 교육을 가르치게 하소서.

 작은 이익을 얻으려고 양심을 속이지 마십시오.

2월 7일 | 응답의 때를 기다리라

읽을 말씀 : 시편 118:1-5

● 시 118:5 내가 고통 중에 여호와께 부르짖었더니 여호와께서 응답하시고 나를 넓은 곳에 세우셨도다

근대일본미술사에서 가장 유명한 화가 호쿠사이에게 한 친구가 그림을 부탁했습니다. 평소 취미로 닭을 키우는 친구는 아끼는 수탉을 한 마리 그려달라고 했는데 워낙 명화가 였기에 그 자리에서 뚝딱 그려줄 줄 알았더니만 다음 주에 그림을 주겠다며 약속을 미뤘습니다. 그러나 막상 다음 주에 찾아가자 완성되지 않았다며 또 미루었고, 그렇게 무려 6개월이나 미루었습니다.

'아, 호쿠사이같은 화가에게 닭이나 그려달라고 해서 이 친구가 화가 났나 보군...'이라고 생각이 든 친구는 결국 포기하고 의가 상할까봐 더 이상 그림 이야기를 하지 않았습니다. 그런데 3년이 지난 어느 날 호쿠사이가 찾아와 그림을 한 장 내밀었습니다. 마치 살아 움직이는 것 같이 생동감이 있는 멋진 수탉 그림이었습니다.

"3년 전에 닭을 그려보니 내 소중한 친구에게 줄만한 작품이 아니지 뭔가? 그래서 마음에 들 때까지 틈틈이 연습하다 보니 3년이나 걸렸네 그려."

선한 목자이신 주님은 우리의 기도를 잊지 않으십니다. 가장 좋은 때에 가장 좋은 것을 주시는 분이심을 믿고 기도로 더욱 간구하십시오. 반드시 주님께서 좋은 것으로 채워주십니다.

♥ 주님! 주님의 응답을 인내하며 기다릴 줄 알게 하소서.
※ 더욱 인내하는 사람이 되기 위해 깊이 기도하는 시간을 가집시다.

사랑을 표현하세요

2월 8일

읽을 말씀 : 고린도전서 13:1-7

● 고전 13:1 내가 사람의 방언과 천사의 말을 할지라도 사랑이 없으면 소리 나는 구리와 울리는 꽹과리가 되고

결혼 20주년을 맞은 한 부부가 있었습니다. 기념일 전날 아내가 남편에게 제안을 했습니다.

"여보, 내일은 특별한 이벤트를 준비했어요. 세상에서 제일 예쁜 여자랑 데이트할 기회를 마련했으니 꼭 좋은 시간 보내고 들어와요. 여기 편지에 장소와 규칙이 들어있어요."

편지에는 정해진 데이트 코스와 세 가지 규칙이 있었습니다.

● 첫째, 10시 이전에 데이트를 끝내지 마세요.
● 둘째, 식사를 하며 대화를 할 땐 항상 눈을 보세요.
● 셋째, 이동할 땐 손을 꼭 잡으세요.

남편은 아내가 장난을 치는 줄 알고 기분 좋게 받았습니다. 그리고 아름답게 꾸민 아내가 다른 사람인척 하고 나오던가 멀리서 공부하고 있는 딸이 찾아올 것으로 예상했습니다. 그런데 막상 약속 장소로 나가자 멋지게 차려입은 어머니가 나와 계셨습니다. 아들도 어머니도 깜짝 놀랐지만, 아내의 배려인 것을 알고 편지에 나온 규칙을 모두 지켰습니다. 아들과 행복한 데이트를 보낸 어머니는 일흔 평생 가장 행복했다며 환한 미소를 지으셨습니다.

사랑은 특권이지만 표현은 습관입니다. 사랑을 하고 있는 사람들에게, 또 사랑을 주고 계시는 분들에게 사랑과 감사를 직접 표현하십시오. 반드시 주님께서 좋은 것으로 채워주십니다.

♥ 주님! 부모님은 주님이 허락하심을 믿고 그분들이 어떻든 공경하게 하소서.
🖐 부모님이나 집안 어르신에게 뜬금없지만 작은 선물이라도 드립시다.

2월 9일 믿음을 선택하라

읽을 말씀 : 여호수아 24:1-28

● 수 24:15 만일 여호와를 섬기는 것이 너희에게 좋지 않게 보이거든... 너희가 섬길 자를 오늘 택하라 오직 나와 내 집은 여호와를 섬기겠노라 하니

미국에서는 1년에 출판되는 도서는 약 10만 종류라고 합니다.
그중에서 어떤 책이 좋은 책인지 나쁜 책인지 구별하는 것은 쉽지 않습니다. 그래서 우리는 그 10만 종류를 모두 뒤져보기보다는 유명한 사람들이 추천하는 책이나 다른 사람들의 서평, 그리고 광고, 저자의 이력 등을 참고합니다. 전문 화가들이 팔기 위해 발표하는 그림은 100만점이 넘는다고 합니다.

이 그림 중 어떤 그림이 전문가들의 인정을 받을 수 있을까요? 가장 비싸게 팔린 그림이 100만 점 중에 가장 뛰어난 그림일까요? 반 고흐 같은 화가도 죽고 나서 몇 십 년 뒤에 천재로 인정받았다는 것을 생각해볼 때에 사람들에게 인정을 받는 화가가 되는 것은 어쩌면 실력 이상의 무엇이 필요할 지도 모릅니다.

이밖에도 너무나 많은 것들이 우리의 삶을 잠식하고 있습니다. 새로 나오는 음악, 책, 그림, 영화 등만 잠깐씩 살펴봐도 24시간이 모자랄 지경입니다.

이처럼 볼거리, 즐길거리가 넘쳐나는 시대에 신앙을 지켜나가는 것은 더욱 어려운 일이 되고 있습니다. 그러나 우리의 영혼을 만족시키며 기쁘게 할 수 있는 것은 오로지 주님의 말씀뿐임을 잊지 마십시오. 반드시 주님께서 좋은 것으로 채워주십니다.

♡ 주님! 세상 문화를 바르게 분별할 수 있는 지혜를 주소서.
🖼 먹던지 마시던지 읽던지 듣던지 보던지 하나님의 영광을 위해서 합시다.

진짜 용서

읽을 말씀 : 고린도후서 2:5-11

● 고후 2:10 너희가 무슨 일에든지 누구를 용서하면 나도 그리하고 내가 만일 용서한 일이 있으면 용서한 그것은 너희를 위하여 그리스도 앞에서 한 것이니

베트남전 때 미국의 폭격으로 온 몸에 화상을 입은 소녀가 있었습니다. 소녀의 몸에 불이 붙어 도망치던 사진은 종군기자의 카메라에 담겨, 전 세계로 퍼졌고 이후 소녀는 '네이팜 소녀'로 불리며 전 세계를 돌며 전쟁의 참혹함을 자신의 몸을 증거로 직접 알리는 반전운동가가 되었습니다.

세월이 흘러 월남전은 끝이 났고, 미국 워싱턴에서도 월남전을 반성하는 의미의 기념비가 제작되었습니다. 그리고 그 자리에 '네이팜 소녀' 킴 푹이 연설을 했습니다.

"제가 만약 그때 저희 마을을 폭격했던 비행기 조종사를 만난다면 저는 용서하겠습니다. 그래야만 제가 하는 일과 지금까지 했던 일들이 의미가 있으니까요."

그때 그 말을 듣는 순간 한 남자가 객석에서 일어나 크게 외쳤습니다.

"나 존 머플러가 바로 그 사람입니다. 위치를 잘못 잡아 실수로 마을을 폭격했습니다. 정말로 죄송합니다."

그러나 킴 푹은 놀라지 않고 다시 한 번 자기는 진심으로 용서하며 또 용서했다고 말해 청중들에게 큰 감동을 주었습니다.

용서는 말도 어렵지만 실천은 더욱 어렵습니다. 나에게 상처를 준 사람도 용서하고 사랑할 힘을 달라고 주님께 간구하십시오. 반드시 주님께서 좋은 것으로 채워주십니다.

♡ 주님! 나의 모든 죄를 용서해 주신 주님을 본받아 나도 모두 용서하게 하소서.
주기도문을 외우면서 아직도 용서하지 못한 사람이나 일을 잊읍시다.

2월 11일 사과의 4단계

읽을 말씀 : 잠언 25:1-13

- 잠 28:13 자기의 죄를 숨기는 자는 형통하지 못하나 죄를 자복하고 버리는 자는 불쌍히 여김을 받으리라

살다보면 생각지 않은 일로 사과해야 할 일들이 있습니다. 그런데 무작정 사과한다고 해서 그 사과가 상대방에게 전해지는 것이 아니어서 오히려 역효과를 볼 때가 있습니다.

서울대 정신의학과 윤대현 교수는 사과에는 4단계가 있다고 말합니다.

- 1단계는 '무작정 사과'입니다.

자신의 잘못도 인정하지 않고, 그냥 '미안해, 잘못했어'라고만 말하는 무성의한 사과입니다.

- 2단계는 '인정의 사과'입니다.

다른 핑계를 대지 않고 내가 잘못한 것을 인정하고 상대방에게 사과하는 한 차원 높은 사과입니다.

- 3단계는 '반성의 사과'입니다.

잘못을 인정하고, 다시는 그러지 않겠다는 약속까지 더하는 것이 반성의 사과입니다.

- 4단계는 '보상의 사과'입니다.

3단계까지 사과를 하고 사과의 의미를 담은 작은 선물이라도 하는 것이 사과의 가장 높은 단계입니다.

사과는 진정한 마음에서 우러나와야 하고, 실제적인 행동이 따라야 합니다. 형제를 업신여기지 말고 잘못은 선뜻 인정하며 마음을 다해 진심으로 사과하는 습관을 들이십시오. 반드시 주님께서 좋은 것으로 채워주십니다.

♡ 주님! 제가 사람들을 진실하게 대하게 하소서.
📖 위 4가지 중에 주로 어떤 사과를 해 왔는지 생각해 보고 고칩시다.

솔직한 고백

2월 12일

읽을 말씀 : 시편 11:1-7

● 시 11:7 여호와는 의로우사 의로운 일을 좋아하시나니 정직한 자는 그의 얼굴을 뵈오리로다

유럽의 유명한 스파게티 소스 업체 돌미오의 제품에는 이런 문구가 붙어 있습니다.

"우리 제품을 너무 자주 드시면 위험합니다. 1주일에 한 번 정도만 드셔주세요."

제품을 사는 소비자는 이 문구를 보고 어리둥절합니다. 자주 먹지 말라니 뭔가 꺼림칙해 다른 제품을 사려다가도 결국 돌미오 제품을 구입합니다. 이런 회사라면 몸에 나쁜 것을 넣었을지언정 그것을 속이지는 않을 것이라는 신뢰감을 주기 때문입니다.

실제로 돌미오가 만드는 제품에는 모두 2가지 라벨이 붙어있습니다. '가끔'이라고 표시되어 있는 것은 지방이나 설탕 등이 너무 많아 1주일에 1번 정도 섭취를 권장하는 제품이며 '매일'은 안심하고 먹어도 별 탈이 없는 제품입니다.

더욱 대단한 것은 이런 제도를 시행한 것이 비만인구가 점점 늘고 있다는 점에 책임을 느껴 사람들에게 도움을 줄 수 있는 방법을 위해 회사가 스스로 선택했다는 사실입니다.

우리는 구원받은 하나님의 자녀이시만 또한 매일 자백해야 하는 죄인이기도 합니다. 하나님 앞에서, 사람들 앞에서 잘못된 죄의 모습을 숨기기보다는 솔직히 고백하고 은혜를 구하십시오. 반드시 주님께서 좋은 것으로 채워주십니다.

♡ 주님! 무엇을 하던지 이익만을 추구하는 탐욕스런 사람이 되지 않게 하소서.

🖼 지금 하고 있는 일에 정확한 좋은 정보를 이웃과 나눕시다.

2월 13일
그리운 본향

읽을 말씀 : 히브리서 11:1-16

● 히 11:16 … 이러므로 하나님이 그들의 하나님이라 일컬음 받으심을 부끄러워하지 아니하시고 그들을 위하여 한 성을 예비하셨느니라

독일의 한 요양원에서 멋지게 차려입은 노신사가 길을 떠났습니다. 좀 떨어진 버스 정류장 벤치에 앉아 버스가 오기를 기다리고 있었지만, 1시간이 지나도 단 한 대의 버스도 오지 않았습니다. 잠시 뒤에 요양원에서 간호사로 보이는 몇 사람이 와서 노신사를 다시 모시고 들어갔습니다.

노신사가 기다리던 버스 정류장은 실제 독일의 몇몇 요양원에서 운영되고 있는 '가짜 정류소'입니다. 치매 환자들이 많은 요양원에는 유독 반사적으로 요양원을 나가 버스를 타고 떠나는 일이 자주 발생한다고 합니다. 그러나 가는 도중 정신을 잃기 때문에 거리나 숲속을 헤매게 되고, 그런 일을 미연에 방지하기 위해 요양원과 버스회사가 협력해 이런 가짜 정류장을 근처에 만들어 놓은 것입니다.

정류소에 앉아 버스를 기다리는 환자들에게 어디를 가시냐고 물으면 대부분 같은 대답을 한다고 합니다.

"집에 가야지. 즐겁고 따뜻한 우리 집 말이야."

기억을 잃으면서도 돌아가고 싶어 할 만큼 집은 모든 사람에게 소중한 곳입니다. 그러나 믿는 우리들의 본향은 곧 천국이며, 이 땅에서의 삶은 그곳에서의 삶을 준비하는 과정에 불과함을 잊지 말아야 합니다. 반드시 주님께서 좋은 것으로 채워주십니다.

♡ 주님! 본향을 그리워하며 본가도 잘 보살피며 살게 하소서.
📖 나이가 많은 어르신을 공경하며, 필요를 채워 줍시다.

믿음의 연단

읽을 말씀 : 잠언 17:1-8

● 잠 17:3 도가니는 은을, 풀무는 금을 연단하거니와 여호와는 마음을 연단하시느니라

2월 14일

미국 일리노이주의 셜리 웹 할머니는 관절이 안 좋아 제대로 걷지를 못했습니다.
 마당에서 문까지의 몇 개 안되는 계단도 난간을 잡지 않으면 올라갈 수 없었습니다. 하루는 이런 할머니의 모습을 보고 손녀가 안타까운 마음에 이런 말을 했습니다.
 "할머니, 운동을 시작해 보는 게 어때요? 나이가 들어서 하는 운동도 효과가 있다 그러던데요?"
 "걷지도 못하는데 무슨 운동을 할 수 있겠니?"라고 거절 했지만 손녀가 워낙 간곡히 부탁하는 통에 근처 피트니스 센터에 등록을 하고 매일 운동을 나갔습니다. 물론 처음에는 아령을 들고 몸을 움직이는 일이 쉽지는 않았습니다. 그러나 하루씩 지날수록 몸 상태가 놀랄 만큼 좋아졌고, 2년이 지나자 셜리 할머니는 100kg의 바벨을 들어 올릴 정도로 몸 상태가 좋아졌습니다. 자신감이 생긴 셜리 할머니는 바벨 들기 대회까지 참가했는데 111kg을 들어 고령자 중에서 역대 최고의 기록을 세웠습니다.
 우리의 몸도, 신앙도 사용하면 할수록 더욱 강해집니다. 나의 미래를 속단하지 말고 주님이 오늘 주시는 은혜를 따라 조금씩이라도 연단해 나가십시오. 반드시 주님께서 좋은 것으로 채워주십니다.

♡ 주님! 영혼도 잘되고 몸도 범사도 잘되게 해 주소서.
 삶에 어렵다고 생각되는 부분에 대한 정보를 찾아 다시 시도합시다.

2월 15일 정죄하지 말아야 할 이유

읽을 말씀 : 로마서 2:1-16

● 롬 2:1 그러므로 남을 판단하는 사람아, 누구를 막론하고 네가 핑계하지 못할 것은 남을 판단하는 것으로 네가 너를 정죄함이니 판단하는 네가 같은 일을 행함이니라

목사님에게 한 성도가 와서 자신의 약한 모습을 고백했습니다. 목사님은 이해할 수 없는 나쁜 죄였지만 눈물을 흘리며 참회하는 모습을 보고는 진심을 다해 이야기를 들어주고 기도해주었습니다. 그런데 다음 주가 되자 그 성도는 또 찾아와서 같은 죄로 목사님에게 상담을 했습니다. 목사님은 실수는 누구나 할 수 있기에 넘어지지 말고 같이 이겨내 보자고 격려하고 돌려보냈습니다. 그러나 그 성도님은 그 후로도 종종 같은 문제로 상담을 하러 왔고 목사님은 점점 그 성도의 진정성에 의심을 하게 되었습니다.

'그냥 양심의 가책을 덜기 위해 나를 찾아오는 게 아닐까? 죄를 이겨내기 위해 노력이나 하고 있을까?'

그런데 그 순간 하나님의 음성이 들렸습니다.

"그 성도의 죄를 위해 피를 흘린 것은 바로 나다."

목사님은 너무나 큰 깨달음을 얻었습니다.

"맞습니다, 주님! 주님의 심정으로 양을 돌보는 목자가 되겠습니다."

예수님의 십자가 보혈이 없다면 나 역시도 추악한 죄인일 뿐입니다. 아직 믿음이 약한 지체를 보고 정죄하고 판단하기 보다는 주님의 은혜가 더욱 임하도록 기도해주고, 세워주십시오. 반드시 주님께서 좋은 것으로 채워주십니다.

♡ 주님! 주님의 마음을 가지고 사람들을 대하게 하소서.
 반복해서 죄를 짓는 사람들을 더욱 불쌍히 여기며 기도해주십시오.

시대의 눈높이에 맞춰라

2월 16일

읽을 말씀 : 마가복음 2:18-22

● 막 2:22 새 포도주를 낡은 가죽 부대에 넣는 자가 없나니 만일 그렇게 하면 새 포도주가 부대를 터뜨려 포도주와 부대를 버리게 되리라 오직 새 포도주는 새 부대에 넣느니라 하시니

수만 명이 모인 대형 공연장의 한 공연 모습입니다. 우스꽝스러운 삐에로 복장의 한 남자가 등장을 하더니 작은 업라이트 피아노에 앉아 건반을 마구잡이로 두드리기 시작합니다. 객석에서는 웃음소리가 터져 나오고, 갑자기 무대의 어두운 곳에 불이 들어왔습니다. 그곳에는 이미 자리에서 악기를 든 채 잠든 연기를 하는 오케스트라 연주자들이 있었습니다. 아이들의 웃음소리에 놀라 깬 그들은 엉터리 연주를 하다가 차차 호흡을 맞추며 음악을 연주합니다.

음악은 일반 클래식을 신나게 편곡한 곡이었는데, 객석을 채운 어린이, 청년들은 갑자기 야광봉을 꺼내 흔들기 시작했습니다. 그리고 두 명의 무용수가 나와서 노래에 맞춰 춤을 추며 분위기를 끌어올렸습니다.

이 공연은 150년의 역사를 가진 세계 3대 오케스트라인 베를린 필하모닉의 공연 모습입니다. '클래식은 어렵다, 젊은 관중들은 클래식을 지루해한다'는 말에 적극적으로 다가가는 변화의 모습을 보였고, 그 결과 매 공연은 젊은이들로 항상 만원을 이루고 있습니다.

본질만 지킬 수 있다면 시대에 맞는 다양한 프로그램을 교회에서 진행하는 것이 좋습니다. 그러나 목적과 경배의 대상이 결국은 하나님이라는 것을 꼭 기억하십시오. 반드시 주님께서 좋은 것으로 채워주십니다.

♥ 주님! 상대방을 배려하는 마음과 행동으로 주님을 더 널리 전하게 하소서.
※ 지금 하고 있는 일을 더 친화적으로 발전시킵시다.

2월 17일 실천하는 사랑

읽을 말씀 : 요한1서 4:7-21

● 요1 4:8 사랑하지 아니하는 자는 하나님을 알지 못하나니 이는 하나님은 사랑이심이라

시어머니를 모시고 사는 한 주부가 있었습니다. 워낙 살림을 잘하는 며느리에 성격이 좋은 시어머니라 별다른 갈등 없이 잘 지내고 있었는데, 언제부터인가 시어머님이 저녁에 자꾸 집에 다 시들어빠진 채소를 사가지고 오셨습니다. 시든 상추, 깻잎, 파... 등을 매일 돌아가며 사오자 혹시 어머님 시력이나 기억에 문제가 생겼나 걱정되어 며느리가 물었습니다.

"어머니, 혹시 요즘 계속 시든 채소를 사 오시는 이유가 있나요?"

"응. 요 앞에 시장에, 혼자 텃밭에서 가꾼 채소를 파는 할머니가 있거든, 근데 어느 날은 시든 파를 들고 오신거야. 아들, 딸들 다 취업하느라 여기저기 떠나서 연락도 없고 할머니 혼자 채소 파는 걸로 생활하고 계셨는데 며칠 아파서 드러누우셨더니 심은 채소가 다 시들었데... 그렇다고 놀 수도 없어서 매일 뽑아서 들고 나오신다는 이야기를 듣고 너무 딱해서 조금이라도 도움 되시라고 매일 사오고 있단다."

진짜 사랑은 마음에서 머물지 않고 행동으로 이어집니다. 작은 행동이라도 사랑의 동기로 실천할 때 주님이 기뻐하시며, 믿지 않는 사람들의 마음까지도 열 수가 있습니다. 성령님이 주시는 작은 동기도 무시하지 말고 곧 실천하십시오. 반드시 주님께서 좋은 것으로 채워주십니다.

♡ 주님! 오늘 노점상에서 물건을 사고 그 분들의 어려움을 나누게 하소서.
📖 노점상에서 파는 물건을 조금이라도 사며 대화를 나눕시다.

유령 성도

읽을 말씀 : 누가복음 3:1-17

●눅 3:17 손에 키를 들고 자기의 타작 마당을 정하게 하사 알곡은 모아 곳간에 들이고 쭉정이는 꺼지지 않는 불에 태우시리라

2월 18일

스페인 어느 도시의 카디스의 부시장이 장기근속 공무원을 표창하기 위해서 수도국을 찾았습니다. 명단을 보며 한 명씩 축하를 하고 있는데 문득 생소한 이름이 보였습니다.

"가르시아...? 가르시아라.. 어디서 많이 듣던 이름인데, 어디 있나?"

그러나 아무리 불러도 가르시아는 나오지 않았습니다. 그런데 부시장 뿐 아니라 수도국 직원들도 그가 누군지 헷갈려했습니다. 결국 조사를 해보니 가르시아는 자기가 따돌림을 당한다는 이유로 힘들다며 무려 6년이 넘게 출근을 하지 않았습니다. 그런데 그동안 월급은 변함없이 타갔습니다. 함께 일하던 동료들은 그가 다른 곳으로 발령을 받았나보다 생각했고, 그런 생활이 거의 6년 넘게 이어졌습니다. 그동안 직원이 계속 바뀌어 왔기에 가르시아가 언제부터 나오지 않았는지는 정확히 파악되지가 않고 있으며 그는 시당국으로부터 고소를 당해 그동안 받은 월급을 벌금으로 낼 상황에 처해있습니다.

매주 교회에 앉아 예배에 참석해도 신령(성령)과 진정(진리)으로 드리지 않는다면 아무 소용이 없습니다. 하나님은 매주 교회에 나와 앉아있는 성도가 아닌 신령과 진정으로 하나님을 찾고 찬양하는 성도를 찾으십니다. 몸만 왔다 가는 유령 성도가 되지 말고 주님을 전심으로 예배하는 충성된 성도가 되십시오. 반드시 주님께서 좋은 것으로 채워주십니다.

💚 주님! 교회에서 예배드릴 때 말씀 안에서 성령의 인도를 받게 하소서.

📖 교회에서 성도들과 함께 예배하기를 힘씁시다.

2월 19일 내일을 향한 기대감

읽을 말씀 : 시편 23:1-6

● 시 23:3 내 영혼을 소생시키시고 자기 이름을 위하여 의의 길로 인도하시는도다

친구에게 크게 사기를 당하고, 사업까지 실패했으며, 큰 교통사고로 엄청난 후유증까지 앓게 된 한 남자가 있었습니다. 그러나 그가 겪은 모든 일보다도 훨씬 더 고통스러운 것이 있었습니다. 그것은 바로 아침에 일어나는 일이었습니다. 잠을 아무리 많이 자도 아침에 눈을 뜨는 일이 너무 괴롭고 힘들어 한 번도 맞춘 알람에 일어난 적이 없었습니다.

하루의 시작부터 제대로 해야겠다는 생각에 남자는 그날부터 어떻게 해야 아침에 잘 일어날 수 있을지 실험을 했습니다. 그리고 마침내 답을 찾았는데 그것은 7시간 이상의 충분한 수면 시간도, 따뜻한 우유 한잔도, 가벼운 운동과 스트레칭도 아니었습니다.

다만 내일 하루 있을 일들을 기대하며 설레는 마음이 전부였습니다. 그는 매일 자기 전에 떠올린 생각들과 아침의 상태를 글로 적었고 영상으로 공유했고, 책으로까지 출간된 그의 이야기는 아마존의 베스트셀러가 되었습니다.

하루를 마치며 하나님께 감사한 마음이 있다면 내일 있을 하루에 대한 기대감이 있어야 합니다. 항상 좋은 것을 허락하시는 주님이 내일도 인도하실 줄 믿는 마음으로 하루하루를 사십시오. 반드시 주님께서 좋은 것으로 채워주십니다.

 주님! 주님의 은혜로 의욕이 넘치고 창조적인 삶을 살게 하소서.
 이번 주에 해야 할 일을 기록하고 기대하며 하루를 삽시다.

이해가 만드는 상생

읽을 말씀 : 빌립보서 2:1-11

● 빌 2:3 아무 일에든지 다툼이나 허영으로 하지 말고 오직 겸손한 마음으로 각각 자기보다 남을 낫게 여기고

덴마크에는 '방송사 vs 방송사'라는 프로그램이 있습니다. 라이벌 방송사가 공동으로 제작하는 이 프로그램은 각 회사의 간판 MC들이 나와서 여러 가지 종목을 놓고 승패를 겨루는 방식입니다. 이 프로그램은 상대방을 약 올리고 승리를 장담하는 전형적인 경쟁 프로그램처럼 시작됩니다.

그러나 자전거 경주에 참가한 양쪽 MC들은 선수들과 같이 600km를 달리는 경주에 참가해 중간 중간 탈진하고 쓰러집니다. 서로 힘들게 경주를 이어나가는 모습을 보며 둘은 어느새 서로를 응원하며 함께 완주하기 위해 노력합니다. 힘든 코스를 지나올 때까지 상대방을 기다려주기도 하고, 챙겨온 음식을 나눠주기도 합니다. 그리고 마침내 결승선을 지나자 함께 부둥켜안고 서로의 완주를 축하해주며 프로그램은 끝이 납니다.

힘들고 어려운 인생이지만 결국 같이 가야하고, 함께 살아야 하기에 잘못된 사회의 분위기에 휩싸이지 말고 주님이 주시는 여유로운 사랑의 마음을 품어야 합니다. 먼저 앞서가려는 이기심을 내려놓고 경쟁을 부추기는 세상의 분위기에 휩쓸리지 말고 함께 할 동역자로, 합력해야할 동업자로 모든 사람을 생각해야 합니다. 남을 나보다 낫게 여기고, 먼저 섬기고 수고하는 성경의 가르침을 따라 이웃을 섬기고 지역을 섬기십시오. 반드시 주님께서 좋은 것으로 채워주십니다.

♡ 주님! 남을 나보다 낫게 여기며 존중하는 삶을 살게 하소서.
※ 경쟁 상대를 축복하는 기도를 하고 친절하게 대합시다.

2월 21일

나이보다 중요한 것

읽을 말씀 : 여호수아 14:6-15

● 수 14:11 모세가 나를 보내던 날과 같이 오늘도 내가 여전히 강건하니 내 힘이 그 때나 지금이나 같아서 싸움에나 출입에 감당할 수 있으니

미국 텍사스 오스틴대학교의 존 굿이너프 교수가 실험실에서 연구를 하고 있었습니다.

그런데 잠시 뒤 한 연구원이 들어와서 묻습니다.

"교수님, 괜찮으십니까?"

"아무 문제 없다네, 걱정 말게."

한 시간 뒤에 또 다른 연구원이 들어와 묻습니다.

"교수님, 좀 쉬시는게 좋지 않겠습니까?"

"아니야, 난 괜찮아. 자네나 좀 쉬게."

굿이너프 교수의 나이는 93세이지만 아직도 8시간씩 매일 연구실에서 새로운 배터리를 만들기 위해 연구를 합니다. 그래서 직원들이 굿이너프 교수의 건강을 걱정하지만 그때마다 교수는 이렇게 대답합니다.

"세상을 놀라게 할 만할 일을 나는 아직도 할 수 있네. 내 삶의 건전지는 아직도 충분히 남아있거든."

나이보다 중요한 것은 나아가고자 하는 열정입니다. 평생토록 주님을 섬기고 예배하는 우리의 열정도 다함이 없어야 합니다. 언제나 동일하신 주님의 사랑처럼 예배를 향한 우리의 열정도 뜨겁게 유지하려는 노력과 의지가 필요합니다. 늘 청년 같은 마음으로 주님을 사모하십시오. 반드시 주님께서 좋은 것으로 채워주십니다.

♡ 주님! 주님이 주시는 능력으로 걸어가도 달려가도 피곤치 않게 하소서.
🖼 평생을 바쳐 할 일이 무엇인지 생각하고 준비합시다.

배려가 만드는 감동

읽을 말씀 : 고린도후서 1:12-24

2월. 22일

● 고후 1:24 우리가 너희 믿음을 주관하려는 것이 아니요 오직 너희 기쁨을 돕는 자가 되려 함이니 이는 너희가 믿음에 섰음이라

미국 디즈니랜드에서 한창 퍼레이드가 진행되고 있었습니다. 영화와 만화에서 나오던 각종 캐릭터들의 모습을 보기 위해 많은 인파들이 모였는데 갑자기 한 여자아이가 퍼레이드를 가로 막았습니다.

디즈니랜드 직원들이 소녀에게 다가가자 갑자기 소녀는 땅에 드러누워 하늘을 가리켰습니다. 사람들은 당연히 직원들이 어떤 식으로든 소녀를 거리 밖으로 데리고 나올 거라고 생각했는데 갑자기 소녀 주위에 누워 머리를 맞대고 눕기 시작했습니다.

"어때? 하늘에 뭐가 보이니? 별이 반짝여?"

소녀는 사실 다운증후군이었습니다. 직원들과 대화를 나누던 소녀는 곧 일어나 다시 자리로 돌아갔고, 자신들의 생각을 뛰어넘는 직원들의 모습을 본 사람들은 감동하며 박수갈채를 보냈습니다.

'모든 사람들을 행복하게 하는 것'이 디즈니랜드의 비전입니다. 그리고 한 명을 먼저 행복하게 해주는 것이 다른 사람들도 행복하게 해주는 비결이었습니다.

한 사람을 위한 배려가 선행이 되고 그 선행은 보는 사람과 그 이야기를 듣는 사람들에게 다시 퍼져나갑니다. 하나님이 허락하신 이 세상을 더 아름답게 만드는 일에 작은 선행으로라도 매일 동참하십시오. 반드시 주님께서 좋은 것으로 채워주십니다.

♡ 주님! 주님이 주시는 지혜로 상황을 반전케 하소서
📖 나보다 약하게 보이는 사람들에게 최대한 친절하게 합시다.

2월 23일 어린아이 같은 마음

읽을 말씀 : 마태복음 18:1-14

●마 18:4 그러므로 누구든지 이 어린 아이와 같이 자기를 낮추는 사람이 천국에서 큰 자니라

한 초등학교의 국어시험에 다음과 같은 맞춤법 문제가 나왔습니다.
"음식이 참 맡있겠다, 혼자서 먹어야지!"
대부분 '맡있겠다'를 '맛있겠다'로 고쳐 맞게 답을 썼지만 한 학생은 이렇게 적었습니다.
'혼자 -> 같이'
다음은 한 중학교에서 열린 '장애인의 날' 기념 5행시 짓기대회에서 금상을 탄 시입니다.
'장-차 나비가 될
애-벌래는
인-간들이 무관심한 사이에도
의-지를 가지고
날-아가는 꿈을 꾼다'
아직 못 배운 어린아이들의 순수함은 때때로 많이 배운 어른들보다 훨씬 더 지혜롭습니다. 더 많이 배우고 악한 것들을 제대로 주님의 뜻대로 사용하며 우린 살아가고 있을까요?
많은 것을 알고 배우는 것보다 우리가 이미 가진 것을 남과 함께 누리며 살아가는 것이 하나님이 우리에게 주신 지켜야 할 마음입니다. 말씀을 말씀으로 믿고, 욕심보다 양심에 더 귀를 기울임으로 말씀이 인도하는 길을 걸어가십시오. 반드시 주님께서 좋은 것으로 채워주십니다.

♡ 주님! 제발 순수하고 순결하게, 그러면서 지혜롭게 살아가게 하소서.
🎀 '오늘도 감사'라는 주제로 5행시를 지어봅시다.

시대에 필요한 가치

읽을 말씀 : 요한복음 13:31-35

● 요 13:35 너희가 서로 사랑하면 이로써 모든 사람이 너희가 내 제자인 줄 알리라

미국의 기독교서점 '희망의 신호등'은 아주 특별한 서비스를 제공합니다.

● 먼저 매장에서 커피를 팔며 사람들이 편하게 책을 읽을 수 있는 환경을 제공합니다. 서점은 책을 파는 곳이지만 책이 가치 있다고 생각되는 사람들은 결국 책을 사기 때문에 오히려 편하게 책을 읽을 수 있는 환경을 조성한 것입니다.

● 두 번째로는 모임 공간을 조성해 각종 모임의 회의, 교회의 성경 공부와 같이 사람들이 오가는 장소로 변화시켰습니다. 이 역시 책의 판매와는 무관한 것 같지만 이런 서비스로 유동인구가 늘면서 덩달아 매출도 증가했습니다.

● 마지막으로는 다양한 경건서적의 존재입니다. 예전과는 달리 다양한 장르의 소설과 역사책과 같은 진취적이면서도 재밌는 책이 많아졌기 때문에 인생에 갈급함을 느끼는 사람들이 기독교서점을 많이 찾습니다.

미국 대형 서점들이 위기에 빠져 있고, 대형서점 중 하나였던 보더스는 파산을 했지만 이런 이유로 기독교 서점들은 오히려 10% 이상씩 매년 성장하고 있습니다.

결국 사람들에게 필요한 것은 예수님입니다. 예수님이 없는 세상 속에서 주눅 들지 말고 더 당당히 필요한 복음을 전하십시오. 반드시 주님께서 좋은 것으로 채워주십니다.

♡ 주님! 어떤 어려움 중에도 피할 곳을 주시는 주님을 더욱 신뢰하게 하소서.
🏁 주말에는 기독교 전문 서점을 자녀들과 함께 방문합시다.

2월 25일 이미 이루신 주님

읽을 말씀 : 요한복음 19:17-30

● 요 19:30 예수께서 신 포도주를 받으신 후에 이르시되 다 이루었다 하시고 머리를 숙이니 영혼이 떠나가시니라

홍콩의 도풍사라는 절에 매일 같이 한 칼 라이헬트라는 외국인이 찾아왔습니다.

그는 절에서 일하는 이들에게 정중하게 인사를 하며 안부를 물었고, 그들은 반갑게 맞아주었습니다. 그렇게 얼굴을 익혀가며 점점 대화가 시작됐고, 외국인인 칼은 자신이 선교사라는 사실을 말하며 복음을 전해도 되느냐고 물었습니다. 당연히 그들은 거절했습니다.

그러자 그 칼 선교사님은 절에 들어가 불교를 배우기 시작했습니다. 불교의 이야기를 하며 복음을 전할 수 있다는 걸 알게 되자 나중에는 머리까지 깎고 절에 들어가 함께 생활했습니다.

그렇게 무려 10년 동안 전도를 했지만 단 한명도 예수님을 믿지 않았습니다. 그러나 20년이 되자 한두 명씩 칼 선교사님이 전하는 복음을 믿기 시작했고, 결국 200명이 넘는 그들이 예수님을 믿는 놀라운 일이 일어났습니다. 그렇게 절이었던 도풍사는 곳곳에 하나님 말씀과 성화가 그려져 있고 각종 선교단체를 세우며 홍콩의 기독교에 큰 영향력을 끼치는 복음의 전진기지가 되었습니다.

예수님이 이루신 구원은 모든 사람에게 필요합니다. 이미 구원을 이루신 주님을 믿고 어디든지 언제든지 말씀을 들고 찾아가십시오. 반드시 주님께서 좋은 것으로 채워주십니다.

♡ 주님! 복음을 들고 어디에 가서든지 주님을 의지하여 복음을 전하게 하소서.
※ 전도지나 전도 책자를 준비하여 불교인들에게 복음을 전합시다.

끝까지 지켜야 할 것

2월 26일

읽을 말씀 : 신명기 5:1-7

● 신 5:1 모세가 온 이스라엘을 불러 그들에게 이르되 이스라엘아 오늘 내가 너희의 귀에 말하는 규례와 법도를 듣고 그것을 배우며 지켜 행하라

중세시대 이탈리아의 토스카나 지역의 한 영주가 있었습니다. 영주는 언덕보다는 높으면서 산보다는 낮은 아름다운 완만한 곡선을 그리는 토스카나의 풍경을 몹시 좋아했습니다. 그는 이런 자연을 훼손하는 것은 사람이 할 짓이 아니라고 생각해 법을 만들어 공표했습니다.

"토스카나 지형의 언덕 표면을 누구도 바꿀 수 없음."

그로부터 수많은 전쟁과 개발이 있었지만 아무도 지형을 훼손할 수는 없었습니다. 마을 사람들은 일부러 한참 떨어진 분지에다 마을을 지었고, 유럽 전역에 흑사병이 퍼졌을 때에도 사람들은 이 법을 지켰습니다. 몸은 좀 불편하고 때때로 욕심이 나긴 했지만 그곳에서 풍경을 바라볼 때 말로 형언할 수 없는 평안을 느꼈기 때문입니다.

그래서 지금은 토스카나는 이탈리아뿐 아니라 세계적인 휴양지로 유명해졌고, 오랫동안 보존해온 자연 덕분에 일류 와인과 농산물을 생산하는 곳이 되었습니다.

하나님을 예배하고 주님의 음성을 묵상하는 일은 아무리 어렵고 힘든 일이라고 해도 포기해선 안 되는 일입니다. 어떤 어려움과 시련이 닥친다 하더라도 더욱 주님의 손을 꼭 잡고 이겨나가십시오. 반드시 주님께서 좋은 것으로 채워주십니다.

♡ 주님! 아름다움을 지킬 수 있는 지혜와 마음의 여유를 주소서.
🖼 우리 주변에 있는 귀한 의미가 있는 것들을 지키며 삽시다.

2월 27일

가장 큰 피해자

읽을 말씀 : 시편 14:1-7

● 시 14:1 어리석은 자는 그의 마음에 이르기를 하나님이 없다 하는도다 그들은 부패하고 그 행실이 가증하니 선을 행하는 자가 없도다

미국의 아더 베리는 '보석 사냥꾼'으로 불리는 유명한 도둑이었습니다. 비싸고 특이한 보석만 훔쳤던 그는 보석의 주인이 누구든지, 보안이 얼마나 철저하든지 상관없이 100% 성공해 유명세를 올렸습니다. 그러나 정작 취미삼아 동네 보석상을 털다가 경찰에 붙잡혀 18년형이나 선고받았는데 출소 뒤에는 완전 새사람이 되었습니다.

고향으로 내려가 정착한 그는 자기 할 일을 하며 틈만 나면 봉사를 했습니다. 처음에는 그의 모습을 위장이라고 생각해 감시하던 경찰도 곧 그의 변화된 모습을 인정하고 감시를 멈췄습니다. 이 소식을 들은 한 기자는 흥미를 느끼고 아더 베리를 찾아와 인터뷰를 진행하며 질문했습니다.

"뉴욕에는 부자들이 정말 많습니다. 그 중에서 누구의 것을 가장 많이 훔치셨나요?"

"바로 나였습니다. 나에게는 다른 사람에게 없는 재능이 많았습니다. 그런데 제대로 활용을 하지 못하고 도둑질이나 하다가 잡혀서 내 인생의 1/3을 잃었습니다. 그러니 나보다 더 많은 것을 잃은 사람이 있겠습니까?"

믿음을 떠나 세상에서 즐거움을 찾아도, 잠시나마 그것을 달콤하게 여겨도, 결국은 모두 손해입니다. 뻔히 아는 길을 떠나 아까운 시간을 낭비하지 말고 세월을 아껴 더욱 주님을 사랑하십시오. 반드시 주님께서 좋은 것으로 채워주십니다.

♡ 주님! 거듭난 하나님의 자녀로 본을 보이며 살게 하소서.

📖 내 삶에서 잃어버리고 있는 것이 무엇인지 살피고 새롭게 시작합시다.

불완전한 사랑

2월 28일

읽을 말씀 : 잠언 10:1-12

- 잠 10:12 미움은 다툼을 일으켜도 사랑은 모든 허물을 가리느니라

서울아산병원의 정신과 전문의 정석훈 박사는 '결혼할 사람을 제대로 고르는 방법'에 대해서 다음과 같이 말했습니다.

1. 상대방이 배우자가 아닌 자식이어도 사랑스러워야 한다.
2. 삼십년 동안 같이 산책할 수 있어야 한다.
3. 너무 아프고 힘들지 않아야 한다.
4. 지금 상대방의 모습을 받아들일 수 있어야 한다.
5. 내 배우자가 사위나 며느리로 온다고 해도 받아들일 수 있어야 합니다.

불완전하기에 인간의 사랑은 조건과 따져야 할 것이 너무나 많고 하나님을 떠나서는 제대로 된 사랑을 배울 수 없습니다. 하나님의 사랑을 통해 진정한 사랑을 배우고 익히십시오. 반드시 주님께서 좋은 것으로 채워주십니다.

💗 주님! 우리 가문에 가족 형성이 모두 믿음 안에서 이뤄지게 하소서.
🖼 상대방에게 기대하는 것들을 나부터 먼저 실행합시다.

"너의 하나님 여호와가 너의 가운데에 계시니
그는 구원을 베푸실 전능자이시라
그가 너로 말미암아 기쁨을 이기지
못하시며 너를 잠잠히 사랑하시며
너로 말미암아 즐거이 부르며
기뻐하시리라 하리라"
(스바냐 3장 17절)

3월 1일 — 희생의 복음

읽을 말씀 : 디모데후서 3:1-12

● 딤후 3:12 무릇 그리스도 예수 안에서 경건하게 살고자 하는 자는 핍박을 받으리라

일제치하시절 독립선언서를 작성하고 발표한 105인을 수감하기 위해 일본은 '총독암살날조국'을 꾸몄습니다.

민족대표 중 지도자격이던 남강 이승훈 선생님도 이때 체포되어 5년 동안이나 옥고를 견뎌야 했습니다. 그러나 이승훈 선생님은 비록 몸은 옥에 갇혀 있었지만 자신의 안위보다는 나라를 더 걱정했고, 말씀과 기도로 하나님의 도우심을 구했습니다.

이승훈 선생님은 감옥에서만 성경을 3번 통독했고, 자기를 고문한 간수에게도 복음을 전하고 부드럽게 대할 정도로 사랑을 실천하는 진정한 그리스도인이었습니다. 이승훈 선생님뿐 아니라 당시 독립운동을 하던 많은 사람들이 참된 그리스도인이었는데, 기독교 정신을 바탕으로 나라와 민족을 사랑하고 또 희생할 수 있는 이런 분들이 계셨기에 만세운동이 일어날 수 있었고, 또 독립과 함께 예수님의 복음이 우리 땅 곳곳에 퍼져나가 지금의 대한민국이 될 수 있었습니다.

예수님의 가르침을 따르는 사람은 남을 위해 희생할 수 있고 주님을 위해 헌신할 수 있습니다. 그 가르침을 따르는 우리들이 이제는 진정한 희생과 사랑으로 복음의 모습을 사람들에게 보여줘야 합니다. 이 땅의 독립과 복음을 위해 투쟁하신 귀한 믿음의 선배들을 생각하며 예수님을 따라 살아가십시오. 반드시 주님께서 좋은 것으로 채워주십니다.

💚 주님! 조국을 위해 희생한 분들의 후손들이 더 잘되게 하소서.
📖 우리나라가 강한 국가가 되어 세계 복음화의 전진기지가 되도록 기도합시다.

예수님의 신분

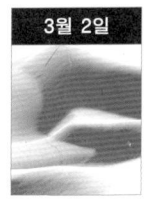

3월 2일

읽을 말씀 : 마태복음 16:13-20

● 마 16:16 시몬 베드로가 대답하여 이르되 주는 그리스도시요 살아 계신 하나님의 아들이시니이다

잉꼬부부로 알려진 영국의 빅토리아 여왕과 알버트 공이 한 번은 사소한 일로 다툼을 벌인 적이 있었습니다.

아주 사소한 일이었지만 문제가 점점 커져서 고성이 오갔고, 급기야는 싸우던 알버트 공은 자기 방으로 들어가 버렸습니다.

여왕도 자존심 때문에 붙잡지 않았는데 생각해보니 자신의 잘못이 분명한 것 같아 사과를 하려고 알버트 공의 방을 찾아갔으나 문은 굳게 잠겨 있었습니다. 조용히 노크를 하니 알버트 공이 대답했습니다.

"누구십니까?"

"빅토리아 여왕입니다."

문은 열리지 않았습니다. 잠시 생각을 하던 여왕은 다시 노크를 한 뒤 말했습니다.

"똑똑똑, 당신의 아내입니다."

그러자 잠시 뒤 방문이 열렸습니다.

지금 이 시간도 천지를 창조하신 예수님께서 우리의 마음 문 밖에서 우리의 마음 문을 두드리고 계십니다. 그 부르심에 응답할 때 즉각 구원받은 하나님의 자녀가 될 수 있습니다. 나를 기다리시는 주님에게 마음의 문을 활짝 여십시오. 반드시 주님께서 좋은 것으로 채워주십니다.

💗 주님! 주님의 노크 소리에 민첩하게 행동하게 하소서.

🎯 아직도 주님을 마음의 문 밖에 세워놓은 이들에게 복음을 전합시다.

3월 3일 — 갈등을 피하는 방법

읽을 말씀 : 로마서 12:14-21

● 롬 12:18 할 수 있거든 너희로서는 모든 사람으로 더불어 평화하라

모든 사람과 항상 원만한 관계를 유지하기란 너무 힘든 일이지만 성경은 할 수 있거든 모든 사람과 더불어 평화하라고 말씀하고 있습니다. 다음은 관계전문가들의 원만한 관계를 유지하기 위한 10가지 조언입니다.

01. 다른 사람의 장점부터 얘기하라.
02. 도움을 받았을 때 감사의 표현을 최대한 많이 하라.
03. 다른 사람의 말을 경청하라.
04. 자신의 약점에 솔직한 모습을 보이라.
05. 쓸데없는 논쟁은 무조건 피해라.
06. 선한 사마리아인처럼 남이 어려울 때 도우라.
07. 권면하고 위로하는 대화를 많이 나누라.
08. 도움을 받을 땐 확실히 받으라.
09. 가끔씩이라도 정기적으로 연락을 주고 받으라.
10. 관계를 위해 기도하며 만나라.

화평케 하는 사람은 복이 있습니다. 성도들이 있는 곳엔 언제나 사랑과 존중으로 분열이 아닌 화합의 역사가 일어나야 합니다. 하나님의 사랑과 진리가 통할 수 있는 축복의 통로로 나의 관계를 활용하십시오. 반드시 주님께서 좋은 것으로 채워주십니다.

♥ 주님! 모든 사람과 평화할 수 있게 성령님께서 이끌어 주소서.
📖 관계 때문에 힘들어 하고 있다면 위의 10가지를 실천해봅시다.

진짜로 필요한 것

읽을 말씀 : 고린도후서 13:1-13

● 고후 13:4 그리스도께서 약하심으로 십자가에 못 박히셨으나 하나님의 능력으로 살아 계시니 우리도 그 안에서 약하나 너희에게 대하여 하나님의 능력으로 그와 함께 살리라

발달 장애를 갖고 태어난 제럴드는 어려서부터 큰 수술을 여러 번 받았습니다.

두개골을 확장시키는 대수술을 무려 5번이나 받았기 때문에 제대로 된 학교생활을 할 수가 없었고, 학교에 간다 해도 머리를 붕대로 칭칭 감은 우스꽝스러운 모습 때문에 아이들이 함께 놀아주지도 않았습니다.

그렇게 매년 제럴드의 생일에는 가족만 참석했을 뿐 단 한명의 친구도 오지 않았습니다.

이 사실이 너무 가슴이 아팠던 제럴드의 할머니는 SNS에 이 슬픈 사실을 올렸는데 그 글을 보고 전국 각지에서 선물이 도착하기 시작했습니다. 시의원과 경찰, 소방관, 학교 선생님이 찾아와 제럴드의 생일을 축하했고, 방송사에서도 제럴드를 취재하러 왔습니다. 제럴드는 사람들의 이런 놀라운 반응에 기쁘지 않냐는 질문에 이렇게 대답했습니다.

"네, 맞아요. 분명히 놀랍고 기쁜 일이죠. 저는 아주 행복해요. 그렇지만 여전히 생일에 가장 받고 싶은 선물은 함께 할 친구들이에요. 내년에는 꼭 그 선물을 받았으면 좋겠어요."

나에게 진정 필요한 것이 정말로 주님뿐이라면 더 이상의 불평은 없어야 합니다. 주님으로 인해 오직 감사할 수 있는지, 주님만을 더욱 알기를 원하는지 잠잠한 가운데 묵상해보십시오. 반드시 주님께서 좋은 것으로 채워주십니다.

♡ 주님! 소외된 사람들과 함께하게 하소서.
📖 주위에 혼자 외로이 있는 이들을 찾아가 함께 해 줍시다.

3월 5일
영원한 말씀

읽을 말씀 : 이사야 40:1-11

● 사 40:8 풀은 마르고 꽃은 시드나 우리 하나님의 말씀은 영원히 서리라 하라

미국 테네시 주의 고속도로를 달리던 승용차 한 대가 있었습니다. 그런데 어떤 결함이 있었는지 갑자기 차체에서 불이 나기 시작했습니다. 당황한 운전자는 실수로 핸들을 꺾어 차는 도로 밖으로 굴러 떨어졌고 불이 점점 더 크게 나기 시작했습니다. 그러나 다행히 근처에 있던 지역 방송국이 재빨리 신고를 해 운전자는 무사히 구조됐습니다.

불이 다 꺼지고 난 뒤에 차에 불이 난 이유를 알기 위해서 차 안을 살폈는데 갑자기 검사하던 한 사람이 크게 외쳤습니다.

"여기 성경책이 있어요. 그것도 아주 멀쩡한 상태로요!"

차량에 불이 난 것은 분명한 사실이었습니다. 방송국에서는 차가 다 불에 탈 때까지 촬영을 했고, 그 이후에 누군가 성경책을 갖다 놓을 이유는 아무도 없었습니다. 그러나 성경은 멀쩡히 발견되었고, 이 일이 비록 우연일지는 모르지만 하나님의 말씀이 가진 놀라움에 대해서 많은 사람에게 생각할 계기를 주었습니다.

비록 성경이 불에 타지 않을 어떤 이유가 있다 해도 이것은 분명한 기적이며 또한 하나님의 말씀은 영원하다는 것을 알게 해 주는 귀한 이야기입니다. 영원한 말씀을 믿고 붙드는 사람은 영원한 생명을 얻습니다. 변치 않는 하나님의 말씀을 매일 붙잡고 사십시오. 반드시 주님께서 좋은 것으로 채워주십니다.

♥ 주님! 주님의 말씀은 영원한 생명의 말씀임을 널리 알리는 삶을 살게 하소서.
📖 소방서 긴급 출동번호 119를 생각하며 성경 시편 119편을 읽읍시다.

금식의 이유

3월 6일

읽을 말씀 : 마태복음 6:16-18

● 마 6:17 너는 금식할 때에 머리에 기름을 바르고 얼굴을 씻으라

중세시대 성자로 추앙받았던 프란체스코가 40일 금식을 하고 있었습니다.

그를 따르던 많은 제자들도 40일 금식에 동참했는데, 갑자기 한 제자가 다른 제자를 끌고 와 외쳤습니다.

"이 녀석이 매일 주방에서 스프를 몰래 먹고 있었습니다. 3일 전부터 어디선가 음식 냄새가 나기에 몰래 따라가 봤더니 진짜였습니다. 프란체스코님 이 자에게 혼을 내주십시오."

배신을 했다는 분노에 다른 제자들까지 크게 화가 나 있었습니다. 이야기를 들은 프란체스코는 주방에 있는 스프를 가져오라고 했습니다. 그리고 스프를 보자마자 크게 한 입 떠서 먹었습니다. 놀란 제자들에게 프란체스코가 말했습니다.

"우리가 금식을 하는 이유는 예수님을 깊게 묵상하며 그분의 성품을 배우고자 함이지. 금식을 했다고 우월감을 가지고 남을 비방하기 위해서가 아닙니다. 그런 금식이라면 여기서 그만두는 것이 훨씬 좋습니다."

누구보다 율법을 잘 지켰던 바리새인들과 서기관들을 예수님은 오히려 책망하셨습니다. 말씀대로 사는 것도 중요하지만 그 안에 담긴 참된 뜻과 동기를 이해하는 것도 중요합니다. 예수님의 겸손과 사랑을 닮게 해달라고 더 간절히 기도하십시오. 반드시 주님께서 좋은 것으로 채워주십니다.

♥ 주님! 형제를 비난하거나 비판하지 않는 온유한 사람이 되게 하소서.
🖼 종교적 행위보다 주님의 마음이 무엇인지 바르게 깨달으며 삽시다.

3월 7일 - 불행을 끌어들이는 습관

읽을 말씀 : 시편 4:1-8

● 시 4:7 주께서 내 마음에 두신 기쁨은 그들의 곡식과 새 포도주가 풍성할 때보다 더하니이다

'감성지능 2.0'의 저자 브레드베리 박사의 연구에 따르면 만성적으로 인생이 불행하다고 느끼는 사람들은 다음의 10가지 습관이 있습니다.

01. 노력 없이 미래를 기다리기.
02. 물질적인 것만을 얻으려고 노력하기.
03. 사람들을 만나지 않으려는 자세.
04. 언제나 자기를 피해자라고 여기기.
05. 만연한 비관주의
06. 언제나 불평하기, 남의 험담하기.
07. 거짓말이 심하고 과장하는 습관.
08. 실수를 그냥 지나치고 못 본 체하기
09. 자기발전의 욕구가 없음.
10. 다른 사람과의 과도한 비교.

같은 삶을 살더라도 어떤 관점을 가졌는가에 따라 행복과 불행이 결정됩니다. 오늘 하루를 하나님이 허락하신 귀한 날로 생각하지 않고 있다면 삶에 대한 우리의 시선을 수정해야 합니다. 우리가 사는 곳이 아니라 우리가 믿는 분을 바라보는 삶을 사십시오. 반드시 주님께서 좋은 것으로 채워주십니다.

💚 주님! 우리에게 영생을 주고 풍성한 삶을 주신 주님 안에서 살게 하소서.
📖 우리의 삶 가운데 위 10가지 중에 해당되는 것은 당장 바꿉시다.

매일 찾는 이름

3월 8일

읽을 말씀 : 요한복음 20:24-31

● 요 20:31 오직 이것을 기록함은 너희로 예수께서 하나님의 아들 그리스도이심을 믿게 하려 함이요 또 너희로 믿고 그 이름을 힘입어 생명을 얻게 하려 함이니라

미국에서 심각한 부부싸움으로 법정에 선 한 부부가 있었습니다. 남편에게 화가 많이 난 아내가 폭행을 해 경찰까지 출동한 사건이었습니다. 재판에서 먼저 변호사가 아내에게 물었습니다.

"부부싸움을 시작하기 전에 무슨 일을 하고 계셨습니까?"

"저는 출근을 준비하고 있었고 과음 때문에 늦게 일어난 남편이 저에게 말을 걸었어요."

"무슨 말을 했죠?"

"캐시, 여기 어디야? 지금 몇 시지?"

대답을 들은 변호사가 놀라 물었습니다.

"아니, 고작 그걸 물었다고 화가 나서 남편에게 폭력을 휘두른 겁니까?"

"당연하죠. 왜냐하면 내 이름은 수잔이거든요."

미국의 법정 서기들이 한 유머 사이트에 올린 실제 대화 내용입니다.

매일 주님을 구주로 고백하며, 찬양하면서도 정작 우리의 삶은 매일 주님이 아닌 다른 것을 찾지는 않습니까? 말이 아닌 삶으로 주님을 주님 되게 하는 모습을 세상에 보여주십시오. 반드시 주님께서 좋은 것으로 채워주십니다.

♥ 주님! 사탄이 호시탐탐 노리는데 정신차리고 바르게 살게 하소서.

📖 요즘 주님보다 다른데 더 관심을 가지고 있는지 성찰하고 돌이킵시다.

3월 9일

지혜로운 말

읽을 말씀 : 시편 34:12-22

● 시 34:13 네 혀를 악에서 금하며 네 입술을 거짓말에서 금할지어다

하버드대학교와 국내 대학팀으로 꾸려진 연구팀은 어려서부터 언어폭력을 당해온 사람들 1,000명을 모집해 MRI를 찍어 일반인들의 뇌와 비교했습니다.

결과를 확인한 연구진은 깜짝 놀랐습니다. 언어폭력을 당한 사람들의 뇌 상태가 우울증이나 불리불안 증상을 겪는 사람들처럼 심각하게 상해 있었기 때문입니다.

"넌 왜 그렇게 할 줄 아는 게 없냐?", "다 니가 문제야!", "이거 하나 똑바로 못 해?"

일상에서 굉장히 자주 접하는 말들입니다. 그런데 이런 말들이 실제적으로 뇌를 공격하는 폭력이 될 수도 있습니다.

이런 피해를 예방하기 위해선 다음과 같은 방법들이 도움이 됩니다.

- 언어폭력에 반응하기 전에 3초간 기다릴 것
- 감정의 표현의 주체를 상대방이 아닌 나에 맞출 것
- 하루 동안 감정의 변화를 적는 일기를 적을 것
- 상대방이 누구에게나 상처를 주는 사람이라면 신경 쓰지 말 것

지혜로운 말은 어떤 경우에도 사람에게 상처를 주거나 마음을 상하게 하지 않습니다. 주님이 주신 귀한 사랑으로 인해 사람들을 진짜로 위하는 말을 하십시오. 반드시 주님께서 좋은 것으로 채워주십니다.

♡ 주님! 말을 할 때 상대에게 힘과 격려와 위로가 되는 말을 하게 하소서.

📖 감정이 치밀어 올 때에 3초의 여유와 기다림을 갖는 훈련을 합시다.

맡겨주신 영혼

3월 10일

읽을 말씀 : 마태복음 18:1-14

● 마 18:6 누구든지 나를 믿는 이 작은 자 중 하나를 실족하게 하면 차라리 연자 맷돌이 그 목에 달려서 깊은 바다에 빠뜨려지는 것이 나으니라

한 카페에 어머니가 두 명의 자녀와 테이블에 앉아 있었습니다. 그런데 테이블에 아이스크림이 하나 밖에 없었습니다. 한쪽에 앉은 아이는 맛있게 아이스크림을 먹고 있었고, 다른 쪽에 있는 아이는 부럽게 쳐다보기만 했습니다. 엄마는 아이스크림을 먹는 아이는 사랑스럽게 쳐다봤으나 다른 아이를 볼 때는 사나운 눈빛이었습니다. 아이스크림을 먹고 싶어 하는 아이는 엄마 눈치까지 보며 안절부절 했습니다.

이때 한 남성이 다가와 엄마에게 왜 한 아이에게만 아이스크림을 주느냐고 묻지만 엄마는 별 말을 안 합니다. 어떤 사람은 자기가 아이에게 아이스크림을 사줘도 되겠냐고 말해도 엄마는 오히려 신경질을 냅니다. 한 아이는 실제 자기 자식이지만 다른 아이는 나라를 대신해 위탁해주고 있는 아이이기 때문입니다.

위 상황은 위탁 아동들의 현실을 알리기 위해 실행된 몰래카메라였습니다. 미국 전역에는 그냥 보조금을 받기위해 아이를 맡아만 놓고 신경 쓰지 않는 사람들 때문에 큰 사회적 문제가 일어나고 있습니다.

영혼을 정말 사랑하는 마음으로 믿지 않는 이웃을 위해 기도하고 또 복음을 전하십시오. 반드시 주님께서 좋은 것으로 채워주십니다.

♡ 주님! 주님의 사랑으로 이웃을 사랑하되 편애를 하지 않게 하소서.
🖼 정기적으로 보육원에 가서 어려운 아이들에게 기쁨을 주는 일을 합시다.

3월 11일 — 중요한 일 20%

읽을 말씀 : 마 22:34-40

● 마 22:38 예수께서 이르시되 네 마음을 다하고 목숨을 다하고 뜻을 다하여 주 너의 하나님을 사랑하라 하셨으니

번 화가에 인접한 두 카페가 있었습니다. 두 카페 모두 쿠폰 시스템이 있었는데 한 카페는 8번 도장을 받으면 무료 커피 음료를 제공했습니다. 그리고 다른 카페도 8번의 도장을 받으면 커피를 먹을 수 있었지만 칸이 10개였고 2개는 미리 찍혀있었습니다.

약간의 디자인 차이일 뿐 두 쿠폰 모두 커피 8잔을 사서 마시면 공짜 커피를 먹을 수 있는 것은 똑같았습니다. 그러나 2개의 도장이 찍혀진 쿠폰을 주는 카페에 쿠폰을 다 채운 사람들이 무려 50%나 많았습니다.

똑같은 8번이지만 1에서 8까지 가는 것보다 3에서 10까지 가는 것이 심리적으로 더 쉽게 느껴졌기 때문입니다. 이런 이유로 심리학에서는 20%의 중요한 일을 먼저 하면 80%는 따라온다는 법칙이 만들어지기도 했습니다.

정말 중요한 20%가 무엇인지 아는 것이 중요합니다. 주님을 알고 예배하고 따르는 것이 우리 인생의 가장 소중한 20%입니다. 세상 살이가 우리의 여유를 빼앗아 간다 해도 먼저 중요한 20%에 집중하십시오. 반드시 주님께서 좋은 것으로 채워주십니다.

♡ 주님! 먼저 주님의 나라와 의를 구하는 삶을 살게 하소서.
🖼 행동 중에 알게 모르게 주님을 먼저 위하지 않는 행동을 고칩시다.

눈에 보이는 기부

3월 12일

읽을 말씀 : 고린도후서 8:16-24

● 고후 8:24 그러므로 너희는 여러 교회 앞에서 너희의 사랑과 너희에 대한 우리 자랑의 증거를 그들에게 보이라

한 남자가 지하철을 걸어가고 있었습니다. 빵모양의 기다란 전광판이 있는 곳으로 간 남자는 카드를 꺼내 빵의 끝부분에 대고 긁었습니다. 그러자 빵 한 조각이 잘리고 앙상한 손이 나타나 그 빵을 들고 갔습니다.

또 다른 전광판에는 밧줄에 묶여있는 어린 아이의 양손이 있었습니다. 그 남자가 아이를 묶은 밧줄에 카드를 대고 긁자 이번엔 밧줄이 잘리며 아이의 손이 해방되었습니다.

독일에서 시행 중인 한 기부 프로그램의 실제 모습입니다. 내가 기부를 하는 금액이 어떤 아이들을 어떤 방식으로 돕는지 시각화로 나타낸 캠페인인데 그 어떤 광고 효과보다 큰 효과가 일어나고 있어 많은 사람들이 더 적극적으로 기부를 하기 시작했고, 심지어 교육효과를 위해 자녀들을 데리고 와서 이 광고판에서 기부를 하는 부모님들도 많았습니다.

누군가를 위해 돈을 내는 것은 단순한 돈이 아니라 생명을 살리고 영혼을 살리는 일입니다. 눈에 보이지 않기에 그저 돈만 내고 끝나는 기부와 선교가 되어서는 안 됩니다. 영혼들을 위한 간절한 하나님의 마음을 깨닫기 위해 자주 봉사하며 또 단기로라도 해외 선교를 참여해보십시오. 반드시 주님께서 좋은 것으로 채워주십니다.

♡ 주님! 주님께서 제게 맡기신 물질을 주님의 일에 적절히 사용하게 하소서.
📖 지금 어디에 얼마를 기부나 헌금하고 있는지 보고 적다면 더 합시다.

3월 13일
십대들이 떠나는 교회

읽을 말씀 : 로마서 5:12-21

● 롬 5:15 곧 한 사람의 범죄를 인하여 많은 사람이 죽었은즉 더욱 하나님의 은혜와 또한 한 사람 예수 그리스도의 은혜로 말미암은 선물은 많은 사람에게 넘쳤느니라

미국의 신앙잡지인 '믿음의 경험'에서 미국 한 지역의 10대들을 대상으로 교회를 떠나는 이유에 대해서 물었습니다. 크게 5가지 이유가 있었습니다.

1. 교회에서 하나님을 만날 수 없다.
   재밌고 유익한 프로그램들이 아무리 많아도 본질이 없으면 소용없습니다.
2. 부모님이 교회생활을 소홀히 하기 때문이다.
   교회보다도 더 중요한 것이 많다고 가르치고 생활하는 것은 큰 문제입니다.
3. 굳이 교회가 아니더라도 친구들을 만날 수 있다.
   네트워크 역할을 하던 교회의 역할은 인터넷과 스마트폰이 대체했습니다.
4. 교인과 일반인의 차이를 잘 모르겠다.
   교회가 더 이상 사람들의 삶을 변화시키지 못하고 있습니다.
5. 요즘 십대들을 제대로 이해하지 못하고 있다.
   이해하는 척하는 것과 실제로 이해하는 것은 분명 다릅니다.

가장 중요한 본질을 놓치면 결국 영혼을 얻지 못합니다. 이 땅의 십대들을 위해 고민하고 또 기도해주십시오. 반드시 주님께서 좋은 것으로 채워주십시오.

💗 주님! 우리가 먼저 교회생활을 중요시하고 변화된 생활을 하게 하소서.
📖 요즘 교회에 나오다가 나오지 않는 십대를 만나 교제 합시다.

더 중요한 가치

읽을 말씀 : 마태복음 5:1-12

●마 5:9 화평하게 하는 자는 복이 있나니 그들이 하나님의 아들이라 일컬음을 받을 것임이요

3월 14일

자폐성향이 있어 수업에 어려움을 겪는 한 고등학생이 있었습니다. 친구들이 말을 걸면 대답도 제대로 할 수 없어 놀림을 당하기 일쑤였고, 공부에 방해가 된다는 이유로 아무도 옆에 앉으려고 하지 않았습니다. 그런데 같은 학교에 다니던 조군이 자청해서 짝이 되겠다고 선생님을 찾아가 지원을 했습니다.

그렇게 조군의 도움으로 이 친구는 3년 내내 왕따나 따돌림 없이 학창시절을 보냈고, 대학진학까지 하게 되었습니다. 그리고 조군은 "놀림의 대상이던 자폐성향의 친구를 3년간 지켜주고 돕는 역할을 했음"이라는 학생부의 기록으로 한양대 종합전형에 합격했습니다.

요즘 시대에 정말 이런 학생이 있는지 궁금했던 면접관이 직접 학교에 전화를 했고, 선생님들은 "지금까지 만난 학생 중에 가장 뛰어난 인성을 가진 학생"이라며 조군을 칭찬했습니다. 그리고 그 학생부의 기록 한 줄로 인해 합격에 한참 부족한 성적이었던 조군은 한양대에 들어가게 되었습니다.

진심을 다해 사랑으로 이루어지는 선행은 생각지도 못한 축복을 받는 스위치입니다. 예수님을 섬기나는 마음으로 사회의 약한 사람들을 섬기십시오. 반드시 주님께서 좋은 것으로 채워주십니다.

♡ 주님! 사회에 약한 사람들에게 큰 관심을 가지고 그들과 함께하게 하소서.
🕮 주변에 따돌림을 당하고 있는 사람의 편이 되고 친구가 됩시다.

3월 15일
다람쥐 성도, 햄스터 성도

읽을 말씀 : 야고보서 1:12-18

● 약 1:14 오직 각 사람이 시험을 받는 것은 자기 욕심에 끌려 미혹됨이니

해바라기씨가 잔뜩 들어있는 통에 다람쥐가 겨우 들어갈 수 있는 문이 있었습니다.

다람쥐를 근처에 풀어놓자 재빨리 통에 들어가 해바라기씨를 먹기 시작했습니다. 그러나 바닥에 여전히 많은 씨가 있음에도 적당히 먹은 뒤에 다시 구멍으로 나왔습니다.

이번엔 같은 조건에 햄스터를 풀어놓았습니다.

햄스터는 구멍으로 들어가 해바라기씨를 다람쥐의 몇 배나 먹기 시작했습니다. 그것도 모자라 씨앗을 잔뜩 입안에 머금고 나오려고 시도를 했는데, 볼이 너무 부풀어져 있어 도저히 나올 수가 없었습니다.

씨를 다시 뱉어야 문으로 나올 수 있었지만 그래도 햄스터는 씨를 포기하지 못했고, 문밖으로도 나오지도 못했습니다.

잠깐 머무는 곳에 너무 많은 욕심을 부려 더 중요한 것을 놓치는 인생이 되어서는 안 됩니다. 아무리 많은 돈을 벌어도 아무리 높은 자리에 올라도 세상에서의 성공은 언제 무너질지 모르는 모래성과 같습니다. 이 땅에서의 어떤 성공이나 축복도 영원한 것은 아니며 더 좋은 일을 위해 하나님이 베푸신 은총임을 잊지 않는 다람쥐 같은 지혜로운 성도가 되십시오. 반드시 주님께서 좋은 것으로 채워주십니다.

♡ 주님! 제 마음을 주장해 주시고 욕심으로 인해 인생을 망치지 않게 하소서.
📖 세상의 돈과 명예에 너무 집착하고 있지 않은지 돌아보십시오.

덧니와 재능

읽을 말씀 : 마태복음 25:14-30

3월 16일

● 마 25:21 그 주인이 이르되 잘하였도다 착하고 충성된 종아 네가 적은 일에 충성하였으매 내가 많은 것을 네게 맡기리니 네 주인의 즐거움에 참여할지어다 하고

외모는 별로지만 뛰어난 노래 실력을 지닌 카스 달리라는 여자가 있었습니다. 사람들은 그녀를 볼 때마다 노래보다도 덧니에 더 관심을 보였습니다. 콤플렉스가 생긴 그녀는 이후에 노래를 할 때마다 가창력보다는 덧니를 숨기는데 신경을 쏟았고, 그로 인해 노래실력은 절반도 발휘하지 못했습니다. 가수가 될 수 없을 것이라고 포기한 그녀는 변두리의 작은 클럽에서 주로 노래를 하며 생활을 했는데, 우연히 그녀의 노래를 들은 한 유명 프로듀서가 그녀에게 이런 조언을 해줬습니다.

"왜 노래를 마음껏 부르지 않죠? 덧니 때문인가요? 사람들 말 신경 쓰지 말고 내 말을 들어요. 덧니를 부끄러워하지 말고 맘껏 노래를 불러요. 못생긴 덧니보다 당신의 아름다운 노래를 사람들은 훨씬 더 사랑할겁니다."

이후 그녀는 누가 덧니를 가지고 뭐라 하든 오직 노래에만 집중을 했고, 그 결과 수많은 영화와 방송 출연을 비롯 12장의 음반을 냈고, 그 중 몇 개는 빌보드 10위권까지 기록하는 톱스타가 되었습니다.

약점을 극복하는데 가장 중요한 것은 자신감입니다. 우리를 위해 일하고자 귀한 재능과 은사를 주신 주님을 믿고 당당히 강점에 집중하십시오. 반드시 주님께서 좋은 것으로 채워주십니다.

♡ 주님! 나의 약점 때문에 주님이 주신 은사나 강점을 잃지 않게 하소서.
🕮 무엇에 대한 콤플렉스가 있으면 기도로 문제를 해결하고 담대합시다.

3월 17일 — 펭귄 생존법

읽을 말씀 : 로마서 6:1-14

● 롬 6:5 만일 우리가 그의 죽으심과 같은 모양으로 연합한 자가 되었으면 또한 그의 부활과 같은 모양으로 연합한 자도 되리라

남극은 지구에서 가장 추운 지방입니다. 평소에도 영하 50~60도를 넘나드는 곳이지만 해가 들지 않는 겨울철에는 더 극심한 추위가 몰아칩니다. 영하 90도까지도 내려가는데다 북서쪽에서 매서운 계절풍까지 불어오는 추위에는 도저히 버틸 수가 없지만 남극 펭귄은 겨울철이 되면 남극에서도 가장 추운 남극점을 향해 모여듭니다.

남극점은 다른 곳보다 온도가 훨씬 낮지만 매서운 계절풍은 불지 않습니다. 그리고 이곳에서 펭귄들은 서로의 몸을 포개며 원을 만듭니다. 그러면 서로의 체온이 전달되어 영하 70도를 웃도는 추위라도 이겨낼 수 있게 됩니다. 그렇게 해가 뜰 때까지 며칠이고 추위를 견뎌내고 다시 해가 뜨고 바람이 잦아들면 펭귄들은 서식지로 돌아갑니다.

탁 트인 남극에서 부는 매서운 바람을 막을 방법은 없지만, 매서운 추위는 서로의 체온으로 이겨낼 수 있습니다.

벼랑 끝의 인생처럼 느껴지는 어려운 순간에도 하나님을 믿고, 의지 하는 사람들 간에 함께 연합하면 매섭고 메마른 광야는 지나가고 푸른 초장이 다시 펼쳐질 것입니다. 성경의 말씀을 따라 그리스도인의 방법으로 세상의 어려움을 헤쳐 나가십시오. 반드시 주님께서 좋은 것으로 채워주십니다.

💗 주님! 제 삶이 어려움에 있을 때 함께 이겨낼 동역자와 친구를 주소서.

🖼 인생의 어려움의 골짜기를 지날 때 함께 할 친구의 명단을 만듭시다.

날개를 기억하라

3월 18일

읽을 말씀 : 이사야 40:12-31

● 사 40:31 오직 여호와를 앙망하는 자는 새 힘을 얻으리니 독수리가 날개치며 올라감 같을 것이요 달음박질하여도 곤비하지 아니하겠고 걸어가도 피곤하지 아니하리로다

아프리카에는 뱀잡이수리라는 맹금류가 살고 있습니다. 날카로운 부리와 뛰어난 시력으로 독수리와 비슷하게 두더지나 뱀 같은 동물들을 잡아먹고 삽니다. 덩치도 크고 사냥 솜씨도 좋아 여간해서는 실패하는 법이 없습니다.

그런데 한 부족은 이 뱀잡이수리를 '날지도 못하는 바보'라는 이름으로 부릅니다. 뱀잡이수리가 땅에서 쉬고 있을 때 가끔 사나운 맹수들이 달려오는데, 하늘로 날아가면 될 것을 짧은 다리로 도망을 가다가 몇 걸음 안 되어 잡혀 먹히고 말기 때문입니다.

뱀잡이수리는 하늘을 날 수 있는 날개와 싸울 수 있는 날카로운 발톱과 부리도 있습니다. 그러나 달려드는 맹수의 기세에 눌려 당황하다가 결국 날개 한 번 펴보지 못하고 처참하게 맹수들에게 사냥을 당합니다.

하나님을 처음 만났을 때의 뜨거움, 그리고 역경 때마다 인도하신 놀라운 손길을 우리는 너무나 잊고 살 때가 많습니다. 우리 삶에 찾아오신 주님이 얼마나 놀라운 일을 행하셨는지도 너무나 사주 잊습니다. 그러나 지금까지 행하셨던 주님의 손길이 앞으로 우리의 삶도 책임지실 것입니다. 선한 목사이신 우리 주님이 앞으로도 우리의 삶에 역사하실 것임을 조금도 의심하지 마십시오. 반드시 주님께서 좋은 것으로 채워주십니다.

💗 주님! 제게 주신 주님의 놀라운 능력을 잘 활용하게 하소서.
🎯 대적들을 물리칠 수 있는 주님이 주신 장비들을 잘 활용합시다.

3월 19일 — 변화에 적응하라

읽을 말씀 : 데살로니가전서 1:2-10

● 살전 1:6 또 너희는 많은 환난 가운데서 성령의 기쁨으로 말씀을 받아 우리와 주를 본받은 자가 되었으니

세계적인 명차를 만드는 독일의 BMW에서는 노년층의 직원들을 두고 큰 고민이 있었습니다.

경력을 2,30년 씩 쌓은 대부분의 노년 노동자들의 작업량이 점점 낮아지고 있었기 때문입니다. 그러나 젊은 직원을 새로 뽑을 경우에는 불량률이 걱정이었습니다. 수십 년의 경력은 소중한 자산이 분명했지만 그렇다고 출하량을 줄일 수는 없었습니다.

고심 끝에 BMW는 나이 든 직원들에게 일을 하며 힘든 것이 무엇인지 물었습니다. 직원들은 '밝은 조명', '좀 더 많은 휴식', '효율적인 업무 공간' 등 몇 가지 사항을 요구했습니다. 누가 봐도 더 생산성을 떨어트리는 주문들이었습니다. 그러나 밑져야 본전이라는 생각으로 회사 측에서 요구사항을 들어주자 놀라운 일이 일어났습니다.

노년층의 직원들의 성과가 젊은 직원들보다 훨씬 높게 나타났습니다. 노안으로 떨어지는 시력과, 상대적으로 떨어지는 체력들을 충분히 보충할 수 있게 도와주자 그동안 쌓은 경험과 숙련도가 엄청난 능력을 발휘했습니다.

문제가 있으면 원인을 찾아 해결 방법을 제시하십시오. 변화는 위기이자 기회입니다. 우리의 삶에, 교회에, 믿음에, 신앙에 위기가 찾아온다면 곧 기회일 수도 있음을 기억하십시오. 반드시 주님께서 좋은 것으로 채워주십니다.

♡ 주님! 무슨 일에 능률이 오르지 않을 때 주님 안에서 그 원인을 찾게 하소서.
📖 요즘 처리하기 힘든 일이 무엇인지를 찾아 개선방법을 찾읍시다.

믿음으로 세운 집

3월 20일

읽을 말씀 : 마태복음 7:15-27

● 마 7:24 그러므로 누구든지 나의 이 말을 듣고 행하는 자는 그 집을 반석 위에 지은 지혜로운 사람 같으리니

미국의 윈체스터 씨는 자신의 이름을 딴 총을 만들어 엄청난 돈을 벌었습니다.

그러나 기이한 사고로 윈체스터 씨와 그의 아들은 함께 세상을 떠나고 말았습니다. 홀로 남은 윈체스터 부인은 막대한 유산을 물려받았으나 남편과 아들이 떠난 공허함을 채울 수 있는 것은 세상에 아무것도 없었습니다. 불안한 마음과 자신도 언젠가는 사고로 죽을지 모른다는 생각에 그녀는 이런저런 미신들을 접하기 시작했는데, 그러다 한 점성술사로부터 집을 짓는 동안에는 죽지 않을 것이라는 말을 들었습니다.

그때부터 가진 돈을 모두 사용해 그녀는 집을 짓기 시작했습니다. 무려 40년 동안 16명의 목수들이 지은 이 집에는 엠파이어스테이트 빌딩보다 많은 16만개의 창문과 2천개의 문이 있습니다. 게다가 그녀가 빠진 신비사상처럼 이해할 수 없는 기괴한 구조로 방과 문, 천장들이 연결되어 있었습니다. 그러나 결국 집을 짓는 중에 그녀는 죽고 말았습니다.

그녀가 죽고 난 뒤에 남은 건축자재와 쓰레기를 버리는 데만 8대의 트럭으로 2달이 걸렸습니다.

하나님이 아닌 다른 것을 붙잡고 쌓아가며 사는 모든 인생이 모습이 이와 같습니다. 말씀으로 세운 신앙만이, 믿음으로 사는 삶만이 참된 삶이며 신앙임을 깨달으십시오. 반드시 주님께서 좋은 것으로 채워주십니다.

♡ 주님! 모래 위에 집을 짓는 세상적인 삶을 살지 않게 하소서.

📖 지금 내가 하고 있는 일이 바른 일인지 점검해봅시다.

3월 21일
전해야 할 비밀

읽을 말씀 : 에베소서 1:3-14

● 엡 1:9 그 뜻의 비밀을 우리에게 알리신 것이요 그의 기뻐하심을 따라 그리스도 안에서 때가 찬 경륜을 위하여 예정하신 것이니

바클레이 프라임이라는 스테이크 전문점은 10만원이 넘는 고급 샌드위치로 유명합니다.

싸게 먹는 음식이라는 생각이 있는 샌드위치에 고급 재료를 듬뿍 넣어 비싸게 파는 식당으로 유명세를 얻었는데, 이런 파격적인 운영으로 평균 폐업률이 35%인 필라델피아에서 유명 스타들이 오는 성공한 식당으로 자리를 잡았습니다.

그런데 이 식당에는 한 가지 비밀이 있습니다. 인테리어용으로 보이는 빈 전화박스가 구석에 있는데, 그곳에 들어가 아무 번호나 누르면 갑자기 문이 열리면서 한 웨이터가 나와 묻습니다.

"혹시 예약 손님이신가요?"

'비밀을 지켜주세요'라는 이름의 비밀 식당인데 들어가는 입구가 이렇게 숨겨져 있습니다. 광고나 영업도 전혀 하지 않고 우연히 찾아오는 사람들을 대상으로만 운영을 하고 있는데 가게 이름과는 달리 찾아오는 사람마다 죄다 입소문을 내서 지금은 입소문만으로도 줄을 서서 들어갈 정도의 명소가 되었습니다.

천국의 복음은 비밀이자 개인적인 체험이지만 그것을 깨닫게 되는 순간 전하지 않고는 견딜 수 없어야 합니다. 이 소중한 비밀을 만나는 모든 사람에게 전하는 하나님의 메신저가 되십시오. 반드시 주님께서 좋은 것으로 채워주십니다.

♡ 주님! 날이 갈수록 더욱 복음을 전하는 일에 열심이 있게 하소서.
※ 복음을 전하는 가장 효과적인 방법과 입소문의 방법을 찾아봅시다.

뛸 수 있었던 2가지 비결

3월 22일

읽을 말씀 : 데살로니가전서 5:12-28

● 살전 5:14 또 형제들아 너희를 권면하노니 게으른 자들을 권계하며 마음이 약한 자들을 격려하고 힘이 없는 자들을 붙들어 주며 모든 사람에게 오래 참으라

일본의 한 초등학교에서 체육관에 전교생이 모여 운동회를 하고 있었습니다.

뜀틀 시간에는 반 별로 대표가 나와 가장 높이 뛰는 학생을 찾았는데 한 학생이 압도적인 실력을 뽐냈습니다. 다른 반의 대표들은 대부분 5단도 넘지 못했지만 이 학생은 8단, 9단도 뛰어넘었고, 마지막 10단에도 도전을 했습니다.

전력을 다해 뛰었지만 자기 키보다 높은 뜀틀을 넘기엔 역부족이었습니다. 아쉬웠던 학생은 다시 한 번 뛰겠다고 했으나 역시 실패했고, 억울함에 한 번 더 도전했으나 그마저도 실패했습니다. 주변 사람들이 보기에는 10단은 도저히 무리인 것 같았고, 학생도 억울함에 눈물을 흘렸습니다.

그런데 갑자기 같은 반 친구들이 모두 달려 나와 소년을 둘러싸고 힘을 주기 시작했습니다. 친구들의 응원에 힘입어 학생은 다시 도전하겠다고 했고, 모든 반 친구들은 어깨동무를 하고 응원가를 불렀습니다. 그리고 소년은 거짓말처럼 멋지게 10단 뜀틀을 뛰어넘었고, 순식간에 체육관 안은 축제 분위기가 되었습니다.

역경에 굴하지 않는 인내심을 가진 사람과 그 삶을 지지해주는 사람이 만날 때 놀라운 일들이 일어납니다. 복음을 전하는 일에 최선을 다하며 또 서로 격려함으로 사랑으로 세상을 변화시켜나가십시오. 반드시 주님께서 좋은 것으로 채워주십니다.

♡ 주님! 주님이 주시는 힘으로 세상을 변화시키는 사람이 되게 하소서.
📖 요즘 앞을 가로막고 있는 것이 있다면 주변 성도들에게 기도 부탁을 합시다.

3월 23일 선한 양심

읽을 말씀 : 시편 16:1-11

● 시 16:7 나를 훈계하신 여호와를 송축할지라 밤마다 내 양심이 나를 교훈하도다

국내 한 명문대학에서 한 교수가 자리배치에 대해서 이렇게 말했습니다.

"맨 앞쪽 자리는 이왕이면 눈이 좋지 않은 학생들을 위해 배려하겠습니다. 메일로 연락을 주면 다음 시간부터 참고하도록 하겠습니다."

그런데 대다수의 학생들이 자기가 눈이 좋지 않다고 교수에게 메일을 보내 결국 추첨으로 앞자리를 배정해야 했습니다. 그리고 진짜 눈이 안 좋은 많은 학생들이 뒷자리에서 수업을 들어야만 했습니다.

인천의 제물포고는 무감독 시험을 무려 60년 동안이나 계속하고 있습니다. 스펙과 입시경쟁이 점점 심해지고 있어 양심을 속이는 학생들도 많아 형평성 문제로 없어질 뻔했으나 실력보다 양심을 키우는 것이 중요하다는 학교의 방침 아래 계속해서 무감독시험을 치르고 있고 대부분의 학생들이 또 정직하게 시험을 치르고 있습니다. 제물포고의 학생들은 시험을 보기 전에 이런 다짐을 한다고 합니다.

"양심은 우리 학교의 자랑이며 나를 성장시키는 영혼의 소리입니다."

실력보다 중요한 것이 양심입니다. 사람이 아닌 하나님께 정직한 삶을 위해 오늘도 노력하십시오. 반드시 주님께서 좋은 것으로 채워주십니다.

♡ 주님! 하루에도 많은 선택을 해야 하는데 양심을 선택하게 하소서.
📖 양심적인 선택이 손해를 줄 것 같아도 주님을 의지해 양심을 선택합시다.

장수의 축복

3월 24일

읽을 말씀 : 시편 91:1-16

● 시 91:16 내가 그를 장수하게 함으로 그를 만족하게 하며 나의 구원을 그에게 보이리라 하시도다

장수의 비결은 사람이 사는 지역마다 다르고 조사하는 기관마다 다르지만 대부분 다음과 같은 공통점이 있습니다.

● 첫째, 부지런함입니다.

나이가 들어도 여전히 부지런히 일이나 농사를 하고 또 운동을 하며 몸을 부지런히 사용했습니다.

● 둘째, 규칙적인 식사입니다.

특별히 과식이나 외식을 하지 않았고, 제철 음식을 고유의 전통음식과 함께 적당히 섭취했습니다.

● 셋째, 충분한 수면시간입니다.

보통 나이가 들면 잠이 없어진다고 하지만 대부분 몸을 쓰지 않아 깊은 잠을 못 자게 됩니다. 장수하는 사람들은 나이가 들어서도 7시간 이상씩 숙면을 취했습니다.

● 넷째, 감사와 감성입니다.

긍정적인 자세를 유지하며 노래나 춤, 그림 같은 예술을 즐겼습니다.

하나님이 주신 인생을 귀하게 여기고 최선을 다해 사는 것, 많은 욕심을 부리지 않는 것이 장수의 비결입니다. 창조의 원리를 따라 살아감으로 하나님이 주시는 장수의 복을 누리십시오. 주님만이 주실 수 있는 복임을 믿고 철저히 주님을 의지 하십시오. 반드시 주님께서 좋은 것으로 채워주십니다.

♡ 주님! 갈렙 같은 영과 육으로 노년에도 주님을 섬기게 하소서.
🖼 위 4가지 공통점 중에 부족한 부분이 무엇인지 알아 개선합시다.

3월 25일
생명수를 찾는 방법
읽을 말씀 : 요한복음 7:37-44

● 요 7:37 명절 끝날 곧 큰 날에 예수께서 서서 외쳐 이르시되 누구든지 목마르거든 내게로 와서 마시라

네덜란드의 한 상선이 인도양을 지나다 태풍을 만나 무인도에 표류했습니다.

무인도에는 열매도 없었고 식수로 쓸 수 있는 샘이나 오아시스도 없었습니다. 선원들은 괴롭게 버티다 한 명씩 죽어갔습니다. 그렇게 며칠이 지나고 단 한 명의 선원만 남았는데 목마름을 견디지 못한 선원은 해변으로 달려가 바닷물을 마시기 시작했습니다. 바닷물을 먹으면 목이 더 마르다는 것은 상식이었으나 어차피 곧 죽을 거 잠시나마 갈증을 잊기 위해 아무 생각 없이 물을 들이켰습니다. 그런데 이상하게 물이 전혀 짜지 않았습니다.

'어? 이상한데? 너무 목이 말라 못 느끼는 건가?'

이상한 생각이 들었지만 정말로 목이 마르지 않았습니다. 선원은 그 이상한 바닷물을 마시면서 물고기를 잡아 구조될 때까지 버틸 수가 있었습니다. 나중에 조사된 바로는 해변 밑에서 지하수가 나오고 있어서 무인도에 가까운 해변의 물은 식수로 쓸 수 있었던 것이었습니다.

사람의 죽음이 당연해보이더라도, 신앙이 무모해보이더라도, 다른 답을 찾을 수 없다면 일단 예수님을 믿고 구하십시오. 마지막 희망을 찾지 못하면 죽음뿐입니다. 진정한 생명수를 예수님이 주신 복음 안에서 찾으십시오. 반드시 주님께서 좋은 것으로 채워주십시오.

♡ 주님! 문제의 해결방법이 아주 가까이 복음 안에 있음을 늘 기억하게 하소서.
🙏 오직 주님이 주시는 생명수로 인생의 갈증을 풀 수 있음을 철저히 믿읍시다.

더 행복해지는 법

읽을 말씀 : 신명기 10:12-22

●신 10:13 내가 오늘 네 행복을 위하여 네게 명하는 여호와의 명령과 규례를 지킬 것이 아니냐

3월 26일

미국의 유명 시사 잡지 '아틀란틱'이 미국에서 행복지수가 높은 사람들을 대상으로 조사한 뒤에 뽑은 7가지 공통점입니다.
 1. 유머감각이 있다.
 2. 열심히 일했고, 열심히 쉬었다.
 3. 운동을 규칙적으로 했으며, 남을 배려하는 습관이 있다.
 4. 자신의 감정을 제어하는 방법을 알아 스트레스를 적게 받았다.
 5. 작은 일에도 감사할 일에는 감사하는 습관이 있다.
 6. 정기적인 봉사활동을 하고 있다.
 7. 누군가를 사랑하고 있었고 신앙생활을 하고 있다.

이 연구뿐 아니라 행복에 대해 조사한 여러 연구들을 보면 특정한 공식이 있음을 알 수 있습니다. 하나님이 우리를 그렇게 창조하셨기에 우리가 하고 싶은 대로 살 때 행복한 것이 아니라 행복을 주는 일을 찾아서 할 때 행복을 느끼는 것입니다.

열심히 노력해서 세상이 말하는 성공의 길을 가고 있음에도 진정한 행복이 느껴지지 않는다면 잘못된 길을 가고 있는 것입니다. 진정한 행복은 오직 하나님 안에서, 하나님의 말씀을 따라 살 때에만 느낄 수 있습니다. 하나님을 믿고, 하나님을 따름으로 더 행복한 삶을 누리십시오. 반드시 주님께서 좋은 것으로 채워주십니다.

💚 주님! 복의 근원이 주님이심을 믿고 주님만 바라보게 하소서.
📖 위 7가지 사항 중 부족한 부분이 무엇인지 찾아 개선합시다.

3월 27일
세 가지 계획

읽을 말씀 : 잠언 19:21-29

●잠 19:21 사람의 마음에는 많은 계획이 있어도 오직 여호와의 뜻만이 완전히 서리라

공자는 논어에서 사람에게는 3가지 계획이 필요하고, 그 계획을 잘 세워야 인생이 성공한다고 말했습니다.
- 첫째, 하루를 이끄는 새벽의 계획.
- 둘째, 일 년을 이끄는 봄의 계획.
- 셋째, 일생을 이끄는 어린 시절의 계획.

실제로 역사의 위인들을 보면 다들 계획을 가지고 삶을 살았습니다. 영적인 거장 조나단 에드워드는 7가지 질문으로 매일 자기 삶을 바로잡았고, 벤자민 프랭클린은 13가지 덕목을 일생에 걸쳐 실천했습니다.

이처럼 정말 예수님을 따르는 제자의 삶을 살기 위해선 성도들의 인생에도 다음 3가지 계획이 있어야 합니다.
- 첫째, 매일 말씀을 따르기 위한 경건생활.
- 둘째, 매주 말씀을 배우기 위한 예배생활.
- 셋째, 매년 말씀을 실천하기 위한 전도생활.

우리가 세우는 계획을 보면 우리 인생의 방향과 목적을 알 수 있습니다. 우리가 세운 계획이 정말로 사명을 위한 성도의 계획입니까? 아니면 단순히 성공만을 바라는 세상 사람과 별 다를 바 없는 계획입니까? 세상이 아닌 하나님의 말씀을 위한 인생을 살도록 위의 계획은 인생의 계획에 포함시키십시오. 반드시 주님께서 좋은 것으로 채워주십니다.

♡ 주님! 모든 계획을 세울 때마다 주님을 철저히 의지하며 하게 하소서.
📖 위 3가지를 생활화하고 체질화하기 위한 계획을 세웁시다.

바르게 알고, 바르게 가르치자

 3월 28일

읽을 말씀 : 잠언 22:17-29

● 잠 22:17 너는 귀를 기울여 지혜 있는 자의 말씀을 들으며 내 지식에 마음을 둘지어다

몇년 전 영국의 시내버스에는 이런 광고가 붙어 있었습니다.
"신은 없으니까 걱정은 그만하고 인생을 즐기세요."

영국의 무신론자들이 돈을 모아 광고를 한 것인데, 이 문구는 대표적인 무신론자이자 세계적인 석학인 리차드 도킨스의 말을 인용한 것입니다.

그런데 이 문구가 몇 달 뒤에 무신론자들과의 토론에서 승승장구하는 한 신학자와의 토론을 도킨스가 회피하자 분노한 무신론자들이 이번에는 다음과 같이 광고를 바꾸어 냈습니다.

"겁쟁이 도킨스는 도망치지 말아라."

하지만 자신들이 믿고 있는 게 맞는다면 상대가 그 누구라 하더라도 굳이 대표를 내보낼 필요는 없을 것입니다. 그저 잘 모른 체 다른 유명한 사람의 주장을 따라만 갔기 때문에 몇 달 만에 광고의 내용이 바뀌게 된 것입니다.

교육가 프랜시스 파커는 "바른 길을 알려주는 교육은 빠를수록 좋다"고 말했습니다. 말씀을 바로 알고 바로 실천함으로 무엇이 진리인지 세상 사람들에게 그리스도인들인 우리가 가르쳐줘야 합니다. 말씀을 더욱 사모하고, 말씀을 더욱 실천하며 사십시오. 반드시 주님께서 좋은 것으로 채워주십니다.

♡ 주님! 하나님이 없다는 어리석은 사람들에게 복음을 잘 전하게 도와주소서.
📖 하나님이 없다는 사람에게 신앙서적이나 문자를 보내고 믿길 기도합시다.

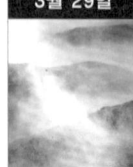

3월 29일
사랑의 대상

읽을 말씀 : 디모데전서 2:1-7

● 딤전 2:4 하나님은 모든 사람이 구원을 받으며 진리를 아는 데에 이르기를 원하시느니라

한 학교에서 전산 실수로 배치고사 결과가 완전히 바뀌어서 나왔습니다.

그래서 기존에 우등생인 학생들이 열등생으로, 열등생인 학생들은 우등생으로 반이 편성되었습니다. 무려 반년이 지나고서야 실수를 깨달았는데 학교는 바로 다시 반을 편성하기 위해서 재시험을 치렀습니다.

그런데 결과가 아주 놀라웠습니다. 잘못 편성된 반이었음에도 성적이 그에 비슷하게 나왔습니다. 학생의 실제 성적에 관계없이 자신을 우등생, 혹은 열등생이라고 생각하게 만든 상황과 주변 사람들의 대우가 아이들을 실제로 그렇게 만든 것입니다.

얼핏 믿을 수 없는 이 결과는 여러 심리학자들의 연구를 통해서 점점 정설로 받아들여지고 있고, 그래서 학생의 능력만큼 그 학생을 대하는 선생님의 태도도 중요하게 여기고 있습니다.

세상 사람들이 어떤가 만큼 우리가 세상 사람들을 어떻게 생각하는가도 중요합니다. 단순히 믿지 않는 사람들로만 치부하는 것이 아니라 사랑해야할 사람들, 전도해야할 대상으로 생각하지 않으면 신앙생활이 단순한 선긋기밖에 되지 않습니다. 먼저 내 주변의 사람들부터 예수님의 사랑을 전하고 복음을 전하기 위해 노력하십시오. 반드시 주님께서 좋은 것으로 채워주십니다.

♥ 주님!하나님의 자녀라는 자존감을 가지고 세상에서 당당하게 살게 하소서.
📖 문제가 있는 사람을 문제가 없는 사람처럼 대해 변화되게 합시다.

삶으로 보여줘야 한다

3월 30일

읽을 말씀 : 고린도전서 9:19-27

● 고전 9:23 내가 복음을 위하여 모든 것을 행함은 복음에 참여하고자 함이라

오프라 윈프리의 토크쇼가 19번째 시즌을 시작하던 첫 방송 때의 일입니다.

방청객은 총 276명이 참석했는데 쇼가 시작하자마자 윈프리는 이들에게 선물을 했습니다. 작은 선물상자를 받은 방청객들은 안에 들어있는 내용물을 보고 깜짝 놀랐습니다. 상자 안에는 고급 중형차의 열쇠가 들어 있었습니다.

사실 이날의 방청객들은 그동안 오프라에게 자신이 차가 있어야 하는 이유를 편지로 보냈던 사람들인데 그들 중 276명이 뽑혀 방청객으로 초대되었고, 오프라가 사비로 차를 선물했습니다. 오프라는 이들을 초대한 이유를 이날 쇼의 주제를 말하며 이렇게 소개했습니다.

"아무리 터무니없는 꿈이라도 이루어질 수 있습니다."

어떤 꿈이든 이룰 수 있다고 생각한 오프리는 또 자신의 힘으로 몇 명 사람에게나마 증명을 했습니다. 그리고 그 모습을 본 사람들은 꿈을 가졌습니다.

마찬가지로 예수님의 사랑이 얼마나 크고 놀라운지, 또 얼마나 능력이 있는지 우리는 사람들에게 보여 줘야 하고 또 보여줄 수 있습니다. 예수님의 놀라우신 사랑의 능력을 오늘 나의 삶으로 세상 사람들에게 보여주십시오. 또한 언제나 희망이 있음을 보여주십시오. 반드시 주님께서 좋은 것으로 채워주십니다.

♡ 주님! 오프라 윈프리가 하나님의 자녀가 되게 역사하여 주소서.
 이웃에게 꿈을 물어보고 그 꿈을 이루는데 주님께 쓰임 받게 합시다.

3월 31일
진정한 감사

읽을 말씀 : 시편 30:1-12

● 시 30:4 주의 성도들아 여호와를 찬송하며 그의 거룩함을 기억하며 감사하라

주일 예배가 끝난 뒤 교제 시간에 한 성도가 목사님을 찾아와 이런 고백을 했습니다.

"목사님, 오늘은 정말 은혜가 넘치는 주일입니다. 얼마나 감사한지 모르겠습니다."

"무슨 일이 있으십니까?"

"정말 너무나 놀라운 일이라 아직도 가슴이 떨립니다. 글쎄 오늘 오다가 교회 앞 사거리에서 3중 추돌 사고가 났는데요, 글쎄. 제 앞에서 기적처럼 딱 멈췄지 뭡니까? 블랙박스를 다시 봐도 사고가 날 수 밖에 없는 상황이었습니다."

성도님의 간증을 들은 목사님이 대답했습니다.

"정말 감사한 일입니다. 성도님의 간증을 듣고 나니 저도 참 감사하게 됩니다."

"목사님은 5중 추돌 사고를 당할 뻔 하셨나요?"

"아니요, 저는 살면서 한 번도 사고를 당한 적이 없습니다."

그 성도는 극적인 상황에서 주님의 도우심만을 감사의 제목으로 삼고 있었습니다.

놀라운 기적에만 감사를 하는 신앙은 잘못된 신앙입니다. 하나님의 허락 없이는 아주 작은 것도 누릴 수 없음을 매순간 고백함으로 감사하십시오. 매 순간 감사함으로 하나님께 겸손을 보여 드리고 아름다운 찬양의 예배를 드리십시오. 반드시 주님께서 좋은 것으로 채워주십니다.

♥ 주님! 매순간이 주님의 은혜와 도우심임을 깨닫게 하소서.
📖 요즈음 하나님께 드릴 감사의 제목을 노트에 적어 봅시다.

4월 1일
네 가지 조건

읽을 말씀 : 고린도전서 1:18-31

● 고전 1:27 그러나 하나님께서 세상의 미련한 것들을 택하사 지혜 있는 자들을 부끄럽게 하려 하시고 세상의 약한 것들을 택하사 강한 것들을 부끄럽게 하려 하시며

세계 대전의 여파로 미국에 대공황이 찾아왔을 때 대부분의 국민들은 끼니를 걱정해야 할 정도로 상황이 좋지 않았습니다. 그런데 이런 상황에서도 오히려 기회를 잡고 돈을 버는 사람들이 꽤나 많았습니다.

러셀 콘웰 박사는 이런 사람들을 조사해봤는데 다음의 4가지 특징이 있었습니다.

1. 학력(이나 스펙)은 중요하지 않았다.
2. 목적이 아주 분명했다.
3. 목적을 위해 최선을 다했다.
4. 자신의 약점은 도움을 요청하거나 기도했다.

이들은 연구하면서 정작 큰돈을 바라는 사람들이 큰돈을 벌지 못하는 이유를 깨달은 러셀 박사는 '나의 다이아몬드는 어디에?'라는 책을 써 자신이 깨달은 사실을 사람들에게 전했고, 스스로에게도 적용해 미국의 명문대인 템플 대학교를 세웠습니다.

목적을 분명히 알고, 최선을 다해 노력하면서 동시에 하나님께 기도로 구하면 누구나 숨겨진 다이아몬드를 찾을 수 있습니다. 같은 원칙을 일에도, 신앙에도 적용함으로 주님이 주신 내 인생의 다이아몬드를 찾으십시오. 반드시 주님께서 좋은 것으로 채워주십니다.

♡ 주님! 어떤 경우에도 행동과 기도로 최선을 다하는 삶을 살게 하소서.
📖 힘들다고 미뤄뒀거나 포기한 일을 다시 한 번 다른 각도로 시도해봅시다.

약한 점을 쓰시는 하나님

읽을 말씀 : 고린도후서 12:1-10

● 고후 12:10 그러므로 내가 그리스도를 위하여 약한 것들과 능욕과 궁핍과 박해와 곤고를 기뻐하노니 이는 내가 약한 그 때에 강함이라

오랜 기간 아이의 출산을 기다리던 영국의 한 부부가 있었습니다. 고대하던 아이가 마침내 태어나던 기쁜 그날, 갓 태어난 딸을 보고 부모들은 깜짝 놀랄 수밖에 없었습니다. 해표지증에 걸려 두 팔 대신 짧은 뼈마디만 갖고 태어난 아이의 모습은 오랜 기다림만큼 커다란 슬픔으로 다가왔습니다. 오랜 고민 끝에 부부는 6개월 만에 아이를 포기하고 보육원으로 보냈습니다. 이 어린 아이는 부모가 누군지도 모른 채 자라기 시작했습니다.

그러나 너무나 불행한 몸과 환경을 가진 이 아이에게는 엄청난 긍정의 태도와 도전정신이 있었습니다. 친구도 하나 없는 불우한 청소년기에 그림을 그리고 싶다는 열망이 생겨 입으로 붓을 물고 그리기 시작했고, 미대까지 진학해 수석으로 졸업했습니다. 대학을 졸업한 뒤에는 글을 쓰기 시작해 자기가 그린 그림으로 동화를 그려 유명한 작가가 되었습니다.

앨리슨 래퍼라는 그녀의 이름은 모든 영국인이 알 정도로 유명해졌고 트라팔라 광장에는 그녀의 동상이 세워졌으며 런던 올림픽 개막식에는 그녀의 그림이 진열되었습니다.

하나님은 모든 사람에게 약점을 극복할 수 있는 더 뛰어난 강점을 주셨습니다. 믿음으로 열등감을 극복하고 한 번 더 도전하는 열정을 회복하십시오. 반드시 주님께서 좋은 것으로 채워주십니다.

💚 주님! 보이지 않는 기적을 믿게 하소서.
📖 지금 내가 가지고 있는 연약한 부분을 찾아 주님을 의지함으로 강하게 합시다.

4월 3일
인내를 키우는 고난

읽을 말씀 : 로마서 5:1-11

● 롬 5:4 인내는 연단을, 연단은 소망을 이루는 줄 앎이로다

세계 최고의 마라톤 대회인 보스턴 마라톤 100주년 대회 때 일입니다. 이 기념비적인 대회에 과연 누가 우승을 할 것인지 많은 사람들의 관심이 쏠렸는데 우승은 케냐의 라멕 아구타 선수가 했습니다. 이 대회에서는 상위 10명 중에 6명이 모두 케냐 선수였고, 2001년도에 이봉주 선수가 우승을 하기 전까지는 10년 연속 케냐 선수들이 우승을 했습니다. 이후로도 케냐 선수들이 대부분 우승을 해 몇 년 전에 미국 선수가 우승을 했을 때는 세계적인 이슈가 되기도 했습니다.

케냐 선수들의 이런 독주에 대해서 전문가들이 나름 분석을 했는데, 트랙도 없이 거친 땅에서 훈련을 하고 제대로 된 음식이 없어 단백질을 많이 섭취를 못하는 케냐 선수들의 어려움이 오히려 마라톤에 적합한 몸을 만드는데 도움을 주고 있다는 사실을 발견했습니다.

또 교통이나 도로가 발달되지 않아 하루에 수십 킬로씩 뛰어다니는 것이 일상인데 이런 어려움이 선진국들의 체계적이고 과학적인 훈련보다도 훨씬 마라톤에 적합한 선수들을 키워주고 있었습니다.

인생을 마라톤이라고 한다면 좋은 선수가 되기 위해선 고난이 반드시 필요합니다. 고난 가운데 더욱 하나님을 바라는 인내의 훈련을 하십시오. 반드시 주님께서 좋은 것으로 채워주십니다.

♥ 주님! 고난은 우리에게 유익임을 깨닫고 기쁘게 기도하며 이기게 하소서.
📖 지금 겪고 있는 어려움은 나를 위한 하나님의 훈련임을 믿읍시다.

인생의 낙하산

4월 4일

읽을 말씀 : 시편 121:1-8

● 시 121:3 여호와께서 너를 실족하지 아니하게 하시며 너를 지키시는 이가 졸지 아니하시리로다

라이트형제의 플라이어 1호가 첫 비행에 성공한 것은 1903년이고 공식적인 첫 비행에 성공한 비행기가 탄생한 것도 그때입니다.

반면에 낙하산이 비행기에 지급되기 시작한 것은 20년도 더 지난 세계 2차 대전 때였습니다. 그렇다고 낙하산이 아예 없었던 것은 아니었으나 낙하산을 발명한 르노르망이 실험 중 죽었고, 기술의 불완전함으로 성공률이 높지 않았기 때문에 사람이 쓰기는 힘들다는 인식이 있었습니다. 그래서 2차 대전 이후에 비행기에서 사고가 난다는 것은 조종사에게 죽음을 의미했습니다.

1930년이 되고야 지금의 성능과 비슷한 낙하산이 개발되었고 이제는 큰 사고가 나도 낙하산만 잘 작동하면 살 수 있게 되었습니다. 그리고 그 낙하산이 레저로까지 발전해 이제는 일부러 수천 미터 상공에 올라가 낙하산을 메고 떨어지며 즐기기도 하고, 패러글라이딩 같은 레포츠는 많은 사람들이 스릴을 즐기려고 만들기도 했습니다.

제대로 된 낙하산만 있으면 비행기에서 사고가 나도, 수천 미터 하늘에서 떨어져도 안전하며 때로는 즐겁기까지 합니다. 확실한 인생의 낙하산 예수님을 절대로 놓치지 마십시오. 반드시 주님께서 좋은 것으로 채워주십니다.

♥ 주님! 어떤 시련이 와도 주님을 향한 마음이 흔들리지 않게 하소서.
🖼 어떤 상황에도 주님이 함께하심을 믿고 담대하십시오.

4월 5일 장수의 섭리

읽을 말씀 : 빌립보서 2:1-11

● 빌 2:4 각각 자기 일을 돌볼뿐더러 또한 각각 다른 사람들의 일을 돌보아 나의 기쁨을 충만하게 하라

1990년대 초반에 DNA 구조가 발견되고 나서 많은 학자들이 유전자지도를 해석하기 위해 노력했습니다. 그리고 이제 몇몇 선진국에서는 100만 원 정도만 내면 유전 정보를 분석해 내가 어떤 병에 걸릴 확률이 높은지 분석까지 해주는 시대가 찾아왔습니다. 그런데 이 유전자 중에 장수유전자라고 불리는 '텔로미어'라는 것이 있습니다. 이 유전자의 길이가 길수록 상대적으로 장수에 유리한데 학자들은 이 텔로미어가 긴 사람들이 어떤 사람들인지를 찾고 연구했습니다.

그 결과 상대적으로 좋은 환경에 살고, 높은 소득을 올리며, 좋은 음식을 먹는 선진국 사람들이 압도적으로 높았습니다. 가난한 지역에 살고 있는 사람들의 텔로미어는 매우 짧았습니다. 그런데 가난한 지역에서 사는데도 텔로미어가 긴 몇몇 사람들이 있었습니다. 그들의 삶을 분석해도 음식이나 환경은 다른 짧은 사람들과 모두 비슷했습니다. 이상해서 조금 더 연구를 해보니 이들의 차이점은 외부적인 환경이 아니라 좋은 인간관계라는 내부적인 요소가 영향을 미치고 있었습니다.

DNA를 발견한 왓슨은 오히려 그로 인해 하나님의 완벽하신 섭리를 찬양했습니다. 그리고 그 섭리는 우리가 좋은 공동체에서 사랑의 관계를 맺을 때 장수의 복을 누린다고 말하고 있습니다. 하나님이 주신 귀한 공동체를 소중히 여기고 서로를 돌보십시오. 반드시 주님께서 좋은 것으로 채워주십니다.

♡ 주님! 성도들과 좋은 교제를 하며 좋은 공동체를 이루게 하소서.
📖 성도들과 교제하면서 내가 더 개선해야할 부분이 무엇인지 살펴봅시다.

슬픔이 없는 이유

읽을 말씀 : 시편 30:1-12

● 시 30:11 주께서 나의 슬픔이 변하여 내게 춤이 되게 하시며 나의 베옷을 벗기고 기쁨으로 띠 띠우셨나이다

교향곡의 아버지 하이든에게는 많은 제자들이 있습니다. 그런데 하이든과 가장 오래 있었던 제자 중 한 명이 작품을 살펴보던 도중 이상한 점을 발견해 물었습니다.

"선생님, 제가 선생님의 작품들을 보다 보니 한 가지 이상한 점을 발견했습니다. 왜 선생님의 곡에는 슬픔이 없습니까? 인간의 모든 감정을 표현하는 것이 음악 아닙니까?"

제자의 질문에 하이든이 대답했습니다.

"물론 슬픔을 표현하는 노래를 쓸 수도 있겠지. 그러나 하나님이 내 가슴을 뛰게 하시는데 내 음악이 어찌 기쁘지 않을 수 있겠나? 하나님이 주신 기쁨이 내 손을 움직여 곡을 쓰게 하는데 어찌 슬픔이 그곳에 담길 수 있겠나? 부족한 나를 하나님이 사용하시는데 어찌 춤추지 않을 수 있겠나? 하나님이 주신 기쁨 가운데 만들어지는 나의 곡들이기 때문에 슬픔을 드러낼 틈이 없다네."

하나님이 허락하시고, 은혜를 주시고, 복을 주시는 인생이기에 오늘도 즐거워야 하고, 오늘도 기뻐해야 합니다. 모든 삶의 발걸음이 주님의 인도하심에 있음을 믿고 오늘도 마음껏 기뻐하십시오. 반드시 주님께서 좋은 것으로 채워주십니다.

♡ 주님! 어떤 어려운 상황에서도 주님을 바라보게 하소서.
🕮 요즘 낙심되거나 불안한 상황을 주님께 솔직하게 아뢰어 승리합시다.

4월 7일 가장 좋은 영성

읽을 말씀 : 에베소서 6:21-24

● 엡 6:24 우리 주 예수 그리스도를 변함 없이 사랑하는 모든 자에게 은혜가 있을지어다

중국의 명의 화타에게는 2명의 형이 있었는데 모두 의사였습니다.

주나라 황제가 병이 있어 이 중 가장 유명한 화타를 초청했는데 다른 형제들의 실력이 궁금해 물었습니다.

"너의 삼형제 중에 누가 가장 뛰어난 의사인가?"

"실력으로 따지자면 큰 형이 가장 뛰어난 의사이고, 작은 형이 중간은 합니다. 저는 그냥 하의입니다."

"그런데 왜 사람들은 너를 천하 명의라고 하느냐?"

"큰 형은 사람이 아프기 전에 병을 다루고, 작은 형은 병이 생길 때 미리 처방을 합니다. 다만 저는 이미 병이 난 사람을 겨우 겨우 살려놓기 때문에 사람들이 보기에는 그렇게 보일 것입니다."

주나라의 왕은 화타의 말을 듣고는 수긍할 수밖에 없었습니다.

병을 미리 예방하는 것이 가장 좋은 의사인 것처럼 어려운 일이 생기기 전에도, 신비로운 체험을 하기 전에도 주님을 바로 믿고 뜨겁게 사랑하는 것이 가장 좋은 영성입니다. 꾸준한 경건 생활과 신앙생활을 유지할 때 믿음이 시험 받을 일을 미리 막을 수 있습니다.

세상이 요동을 쳐도 주님의 은혜로 평안한 신앙을 유지하십시오. 반드시 주님께서 좋은 것으로 채워주십니다.

♡ 주님! 사전에 예비하고 준비하는 지혜로운 삶을 살게 하소서.
📖 신앙생활의 꾸준함을 유지하십시오.

순수하고 믿을만한

4월 8일

읽을 말씀 : 이사야 26:1-19

● 사 26:3 주께서 심지가 견고한 자를 평강하고 평강하도록 지키시리니 이는 그가 주를 신뢰함이니이다

영국의 화폐 '파운드'는 신뢰의 상징이었습니다. 심지어 다른 나라들은 파운드를 '파운드 스털링(pound sterling)'이라고 불렀는데 '스털링'의 뜻은 '순수하고 믿을만한, 찬란한'이라는 뜻입니다. 당시의 화폐에는 종이가 아니라 모두 금속이었는데 안에는 일정 수준의 금이 들어있었습니다.

그런데 다른 나라에서는 이 금의 함량이 적었고, 그것마저도 때로는 속였습니다. 그러나 파운드는 항상 일정 비율의 금을 정직하게 넣어서 다른 나라사람들에게도 아주 인기 있는 화폐였습니다. 그러나 종이화폐의 시대가 오고 영국 경제가 이전보다 못해지면서 이제 그 자리를 미국 달러에 넘겨주었습니다.

영국 파운드 이후에 유럽에서 신뢰의 상징이 된 것은 독일산 제품이었습니다. 사람들은 어떤 물건이든지 독일에서 만들면 다르다는 생각을 가졌고 '메이드 인 저머니'는 신뢰의 상징이었습니다. 그러나 최근 독일 자동차들이 배기가스 관련 자료를 조작했고 이 사건으로 특히나 독일의 자부심이었던 자동차의 명성은 땅에 떨어지고 말았습니다.

사람들에게 보여주기 위한 선행이 아니라 침된 회개로 다시 주님 앞에 서는 모습을 그리스도인들을 향한 세상의 신뢰를 회복하십시오. 반드시 주님께서 좋은 것으로 채워주십니다.

💗 주님! 섬김으로 주님께 기쁨을 드리며 사람들에게 칭찬받게 하소서.
📖 사람들이 얼마나 신뢰하는지 자신을 살펴보고 개선합시다.

4월 9일 십자가의 무게

읽을 말씀 : 누가복음 14:25-35

● 눅 14:27 누구든지 자기 십자가를 지고 나를 좇지 않는 자도 능히 나의 제자가 되지 못하리라

브로드웨이에서 30여 년 동안 예수님의 역할을 맡아 온 안톤 레인지라는 연극배우가 있었습니다.

무대 위에는 항상 연극에 사용하는 소품인 큰 십자가가 놓여 있었습니다. 브로드웨이를 방문해 연극을 본 한 부부가 공연이 끝난 뒤에 기념촬영을 하러 무대에 올라왔습니다. 때마침 무대에 십자가가 있어 기념으로 들고 찍으려 했지만 너무나 무거워 도저히 들 수가 없었습니다. 함께 사진을 찍고 난 뒤에 부부가 안톤에게 물었습니다.

"단지 연극일 뿐인데 왜 이렇게 무거운 십자가를 사용합니까?"

그러자 안톤이 진중한 목소리로 대답했습니다.

"극만 가지고는 도저히 그분이 겪으신 고통을 이해하기 어려웠습니다. 이렇게 십자가의 무게라도 느낄 수가 없다면 저는 예수님 역할을 도저히 할 수 없었을 것입니다."

예수님은 바로 우리를 위해 그 고통스러운 십자가를 참으시고 모든 고난을 당하셨습니다. 그 극심한 고난은 우리를 위한, 그리고 바로 나를 위한 하나님의 숭고한 사랑이자 주님의 거룩한 희생이었습니다. 죽음을 알고도, 묵묵히 골고다를 걸어가신 예수님의 희생을 묵상하며 그 심정을 조금이라도 느끼는 한주를 보내십시오. 반드시 주님께서 좋은 것으로 채워주십니다.

♡ 주님! 십자가의 고난과 수치를 마음 깊이 잊지 않게 하소서.
🖼 인생의 무게가 무거워질 때 주님이 지신 십자가를 생각합시다.

인내의 열매

읽을 말씀 : 히브리서 10:28-39

● 히 10:36 너희에게 인내가 필요함은 너희가 하나님의 뜻을 행한 후에 약속하신 것을 받기 위함이라

4월 10일

단순히 흑인이라는 이유로 친구들에게 왕따를 당하는 소년이 있었습니다. 소년은 아이들과 친해지기 위해서 유명 코미디 배우를 따라하며 연기를 했는데 그 모습을 본 소년의 부모님은 연기에 재능이 있다고 생각해 연기학원에 보내주었고, 15살부터 재능을 인정받아 극단에 들어가서 활동하기 시작했습니다.

그러나 나이가 어리고 흑인이라는 이유로 아무런 배역을 주지 않았습니다. 다만 가끔씩 등장해 놀림을 받는 바보 흑인 배역만을 맡을 수 있었는데, 자존심 상해하지 않고 최선을 다해 그 배역들을 소화했고, 점점 실력을 인정받아 할리우드에 코미디 배우로 입성하게 되었습니다. 소년의 이름은 로버트 타운센드로 코미디의 대명사가 되었습니다.

그런데 코미디가 아닌 그의 '연기' 실력을 알아본 감독에게 발탁되어 '솔저 스토리'라는 묵직한 영화의 주연을 맡았는데, 이 영화로 로버트는 오스카상 후보에까지 올랐습니다. 이 영화 이후로 로버트는 코미디가 아닌 연기파 배우의 이미지를 쌓게 되었고 그때부터 자신이 하고 싶었던 진짜 연기를 하며 '힐리우드 셔플'과 같은 수많은 명작에 출연하며 흥행까지 거두었습니다.

인내가 클수록 주님이 준비하시는 열매도 크다는 사실을 믿고 오늘도 인내하십시오. 반드시 주님께서 좋은 것으로 채워주십니다.

♡ 주님! 주님께서 가장 좋은 때에 가장 좋은 것을 주심을 믿고 인내하게 하소서.
📖 지금 하고 있는 일을 포기하고 싶다면 그 이유를 찾아 다시 도전합시다.

4월 11일
조절할 수 있는 분노

읽을 말씀 : 데살로니가전서 2:1-16

● 살전 2:7 우리는 그리스도의 사도로서 마땅히 권위를 주장할 수 있으나 도리어 너희 가운데서 유순한 자가 되어 유모가 자기 자녀를 기름과 같이 하였으니

건강보험평가원에 따르면 분을 참지 못해 홧김에 폭력을 휘두르는 '분노조절장애'가 몇 년 새 40%나 급증하고 있다고 합니다.

그러나 하버드 의대의 조안 보리센코 박사는 평소의 관리로 이런 감정과 정서적인 어려움을 다스릴 수 있다며 5가지 방법을 권했습니다.

1. 일반적인 스트레스에 대한 반응을 관찰하십시오.
2. 자신을 소중하게 여기십시오.
3. 영혼에 유익한 일에 투자하십시오.
4. 나를 지지하는 사람들을 자주 만나십시오.
5. 감사하는 마음을 생활화하십시오.

감사와 평안이 마음에 없을 때 분노와 시기가 마음을 사로잡게 됩니다. 받은 은혜에 대한 감사와 주님이 주시는 평안으로 마음을 가득 채우십시오. 반드시 주님께서 좋은 것으로 채워주십니다.

♡ 주님! 주님이 기뻐하는 복된 삶을 살게 하소서.
📖 위 5가지 방법 중 부족한 부분을 찾아 탄탄하게 채웁시다.

예수님의 마음으로 섬기기

4월 12일

읽을 말씀 : 골로새서 3:18-25

● 골 3:23 무슨 일을 하든지 마음을 다하여 주께 하듯 하고 사람에게 하듯 하지 말라

잦은 강도와 범죄로 무기징역을 선고받은 범죄자가 있었습니다. 같이 범죄를 저지르던 사람이 범행 도중에 살인을 했는데 옆에서 방조했다는 이유로 무기징역까지 받는 것은 너무하단 생각이 들어 몇 년에 걸쳐 탈옥을 준비했습니다.

3년 뒤 탈옥에 성공했는데 어찌나 치밀하게 준비했는지 온 경찰력을 동원해 수사를 펼치고 나중에는 군대도 동원했음에도 체포에 2년이 넘게 걸렸습니다. 다시 감옥에 들어간 그는 일기를 쓰기 시작했는데 그중에는 다음과 같은 글이 있었습니다.

"나를 잡기 위해 경찰에 심지어 군대까지 동원 됐는데... 나 같은 사람을 만들지 않는 더 좋은 방법이 있다. 내가 초등학교 때 단 한 번이라도 선생님에게 칭찬을 받았으면 이렇게 되지는 않았을 것이다. 5학년 때 돈이 없어 학교에 그냥 갔는데 선생님이 '너 임마, 돈도 없는 놈이 뭐하러 학교에 왔어?'라고 하는 순간 내 안에 악마가 생기는 걸 느꼈다."

어쩌면 일상에서의 작은 배려와 관심, 그리고 적극적인 사랑의 실천이 세상을 말씀대로 바꾸는 진짜 필요한 일일지도 모릅니다. 예수님의 말씀을 따라 내 주위의 '지극히 작은 소자'들을 사랑하는 마음을 다해 섬기십시오. 반드시 주님께서 좋은 것으로 채워주십니다.

♥ 주님! 나의 한마디의 말이 행여 누구에게 상처가 되지 않게 하소서.
📖 상대방을 배려하고 격려하는 말의 훈련을 합시다.

4월 13일
영원을 위한 이별

읽을 말씀 : 히브리서 9:11-22

● 히 9:15 이로 말미암아 그는 새 언약의 중보자시니 이는 첫 언약 때에 범한 죄에서 속량하려고 죽으사 부르심을 입은 자로 하여금 영원한 기업의 약속을 얻게 하려 하심이라

많은 교육 전문가들이 아이들이 어렸을 때는 반려동물을 키우는 것이 좋다고 합니다.

물론 동물과 교감하면서 얻는 정서적인 안정도 있지만 가장 큰 이유는 죽음과 이별에 대한 생각을 해볼 수 있는 기회가 생기기 때문입니다. 아끼고 사랑하는 반려동물을 잃는 것은 너무나 슬픈 일이지만 그만큼 사랑하는 가족과도, 또 친구와도 언젠가는 이별을 해야 하고 나 역시도 죽음을 맞는다는 생각을 통해 슬프지만 더 성숙한 인생을 살아갈 수 있기 때문입니다. 같은 이유로 베스트셀러 작가 요하나 뮐러도 이런 말을 했습니다.

"아이와 잠시 헤어질 때 손을 흔들고 이별의 인사말을 전하는 것은 이별에 대한 능력을 키우는 데 도움이 됩니다. 어렸을 땐 잘 몰라도 커서 겪는 이별의 상황에서는 분명히 큰 도움이 됩니다."

가수 나얼은 자신의 SNS 계정에 이런 글을 올린 적이 있습니다.

"믿는 사람들이 전도하는 이유는 한 가지 이유밖에 없어요. 영원히 함께 하자는 거죠."

정말 사랑하는 사람들과 영원히 함께 하기 위해서는 같이 예수님을 믿는 방법 밖에는 없습니다. 끝이 아닌 영원을 위해 전도를 위해 더 노력하고 더 기도하십시오. 반드시 주님께서 좋은 것으로 채워주십니다.

♡ 주님! 예수님을 믿으면 영원한 생명을 얻게 됨을 만천하에 알리게 하소서.
📖 죽음 후에 가는 곳인 천국과 지옥이 어떤 곳인지 생각해 봅시다.

사랑이 없는 행함

4월 14일

읽을 말씀 : 고린도전서 13:1-3

● 고전 13:3 내가 내게 있는 모든 것으로 구제하고 또 내 몸을 불사르게 내줄지라도 사랑이 없으면 내게 아무 유익이 없느니라

미국의 한 남자가 우연히 동네에서 봉사활동을 하게 되었습니다. 그랬더니 많은 사람들이 자신의 선행을 보고 칭찬을 하고 격려를 해주었습니다. 사람들의 칭찬과 격려가 너무 좋았던 남자는 점점 더 열심히 봉사를 하기 시작했고 나중에는 점점 어려운 사람들을 찾아가 돕기 시작했습니다. 노숙자, 극빈층, 마약중독자들을 아무렇지도 않게 찾아가 돕는 모습을 보고 점점 많은 사람들이 그를 찾아왔고 그는 그 사람들을 모아 봉사단체를 만들었습니다.

그러나 많은 사람들이 자기를 따르고 또 아버지라고 부르자 점점 착각에 빠지기 시작했습니다. 그는 사람들이 자신을 우러러 보게 만들었고, 나중에는 교주가 되었습니다.

더 이상 봉사는 사라졌고 갈취와 폭력, 협박만 남았습니다. 그는 신고를 받고 출동한 경찰까지 죽였고, 자기를 따르는 사람들에게 영생을 주겠다며 자살을 강요했습니다. 결국 잘못된 동기로 봉사에 빠졌던 남자 짐 존스는 최악의 참사를 일으킨 사이비 교주가 되었습니다.

사람에게 보이기 위한 선한 행실은 너무나 위험합니다. 모든 사랑의 행함의 목적이 사람을 향한 것이 아니라 하나님을 향하도록 주의하십시오. 반드시 주님께서 좋은 것으로 채워주십니다.

♡ 주님! 주님을 위한 선한 동기로 끝까지 겸손하게 봉사하게 하소서.
📖 지금 하고 있는 봉사가 순전히 주님의 영광을 위해서인지 살펴봅시다.

4월 15일
인생에서 터널을 지날 때

읽을 말씀 : 베드로전서 4:12-19

● 벧전 4:16 만일 그리스도인으로 고난을 받으면 부끄러워하지 말고 도리어 그 이름으로 하나님께 영광을 돌리라

고속도로를 다니다 긴 터널을 만날 때는 3가지 규칙을 지켜야 합니다.
● 첫째, 창문을 닫아야 한다.
● 둘째, 라이트를 켜야 한다.
● 셋째, 추월을 하거나 갓길로 가면 안 된다.

그런데 그리스도인이 인생을 살다가 어두운 터널을 지나게 될 때도 이와 똑같은 규칙을 지켜야 합니다.
● 첫째, 세상을 향한 창을 닫고 하나님께만 마음을 집중해야 한다. 진정한 해결책은 세상 밖이 아니라 하나님 안에 있기 때문이다.
● 둘째, 말씀으로 어두운 길을 비추일 등불을 켜야 한다.
● 셋째, 다른 길로 빠지지 말고 하나님이 주신 사명, 내 안의 굳건한 비전을 향해서만 직진해야 한다.

아무리 긴 터널도 언젠가 끝이 나듯이, 터널을 무사히 지나는 법만 알면 반드시 탁 트인 하늘이 보입니다. 하지만 터널이 너무 길다고 규칙을 무시하고 내가 하고 싶은 대로만 하면 사고가 나고 말듯이 인생이 아무리 어둡고 힘들어도 말씀을 벗어나지 않고 주님만 바라보면서 푸른하늘을 기다려야 합니다. 어두운 터널일수록 더욱 주님께 의지하십시오. 반드시 주님께서 좋은 것으로 채워주십니다.

♥ 주님! 말씀에서 가르쳐 주신 삶의 지혜를 따라 살아가게 하소서.
🎯 운전을 할 때마다 위 3가지 수칙을 기억하며 자신을 점검해봅시다.

비어있는 십자가

4월 16일

읽을 말씀 : 로마서 1:1-7

● 롬 1:4 성결의 영으로는 죽은 자들 가운데서 부활하사 능력으로 하나님의 아들로 선포되셨으니 곧 우리 주 예수 그리스도시니라

미국 시카고에 있는 템플 교회는 1년에 한 번씩 부활절을 앞두고 십자가를 청소하기 위해서 청소부를 불렀습니다.

그 모습을 구경하러 많은 사람들이 거리에 모이곤 했는데 이 모습을 보고 의아한 청소부가 내려와 목사님께 물었습니다.

"도대체 왜 이렇게 많은 사람들이 모여 있는 거죠?"

"글쎄 말입니다. 십자가에 사람이 올라가만 있으면 많은 사람들이 쳐다봅니다."

그리고 이 말을 하던 목사님은 '부활하신 예수님의 십자가 복음을 이제는 우리가 전해야 한다'는 감동을 받았습니다. 목사님은 그 주일부터 당장 '십자가 지기 운동'을 펼쳤습니다.

"여러분, 십자가는 비어있지 않습니다. 십자가는 예수님이 달리시고 부활하신 분명한 증거입니다. 이제 그 십자가를 그냥 두지 말고 우리가 세상에 전합시다."

그리고 오랜 세월 성장이 멈춰있던 템플 교회에는 많은 사람들이 모여들기 시작했습니다.

십자가는 예수님의 죽음과 부활의 분명한 증거입니다. 또한 그리스도인들의 능력이자 소망입니다. 주님께서 이루신 십자가의 죽음과 부활의 소망을 세상 사람들에게 전하십시오. 반드시 주님께서 좋은 것으로 채워주십니다.

♡ 주님! 주님의 부활의 능력이 제 삶에 넘쳐 승리하게 하소서.

📖 부활의 소망을 마음에 간직하고 다시 일어설 힘을 얻읍시다.

4월 17일 — 헛된 것을 쫓는 삶

읽을 말씀 : 베드로전서 1:13-25

● 벧전 1:23 너희가 거듭난 것은 썩어질 씨로 된 것이 아니요 썩지 아니할 씨로 된 것이니 살아 있고 항상 있는 하나님의 말씀으로 되었느니라

고대 중국에 주팽만이라는 부자가 있었습니다. 검술에 관심이 있던 그는 어느 날 여행을 갔다 지리익이라는 사람이 '용을 잡는 검술'을 알려준다는 소식을 듣게 되었습니다. 실제로 찾아가 보니 검 실력이 대단했습니다.

그는 그날로 지리익의 제자로 들어가 3년간 각고의 노력 끝에 마침내 '도룡검법'을 익혔습니다. 그러나 그동안 쌓았던 천금의 부는 모두 탕진했고 남은 것은 오로지 한 자루 검과 검법뿐이었습니다.

그는 자신의 검법이 정말로 용을 죽일 수 있는지 궁금했습니다. 그래서 평생을 용을 만나기 위해서 찾아다니다 생을 마감했습니다. 주팽만을 아는 사람들은 상상속의 용을 잡으려고 가산을 탕진하고 기껏 재주를 배웠으나 그것을 써먹을 데가 없었다며 '도룡지기'라고 불렀습니다. 장자의 열어구편에 나오는 고사입니다.

헛된 것을 쫓는 삶은 그 어떤 영화를 이루었다 해도 결국 헛된 것일 뿐입니다. 주님이 주시는 영혼의 기쁨과 마음의 평안은 세상의 그 어떤 것을 통해서도 결코 얻을 수 없는 것입니다. 결국 사라질 것에 시간과 마음, 열정을 투자하지 말고 영원한 하나님의 나라를 위해 하나님이 주신 축복을 사용하십시오. 반드시 주님께서 좋은 것으로 채워주십니다.

♡ 주님! 주님께서 주신 귀한 인생을 헛되이 보내지 않게 도와주소서.
요즘 관심사가 세상의 헛된 것들에 속하는지 살펴봅시다.

언제든 잘 수 있는 사람

4월 18일

읽을 말씀 : 누가복음 10:1-16

● 눅 10:2 이르시되 추수할 것은 많되 일꾼이 적으니 그러므로 추수하는 주인에게 청하여 추수할 일꾼들을 보내 주소서 하라

농장을 믿고 맡길 수 있는 직원을 구하던 농부가 있었습니다. 지원자 중에 한 지역의 유지의 추천장을 들고 온 한 남자가 있었는데 거기엔 이렇게 쓰여 있었습니다.

"비바람이 몰아쳐도 마음 놓고 잠을 자는 사람."

이 내용이 칭찬인지, 경고인지 알 수는 없었지만 인상이 좋고 다른 지원자도 맘에 드는 사람이 없어 바로 뽑았습니다.

그런데 1주일 뒤에 갑자기 밤에 거센 폭우가 내리기 시작했습니다. 농부는 놀라 밖으로 뛰어나가 직원을 찾았지만 보이지 않았습니다. 혹시나 싶어 숙소로 갔더니 세상모르고 잠을 자고 있었습니다.

화가 난 농부는 소리를 질러 직원을 깨우고 서둘러 외양간으로 갔습니다. 그러나 수로는 안전히 파여 있었고, 구멍난 지붕도 말끔하게 수리되어 있었습니다. 곡물을 보관하는 창고도 물 새는 곳이 하나도 없었고 밭에 있는 짚단들도 단단히 묶여 있고 포로 덮여 있어서 걱정할 틈이 없었습니다. 그제서야 농부는 추천장에 쓰여 있는 내용이 어떤 뜻인지 알았습니다.

다시 오실 예수님을 기다리며 오늘도 열심히 성령님의 인도하심을 따라 살아가십시오. 반드시 주님께서 좋은 것으로 채워주십니다.

♡ 주님! 언제나 깨어있는 지혜로운 삶을 살게 하시고, 부지런히 살게 하소서.
※ 어려움이 오기 전에 처리해야 할 일이 무엇인지 살펴봅시다.

4월 19일

부자의 습관, 예수님의 습관

읽을 말씀 : 누가복음 10:39-46

● 눅 10:2 이르시되 추수할 것은 많되 일꾼이 적으니 그러므로 추수하는 주인에게 청하여 추수할 일꾼들을 보내 주소서 하라

온라인 뉴스 사이트 '인사이트'에서 조사한 '부자들의 몸에 배어있는 10가지 습관'입니다.

01. 무엇이든 메모한다.
02. 일을 우선순위대로 처리한다.
03. 매일 운동한다.
04. 작은 지출을 우습게 여기지 않는다.
05. 최대한 하루를 빨리 시작한다.
06. 책을 항상 가지고 다닌다.
07. 주변 사람들을 소홀히 여기지 않는다.
08. 매일 새로운 것을 배우려고 노력한다.
09. 최대한 긍정적으로 사고한다.
10. TV를 한 시간 이상 보지 않는다.

내가 가진 생각과 마음이 곧 습관으로 나타나는 법입니다. 그래서 부자가 되기 위해선 부자처럼 생각하고 부자처럼 행동해야 합니다. 마찬가지로 예수님의 제자가 되기 위해선 예수님의 말씀만을 생각하고, 예수님의 말씀대로 행동해야 합니다. 예수님이 하신 것처럼 거룩한 습관을 쫓아 경건의 연단을 포기하지 마십시오. 반드시 주님께서 좋은 것으로 채워주십니다.

💚 주님! 좋은 습관도 주님이 도와주지 않으면 안 됨을 믿고 행동하게 하소서.
 복되고 형통한 삶을 살기 위한 우선순위가 무엇인지 점검합시다.

주일학교 부흥의 비결

읽을 말씀 : 히브리서 10:19-25

● 히 10:25 모이기를 폐하는 어떤 사람들의 습관과 같이 하지 말고 오직 권하여 그 날이 가까움을 볼수록 더욱 그리하자

주일학교를 비롯한 어린이, 청소년의 비율이 점점 줄고 있는 것은 미국도 마찬가지입니다. 그런데 세계 최고의 대도시인 뉴욕에 있는 메트로교회는 오히려 주일학교 학생 수가 계속해서 늘고 있습니다. 이 교회를 담임하고 계시는 빌 윌슨 목사님의 '누구의 아이인가?'라는 책을 보면 다음의 7가지 비결이 나와 있습니다.

1. 주일학교를 일주일 중 가장 신나는 시간으로 만듭니다.
2. 주제의 핵심을 이해시키기 위해서 말 한 마디까지 신경을 씁니다.
3. 핵심을 이해할 수 있는 구체적인 물건을 적극적으로 이용합니다.
4. 매주 새로운 시도를 합니다.
5. 설교의 주제는 달라도 핵심은 모두 복음일 때가 많습니다.
6. 범죄율이 높은 동네이기 때문에 하나님의 사랑에 초점을 맞춰 전도를 합니다.
7. 동네의 부족한 교육 인프라를 위해 교회에서 필요한 일들을 감당합니다.

우리 교회의 어린이와 학생들을 위해서 관심을 가지고 꾸준히 기도와 후원을 해주십시오. 반드시 주님께서 좋은 것으로 채워주십니다.

♡ 주님! 자녀들이 차세대 글로벌 리더가 될 수 있게 인도하여 주소서.
📖 오는 주일에는 주일학교 선생님들에게 격려와 맛있는 간식을 선물합시다.

4월 21일

좋은 생각이 만드는 힘

읽을 말씀 : 사무엘상 12:19-25

● 삼상 12:24 너희는 여호와께서 너희를 위하여 행하신 그 큰 일을 생각하여 오직 그를 경외하며 너희의 마음을 다하여 진실히 섬기라

신경학자 마이클 모리슨은 총 7명의 사람을 데려다가 한 가지 실험을 했습니다.

평소에 전혀 운동을 하지 않는 이들은 매일 15분씩 헬스기구로 다리 운동을 하는 상상을 했습니다. 1주일에 5일 동안 그저 상상만 했을 뿐인데 한 달이 지나고 다음과 같은 결과가 나왔습니다.

- 평균 근력이 8%나 증가 되었다.
- 최대 33%까지 개선된 사람도 있었다.
- 근육의 크기가 커지진 않았다.
- 기존의 근육 활용도가 50%에서 70%로 늘었다.

상상만으로 근육이 더 발달하는 것은 아니었지만 기존에 있던 근육을 더 잘 활용하게 되어 운동능력이 늘어난 것입니다. 이 실험은 큰 이슈가 되어 영국의 전문 의학 프로그램에도 방영이 되었습니다.

운동에 대한 생각이 몸에 좋은 영향을 미치듯이, 하나님과 사랑, 선행에 대한 생각도 우리의 마음에 더 큰 영향을 미칩니다. 어떤 생각을 가장 많이 하는지 스스로를 돌이켜보고 더 복음적인 생각과, 예수님의 사랑으로 생각을 가득 채우십시오. 반드시 주님께서 좋은 것으로 채워주십니다.

♡ 주님! 언제나 어디서나 주님의 임재를 발견하고 기뻐하는 삶을 살게 하소서.
📖 주님을 생각하면 가장 먼저 떠오르는 생각이 무엇인지 생각해봅시다.

밭에 감추인 보배

4월 22일

읽을 말씀 : 마태복음 13:44-50

● 마 13:44 천국은 마치 밭에 감추인 보화와 같으니 사람이 이를 발견한 후 숨겨 두고 기뻐하며 돌아가서 자기의 소유를 다 팔아 그 밭을 사느니라

중국 송나라 때 지방의 한 벼슬아치가 수도에서 제일 큰 보석상을 찾아왔습니다.

"이 옥을 좀 살펴주십시오."

옥을 살펴보던 보석상이 깜짝 놀랐습니다.

"아니, 이 귀한 옥을 어디서 구했습니까? 이런 좋은 옥은 저도 본 적이 없습니다."

벼슬아치는 옥을 받고 의기양양하게 당시 재상이었던 자한을 찾아갔습니다.

"우리 가문의 가보인 옥입니다. 부디 재상님의 마음에 꼭 드셨으면 좋겠습니다. 그리고 한 가지 부탁드릴 것이 있는데..."

벼슬아치의 말을 듣던 자한은 갑자기 고개를 돌리며 그의 말을 끊었습니다.

"당신에게는 옥이 가보이며 보배지만 나는 청렴과 정직이 가보이자 보배요. 내가 당신의 청을 듣는 순간 두 가지 보배를 잃게 되는 것이니 얼마나 어리석은 일이요? 그만 돌아가시오."

천국의 기쁨을 아는 사람은 세상의 복락과 절대로 바꾸지 않습니다. 나의 진정한 보배가 내 안에 있는지 살펴봅시다. 그리고 진정한 천국의 기쁨을 내가 누리고 있는지 아니면 누리는 척을 하는 사람인지 생각해보십시오. 반드시 주님께서 좋은 것으로 채워주십니다.

♡ 주님! 모든 좋은 것을 주시는 분은 오직 주님만 임을 항상 생각하게 하소서.
🖼 삶에서 가장 귀하게 여기는 것이 무엇이며, 누구인지 생각해봅시다.

4월 23일
경건을 우선시하라

읽을 말씀 : 디모데전서 4:6-16

● 딤전 4:8 육체의 연단은 약간의 유익이 있으나 경건은 범사에 유익하니 금생과 내생에 약속이 있느니라

대만 지룽시의 한 가게에서 난데없이 건장한 체격의 사람들 수십 명이 몰려왔습니다.

근처의 이권을 놓고 다투던 조폭들이었는데 결국 협상이 틀어져 단체로 싸움을 벌이기 시작했습니다. 손님들은 재빨리 자리를 떠났고 곧 경찰이 출동했습니다. 그러나 그동안 싸움이 너무 격해져 심하게 다친 중상자들이 속출했습니다.

그런데 목격자들이 놀랐던 것은 조폭들의 싸움이 아니었습니다. 그 싸움이 벌어지는 가운데 태연히 테이블에서 국수를 먹고 있던 손님이 있었습니다. 조폭들이 흉기를 꺼내 싸우자 조금 외곽으로 자리를 옮기면서도 국수를 계속 먹었습니다. 곧이어 출동한 경찰은 그의 태연한 모습을 보고는 관련된 조직의 보스로 생각했을 정도였습니다. 그러나 조사 결과 그가 목숨을 걸고 국수를 먹었던 이유는 단지 '방금 나온 따끈한 국수를 놓고 나오기 아까워서'였습니다.

배고픈 사람에게는 국수가 목숨처럼 소중하게 느껴질 수도 있듯이 영혼이 목마른 사람에게는 말씀이 무엇보다 소중해야 합니다. 육보다 더 중요한 영을 살리는 경건의 시간은 매일 필요합니다. 약간 더 많은 수면시간이나 바쁜 일상을 이유로 경건의 시간을 소홀히 하지 마십시오. 반드시 주님께서 좋은 것으로 채워주십니다.

♥ 주님! 주님의 말씀이 내 영의 양식임을 철저히 믿고 끼니 때마다 먹게 하소서.
📖 식사 때마다 쪽 성경이나 말씀 카드, 또는 앱 성경을 통해 말씀도 먹읍시다.

부부생활 십계명

4월 24일

읽을 말씀 : 에베소서 5:22-33

● 엡 5:33 그러나 너희도 각각 자기의 아내 사랑하기를 자신 같이 하고 아내도 자기 남편을 존경하라

부부의 날을 국가 기념일로 만든 '부부의 날 위원회'에서 공개한 부부생활 십계명입니다.
01. 두 사람이 동시에 화를 내지 않는다.
02. 집에 불이 났을 때를 빼고는 소리를 지르지 않는다.
03. 눈으로 흠을 보지 말고, 입으로 흠을 말하지 않는다.
04. 서로를 다른 사람과 비교하지 않는다.
05. 아픈 상처를 더 건드리지 않는다.
06. 그날의 다툼은 그날에 풀고 잠자리에 든다.
07. 처음 사랑하던 시절을 종종 기억하며 기념한다.
08. 행복한 부부생활을 결코 포기하지 않는다.
09. 서로 간에 비밀을 만들지 않는다.
10. 서로의 잘못은 먼저 감싸주고 부족함은 사랑으로 채워준다.

행복한 가정의 출발은 부부사이에서부터 시작합니다. 부부생활이 행복해야 가정도 평안하고, 신앙생활도 평안할 수 있습니다. 그러므로 주님의 말씀에 순종하기 위해서라도 온전한 부부생활을 위해 노력해야 하고, 기도해야 합니다.

하나님의 말씀을 기반으로 서로 존중, 존경하고 사랑하며 하나님이 가정과 부부에게 주시는 참된 행복을 누리는 부부가 되십시오. 반드시 주님께서 좋은 것으로 채워주십니다.

♥ 주님! 배우자의 소중함과 가정의 중요성을 알아 귀히 여기게 하소서.
🖌 위 10가지 중에 부족한 부분이 무엇인지 찾아 개선합시다.

4월 25일
하나님이 주신 능력

읽을 말씀 : 시편 68:26-35

● 시 68:35 하나님이여 위엄을 성소에서 나타내시나이다 이스라엘의 하나님은 그의 백성에게 힘과 능력을 주시나니 하나님을 찬송할지어다

한 시각장애인이 거리에서 '나는 앞이 보이지 않습니다'라는 피켓을 들고 구걸을 하고 있었습니다.

남루한 행색에 추운 겨울이었지만 바쁜 사람들은 동전 하나 주지 않고 제 갈 길을 걸어갔습니다. 그런데 지나가던 한 남자가 잠시 그 앞에 멈춰서더니 피켓을 뺏어 다시 글을 적어 시각장애인에게 주었는데, 잠시 후 갑자기 사람들이 적선 통에 돈을 넣기 시작했습니다. 구걸을 하던 장애인은 영문을 몰라 피켓을 뺏었던 사람에게 사정을 물었습니다.

"아침부터 여기에 있었지만 동전 한 푼 받지 못했습니다. 당신은 도대체 무슨 일을 한 겁니까?"

"난 그저 피켓의 글을 좀 바꿨을 뿐입니다."

그 피켓에는 '봄이 곧 옵니다. 그런데 저는 그 봄을 볼 수 없습니다'라고 쓰여 있었습니다.

아마 이 이야기를 이미 여러 광고나 그림으로 많이 보았을텐데 이 내용은 뉴욕에서 실제로 일어난 일이었고, 글귀를 바꿔준 사람은 프랑스의 유명한 시인이자 초현실주의의 주창자인 앙드레 브르통이었습니다.

브르통은 시각장애인에게 줄 돈은 없었지만 자기만의 방법으로 그를 도울 순 있었습니다. 하나님이 주신 능력으로 남을 도울 수 있는 방법이 무엇인지 깊이 생각해보고 실천하십시오. 반드시 주님께서 좋은 것으로 채워주십니다.

💗 주님! 말과 생각으로만이 아니라 행동으로 약한 사람들을 돕게 하소서.
📖 주변에 도울 사람을 결정한 후 도울 방법을 찾아 금주 내 도웁시다.

아버지의 유언

읽을 말씀 : 마태복음 28:16-20

● 마 28:20 내가 너희에게 분부한 모든 것을 가르쳐 지키게 하라 볼지어다 내가 세상 끝날까지 너희와 항상 함께 있으리라 하시니라

4월 26일

독립운동을 위해 모든 가산을 바치고 자신의 삶까지 바친 분이 계셨습니다.

3.1운동에도 큰 공헌을 했지만 끝끝내 병환으로 조국의 독립은 보지 못했습니다. 가족들이 보는 앞에서 눈을 감기 전 마지막 남긴 한 마디는 "이 다음에 독립이 되고 우리나라가 좋은 나라가 되면 꼭 불우한 사람들을 도와야 한다"였습니다.

아버지가 돌아가시고 얼마 지나지 않아 그토록 바라던 독립이 왔고, 가슴아픈 전쟁이 일어났습니다. 그리고 눈부신 발전을 통해 드디어 한국은 좋은 나라가 되었습니다. 하지만 독립운동가들의 후손들은 여러 어려움에 부딪혀 친일파보다 훨씬 못한 삶들을 대부분 살고 있었습니다. 그러나 이도필 할머니는 아버지가 생전에 남긴 유언을 평생토록 잊지 않고 허드렛일을 하며 열심히 모은 5천만 원을 불우이웃을 위해 써달라며 모두 기부하셨습니다. 그토록 조국을 사랑하던 아버지의 유언이 평생 가슴에 남아있었기 때문이었습니다.

징말로 나라를 사랑했던 아버지의 유언이었기에 힘들어도 지켜야 했던 것처럼, 독생자를 보내주실 정도로 우리를 사랑하시는 하나님의 마음을 깨닫고 예수님이 마지막으로 남기신 지상명령을 실천하십시오. 반드시 주님께서 좋은 것으로 채워주십니다.

♡ 주님! 어느 때든 어디서든 주님의 지상 명령인 복음 전파에 힘쓰게 하소서.
🖼 국가 유공자 가족이 주위에 있다며 감사의 마음과 말을 전합시다.

4월 27일 | 약점이 가져온 변화

읽을 말씀 : 고린도후서 12:1-10

● 고후 12:10 그러므로 내가 그리스도를 위하여 약한 것들과 능욕과 궁핍과 박해와 곤고를 기뻐하노니 이는 내가 약한 그 때에 강함이라

미국의 메건 버나드라는 소녀는 15세가 되면서 몸에 큰 이상이 생겼습니다.

갑자기 오른쪽 다리만 비정상적으로 붓기 시작했는데, 이해가 안 될 정도로 계속 부풀어 올랐습니다.

이대론 안 되겠다 싶어 큰 병원에 가봤더니 정밀 검사 끝에 불치병인 '림프 부종'이라는 진단이 나왔습니다. 15살이 감당하기에는 너무나 힘든 질병이었습니다. 반 친구들은 그녀를 코끼리라고 놀리며 왕따를 시켰고, 세상이 끝나는 것 같이 느꼈던 그녀는 유서까지 쓰고 죽을 생각을 했으나 마음을 고쳐먹고 시련을 극복하기로 했습니다.

그러기까지 무려 10년이나 지났습니다. 그러나 그녀는 더 이상 다리를 감추지 않았고 모델로 활동을 하기 시작했습니다. 슈퍼모델과 같이 날씬한 그녀의 상체와는 달리 유달리 뚱뚱한 오른쪽 다리를 보고 사람들은 깜짝 놀랐지만 사연을 알고는 큰 감동을 받았습니다.

최악의 상황에서 힘들게 내린 그녀의 선택은 세상을 더 아름답게 하는 용기 있는 선택이 되었습니다. 나의 약점을 인정하고 그것을 극복하는 모습을 세상에 보여줌으로 하나님께 영광을 돌리십시오. 반드시 주님께서 좋은 것으로 채워주십니다.

♡ 주님! 모든 것이 주의 은혜임을 깨닫고 주님께 영광 돌리게 하소서.
 신체적으로 어려움에 있는 사람들의 진정한 친구가 됩시다.

사명을 다하는 자세

4월 28일

읽을 말씀 : 고린도전서 9:16-27

● 고전 9:17 내가 내 자의로 이것을 행하면 상을 얻으려니와 내가 자의로 아니한다 할지라도 나는 사명을 받았노라

호서대를 설립한 강석규 박사가 95세 때 외국어를 배우려고 학원을 찾았습니다. 주위 사람들이 굳이 이제 배워서 써먹을 데가 있겠냐고 자주 묻곤 했는데 그럴 때마다 박사님은 이렇게 대답했습니다.

"나는 젊었을 때 정말 열심히 일해서 실력도 인정받고 존경도 받으며 살았습니다. 65세 때 은퇴할 때도 내 모습이 그렇게 자랑스러울 수 없었습니다. '이정도 했으면 됐다, 앞으로는 편히 죽음을 준비하자'라는 생각으로 살고 있었는데, 그로부터 30년을 넘게 살았습니다. 나는 지금도 정신이 맑고 또렷합니다. 내가 은퇴할 때 지금 나이까지 살 줄 알았으면 나는 절대로 이렇게 살지 않았을 것입니다. 내가 지금 어학 공부를 하려고 하는 이유는 단 한 가지 때문입니다. 10년 뒤 105세 생일 때 하고 싶은 일을 미루다가 후회한 인생으로 슬퍼하지 않기 위해서입니다."

그리고는 계속해서 최선을 다해 살며 사람들에게 후회 없는 삶에 대한 본을 보이다가 103세의 나이에 평안히 세상을 떠나셨습니다.

주님이 부르시기 전까지 전력을 다해 사명을 감당하는 것이 참된 제자입니다. 매일 최선을 다해 맡겨주신 사명을 감당하는 하루를 다짐하십시오. 반드시 주님께서 좋은 것으로 채워주십니다.

♡ 주님! 이 세상을 떠날 때까지 주님이 주신 기회를 최대한 활용하게 하소서.
📖 지금까지 바라기만 하고 이루지 못한 일을 바로 시작합시다.

4월 29일
6분의 비결

읽을 말씀 : 마가복음 1:16-20

● 막 1:20 곧 부르시니 그 아버지 세베대를 품꾼들과 함께 배에 버려 두고 예수를 따라가니라

소프트뱅크의 손정의 회장이 사업차 중국을 들렀다 만리장성을 보러 갔습니다.

함께 동행 했던 미국의 야후 창업자인 제리 양이 어딘가 연락을 하더니 한 젊은이를 데려왔습니다. 손정의 회장은 그 젊은이를 보고 첫 눈에 무언가를 느끼고 6분간 대화를 나누며 영업의 비결을 전수해줬습니다.

손정의 회장이 운영하는 야후 재팬은 일본에서만큼은 구글이나 이베이를 물리치고 독자적인 플랫폼을 구축했는데 바로 그 비결을 전수해 주었고, 그 비결을 배운 젊은이는 자기 사업에 적용할 수 있는 부분을 적용했습니다. 그리고 3년 만에 세계 최대 인터넷 기업인 이베이를 중국에서 앞지르는 기업이 되었고, 10년 뒤에는 세계 최대 온라인 쇼핑몰이 되었습니다.

만리장성에서 손정의 회장을 만난 젊은이는 알리바바의 창업자 마윈 회장이었습니다.

진정한 깨달음은 시간에 구애받지 않습니다. 하루에 10여 분 정도 갖는 경건의 시간, 1주일에 2시간씩 드리는 주일예배는 결코 변하기에 부족한 시간이 아닙니다. 그러기 위해 주님과 함께하는 시간은 최선을 다해 집중하십시오. 반드시 주님께서 좋은 것으로 채워주십니다.

♡ 주님! 주님의 부활의 능력이 제 삶 곳곳에 나타나게 하소서.

 지금 가지고 있는 지식과 지혜를 정리하면서 주님의 숨겨진 뜻을 발견합시다.

당당한 양심의 중요성

읽을 말씀 : 디모데전서 1:12-20

● 딤전 1:19 믿음과 착한 양심을 가지라 어떤 이들은 이 양심을 버렸고 그 믿음에 관하여는 파선하였느니라

오바마 대통령의 행정부의 45인 중 가장 말단인 공무원이 있었습니다. 2달 후 퇴임을 하기로 되어 있어 마지막 동남아 순방 중에 기념품을 가져가야겠다고 생각한 그는 미얀마로 가는 대통령 전용기에서 사탕, 볼펜, 냅킨과 같이 기념이 될 만한 물건들을 슬쩍 주머니에 넣었습니다. 그리고 무사히 공항에 도착해 의전 차량에 탑승하려고 하는데 갑자기 경호원 2명이 이름을 부르며 쫓아왔습니다.

'아이고, 뭐 사탕이랑 볼펜 몇 개 가져갔다고 그걸 쫓아오냐...'

깜짝 놀란 공무원은 무작정 도망쳤습니다. 그러나 얼마 못 가 경호원에게 붙잡혔고 이렇게 된 이상 먼저 자수를 해야겠다 싶어 주머니에 물건들을 꺼내려고 했습니다. 그런데 경호원들이 숨을 헐떡이며 이렇게 말했습니다.

"미스터 캠벨 씨, 대통령께서 같은 차에 타자고 부르십니다."

조금 뒤 퇴임하는 자신을 위한 대통령의 배려였던 것인데 기념품 몇 개 몰래 가져간 것 때문에 양심에 거리낌이 있어 망신만 당한 일이었습니다.

그리스도인의 양심의 기준은 사람이 아닌 하나님이 되어야 합니다. 하나님이 함께 하시며 삶을 형통케 하신 요셉처럼 하나님을 두려워하는 마음으로 정직한 삶을 살아가십시오. 반드시 주님께서 좋은 것으로 채워주십니다.

♡ 주님! 중요한 것을 놓치지 않는 지혜로운 삶을 살게 하소서.
🖼 이 이야기에 나오는 오바마 대통령처럼 남을 배려하는 삶을 삽시다.

"주의 법을 사랑하는 자에게는 큰 평안이 있으니 저희에게 장애물이 없으리이다"
(시편 119편 165절)

5월 1일
자리에 맞는 능력

읽을 말씀 : 야고보서 3:13-18

● 약 3:17 오직 위로부터 난 지혜는 첫째 성결하고 다음에 화평하고 관용하고 양순하며 긍휼과 선한 열매가 가득하고 편견과 거짓이 없나니

세종대왕 시절에 정갑손이라는 사람이 함경도에 관찰사로 파견되었습니다.

그는 먼저 백성들을 잘 다스릴 수 있는 뛰어난 관리를 뽑기 위해서 시험을 치렀습니다. 그런데 합격자 명단을 보고는 시험을 관리하던 책임자들을 모두 불러 엄하게 야단을 쳤습니다.

"여기 어째서 내 아들의 이름이 있는가? 내 아들이 평소 공부를 잘하지 못했다는 것은 누구보다 내가 잘 아는데, 그대들이 나를 속일 수 있는가? 나의 비위를 맞추려고 이랬다면 부정을 저지른 것이니 잘못이고, 내 아들의 실력을 좋게 보았다면 사람을 보는 눈이 없으니 그 또한 잘못이네. 한 번 더 기회를 줄 테니 정말 제대로 된 사람을 뽑아오게."

이 일로 정갑손은 모든 일에 청렴하고 공정한 관리로 소문이 나 나중에 예조판서와 대사헌 같이 높은 벼슬에까지 올라 세종대왕의 일을 보필했습니다.

모자란 재능을 과대평가하는 것도 문제지만 높은 재능을 과소평가하는 것도 문제입니다. 공적인 일을 사적인 생각으로 처리하지 말고, 나보다 나를 더 잘 아시는 하나님께 모든 것을 맡기고 부르심에 언제나 순종하는 믿음의 사람이 되십시오. 반드시 주님께서 좋은 것으로 채워주십니다.

♡ 주님! 사람들을 바르게 분별할 줄 아는 지혜를 주소서.
 함께 일하는 사람들의 능력을 사심없이 편견없이 봅시다.

눈물의 씨앗, 생명의 씨앗

읽을 말씀 : 갈라디아서 6:1-10

● 갈 6:8 자기의 육체를 위하여 심는 자는 육체로부터 썩어질 것을 거두고 성령을 위하여 심는 자는 성령으로부터 영생을 거두리라

5월 2일

인도 라자스탄의 피플란트리라는 작은 마을에서 촌장이 어린 딸을 잃었습니다.

촌장은 딸을 잃은 슬픔에 어쩔 줄 모르다가 딸의 죽음을 기리기 위해서 111그루의 나무를 심었습니다. 마을 사람들은 촌장이 나무를 심는 일을 도왔는데 그러다 누군가가 마을에서 딸이 태어날 때마다 나무를 111그루 심으며 축하하는 기념을 만들면 어떻겠냐고 말했고 모두가 동의했습니다. 그때부터 마을에 딸이 태어나면 사람들은 축하하며 모두 나무를 심기 시작했습니다.

6년간 무려 4만여 그루의 나무가 심겼는데, 어떤 나무들은 동물의 습격으로부터 마을을 지켜줬고, 어떤 나무들은 잔뜩 과실을 맺어 마을의 식량이 되고 상품이 되었습니다. 그러나 그보다 더 기쁜 일은 이 좋은 풍습으로 인해 여성의 인권이 거의 땅에 떨어져 있는 인도와 달리 이 마을에서는 딸의 탄생을 축복하고, 여자들이 매우 존중을 받는 문화가 생겼다는 점입니다.

딸을 잃은 슬픔을 극복하고 조금 더 나은 상황을 위한 행동이 한 마을의 문화와 가치관을 변화시켰습니다. 내가 흘리는 눈물을 통해서도 일하시는 하나님을 믿으며 더 나은 선택을 할 수 있는 용기를 달라고 기도하십시오. 반드시 주님께서 좋은 것으로 채워주십니다.

♥ 주님! 어떤 상황도 찬송 받으시기에 합당하게 변화시키심을 믿게 하소서.
📖 슬픈 일이 있을 때 그 슬픔을 어떻게 기쁨으로 바꾸고 있는지 생각합시다.

5월 3일
세상에 빠진 댓가

읽을 말씀 : 요한복음 5:19-29

● 요 5:29 선한 일을 행한 자는 생명의 부활로, 악한 일을 행한 자는 심판의 부활로 나오리라

경제공황으로 미국이 심한 불경기에 처해있을 때 많은 사람들이 실업자가 되어 거리에 나 앉았습니다.

일자리도 안 구해지지만 그렇다고 집에만 있을 수도 없어 사람들은 대부분 하루 종일 거리를 돌아다니며 하릴없이 시간을 때웠습니다.

그런데 뉴욕 퀸즈의 한 극장에 '오늘은 무료입장'이라는 문구가 붙어있었습니다. 때마침 할 일도 없었던 사람들은 모두 극장으로 가서 정말로 돈을 안내도 되냐고 물었고 직원들은 입장은 무료라고 대답했습니다.

사람들은 순식간에 몰려와 계단까지 앉을 정도로 영화관은 사람들로 만원을 이루었습니다. 오랜만에 즐겁게 영화를 본 사람들은 이제 극장 밖으로 나가려고 하는데 갑자기 직원이 길을 가로막고 돈을 내라고 했습니다. 화가 난 사람들이 따져 물었습니다.

"아니, 분명히 입장이 무료라고 하지 않았소!"

"맞습니다. 입장은 분명 무료입니다. 제가 받으려는 것은 퇴장료입니다."

세상에 태어나 우리가 누리고 있는 모든 것들은 그저 우연이며 공짜로 느껴질 때가 있습니다. 그러나 세상의 끝날은 반드시 오고 모두 주님의 시상대 앞에 서는 심판의 순간이 있음을 언제나 잊지 마십시오. 반드시 주님께서 좋은 것으로 채워주십니다.

💚 주님! 순간순간 주님의 뜻을 이루며 살아서 승리하게 하소서.
📖 주님의 말씀처럼 세상을 뱀같이 지혜롭게 비둘기같이 순결하게 삽시다.

칭찬의 10가지 능력

읽을 말씀 : 잠언 27:21-27

5월 4일

● 잠 27:21 도가니로 은을, 풀무로 금을, 칭찬으로 사람을 단련하느니라

세계적 청소년 선교기관인 어와나(AWANA)클럽에서 뉴스레터에 실은 칭찬의 10가지 능력입니다.
01. 칭찬은 행복을 열배로 키워주는 놀라운 약이다.
02. 칭찬은 모든 상처를 낫게 해주는 만병통치약이다.
03. 칭찬은 보이지 않아도 영혼에까지 스며든다.
04. 칭찬은 보낸대로 돌아오는 메아리다.
05. 칭찬은 굳은 얼굴에 웃음을 꽃피우는 마술사다.
06. 칭찬은 기쁨의 갈증을 해소시켜주는 생수이다.
07. 칭찬은 무료로 기쁨을 전해주는 전단지.
08. 칭찬은 무한한 가능성을 품고 있는 씨앗이다.
09. 칭찬은 몸과 마음에 활력을 주는 비타민이다.
10. 칭찬은 역사를 새로 쓰게 만드는 대통령이다.

이런 놀라운 칭찬을 하는 데에 드는 노력은 매우 작습니다. 그런데 우리는 그 작은 노력도 하지 않아 칭찬에 너무 인색하고, 오히려 칭찬을 받기만 바랍니다.

사람들의 장점을 찾아 먼저 칭찬하면 그 사람의 마음을 얻게 되고 또 좋은 평판도 돌아오게 됩니다. 만나는 사람마다 먼서 칭찬할 거리를 찾으십시오. 반드시 주님께서 좋은 것으로 채워주십니다.

♥ 주님! 친절을 베풀어 주님께 영광 돌리게 하소서.
🏠 친절 지수가 100점 만점에 어느 정도인지 점검하고 더 친절합시다.

5월 5일 가장 귀한 선물

읽을 말씀 : 잠언 9:1-12

● 잠 9:9 지혜 있는 자에게 교훈을 더하라 그가 더욱 지혜로워질 것이요 의로운 사람을 가르치라 그의 학식이 더하리라

'**탈**무드'에 나오는 이야기입니다.
한 어머니가 어느 날 상점에서 옷을 한 벌 샀습니다. 집에 돌아와서 다시 한 번 입어보며 주머니에 손을 넣었는데, 커다란 보석이 들어 있었습니다. 순간 어머니는 보석을 두고 갈등했습니다.

'내가 산 옷에 있으니 내 것 아닐까?', '아니야 보석이 엄청 비싸 보이는데 잃어버린 사람이 지금쯤 애타게 찾고 있을 거야.'

그러나 혼자서 답을 내리기 어려워 마을의 랍비를 찾아가 어떻게 하는 것이 좋겠냐고 물었습니다. 그러자 랍비가 단호하게 말했습니다.

"당신이 산 것은 외투이지 보석이 아닙니다. 당장 돌려주는 것이 맞습니다. 그러나 만약 보석을 돌려주러 갈 때 당신의 자녀를 데리고 간다면, 당장은 아쉬울지 몰라도 보석보다 몇 배나 더 귀중한 것을 자녀에게 물려주게 될 것입니다."

자녀들은 하나님이 허락하신 귀한 생명입니다. 그러나 어린이날을 위한 특별한 선물보다도 바른 신앙과 성품의 본을 보여주는 것이 그 무엇보다도 귀하고 필요한 선물입니다. 정말 자녀를 위하고 사랑한다면, 더 좋은 교육보다 말씀을 가르치고, 더 많은 용돈보다, 정직과 성실의 본을 보여야 합니다. 자녀의 올바른 신앙과 성장을 위해서 본을 보이도록 노력하십시오. 반드시 주님께서 좋은 것으로 채워주십니다.

♥ 주님! 저에게 맡겨주신 자녀들을 주님의 교양과 훈계로 잘 양육하게 하소서.
📖 자녀들을 내 뜻과 기분대로가 아니라 주님의 뜻이 이뤄지게 합시다.

책임감이 만든 변화

읽을 말씀 : 로마서 12:1-13

● 롬 12:11 부지런하여 게으르지 말고 열심을 품고 주를 섬기라

5월 6일

미국의 미식축구팀 미네소타 바이킹스의 짐 마샬은 경기 도중 상대방과 충돌을 해 방향감각을 잃었습니다.

다시 정신을 차려 서둘러 공을 잡고 무작정 엔드존으로 뛰어가 터치다운을 했는데, 상대편이 아닌 자기팀 엔드존이었습니다. 미식축구에서 정말 나오기 힘든 자살골을 기록한 짐은 경기가 끝나고 크게 의기소침해 있었습니다.

홈팬들은 응원대신 욕설을 퍼부었고 뉴스에서는 자기의 자살골 모습이 계속해서 방영되고 있었습니다. 너무 힘들어 선수생활을 포기하고 싶었던 그때 아버지가 해주셨던 "사람은 책임을 질 줄 알아야 한다. 실수를 했다면 바로 잡으려는 노력을 반드시 해야 돼"라는 말이 떠올랐습니다.

다음 경기 때도 팬들의 야유는 계속 됐고 여전히 자살골 장면은 뉴스에 나왔지만 짐은 최선을 다해 한 경기, 한 경기 더욱 필사적으로 노력했습니다. 그런데 이런 짐의 모습을 보고 전국에서 편지가 도착했습니다. 실수로 괴로워하던 많은 사람들이 짐의 노력을 보고 힘을 얻고 고맙다고 감사의 편지를 보낸 것입니다.

최선을 다해도 누구나 실수할 수 있습니다. 그러나 실수를 인정하고 다시 노력을 하는 자세가 더 중요합니다. 한 번의 실수로 의기소침하지 말고 끝까지 책임을 다할 능력과 용기를 주님께 간구하십시오. 반드시 주님께서 좋은 것으로 채워주십니다.

♡ 주님! 어떤 경우도 최선을 다해 이웃들에게 희망을 주게 하소서.
※ 지난 어떤 실수로 마음에 상처가 있다면 주님께 아뢰고 치유합시다.

5월 7일 그럼에도 불구하고

읽을 말씀 : 다니엘 3:8-18

● 단 3:17 왕이여 우리가 섬기는 하나님이 계시다면 우리를 맹렬히 타는 풀무불 가운데에서 능히 건져내시겠고 왕의 손에서도 건져내시리이다

한국전쟁 때 태어나 엄마 젖도 제대로 못 먹고 자란 아이가 있었습니다.

워낙 어려웠던 때라 미군한테 구걸을 하며 주린 배를 채웠고, 청년이 돼서는 시장에 떨어진 시래기를 주워 먹으며 살다가 군대에 끌려갔습니다. 그런데 그렇게 힘든 군 생활 속에서 하나님을 만나고 신앙생활을 하게 되었습니다. 힘들게 자라 모든 것을 부정적으로만 보던 시각이 '주님이 함께 하시면 할 수 있다'라는 시각으로 변하게 되었습니다.

제대를 한 뒤엔 무조건 할 수 있다는 생각을 가지고 제약회사의 영업직으로 들어갔습니다. 일을 배우고 사람을 만날 때마다 벽을 느꼈지만 그때도 주님과 함께 하면 된다는 믿음으로 밀고 나갔습니다. 10년 동안 뛰어난 실적을 올렸던 청년은 어느새 수십 개의 나라에 수출을 하는 국제적인 제약회사의 대표가 되었습니다. 한국유나이티드의 강덕영 대표님은 자신의 성공 비결을 사람들이 물을 때마다 항상 똑같이 대답합니다.

"하나님을 의지하고 최선을 다한다면, 그럼에도 불구하고 할 수 있습니다."

나는 할 수 없는 일도 하나님은 하실 수 있습니다. 능치 못할 일이 없는 하나님을 더욱 의지하고 더욱 신뢰하십시오. 반드시 주님께서 좋은 것으로 채워주십니다.

♡ 주님! 믿는 자에게 능치 못할 일이 없다고 하신 말씀을 굳게 믿게 하소서.
📖 어려움이 있을 때 그 누구보다 먼저 주님을 찾는 일이 생활화되게 합시다.

부모의 7가지 책임

5월 8일

읽을 말씀 : 신명기 5:1-21

● 신 5:16 너는 네 하나님 여호와께서 명령한 대로 네 부모를 공경하라 그리하면 네 하나님 여호와가 네게 준 땅에서 네 생명이 길고 복을 누리리라

가정사역 전문가로 CCC와 코스타에서 많은 강의를 하는 박수웅 장로님은 하나님 말씀대로 자녀들을 키우기 위해서 부모들은 7가지 가치를 심어주어야 한다고 말합니다.
1. 지식과 지혜를 다하고 나눌 수 있는 지력
2. 모든 일의 뼈대가 되는 체력
3. 고난과 역경을 이겨낼 수 있는 정신력
4. 기분과 정서를 조절할 수 있는 정서력
5. 사람들과 소통하며 이끌 수 있는 관계력
6. 하나님을 알고 따르는 영력
7. 시간과 돈, 목표를 설정할 수 있는 자기관리능력

모든 부모님들은 자녀의 행복과 성공을 바라며 뒷바라지를 합니다. 지금의 우리가 이처럼 있을 수 있는 것도 날 위해 많은 것을 희생하신 부모님이 계셨기 때문입니다. 그 희생을 잊지 않고 기억할때 하나님이 허락하신 부모님께 감사할 수 있고 또한 맡겨주신 자녀도 잘 양육할 수 있습니다.

하나님이 주신 귀한 자녀를 키울 수 있는 훌륭한 부모가 될 수 있게 해달라고 기도하고, 또 모든 것을 희생하며 나를 키워주시고 믿음의 길로 인도해주신 부모님을 위해 기도하며 감사를 전하십시오. 반드시 주님께서 좋은 것으로 채워주십니다.

♡ 주님! 보답할 수 없는 사랑을 베푸신 부모님의 은혜를 잊지 않게 하소서.
🖼 부모님께 감사의 마음을 담은 선물다운 큰 선물과 편지를 드립시다.

5월 9일 목회자 자녀들을 위한 기도

읽을 말씀 : 히브리서 13:1-19

● 히 13:18 우리를 위하여 기도하라 우리가 모든 일에 선하게 행하려 하므로 우리에게 선한 양심이 있는 줄을 확신하노니

예수대학교의 학생상담센터에서 목회자 자녀들이 겪는 고충에 대해 연구를 했습니다.

실제 목회자 자녀인 학생들을 4달 동안 심층면접을 통해 가장 스트레스를 받고 있는 항목에 대해서 꼽았는데 다음과 같았습니다.

1. 교회를 다니던 성도들의 이탈로 힘들어하시는 부모님을 볼 때.
2. 나는 늘 착하게 보여야 한다는 생각이 들 때.
3. 나의 일정은 상관없이 주일은 하루 종일 당연하게 봉사해야 하는 상황일 때.
4. 경제적인 어려움으로 고생하는 엄마를 볼 때.
5. 설교와 다른 아빠의 모습, 교회에서와 다른 성도들의 모습을 볼 때.

목회자 자녀들이 받는 이런 스트레스는 일반 학생들에 비해서 아주 심각한 수준이었습니다. 센터의 임신일 교수는 성도와 목회자들이 자녀를 어느 정도 분리된 독립된 인격체로 배려를 해주고 많은 기도가 필요하다고 말했습니다.

하나님의 귀한 일꾼으로 바르게 성장할 수 있게 우리 교회 목회자들의 자녀들을 위해 함께 기도해주시고 또 배려해주십시오. 반드시 주님께서 좋은 것으로 채워주십니다.

♡ 주님! 담임목사님과 가족을 위해 진심으로 기도하며 돕게 하소서.
🎁 오는 주일에는 교회 목회자의 자녀들에게 격려 카드와 선물을 나눕시다.

교회를 위한 기도

읽을 말씀 : 마태복음 16:13-20

● 마 16:18 또 내가 네게 이르노니 너는 베드로라 내가 이 반석 위에 내 교회를 세우리니 음부의 권세가 이기지 못하리라

5월 10일

미국 캘리포니아의 뉴스프링교회의 페리 노블 목사님은 '교회가 곤경에 처했다는 15가지 증상'이라는 글을 처치리더스에 올렸습니다. 그중 7가지를 소개합니다.
1. 교회에 일어난 문제들을 해결하기보다는 합리화한다.
2. 전도에 대한 열정이 사라졌다.
3. 세상의 눈치를 보는 일을 말씀의 실천보다 중요시한다.
4. 지옥에 대한 두려움이 없고, 죄를 인정하고, 십자가를 무시한다.
5. 교회의 일에 대한 결정을 성경 기반으로 내리지 않는다.
6. 다음세대를 이해하지 못한다는 이유로 지원을 하지 않는다.
7. 즉각적으로 도움이 필요한 지역의 사람들을 돕지 않는다.

교회는 믿는 사람들의 공동체이며, 서로 사랑을 공유하고 함께 신앙으로 성장해나가는 예수님의 몸입니다. 그렇기에 문제가 있을 때는 숨기거나 무시하기보다는 기도하며 말씀의 방법을 따라 치료해야 합니다.

교회 내에 문제가 있을수록 더욱 교회를 위해 기도하고, 말씀으로 돌아가고, 함께 연합하여 다시 세상에 복음을 전하는 귀한 예수님의 소리로 회복되게 해달라고 힘써 노력하십시오. 반드시 주님께서 좋은 것으로 채워주십니다.

💚 주님! 주님의 몸된 교회를 위해 충성스럽게 은사를 활용하게 하소서.
📖 우리 가정 이상으로 교회를 생각하고 지원하고 있는지 생각해 봅시다.

5월 11일 뜻밖의 선물

읽을 말씀 : 고린도후서 4:1-15

● 고후 4:15 이는 모든 것이 너희를 위함이니 많은 사람의 감사로 말미암아 은혜가 더하여 넘쳐서 하나님께 영광을 돌리게 하려 함이라

스테이시 크래머라는 여성은 어느 날 몸이 좀 안 좋아 병원에서 검진을 받았습니다.

의사는 무거운 표정으로 결과를 들고 나와 그녀에게 뇌종양이라고 말해주었습니다. 수술까지 힘들다는 말을 듣고 그녀는 자기 인생이 끝났다고 생각했습니다.

그런데 며칠 뒤부터 생각이 바뀌었습니다. 소식을 들은 가족과 친구들은 먼 길도 마다않고 찾아와 위로해주고 함께 옛 추억을 나누었습니다. 게다가 내일을 알 수 없기에 오늘만 최선을 다해서 살면 되었습니다.

하루하루가 정말로 행복했기에 그녀는 마침내 뇌종양을 하늘이 주신 선물로까지 생각하게 되었고, 실제로 그렇게 받아들였습니다.

그렇게 하나님이 주시는 매일을 선물로 생각하며 하루하루를 보내는 도중 통증이 점점 약해지는 것을 느꼈습니다. 5개월이 지난 뒤에 다시 검사를 받았는데 놀랍게도 종양이 깨끗이 사라져 완치 판정이 나왔습니다.

실수하지 않는 하나님을 믿으신다면 어떤 상황에서도 감사할 수 있고, 기뻐할 수 있습니다. 정말로 기뻐할 수 없는 상황이라고 생각될 때에 오히려 기뻐하고 더욱 감사하십시오. 반드시 주님께서 좋은 것으로 채워주십니다.

💚 주님! 제가 어려운 상황에서도 주님 안에서 생각하고 감사하게 하소서.
📖 요즘 불만 사항이 있다면 주님의 말씀에는 무엇이라 하는지 찾아봅시다.

나의 이야기는 무엇인가

5월 12일

읽을 말씀 : 사도행전 4:23-31

● 행 4:31 빌기를 다하매 모인 곳이 진동하더니 무리가 다 성령이 충만하여 담대히 하나님의 말씀을 전하니라

하버드대의 신경과학자인 미첼과 타미르는 사람들을 모아놓고 한 가지 실험을 했습니다.

이들은 여러 질문이 담긴 설문지를 사람들에게 나눠주고 2가지 선택을 하게 만들었습니다.

하나는 그 질문에 대한 아무 답을 하지 않고 다른 질문으로 넘어가며 적립금을 받는 것이었고, 하나는 그 질문에 대한 이야기를 하며 다른 참가자들과 공유하는 것이었습니다. 그러나 질문에 대한 답을 하면 적립금을 훨씬 적게 받아야 했습니다. 이론상 당연히 모든 질문에 답을 안 하면 가장 많은 돈을 벌 수 있었습니다.

그러나 사람들은 대부분 특정 질문에는 답을 했고 그 내용을 다른 사람과 공유하기를 원했습니다. 그 질문에는 한 가지 공통점이 있었는데 바로 '나에 관한 질문'이었습니다.

사람들은 자기에 관한 이야기, 예를 들어 정말 하찮은 이야기라 하더라도 보상보다는 말을 하고 공유하는 편을 택했습니다. 실제로 뇌 검사를 통해서도 자신에 대한 이야기를 할 때는 돈을 받거나 선물을 받을 때와 같은 부위가 활성화됐습니다.

내 대화와 이야기에 복음이 없고 예수님이 없다면, 세상의 가십만 있고 돈에 대한 이야기만 있다면 분명히 잘못된 것입니다. 삶의 부분을 예수님의 말씀으로 조금씩 채워나가십시오. 반드시 주님께서 좋은 것으로 채워주십니다.

♡ 주님! 주님 안에서 경험한 삶의 이야기를 널리 전하는 성도가 되게 해주소서.
📖 이번 주에 경험한 주님의 동행에 대해 정리해 메모합시다.

5월 13일
누구든 변할 수 있다

읽을 말씀 : 고린도후서 5:11-17

● 고후 5:17 그런즉 누구든지 그리스도 안에 있으면 새로운 피조물이라 이전 것은 지나갔으니 보라 새 것이 되었도다

자신이 쓰려고 믹서기를 만들다 '블렌드텍'이라는 회사를 창업한 톰 딕슨은 더 잘 갈리는 믹서기를 만들기 위해서 매일 같이 연구를 했습니다.

하루는 그 모습을 본 마케팅 담당 조지가 당장 밖으로 나가 비디오카메라를 한 대 사왔습니다. 그리고 팀에게 믹서기 테스트를 해보라고 했습니다. 팀은 자동차가 밟아도 안 깨지는 쇠구슬 50개를 넣고 버튼을 눌렀는데 이내 가루가 되어 나왔습니다. 조지는 컴퓨터 하드, 골프공, 아이폰 같은 다양한 물건들을 넣고 갈았습니다. 결과는 마찬가지였습니다.

그는 이 영상들을 인터넷 사이트에 '이것도 갈릴까요?'라는 제목으로 올렸는데 이를 통해 매출이 형편없던 '블렌드텍'은 순식간에 집집마다 반드시 한 대 사두는 필수 가전제품이 되었습니다. '이것도 갈릴까요?' 시리즈에 사람들이 요청하는 모든 물건들을 넣고 갈았을 때 단 한 번도 실패를 한 적이 없기 때문입니다.

"나도 변할 수 있을까요?"라고 묻는 사람들에게 자신 있게 "주님 안에서 충분히 가능하다"고 말로 또 삶으로 대답하십시오. 반드시 주님께서 좋은 것으로 채워주십니다.

♡ 주님! 제 삶의 구석구석까지 주님의 능력으로 변화되어 간증이 되게 하소서.
🔲 아직 삶에서 변화되지 않아 힘든 부분을 찾아 주님께 가져갑시다.

시간을 사용하는 우선순위

5월 14일

읽을 말씀 : 골로새서 4:2-6

● 골 4:5 외인에게 대해서는 지혜로 행하여 세월을 아끼라

미국의 대통령이었던 아이젠하워는 철저한 시간 관리로 유명했는데, 그는 시간을 관리하는 비결에 대해 이런 말을 했습니다.

"중요하면서 긴급한 일은 별로 없고, 긴급하면서 중요한 일도 별로 없다."

그리고 컨설턴트들의 연구도 아이젠하워의 말과 일치했습니다. 그래서 그들은 '아이젠하워 박스'라는 시간 관리 툴을 만들었습니다. 이 툴은 모든 일을 4가지로 분류합니다.

1. 중요하면서 긴급한 일.
2. 중요하면서 안 긴급한 일.
3. 안 중요하면서 긴급한 일.
4. 안 중요하고 안 긴급한 일.

이 툴의 핵심은 중요하면서 안 긴급한 일을 2번째 우선순위에 놓아야 하는 것입니다. 많은 사람들은 안 중요하면서 긴급한 일을 2번째로 처리하지만 실제로 오바마 대통령이 아무리 바빠도 아침 운동 시간은 지키고, 반드시 저녁은 가족과 함께 먹는 것처럼 더 나은 동력을 내기 위한 중요한 일을 급한 일보다 더 우선시해야 합니다.

더 나은 삶을 위해 반드시 필요한 경건생활을 하루 일과에 포함시키십시오. 반드시 주님께서 좋은 것으로 채워주십니다.

♥ 주님! 시간의 중요성을 알고 시간을 잘 활용하는 지혜를 주소서.
📖 위 4가지의 툴을 만들어 매일매일 체크하며 시간을 관리합시다.

5월 15일 — 마법의 7문장

읽을 말씀 : 시편 69:29-36

● 시 69:32 곤고한 자가 이를 보고 기뻐하나니 하나님을 찾는 너희들아 너희 마음을 소생하게 할지어다

경영인들을 위한 전문잡지 '패스트 컴퍼니'에 실린 '인생을 변화시키는 7가지 문장'입니다.
 1. 일의 마침표를 찍는 문장-"이제 충분해!"
 2. 먼저 도울 일을 찾는 문장-"어떻게 도와드릴까요?"
 3. 주위 사람들에게 사랑을 표현하는 문장-"사랑합니다."
 4. 목표를 설정해주는 문장-"난 이걸 원해."
 5. 자신감을 높여주는 문장-"내가 이걸 해냈어!"
 6. 인내심을 길러주는 문장-"곧 괜찮아질 거야."
 7. 감사를 표현하는 문장-"고맙습니다."

 말에는 한 사람의 생각과 마음이 담겨 있습니다. 하루 종일 다니면 자신에게 또 남에게 하는 말이 어떤 말인지 살펴보십시오. 남에게 힘이 되는 말과 행동을 하고 있습니까?
 또 스스로에게 충분히 잘 하고 있다고 격려를 하고 있습니까? 성도들은 하나님이 주신 사랑과 소망이 마음 안에 있기에 우리에게도 남에게도 힘이 되는 말을 전하는 삶을 살아야 합니다. 그리고 서로를 웃게 하고 힘이 나게 하는 좋은 말들에 복음과 사랑의 한 마디를 더 하십시오. 반드시 주님께서 좋은 것으로 채워주십니다.

♡ 주님! 사람들에게 유익을 끼치고 힘을 얻게 하는 말만 하게 하소서.
📖 위 7마디 말을 외워서 자주 적재적소에 지혜롭게 사용합시다.

가장 중요한 소통

5월 16일

읽을 말씀 : 고린도후서 13:1-13

● 고후 13:13 주 예수 그리스도의 은혜와 하나님의 사랑과 성령의 교통하심이 너희 무리와 함께 있을지어다

'**알**파 고'와 같은 인공지능의 발달로 사람이 할 수 있는 많은 영역의 일들이 결국은 기계와 인공지능에 넘어갈 것이라고 생각하는 사람들이 많습니다.

그러나 누구보다도 인공지능을 구성하고 있는 기본 알고리즘을 잘 활용해 큰 성공을 거두었던 '카약'을 만든 폴의 생각은 조금 달랐습니다.

그는 원하는 여행지를 입력하면 사용자의 요구에 맞는 항공사와 호텔, 여행사를 알아서 찾아주는 검색엔진을 개발해 큰 성공을 거뒀습니다. 그러나 조건에 맞는 항목은 검색엔진이 더 잘 찾아줄지 모르나 여행자의 의도를 반영하는 서비스를 받기에는 훨씬 더 불편했습니다. 여행자의 의도를 반영해 세심하게 배려할 수 있는 것은 컴퓨터가 아닌 경험이 많은 여행 컨설턴트가 정답이었습니다.

이 사실을 깨달은 그는 개발한 검색엔진을 바로 매각하고 여행객과 컨설턴트를 연결해주는 메신저 서비스를 개발했습니다. 그리고 기술보다 더 중요한 사람들의 마음을 알기 위해 억만장자임에도 하루에 2시간 씩 짬을 내 택시를 몰고 사람들을 만나러 다니고 있습니다.

주변의 이웃들과 진심으로 소통하며 복음을 전하십시오. 반드시 주님께서 좋은 것으로 채워주십니다.

♡ 주님! 시대가 급변하지만 당황하지 않게 해 주시고, 이기게 해 주소서.
📖 급변하는 세태 속에서 앞으로 무엇을 어떻게 해야 할지를 기도하십시오.

5월 17일 — 다 같이 잘 사는 세상

읽을 말씀 : 히브리서 13:1-16

● 히 13:16 오직 선을 행함과 서로 나누어 주기를 잊지 말라 하나님은 이같은 제사를 기뻐하시느니라

카드결제서비스를 제공하는 회사의 사장인 프라이스는 점심시간에 만난 한 직원에게 요즘 어떠냐고 안부를 물었습니다.

"죽지 못해 삽니다. 당신이 나를 착취하고 있다구요."

프라이스는 불경기에 회사를 살리기 위해 노력하고 있을 뿐이라고 대답했습니다. 그러나 집에서 생각해보니 대부분의 직원들은 좋은 기술을 갖고도 회사를 위한다는 명목아래 돈 걱정을 하고 있었지만 자신은 그 사람들의 연봉만큼을 위험부담 없이 매달 받고 있었습니다. 프라이스는 고민 끝에 불경기에도 매년 직원들의 연봉을 30%씩 인상했습니다.

그런데 연봉을 올려주자 생산성이 계속해서 늘었습니다. 급기야 프라이스는 전 직원의 최저임금을 8,000만원으로 책정했습니다. 프라이스 자신도 똑같은 연봉을 받았고, 경비원도 마찬가지였습니다. 이런 정책이 회사를 망하게 할 것 같다고 회사를 떠나는 직원도 있었지만 오히려 그 후 1년 동안 매출과 수익이 2배로 늘었고 프라이스의 회사를 찾는 고객도 더 많이 늘었습니다.

가진 사람들이 먼저 나눔을 실천해야 다 같이 잘사는 세상이 될 수 있습니다. 가진 것을 아까워말고 주님이 말씀하신대로 나누며 베풀며 사십시오. 반드시 주님께서 좋은 것으로 채워주십니다.

♡ 주님! 제게 맡긴 부를 흘러 보내는 사람이 되게 하소서.
🖼 다섯 달란트, 두 달란트 맡아 큰 수익을 남긴 이들처럼 충성된 사람이 됩시다.

그리스도인의 시간 낭비

5월 18일

읽을 말씀 : 베드로후서 2:11-22

● 벧후 2:20 만일 그들이 우리 주 되신 구주 예수 그리스도를 앎으로 세상의 더러움을 피한 후에 다시 그 중에 얽매이고 지면 그 나중 형편이 처음보다 더 심하리니

부유한 집에서 태어나 명석한 두뇌를 가진 영국의 한 청년이 있었습니다.

케임브리지 수학과를 수석으로 졸업한 수재였던 청년은 돌연 신학교에 들어가더니 선교사가 되어 인도로 떠났습니다. 주위 사람들이 재능이 아깝다며 일단 전공을 살려 전문적인 일을 한 뒤에 결정을 해보라고 했지만 그는 항상 이렇게 대답했습니다.

"나에게는 한 가지 목적밖에 없습니다. 인도를 위해 나 자신을 불태워버릴 것입니다."

그리고는 목사 안수를 받자마자 24살의 나이에 인도로 바로 떠났습니다. 도착하자마자 현대선교의 아버지 윌리엄 캐리를 도와 성경을 번역하며 선교사역에 온 힘을 쏟았습니다. 그러나 풍토병에 걸려 제대로 치료도 받지 못한 채 31살의 나이에 인도에서 숨을 거두었지만 영국의 선교사 헨리 마틴은 그 짧은 생애에도 인도어, 아랍어, 페르시아어로 성경을 번역해 지역의 복음화를 위한 필요한 모든 준비를 이미 마쳐놓았습니다.

헨리 마틴이 단 한 순간이라도 망설였다면 어쩌면 인도에 발도 딛지 못하고 죽거나 한권의 성경도 제대로 번역하지 못했을 것입니다. 세월을 아끼라는 주님의 말씀은 정말로 중요한 것을 하라는 명령입니다. 오늘 내 삶에서 가장 중요한 일을 먼저 실천하십시오. 반드시 주님께서 좋은 것으로 채워주십니다.

♡ 주님! 무엇보다도 먼저 주님의 나라와 의를 구하는 삶이 되게 하소서.
📖 주님을 위해 사신 분들과 살고 있는 분들의 이야기를 읽고 배웁시다.

5월 19일
아까워 말아야 할 것

읽을 말씀 : 잠언 28:12-28

● 잠 28:16 무지한 치리자는 포학을 크게 행하거니와 탐욕을 미워하는 자는 장수하리라

예전에 국내의 한 방송에서 세관원들의 삶을 보여주는 다큐멘터리를 한 적이 있습니다.

24시간 밀착해서 따라다니면서 세관원들이 어떤 일들을 하는지 낱낱이 보여줬는데 몰래 밀반입한 물건들을 찾기 위해서 공항에서부터 시작해 때로는 전국을 돌아다니며 수사를 하는 모습이 아주 인상적이었습니다.

그렇게 압수한 물건들은 여러 상황에 따라 다르게 처리가 되는데 밀수를 하다 걸린 물건들은 대부분 파기를 시켰습니다. 마침 방송 중에 명품 시계를 밀수하던 상인이 잡혀 세관원이 망치로 비싼 시계를 다 깨버리고 있었는데 수백에서 수천까지 하는 시계들이라 너무나 아까울 것 같고, 또 몰래 챙기고픈 욕심이 생길 법도 할 것 같았습니다. 그런데 아깝지 않냐는 피디의 말을 듣고 시계를 깨는 세관원이 이런 대답을 했습니다.

"이게 아까워 보이면 세관원을 할 수 없습니다. 내 손에 있는 게 다이아몬드든 명품이든 아낌없이 깨버릴 수 있어야 이 일을 할 수 있습니다."

마찬가지입니다. 세상의 그 어떤 부귀영화라 하더라도 과감히 내칠 수 있어야 진정한 그리스도인입니다. 재산이 많아 근심하던 부자청년과 같은 삶을 살지 말고 세상에서 얻은 모든 것보다 주님이 주신 은혜를 더욱 귀하게 여기십시오. 반드시 주님께서 좋은 것으로 채워주십니다.

♡ 주님! 주 예수보다 귀한 것은 없음을 생각과 행동으로 나타내게 하소서.
📖 주님과 바꿀 수 없는 것이 있으면 바꿀 수 있는 믿음을 달라고 기도합시다.

공동체의 진짜 모습

5월 20일

읽을 말씀 : 사도행전 2:43-47

● 행 2:46 날마다 마음을 같이하여 성전에 모이기를 힘쓰고 집에서 떡을 떼며 기쁨과 순전한 마음으로 음식을 먹고

초대교회가 한창 박해를 받고 있던 시기에 소아시아 비두니아의 총독인 필리니가 로마 황제 트라이얀에게 그리스도인에 대해서 다음과 같은 보고서를 보냈습니다.

"친애하는 황제 폐하! 저는 충직한 부하 몇 명을 위장시켜 그리스도인들의 모임에 나가게 해 많은 정보를 수집했습니다. 부하들의 보고에 따르면 그들은 모이기만 하면 언제나 그들의 신인 예수에 대해 이야기한다고 합니다. 자주 빵과 포도주를 나누어 먹으며 서로 즐거워하기도 하는데 가장 이해할 수 없는 것은 자신들을 괴롭히는 이들을 위해서 기도한다는 사실입니다. 황제시여! 그들은 로마의 관리들과 황제 폐하를 위해서도 기도하고 있습니다. 제 부하들이 느꼈던 가장 확실한 사실 중에 하나는 그들에게 사랑이 있으며 또한 서로 사랑하고 있다는 것입니다."

박해를 피해 예배하기 위해 도망간 카타콤의 벽에는 이 보고서의 내용을 아주 잘 나타내주는 글이 하나 적혀 있습니다.

"우리는 서로 사랑함으로 천국이 무엇인지를 경험한다."

진정한 사랑이 있을 때 천국을 경험할 수 있습니다. 가족과 교회 공동체를 통해 주님의 사랑을 공유하고 원수를 위해서도 섬기고 기도하는 사랑의 마음을 달라고 기도하십시오. 반드시 주님께서 좋은 것으로 채워주십니다.

♡ 주님! 원수조차도 용서하고 사랑할 수 있는 주님의 사랑을 넘치게 주소서.
📖 힘들게 하는 사람이 있다면 그를 사랑한다고 의지적으로 기도해 바꿉시다.

5월 21일
감사와 건강

읽을 말씀 : 시편 136:23-26

● 시 136:25 모든 육체에게 먹을 것을 주신 이에게 감사하라 그 인자하심이 영원함이로다

미국 국립건강관리소의 담당자 에머슨 박사는 감사와 건강이 연관이 있는지 궁금했습니다.

그래서 지원자를 모집해 A, B, C 세 그룹으로 나눠서 말과 행동에 대한 지침을 따로 주고 변화를 관찰했습니다.

먼저 평소대로 생활한 C 그룹은 건강에 아무런 변화가 없었습니다. 건강이 좋은 사람은 여전히 좋았고, 나쁜 사람은 여전히 나빴습니다.

다음으로 긍정적인 말과 행동을 많이 한 B 그룹은 여러 건강 지표가 전보다 훨씬 나아졌습니다. 그러나 반대로 부정적인 말과 행동에 집중한 A 그룹은 오히려 건강이 악화되었습니다.

삶의 태도를 조금만 바꿔도 건강이 좋아지는 것을 반복되는 실험을 통해 목격한 에머슨 박사는 실험을 토대로 '감사하는 습관만으로도 몸의 면역력이 좋아져 건강한 삶을 살 수 있고 그에 따라 행복지수도 올라간다'고 결론을 내렸습니다.

누구나 마음속에서 불평도 나오고 감사도 나옵니다. 그러나 그 중 어떤 감정에 집중하느냐에 따라서 결과는 확연히 달라집니다. 하나님의 말씀을 따라 살 때에 삶의 모든 것이 더 좋게 변하기에 우리는 그 가능성을 믿고 언제나 소망을 품을 수 있습니다. 매일 받은 은혜를 기억함으로 매일 감사하는 삶을 사십시오. 반드시 주님께서 좋은 것으로 채워주십니다.

💛 주님! 합력해서 선을 이루시는 주님을 믿고 모든 것을 좋게 받아들이게 하소서.
📖 요즘 불만스러운 어떤 일에 대해 주님께서 좋게 바꿔 주실 것을 믿고 감사합시다.

세상의 빛이 된다는 것

읽을 말씀 : 마가복음 1:12-15

● 막 1:15 이르시되 때가 찼고 하나님의 나라가 가까이 왔으니 회개하고 복음을 믿으라 하시더라

독일의 다름슈타트에는 가나안 공동체라는 곳이 있습니다. 이 공동체로 들어가는 입구에는 '예수 그리스도를 믿는 신앙을 통하여 하늘과 땅을 지으신 주님의 도우심만으로 지어진 교회'라는 글이 적혀있습니다. 이 공동체의 사람들은 말씀을 기반으로 올바른 관계를 회복하려 서로 간에 힘쓰고 그 힘을 기반으로 지역 사회에 복음을 전하는 일에 전력을 다합니다.

그런데 이곳에서는 매일 저녁 '빛 가운데 교제하는 시간'이라는 이름의 의식이 있습니다. 모든 공동체원은 저녁을 먹고 모여서 하루 중 서로의 모습에 대해서 말해줍니다. 그것이 좋았던지 나빴던지 가감 없이 말하고 듣는 사람은 반박하지 않고 바로 수긍하며 회개합니다. 독일의 유명한 신학자인 에드몬드의 동생인 바실레아가 이 공동체의 설립자인데 그녀는 이 시간이 필요한 이유에 대해서 다음과 같이 말했습니다.

"회개하지 않으면 하나님의 은혜 가운데 거할 수가 없습니다. 잘한 점은 더 노력하고, 회개할 것은 바로 깨달을 수 있게 서로를 비추어주기 위해 이 시간이 우리에게는 필요합니다."

세상의 빛이 된다는 것은 바른 길을 보여줌으로 잘못된 길에서 다시 돌아오게 보여주는 것입니다. 교제하는 성도들 간에 서로의 빛이 되어주고, 또한 어두운 세상을 밝히는 빛이 되어주십시오. 반드시 주님께서 좋은 것으로 채워주십니다.

💚 주님! 자신을 돌아보는 시간을 가질 때 성령님이 역사 하소서.
🖼 누군가가 어떤 이유에서든지 무엇을 지적하면 먼저 받아들이고 생각해 봅시다.

5월 23일

5억짜리 조언

읽을 말씀 : 누가복음 10:25-37

● 눅 10:27 대답하여 이르되 네 마음을 다하며 목숨을 다하며 힘을 다하며 뜻을 다하여 주 너의 하나님을 사랑하고 또한 네 이웃을 네 자신 같이 사랑하라 하였나이다

베들레헴 철강의 대표 찰스 슈워브는 유명한 컨설턴트였던 아이비 리를 찾아가 물었습니다.

"경영진의 생산성을 높이고 싶네, 좋은 방법이 있겠나?"

"물론입니다. 단 15분만 주시면 제가 해결해 드리겠습니다."

찰스가 정말 그것으로 충분하냐고 묻자 그가 대답했습니다.

"못 믿으시겠다면 3개월 뒤에 효과가 있는 만큼 돈을 주십시오. 아무 효과가 없었다면 돈을 보내지 않으셔도 됩니다."

그리고 3개월 뒤에 5억 정도 되는 금액이 적힌 수표가 아이비에게 도착했습니다.

아이비가 임원들을 만나 알려준 내용은 다음 4가지였습니다.

1. 내일 해야 할 중요한 일 6가지를 전날 저녁에 적어라.
2. 중요한 순서대로 배열하라.
3. 우선순위대로 일에 집중하라. 단, 한 가지가 끝나기 전에 다음으로 넘어가지 말라.
4. 끝내지 못한 일은 다음날 할 일의 가장 우선순위가 되게 하라. 그리고 이 일을 반복하라.

일의 우선순위를 아는 것이 생산성을 높이는 일이며 나에게 가장 중요한 것이 무엇인지 아는 방법입니다. 내게 가장 중요한 일이 무엇인지 지침을 따라 곰곰이 생각해본 뒤 하나님은 몇 번째 우선순위인지 검토하고 반성해보십시오. 반드시 주님께서 좋은 것으로 채워주십니다.

♡ 주님! 우선순위를 확실하게 해 생산성이 높은 삶을 살 수 있는 지혜를 주소서.
📖 위 4가지를 오늘부터 삶에 적용해 보다 향상된 삶을 삽시다.

차이를 인정하라

읽을 말씀 : 창세기 1:26-31

●창 1:27 하나님이 자기 형상 곧 하나님의 형상대로 사람을 창조하시되 남자와 여자를 창조하시고

5월 24일

'**수**전 워치츠키, 맥 휘트먼, 버지니아 로메티, 안젤라 아렌츠…'
이 사람들은 경제전문잡지 포브스에서 뽑은 '가장 파워풀한 IT 업계의 톱 7'입니다. 이들은 업계 최고에 오르며 연봉을 수백억에서 수십억씩 받는 성공한 여성 경영자들이라는 공통점과 더불어 하나의 공통점이 더 있습니다. 그것은 바로 아내와 엄마로써의 강점을 적극 활용했다는 점입니다.

성공한 여성 경영자를 떠올리면 대부분 가정과 자녀를 포기하고 악착같이 일을 하는 모습을 떠올리지만 이들 7인 중 5명은 아이를 낳고 출산휴가를 다녀오고, 자녀와의 대화를 통해서 사업의 트렌드를 예측하고, 임산부의 어려움을 겪으면서 여성 직원들을 위한 복지를 개선하는 등 오히려 정 반대의 모습을 보여주고 있습니다. 이들은 직장인 여성들을 위한 조언에서 "아직은 불리한 현실을 인정하되 잘 활용할 것, 직장과 가정의 조화를 유지할 것, 능력을 보여주기 위해 무리는 하지 말 것, 도움이 필요할 때는 적극 요청할 것"등을 이야기하며 여성들의 이런 노력으로 사회의 차별과 편견을 점점 없앨 수 있다고 말했습니다.

성별에 따라 차이가 있듯이 모든 사람들의 서로 다름을 인정하고 성령 하나님 안에서 아름답게 연합하십시오. 반드시 주님께서 좋은 것으로 채워주십니다.

♥ 주님! 편견을 버리고 주님이 주시는 힘과 지혜로 늘 승리하게 하소서.
🖼 혹시 내가 차별적인 행동을 하고 있는지 친구와 만나 얘기해 봅시다.

5월 25일 — 찬양의 이유

읽을 말씀 : 시편 113:1-9

●시 113:3 해 돋는 데에서부터 해 지는 데에까지 여호와의 이름이 찬양을 받으시리로다

뉴욕 브루클린에는 성막교회라는 곳이 있습니다. 이 교회는 500명 가까이 되는 성가대로 아주 유명한 곳입니다. 그러나 여느 교회의 성가대와는 달리 아름다운 화음이나 고운 음색으로 노래하지 않습니다. 다만 각자 낼 수 있는 최선의 목소리로 흥겹게 춤을 추며 노래합니다.

이 성가대원들은 대부분 마약 중독자, 창녀, 노숙자, 알코올 중독자였던 사람들인데, 그들을 포기하지 않고 이 교회의 담임인 짐 심발라 목사님이 한 명 한 명 복음을 전하고 전도했습니다. 죄의 사슬에서 벗어나 자유함을 누린 그들은 하나님을 찬양하길 원했고 그래서 매주 성가대의 자리에서 하나님을 뜨겁게 예배합니다.

성막교회 성가대의 찬양은 사람이 듣기에 가장 아름다운 노래는 아닐지 몰라도 죄에서 벗어나게 해준 은혜에 대한 뜨거운 감사와 눈물이 있는 하나님이 받으시는 진정한 찬양이라는 것을 누구나 느낄 수 있습니다.

진정한 찬양은 고운 소리와 정확한 음정보다도 날 구원해주신 하나님의 은혜에 대한 감격과 감사의 마음에서 시작됩니다. 나의 찬양의 이유되시는 주님만을 마음을 다해, 변함없이 찬양하십시오. 반드시 주님께서 좋은 것으로 채워주십니다.

💚 주님! 순간순간마다 하나님을 높이는 찬양을 마음으로 드리게 하소서.
📖 어느 순간에도 주님을 찬양하고 싶을 때 할 수 있는 찬양 3곡을 선정합시다.

그리스도인의 윤리

5월 26일

읽을 말씀 : 로마서 15:1-13

● 롬 15:1 믿음이 강한 우리는 마땅히 믿음이 약한 자의 약점을 담당하고 자기를 기쁘게 하지 아니할 것이라

집단 이기주의의 본질을 파헤친 나인홀드 니부어는 '책임적인 자아'라는 책에서 '사람들의 3가지 윤리의식'에 대해서 말했습니다.

- ● 첫째는 윤리를 목적에 따라 해석하는 목적 지향적 윤리를 가진 사람입니다.
- ● 둘째는 의무에 따라 윤리를 지키는 규칙적인 사람입니다.
- ● 셋째는 윤리에 대해 책임감을 느끼는 사람입니다.

니부어는 대부분의 사람들은 첫 번째 존재로 살아가며 성경의 선한 사마리아인은 세 번째 존재의 사람이라고 말했습니다. 구원받은 그리스도인일지라도 삶의 변화가 나타나지 않으면 주님께 인정을 받지 못합니다.

말씀이 가르치는 대로 마땅히 선한 사마리아인처럼 다른 사람의 이웃이 되는 삶을 사십시오. 반드시 주님께서 좋은 것으로 채워주십니다.

♥ 주님! 선한 사마리아인처럼 모르는 사람도 돕는 사람이 되게 하소서.
📖 위 3가지 중에 어느 것이 자아상인지 분별하고 책임감을 가진 사람이 됩시다

5월 27일
진짜 위대한 사람

읽을 말씀 : 사도행전 9:36-43

● 행 9:36 욥바에 다비다라 하는 여제자가 있으니 그 이름을 번역하면 도르가라 선행과 구제하는 일이 심히 많더니

영국의 대문호 토마스 칼라일에게 한 청년이 편지를 보냈습니다.

"저는 세상을 위해 더 나은 일을 하고 싶은 꿈이 있습니다. 그런데 제가 지금 하고 있는 일은 단순히 일용직 노동자입니다. 제가 처한 현실과 꿈의 차이가 너무 커서 늘 저를 괴롭게 합니다. 저는 어떻게 살아야 할까요?"

칼라일은 다음과 같은 답장을 보냈습니다.

"지금 당신이 하고 있는 일은 당신이 해야만 하는 중요한 일입니다. 그래서 하나님께서 맡기셨습니다. 당신이 하는 일이 미천하다는 생각을 버리고 그냥 최선을 다해 책임을 다하면 그 일이 얼마나 많은 사람을 변화시킬 수 있는 귀한 일인지 알게 될 것입니다."

바울은 선교를 위해서 하는 천막 만드는 일을 부끄러워하지 않았고, 도르가는 이웃을 돕기 위해 기꺼이 바느질을 했습니다. 하는 일이 중요한 것이 아니라 그 일을 하는 마음가짐과 목적이 더 중요합니다.

지금 내가 하고 있는 일에 최선을 다해야 하는 것은 바로 하나님이 맡겨주신 일이기 때문입니다. 하나님이 지금 나에게 맡기신 일을 최선을 다해서 하십시오. 반드시 주님께서 좋은 것으로 채워주십니다.

♡ 주님! 지금 하는 일이 주님께서 제게 맡긴 일임을 믿고 충성하게 하소서.
🞿 지금 하고 있는 일에 불만이 있다면 마음을 고쳐먹고 충성스럽게 합시다.

평안하십니까?

읽을 말씀 : 예레미야 29:11-23

5월 28일

● 렘 29:11 여호와의 말씀이니라 너희를 향한 나의 생각을 내가 아나니 평안이요 재앙이 아니니라 너희에게 미래와 희망을 주는 것이니라

중국 선교의 아버지 허드슨 테일러는 선교 중에 죽을 고비를 숱하게 넘겼습니다. 그가 세운 '중국복음협회'는 중국 최대의 전도단체가 되었지만 그렇게 되기까지 여러 풍파가 많았습니다. 그러나 허드슨 테일러와 평생을 자주 교제한 친구는 그가 한 번도 불안해 한 적이 없었다며 이런 말을 했습니다.

"허드슨 테일러의 삶은 평안 그 자체였습니다. 생존의 문제가 걸린 다급한 순간에도 그는 평정심을 잃지 않았습니다. 마치 하나님이 주시는 평안을 매일 공급받고 있는 것 같았습니다. 아무리 일이 안 풀려도 신경을 곤두세우지 않았고, 진심으로 억울해 하지도 않았습니다."

허드슨 테일러는 "그리스도가 이미 다 이루어 놓으신 일"이라는 설교 말씀을 듣고 회심을 했습니다. 그리고 그 회심의 순간에 받은 은혜를 죽을 때까지 잊지 않고 있었기에 어떤 어려움이 눈앞에 있어도 이미 주님께서 다 이루셨단 사실을 믿었고, 또 그렇게 살았습니다.

눈앞의 삭은 문제에 마음이 불안하고 힘들면 주님을 의지하지 못하고 있는 것입니다. 세상의 어떤 문제보다 예수님의 말씀을 더욱 믿고 신뢰할 때 하나님이 주시는 참된 평안이 내 안에 가득합니다. 내 앞을 가로막고 있는 은혜가 아니라 그 위에 계신 주님께 더 집중하십시오. 반드시 주님께서 좋은 것으로 채워주십니다.

♡ 주님! 지금 주어진 상황을 범사에 감사함으로 이기게 하소서.
📖 처음 주님을 믿을 때의 믿음을 생각하고 첫사랑으로 주님을 존귀히 섬깁시다.

5월 29일 — 하나님이 주신 것

읽을 말씀 : 시편 116:12-19

● 시 116:12 내게 주신 모든 은혜를 내가 여호와께 무엇으로 보답할까

한 심리학자가 부탁에 대한 실험을 했습니다. 한 동네를 찾아가 먼저 다음과 같은 부탁을 했습니다.

"6시간 동안 해야 하는 봉사활동이 있는데 혹시 그 중 1시간만 참여해 주실 수 있나요?"

응답자의 약 50%가 시간을 내주겠다고 대답했습니다.

다음으로는 "6시간짜리 봉사활동이 있는데 그중 시간이 되는 만큼 좀 참여해주실 수 있나요?"라고 물었습니다. 그러자 20%의 사람들이 적당한 시간만큼 돕겠다고 했습니다.

마지막으로 "봉사활동을 1시간만 도와주실 수 있나요?"라고 무작정 한 시간을 요청했습니다. 그러자 16%의 사람들만이 돕겠다고 말했습니다.

똑같은 봉사활동도 몇 시간짜리를 얼마나 돕느냐에 따라 응답률이 달라진 것입니다. 이와 마찬가지로 내가 가진 모든 것이 하나님께서 주신 것이라는 생각을 하게 되면 십일조도 아깝지 않고, 남을 돕는 구제 헌금도 아깝지 않습니다.

그 믿음이 심중에 있어야만 진실로 겸손할 수 있고, 감사할 수 있습니다. 시간이든 돈이든, 내 것의 일부를 하나님께 드린다고 생각지 말고 하나님이 맡기신 것을 기꺼이 드린다고 생각하십시오. 반드시 주님께서 좋은 것으로 채워주십니다.

♡ 주님! 주님을 위한 봉사가 결국은 나를 위한 축복된 일임을 기억하게 하소서.
🖼 하나님께 드리는 마음이 어떤 마음인지 돌아봅시다.

사과 2개의 교훈

5월 30일

읽을 말씀 : 잠언 21:20-31

● 잠 21:23 입과 혀를 지키는 자는 자기의 영혼을 환난에서 보전하느니라

영국 버밍엄의 한 초등학교 선생님이 수업 시간에 사과 2개를 꺼내 아이들에게 보여주었습니다.

선생님은 그 중 한 사과를 땅에 떨어트리더니 아이들에게 나쁜 말을 해보라고 시켰습니다. 아이들은 제각기 "너는 나쁜 사과야.", "넌 아마 썩었을 거야.", "정말 맛이 없게 생겼구나!" 같은 말들을 사과에게 했습니다.

선생님은 이번엔 다른 사과를 들고 아이들에게 칭찬을 해보라고 했습니다. 아이들은 아까와 정 반대의 말로 한 사과를 칭찬했습니다. 그리고 선생님은 아이들에게 두 사과가 어떻게 생겼냐고 물었고, 아이들이 아주 비슷하다고 대답했습니다. 그러나 선생님이 사과를 반으로 자르자 칭찬을 받은 사과는 아주 싱싱했고, 악담을 들은 사과는 속이 썩어있었습니다. 선생님이 아이들에게 말했습니다.

"겉으로만 봤을 때 사과도 멀쩡해 보이는 것처럼 사람도 그럴 수가 있단다. 우리가 놀리고 괴롭히는 친구들도 겉으로는 멀쩡히지만 이 사과처럼 마음은 점점 썩어갈 수도 있어."

선생님은 아이들에게 눈에 보이지 않는 나쁜 말과 행동이 얼마나 큰 상처를 줄 수 있는지 아이들에게 가르치고 싶어 이런 준비를 했습니다. 다른 사람의 마음에 조금이라도 상처를 줄 수 있는 말은 입에 담지 말고 혀를 지혜롭게 사용하십시오. 반드시 주님께서 좋은 것으로 채워주십니다.

♡ 주님! 주님의 마음으로 상대방을 잘 대하고 힘이 되는 말을 하게 하소서.
📖 주로 축복하는 말을 많이 쓰는지 살피고 더욱 축복의 말을 합시다.

5월 31일 위로가 되어줄 수 있는 사람

읽을 말씀 : 로마서 12:14-21

● 롬 12:15 즐거워하는 자들과 함께 즐거워하고 우는 자들과 함께 울라

세계적으로 유명한 어떤 작가에게 한 팬이 트위터로 고민 상담을 했습니다.

"슬픔을 이기는 방법을 아시나요? 전 하루 종일 슬픔에 빠져 있어요. 어떻게 이겨내야 할지 몰라서 이제 신물이 나요."

"슬픔은 마땅한 행복도 누리지 못하게 막는답니다. 혼자 있는 시간을 많이 두지 말고 도움을 요청해보세요. 당신을 위해 안아 드립니다."

또 다른 팬은 이런 글을 올렸습니다.

"제가 할 수 있는 일이 이제 아무 것도 없어요. 세상을 포기하고 싶은 마음뿐인데 전 어떡해야 할까요?"

"세상은 아직 당신이 경험해야 할 멋진 일들이 많이 있어요. 그 기회를 제발 포기하지 마세요."

많은 사람들이 고민을 남기고 또 그 고민에 위로를 하는 이 트위터의 주인공은 해리포터의 작가 조앤 롤링입니다. 그녀도 직업도 없이 파산을 당해 극빈층으로 살며 극심한 우울증으로 고생을 했기에 같은 고민을 가진 사람들의 마음을 잘 이해하고 있었습니다.

같은 어려움을 겪어보지 않은 사람은 진정한 위로를 전할 수 없습니다. 내가 극복한 아픔을 아직 극복하지 못한 사람들을 찾아가 위로와 사랑을 전하십시오. 반드시 주님께서 좋은 것으로 채워주십니다.

♡ 주님! 어려움을 겪는 이들에게 복음으로 위로하는 사람이 되게 하소서.

📖 힘들어 하는 이웃에게 작은 선물이라도 주며 "위해서 기도 할게요"라고 합시다.

6월 1일

5개의 목표

읽을 말씀 : 빌립보서 3:1-16

● 빌 3:14 푯대를 향하여 그리스도 예수 안에서 하나님이 위에서 부르신 부름의 상을 위하여 달려가노라

워런 버핏의 전용기 기사였던 마이클이 한 번은 버핏에게 인생의 목표에 대해서 물었습니다.

"회장님처럼 성공한 인생을 살려면 무엇을 해야 합니까?"

"일단 종이에 살면서 이루고 싶은 목표들을 30개까지 적어보게."

목표를 30개나 생각해본 적은 없었지만 곰곰이 생각해 30개를 겨우 채웠습니다.

"그럼 이제 그 목표 중 가장 중요한 5개를 꼽아보게."

그러나 마이클은 선뜻 5개를 꼽을 수가 없었습니다. 혹시 몇 개를 더 꼽아도 되냐고 묻자 버핏은 단호하게 5개만 꼽아야 한다고 말했습니다. 마이클은 겨우 5개를 쓰자 버핏이 말했습니다.

"이제 그 5개가 자네 인생의 최우선 목표가 되어야 하네. 그것을 이루기 전에는 나머지 25개는 절대 일에 손도 대지 말게. 5개를 이루기 위해서는 25개를 포기해야 하네. 그런데 대부분은 30개를 이루려다가 하나도 이루지 못하거든."

인생의 최우선 목표는 무엇입니까? 중요한 5개보다도 덜 중요한 일들에 더 신경을 쓰고 있지 않습니까? 주님 안에서 정말로 중요한 일에 삶을 집중하십시오. 반드시 주님께서 좋은 것으로 채워주십니다.

♥ 주님! 가장 중요한 것이 무엇인지 하나님의 말씀을 통해 가르쳐 주소서.
📖 위 워런 버핏의 제안처럼 30가지를 적고 5가지를 꼽아 봅시다.

더 효율적인 아날로그

6월 2일

읽을 말씀 : 요한복음 4:21-24

● 요 4:23 아버지께 참되게 예배하는 자들은 영과 진리로 예배할 때가 오나니 곧 이 때라 아버지께서는 자기에게 이렇게 예배하는 자들을 찾으시느니라

최근 들어 교회에 진짜 성경책을 들고 오는 사람들은 점점 줄고 있습니다.

대신 스마트폰의 어플을 이용하고, 많은 대학생들이 이젠 필기도 공책이나 주보가 아닌 태블릿이나 노트북으로 합니다. 심지어 미국이나 영국은 조만간 초등학교 교과과정에서 종이책과 글쓰기를 없애고 전자책과 키보드를 제공할 계획입니다.

그런데 학자들의 연구는 이와 정반대입니다. 증강현실을 이용한 최신식 전자책보다 종이책을 볼 때 아이들의 집중력이나 학습 성취도가 거의 2배 이상 높았고, 키보드와 타블릿을 사용해 글을 쓰고 공부한 아이들보다 직접 손으로 써가며 한 아이들이 훨씬 월등한 학습능력을 보여주었고, ADHD같은 학습 장애는 발생확률이 50%정도로 적었습니다. 기억력은 80%, 성적은 30%가 더 높았습니다.

종이를 실제로 보고 손으로 글을 쓰는 과정은 뇌를 훨씬 활성화시키고 자극하는 과정이기 때문에 얼핏 구시대적인 방식처럼 보이지만 사실은 가장 뇌를 발달시키는데 효율적인 방법이라는 사실이 스마트 시대가 다가올수록 밝혀지고 있습니다.

종이로 보고 손으로 쓰는 공부가 효과적이듯이, 아직은 책으로 보고 손으로 쓰는 말씀이 묵상하는데 더 효과적입니다. 조금 더 불편한 신앙생활로 더 말씀에 가까이 다가가십시오. 반드시 주님께서 좋은 것으로 채워주십니다.

♡ 주님! 주님의 말씀에 순종하는 삶을 통해 큰 복을 누리게 하소서.
🎨 온 가족이 성경 필사를 시작해 유산으로도 남기게 합시다.

6월 3일
그 자리에 계시는 하나님

읽을 말씀 : 히브리서 13:1-8

● 히 13:8 예수 그리스도는 어제나 오늘이나 영원토록 동일하시니라

세계적인 마술사 데이비드 카퍼필드가 자유의 여신상을 없애는 마술을 선보이겠다고 한 적이 있습니다.

그리고 직접 마술이 실패할거라고 생각되는 사람들을 관객으로 모집했고, 방송국에 생중계까지 되었습니다. 사람들은 아무리 카퍼필드라고 하더라도 자유의 여신상을 없앨 수는 없다고 생각했습니다. 그것은 너무나 말이 안 되는 일이었습니다. 그리고 약속한 당일 자유의 여신상이 있는 섬 앞에 특별 수중 무대가 마련되었고 자유의 여신상을 가릴 정도의 초대형커튼이 준비되었습니다. 자유의 여신상을 커튼으로 가리고 카퍼필드가 잠시 쇼를 하다가 커튼을 다시 펼치자 사람들은 입을 다물 수가 없을 정도로 크게 놀랐습니다. 눈앞에 분명히 있던 자유의 여신상이 사라졌기 때문입니다.

그러나 사실 자유의 여신상은 사라진 것이 아니라 무대가 아주 조금씩 돌아가며 자유의 여신상이 없는 곳에서 커튼이 쳐졌을 뿐이었습니다. 그러나 사람들이 커튼에 너무 집중했던 탓에 바로 옆에 멀쩡히 있는 자유의 여신상을 단 한 명도 보지 못하고 지나쳤습니다.

하나님은 나의 감정과 상황에 상관없이 언제나 어떤 경우에도 그 자리에 계시고 언제나 나를 사랑하십니다. 외적인 요소에 사로 잡혀 동일하신 하나님을 의심하거나 부인하지 마십시오. 반드시 주님께서 좋은 것으로 채워주십니다.

♥ 주님! 우리의 믿음을 무너지게 하는 세상의 많은 말들에 무신경하게 하소서.
📖 믿음의 전신갑주를 하는데 더 강력한 무장이 필요한 곳을 찾읍시다.

얕은 꾀의 최후

읽을 말씀 : 시편 53:1-6

● 시 53:1 어리석은 자는 그의 마음에 이르기를 하나님이 없다 하도다 그들은 부패하며 가증한 악을 행함이여 선을 행하는 자가 없도다

어떤 부자가 유명한 화가를 찾아가 초상화를 주문했습니다. 며칠 뒤 그림이 완성되어 화가가 부자를 찾아갔는데 부자가 마침 그림을 보니 잘 그리긴 했으나 약속한 천만 원을 주기에는 조금 아까워 이렇게 말했습니다.

"이게 어딜 봐서 나란 말이오? 전혀 닮지도 않았습니다. 이 그림을 살 순 없어요."

그러자 부자의 생각과는 달리 화가는 값을 내리지 않고 그림을 사지 않겠다는 새로운 계약서를 써달라고 했습니다. 그리고 몇 달 뒤 부자의 친구에게서 연락이 왔습니다.

"자네가 전에 초상화를 부탁한 화가의 전시회에 가봤더니 자네와 닮은 사람 그림이 있더군. 그런데 빨리 가보는 게 좋을 거야."

부자가 전시회에 가봤더니 정말로 자신의 초상화가 걸려 있었습니다. 그런데 작품 제목이 '어떤 도둑놈'이었습니다. 부자는 황급히 그림을 사겠다고 했는데 무려 값이 1억 원이어서 결국 처음 지불하려던 값의 10배를 주고야 그 그림을 갖게 되었습니다.

하나님께서 이루어주신 은혜를 생각해보며 그냥 지나친 서원이 없는지 확인해보십시오. 반드시 주님께서 좋은 것으로 채워주십니다.

♡ 주님! 약속을 성실히 잘 지켜 신뢰받는 믿음의 사람이 되게 하소서.
📖 그간 약속을 지키지 못한 것이 있는지 확인하고 이제라도 지킵시다.

6월 5일 스케일의 차이

읽을 말씀 : 고린도전서 6:12-20

● 고전 6:14 하나님이 주를 다시 살리셨고 또한 그의 권능으로 우리를 다시 살리시리라

중국의 거대한 스케일과 관련된 두 가지 유머입니다.

미국의 한 어린이가 크리스마스 때 선물을 받고 엄마에게 물었습니다.

"엄마, 산타할아버지는 중국 사람이에요?"

"아니란다, 얘야. 근데 왜 그렇게 생각하지?"

딸이 고개를 갸우뚱거리며 말했습니다.

"항상 크리스마스 선물을 중국에서 사시는 것 같아서요. 모든 선물 뒤에 'made in china'라고 써있거든요."

한국에 여행 온 한 중국인이 일기예보를 보다가 고개를 갸우뚱 거리며 친구에게 물었습니다.

"그런데 말이야, 도대체 어떻게 전국에 비가 내릴 수 있지?"

환경과 크기가 달라지면 생각하는 방식도 살아가는 방식도 달라집니다. 마찬가지로 우리의 인생을 이 세상이 아닌 죽음 이후까지 바라보면 믿는 것이 달라지고 구하는 것이 달라지고 사는 법이 달라집니다.

하나님의 놀라우신 은혜와 능력을 우리 생각대로 제한하지 말고, 무한한 권능에 우리의 삶을 맡기십시오. 반드시 주님께서 좋은 것으로 채워주십니다.

💚 주님! 주님의 전지전능하심과 광대하심을 늘 생각하고 믿으며 살게 하소서.
📖 지식과 지혜의 폭을 넓히되 하나님의 말씀으로 세계를 바라보며 삽시다.

순교의 역사

6월 6일

읽을 말씀 : 디모데후서 2:1-13

● 딤후 2:8 내가 전한 복음대로 다윗의 씨로 죽은 자 가운데서 다시 살아나신 예수 그리스도를 기억하라

한글학회의 공식행사에는 항상 빠지지 않고 하는 의식이 있습니다.

일제치하 말기 때 한글말살정책에 대항해 모진 고문을 버티고 죽음까지 불사했던 많은 학자들에 대한 묵념입니다. 주시경, 최현배, 한징과 같은 학자들의 이름을 모두 열거한 후 엄숙하게 식을 진행합니다. 귀한 한글을 목숨을 걸고 지켜왔고, 지금도 지키고 있다는 학자들의 자부심이 있기에 공식행사에는 이 묵념이 결코 빠지지 않습니다.

교회에서도 피를 흘리면서까지 복음을 전하고 믿음을 지켜온 수많은 순교자들의 이야기를 듣습니다. 그들의 이야기를 들을 때마다 우리가 지금 편하게 듣고 믿는 이 복음이 얼마나 중요한 것인지, 그것을 지키기 위해서 얼마나 많은 사람들이 이름도, 빛도 없이 희생을 했는지 우리는 생각합니다.

그리고 하나님의 은혜로 나라를 목숨보다 소중히 여겼던 그분들이 계셨기에 지금의 우리가 있을 수 있었고, 한국에도 복음이 전파될 수 있었습니다. 우리가 경험하지 않은 고난일지라도 귀한 희생을 대신 해주신 분들에게 감사의 마음을 품어야 합니다.

현충일인 오늘만큼은 나라를 위해 희생하신 수많은 분들을 떠올리며 그들을 위해 기도하십시오. 반드시 주님께서 좋은 것으로 채워주십니다.

♡ 주님! 귀하게 세워진 이 땅이 복음으로 인해 더 귀하게 쓰임 받게 하소서.
🖼 나라를 지키기 위해 희생하신 분들을 위해 기도하며, 그 후손들을 도웁시다.

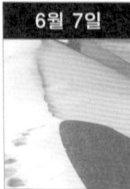

6월 7일 소문을 멀리하십시오

읽을 말씀 : 시편 119:33-40

● 시 119:37 내 눈을 돌이켜 허탄한 것을 보지 말게 하시고 주의 길에서 나를 살아나게 하소서

소크라테스의 제자가 시장에 나갔다가 이상한 소문을 듣고 왔습니다.

광장에서 소크라테스를 발견한 제자는 바로 들은 소문을 말하려고 했는데 갑자기 소크라테스가 물었습니다.

"지금 자네가 나에게 하려는 말은 직접 본 것인가?"

"아닙니다. 사람들이 말하는 것을 들었습니다."

"그렇다면 분명한 사실이라고 믿을 근거가 있는가?"

"실은 제가 그 사람을 잘 몰라서 확신할 수는 없습니다."

소크라테스가 다시 물었습니다.

"그렇다면 혹시 나에 대한 이야기인가? 아니면 꼭 들어야 할 유익한 이야기인가?"

"저... 그런 것은 아닙니다.."

"그렇다면 왜 그 얘기를 나에게 하려고 하나? 내가 아무 쓸모없는 이야기를 듣느라 왜 시간을 허비해야 한단 말인가?"

남의 말을 하기 좋아하는 것은 인간의 본성이지만 하나님이 싫어하시는 일입니다. 남의 험담을 절대로 입에 담지 말고, 그런 말이 나오는 자리는 서둘러 피하십시오. 반드시 주님께서 좋은 것으로 채워주십니다.

♡ 주님! 좋은 말만 하고, 좋은 말만 옮기는 사람이 되게 하소서.
📖 요즘 이웃에게 옮긴 말 중에 불확실한 것이 있었으면 취소합시다.

왕의 배려

6월 8일

읽을 말씀 : 고린도후서 2:5-11

● 고후 2:10 너희가 무슨 일에든지 누구를 용서하면 나도 그리하고 내가 만일 용서한 일이 있으면 용서한 그것은 너희를 위하여 그리스도 앞에서 한 것이니

스페인의 전설적인 성군 아라곤 왕이 신하들을 데리고 시장으로 시찰을 나갔습니다.

마침 한 상인이 진귀한 보석들을 많이 가져와 한참을 그곳에 머물러 구경을 하다가 나갔습니다. 그런데 잠시 뒤 상인이 쫓아와 비싼 다이아몬드가 없어졌다고 왕에게 말했습니다. 왕과 신하가 있었기에 다른 손님들은 아무도 들어오지 않았었습니다. 상인의 말을 들은 왕은 다시 신하들을 데리고 상인의 집으로 갔습니다. 그리고 커다란 소금 주머니를 가져오라고 말한 뒤에 이렇게 말했습니다.

"지금부터 순서대로 이 주머니 안에 손을 넣었다가 한 번씩 뺍시다. 우선 나부터 하지."

모든 신하들이 손을 넣었다 뺀 뒤 자루를 뒤집어 보니 상인이 잃어버린 그 다이아몬드가 그대로 있었습니다. 왕은 신하가 잘못을 저지른 것을 알았으나 스스로 그 잘못을 깨닫고 반성할 기회를 주고 싶어 소금 주머니를 가져오라고 한 것입니다.

잘잘못을 따지기보다는 용서하고 배려하는 일이 더욱 지혜로운 일입니다. 나에게 넘치는 은혜를 부어주신 주님을 생각하며 다른 사람의 잘못을 용서하고 또 배려할 줄 아는 커다란 마음을 가진 성도가 되십시오. 반드시 주님께서 좋은 것으로 채워주십니다.

♥ 주님! 남을 나보다 더 낫게 여기는 겸손으로 배려하는 삶이 되게 하소서.
📖 누군가 혐의가 있을 때 아라곤 왕처럼 지혜롭게 처리합시다.

6월 9일 진짜 사랑이 있는 곳

읽을 말씀 : 시편 130:1-8

●시 130:6 파숫군이 아침을 기다림보다 내 영혼이 주를 더 기다리나니 참으로 파숫군의 아침을 기다림보다 더하도다

'이성 친구보다 예수님이 더 좋은 이유 5가지'라는 글이 화제가 된 적이 있습니다.

1. 이성 친구는 나를 배신하지만 주님은 결코 나를 배신하지 않으신다. 심지어 내가 배신을 하더라도…
2. 이성 친구는 아무리 예뻐도 언젠가는 질리지만, 주님은 나에게 권태를 느끼지 않으신다.
3. 연애를 오래할수록 이성친구와의 사랑은 식어가지만 주님은 처음부터 마지막까지 변함없는 사랑을 주신다.
4. 이성 친구 앞에서는 잘나가는 친구와 비교돼 기죽을 때가 있지만 주님 앞에서는 기죽을 필요가 없다.
5. 이성 친구는 '지금 내가 왜 화났는지 몰라?'라고 묻지만 예수님은 '네가 지금 왜 힘든지 내가 안단다'라고 나를 이해해 주시고 위로해주신다.

목숨까지 바칠 수 있을 거 같은 뜨거운 사랑도 세상에서는 언제든 변할 수 있고 또 원수처럼 등을 돌릴 수 있습니다. 그러나 주님은 영원토록 변함없는 사랑으로 우리를 기다려 주십니다. 있는 모습 그대로 나를 받아주시는 주님의 사랑을 잊지 말고 나의 구주로 마음 깊이 사모하십시오. 반드시 주님께서 좋은 것으로 채워주십니다.

♡ 주님! 무엇보다 영원히 변치 않으시는 예수님을 사랑하게 하소서.
 주님보다 세상의 사랑을 더 갈망하고 있다면 마음을 정리합시다.

회개의 때

6월 10일

읽을 말씀 : 사도행전 8:4-25

● 행 8:22 그러므로 너의 이 악함을 회개하고 주께 기도하라 혹 마음에 품은 것을 사하여 주시리라

중국의 명의 편작이 채나라를 방문했을 때 왕후가 그를 궁으로 초청했습니다.

대접이 황송했던 편작은 왕후의 진맥을 짚어주었는데 맥이 심상치 않았습니다. 치료를 권했으나 왕후는 오히려 편작을 무시했습니다.

"내가 지금 이렇게 건강한데 그게 무슨 말이오? 있지도 않은 병을 고치고 왕후를 고쳤다고 자랑하려는 것이오?"

왕후의 거절에도 편작은 1주일 뒤에 다시 궁으로 들어와 진맥을 하고 다시 치료를 받아야 한다고 말했지만 여전히 거절을 당했습니다. 그리고 1주일 뒤에 다시 궁으로 와서 진맥을 했는데 이번엔 아무 말 하지 않고 조용히 떠나면서 말했습니다.

'그 사이 병이 뼈 안으로 들어갔으니 이제는 나라도 방법이 없다.'

한 달 뒤 병세가 급격히 나빠진 왕후는 급히 편작을 찾았으나 때를 놓쳤다는 것을 알았던 편작은 이미 다른 나라로 떠나있었고 며칠 뒤 왕후는 숨을 거두었습니다.

매주, 매일 하나님은 성령님을 통해 우리에게 약속의 말씀을 주십니다. 성령님의 신호를 받아 작은 죄는 크게 만들지 말고 주시는 믿음은 즉각 붙들어야 합니다. 어떤 상황에서도 때를 놓치지 말고, 겸손함으로 그 약속의 말씀을 붙드십시오. 반드시 주님께서 좋은 것으로 채워주십니다.

♡ 주님! 주님의 약속의 말씀을 믿고 영혼이 잘되게 하소서.

📖 요즘 마음에 자주 떠오르는 말씀을 더 깊이 묵상해 주님의 약속으로 삼읍시다.

6월 11일
빛에 거하라

읽을 말씀 : 다니엘 2:14-24

● 단 2:22 그는 깊고 은밀한 일을 나타내시고 어두운 데에 있는 것을 아시며 또 빛이 그와 함께 있도다

캐나다의 케이프브리튼 섬은 캐나다에서 가장 아름다운 도로를 갖고 있는 유명한 관광지입니다.

그런데 이곳에는 바다 밑으로 수십 킬로를 뻗어나가 있을 정도로 거대한 탄광이 있습니다. 지금은 채굴되지 않지만 과거에는 중요한 자원으로 많은 양의 석탄을 여기서 생산했는데, 그 당시에는 말을 이용해 채굴된 석탄을 날랐습니다.

하지만 여기에 한 번 들어온 말은 죽을 때까지 탄광 안에서 머물고 일을 하다 생을 마감해야 했습니다. 탄광안의 어두운 곳에서 일하던 말들이 밖으로 나가 눈부신 햇살을 보는 순간 눈이 멀고 말기 때문입니다. 그래서 안타깝게도 이곳에 들어온 말들은 다시는 눈부신 햇살을 보지 못하고 어둠 속에서 평생을 일만 하다 죽어야 했습니다.

진리의 빛 안에 거하던 사람이 다시 어둠 속으로 들어가면 다시 빛으로 나오기는 너무나 어렵습니다. 그렇기에 세상의 유혹에서 우리를 지켜 다시 어둠으로 돌아가지 말고 같은 실수를 반복하는 주변의 성도들을 위해 기도하고 또 기도해야 합니다.

사탄의 악한 간계에 빠져 돌이킬 수 없는 후회를 하지 않도록 마음을 힘써 지키십시오. 반드시 주님께서 좋은 것으로 채워주십니다.

♥ 주님! 마음과 뜻과 정성을 다해 주님만을 섬기는 성도가 되게 도와 주소서.
📖 영혼을 어둡게 하는 그 무엇이 있으면 당장 끊고 결별합시다.

위대한 일의 시작

읽을 말씀 : 시편 119:58-67

● 시 119:60 주의 계명들을 지키기에 신속히 하고 지체하지 아니하였나이다

리키만 그리브스라는 작가의 옆집에는 잭슨 부인이 살았습니다. 잭슨 부인은 시력이 워낙 좋지 않아서 집 안에서도 오래 눈을 뜨고 있을 수가 없었습니다. 하루는 산책을 하다 리키만이 잭슨 부인을 만났는데 너무나 멋진 스웨터를 입고 있어서 칭찬을 했습니다.

"잭슨 부인, 오늘 따라 더 아름다우십니다. 특히 스웨터가 너무 잘 어울리시는군요."

"감사해요. 사실 이 스웨터는 제가 직접 떠서 만든 옷이랍니다. 다른 옷들도 대부분 제가 직접 만든 옷들이고요."

눈이 좋지 않은 잭슨 부인이 뜨개질을 직접 한다는 사실에 리키만이 놀라 말했습니다.

"그거 정말 엄청나군요. 실례지만 부인께서는 시력이 좋지 않으신 걸로 아는데 뜨개질에 불편함은 없으신가요?"

"하루에 길어야 15분 정도밖에 뜨개질을 못해요. 기껏해야 한두 줄 정도 짜는 수준인데, 그래도 1년을 꾸준히 하면 옷 한 벌은 뜰 수 있답니다."

일의 완성은 비범함이 아니라 꾸준함에 있습니다. 더 나은 삶을 위한 경건의 시간을 매일매일 먼저하고, 자기계발을 위한 시간도 하루하루 꾸준히 하십시오. 반드시 주님께서 좋은 것으로 채워주십니다.

💗 주님! 아침마다 주님의 음성을 들을 수 있게 하소서.
📖 미래를 위해 준비하고 있는 일을 위해 오늘도 꾸준히 노력합시다.

6월 13일

먼저 모셔야할 분

읽을 말씀 : 마태복음 6:19-33

● 마 6:33 그런즉 너희는 먼저 그의 나라와 그의 의를 구하라 그리하면 이 모든 것을 너희에게 더하시리라

시내의 유명 옷가게에서 딱 하루 날을 잡아 '50% 특가 세일'을 진행한다고 광고를 했습니다.

오전 9시가 문을 여는 시간이었는데 8시부터 손님들이 길게 줄을 서 있었습니다. 그런데 8시 50분쯤 되자 한 남자가 줄을 지나 맨 앞으로 걸어가기 시작했습니다. 줄을 서 있던 사람들은 그 남자에게 욕을 하며 줄 뒤로 가라고 마구 밀어냈습니다. 그러나 남자는 잠시 밀려났다가 다시 사람들을 뚫고 앞줄로 가려고 했습니다.

그러자 열을 받은 사람들이 그 남자를 마구 때리더니 줄밖으로 아예 던져버렸습니다. 남자는 일어나 옷을 털며 사람들을 향해 크게 외쳤습니다.

"한 번만 더 내 몸에 손을 대기만 해보시오! 절대로 가게 문을 열어주지 않을 테니! 내가 이 옷가게의 사장이란 말이오."

하나님을 예배하는 교회에서, 하나님을 위해 산다는 오늘 하루의 생활에서 정작 가장 중요한 하나님이 우리 교회와 내 삶의 중심에 계신지, 혹시 다른 가치에 밀려 아예 안으로 들어오고 계시지도 못하는지 한 번 생각해보십시오.

예수님을 언제나 내 삶의 중심에 모시고 온전히 모든 삶의 주도권을 내어 드리십시오. 반드시 주님께서 좋은 것으로 채워주십니다.

💙 주님! 제 마음의 중심에 좌정하여 제 삶을 인도하여 주소서.
📖 예배를 비롯해 삶의 중심에 언제나 예수님을 모십시다.

제약이 극복하는 한계

읽을 말씀 : 고린도후서 12:1-10

● 고후 12:9 나에게 이르시기를 내 은혜가 네게 족하도다 이는 내 능력이 약한 데서 온전하여 짐이라 하신지라 그러므로 도리어 크게 기뻐함으로...

즉 흥연주로 유명한 세계적인 재즈피아니스트 키스 자렛이 독일에서의 공연을 앞두고 있었습니다.

그런데 공연 직전 리허설을 마친 키스 자렛이 불같이 화를 내며 극장 관계자들에게 따졌습니다다.

"피아노 상태가 엉망입니다. 음은 죄다 틀리고 극장 크기에 비해 작아서 소리도 끝자리까지 들리지 않소. 이런 상태로는 공연을 할 수 없으니 새 피아노를 당장 구해오시오."

그러나 이미 수만 장의 표가 매진되었고 공연은 1시간 밖에 남지 않았습니다. 관계자는 거의 무릎을 꿇다시피 애원을 해 겨우 공연을 하겠다는 자렛의 허락을 받았습니다. 그리고 공연이 시작되자 자렛은 한 마디 핑계도 대지 않고 정상적으로 피아노를 연주했습니다.

대신 평소와 다르게 음이 맞지 않는 영역의 건반은 되도록 치지 않고 소리가 조금이라도 더 크게 나도록 힘주어 눌렀습니다. 결과적으로 최악의 상황에서 이루어진 이 공연은 키스 자렛의 가장 성공적인 연주기 되었고, 이때의 연주를 담은 음반은 무려 400만장 가까이 팔렸습니다.

때로는 우리의 삶을 가로막고 있는 것들이 한계를 극복하게 도와줍니다. 감당할 시험만 주시는 주님을 믿고 담대히 도전하십시오. 반드시 주님께서 좋은 것으로 채워주십니다.

♡ 주님! 제 인생에 예상치 않은 바람과 파도를 잘 활용하는 항해사가 되게 하소서.
📖 지금 악조건의 환경을 탓하지 말고 주님이 주시는 지혜와 힘으로 이겨 나갑시다.

6월 15일
생명을 구한 강아지

읽을 말씀 : 사도행전 4:1-12

● 행 4:12 다른 이로써는 구원을 받을 수 없나니 천하 사람 중에 구원을 받을 만한 다른 이름을 우리에게 주신 일이 없음이라 하였더라

아르헨티나에서 거리를 걷던 한 남자가 어디서 아기 울음소리를 들었습니다.

'길 한 가운데서 도대체 어디서 아기 울음소리가 나지?'

아기 울음소리는 분명히 생생하게 들리는데 도대체 소리가 들릴만한 곳이 주위에 없었습니다. 조금 더 찾아보자 작은 개집 안에서 아기 울음소리가 들리는 것 같아 조심스레 살펴보았습니다.

개집 안에는 남자의 예상대로 갓 태어난 아기가 있었고 그 주위를 어미 개와 다른 새끼들이 둘러싸 따스하게 지켜주고 있었습니다. 경찰의 수사 결과 주변에서 한 엄마가 아이를 낳자마자 버리고 도망쳤는데 울음소리를 들은 어미개가 집으로 데려와 보살펴준 것이었습니다.

최근 국내의 한 모텔에서는 미혼모가 아기를 모텔방에 방치해 죽인 사건이 있었습니다. 게다가 죽은 아이를 숨긴 뒤에 태연하게 옆방에서 묵으며 생활까지 했습니다.

하나님이 만드셨기에 모든 생명은 소중합니다. 짐승들도 그 사실을 알고 있는데, 양심을 속이고 이 사실을 외면하는 사람들이 너무나 많습니다. 하나님이 창조하셨다는 사실만으로 포기해야 할 생명은 단 하나도 없다는 사실을 기억하십시오. 반드시 주님께서 좋은 것으로 채워주십니다.

♡ 주님! 길을 가다가도 어려운 사람을 만나면 선한 사마리아인이 되게 하소서.
📖 어려운 나라에 있는 아이들을 살릴 수 있는 기부를 알아보십시오.

초연할 수 있는 이유

읽을 말씀 : 에베소서 6:21-24

● 엡 6:23 아버지 하나님과 주 예수 그리스도께로부터 평안과 믿음을 겸한 사랑이 형제들에게 있을지어다

6월 16일

전북 완주의 한 시골 마을에서 한 집에 불이 났습니다. 불타는 집 앞에서는 한 노인이 웃고 있었는데 취재하러 온 기자가 불이 났는데 왜 웃으시냐고 물었습니다.

"이곳이 내 작업실이오. 나는 화가인데 한평생 그린 그림들이 여기에 다 들어 있다오."

"아니, 그런데 어떻게 웃으실 수 있습니까?"

"이미 타 버린걸 뭐 어쩔 수 있겠소? 다만 그림은 잃어도 사람은 다치지 않았고 아직 이렇게 다시 시작할 수 있다는 생각이 드니 참으로 감사하지 않소?"

잠시 뒤 도착한 노인의 딸도 자신의 연주실이 불타고 있는데도 웃으며 아버지와 비슷한 말을 했습니다. 이 말이 화제가 되어 다음날 여러 언론사에서 취재를 왔는데 거기서도 오히려 응원하고 힘을 주는 마을 사람들과 팬들에게 감사의 인사를 전할 뿐이었습니다.

진짜 중요한 것이 무엇인지 아는 사람은 아무것도 아닌 것에 연연하지 않을 수 있습니다. 주님을 향한 믿음만 있다면 어떤 것을 잃어도 욥과 같이 의연할 수 있습니다. 너무 욕심이 생기거나 집착을 하게 되는 것들은 다 우상이라는 것을 기억하십시오. 반드시 주님께서 좋은 것으로 채워주십니다.

♡ 주님! 제 삶에 본의 아니게 주님보다 더 귀하게 여기는 우상이 없게 하소서.
🖼 삶의 풍파 중에서도 주님이 합력해서 선을 이루게 하심을 믿고 감사합시다.

6월 17일 — 대화의 법칙

읽을 말씀 : 잠언 18:1-13

●잠 18:13 사연을 듣기 전에 대답하는 자는 미련하여 욕을 당하느니라

상대방과 대화하는 법만 잘 알아도 관계를 유지하는데 큰 어려움을 겪지 않을 수 있습니다. 대화를 잘하는 수많은 지침이 있지만 그 중에서 중요한 10가지를 다음과 같이 추렸습니다.

01. 고개를 끄덕이는 제스처 등 상대방의 말을 듣고 있음을 나타내라.
02. 이해가 가지 않거나 놓친 부분은 바로 이야기하라.
03. 상대방의 말을 다 듣고 자신의 생각을 얘기하라.
04. 상대방의 어법과 단어를 사용하며 대화하라.
05. 상대의 입장에서 생각하고 들어보라.
06. 이야기 도중 상대의 말을 끊지 말라.
07. 다른 의견이라도 논쟁을 만들지 말라.
08. 변명거리를 생각하지 말라.
09. 중요한 말을 메모하는 습관을 가지라.
10. 함께 대화를 나눈 사실에 대해 감사하라.

아무리 좋은 말이라도 상대방이 듣지 않는다면 그 대화는 실패입니다. 맞는 말을 하기 전에 바른 방법으로 전하고 있는지 먼저 점검해 봐야 합니다. 기독교에 반감을 갖고 있는 사람의 말이라도 귀를 기울일 수 있는 좋은 대화 매너를 익히십시오. 반드시 주님께서 좋은 것으로 채워주십니다.

♥ 주님! 만나는 모든 사람과 기분 좋은 대화를 나눌 수 있게 하소서.
📖 진실한 마음과 진지한 자세로 부족한 부분을 채워 대화합시다.

사랑하면 닮게 된다

6월 18일

읽을 말씀 : 갈라디아서 5:16-26

● 갈 5:16 내가 이르노니 너희는 성령을 따라 행하라 그리하면 육체의 욕심을 이루지 아니하리라

듀크대학교의 캐럴 애커먼 심리학 교수는 자녀들이 나중에 부모가 되었을 때 자신이 받은 교육과 어느 정도의 일치율을 보이는지 조사했습니다.

결과는 무려 90%에 가까웠습니다. 대부분의 부모들은 자신이 인지를 하지 못한 상황에서도 부모에게 받은 말이나 행동을 거의 그대로 자녀에게 물려주었습니다. 이 연구를 토대로 타냐와 존바흐 연구팀은 그 원인을 밝혀내기 위해서 역학조사를 실시했는데 자녀와 부모가 닮는 데에는 두 가지 이유가 있었습니다.

● 첫 번째 원인은 서로 사랑하기 때문이었습니다.

연구 결과 부모와 자녀 관계가 아니더라도 서로 사랑을 많이 할수록 서로를 더욱 많이 모방했습니다.

● 두 번째 원인은 서로 따라 하기 때문이었습니다.

흉내내기 놀이를 하며 자란 자녀의 경우에는 부모와의 사이가 더욱 좋았고 서로를 더 많이 따라하는 관계일수록 서로를 더 사랑했습니다.

하나님을 사랑한다면 말씀을 실천하십시오. 그리고 하나님을 사랑하고 싶다면 역시 말씀을 실천하십시오. 반드시 주님께서 좋은 것으로 채워주십니다.

♡ 주님! 제 마음에 주님의 마음을 심어 주소서.
📖 나의 행동이 주변 사람들에게 얼마나 좋은 영향력을 끼치는지 살펴봅시다.

6월 19일
성경의 소중함
읽을 말씀 : 디모데후서 3:14-17

● 딤후 3:15 또 어려서부터 성경을 알았나니 성경은 능히 너로 하여금 그리스도 예수 안에 있는 믿음으로 말미암아 구원에 이르는 지혜가 있게 하느니라

성경을 선물 받은 한 남자가 있었습니다. 그 남자는 성경을 움켜쥐고 이렇게 말했습니다.
"하나님은 정말 놀라우신 분입니다. 이런 귀한 말씀을 우리에게 주셨다는 사실이 너무나 감격스럽습니다. 성경을 받은 순간부터 이제 다른 세상에서 사는 것이나 마찬가지입니다. 기쁨의 해가 찾아왔고 기쁜 날만이 영원할 것입니다."
다른 남자도 성경을 받은 뒤 감격에 겨워 말했습니다.
"모든 말씀이 드디어 저의 손에 들어왔습니다. 창세기부터 계시록까지 하나님의 말씀을 알 수 있게 되었습니다. 성경을 통해 말씀을 경험하고 대대손손 후세에 전해지도록 노력할 것입니다."
이들은 파푸아뉴기니의 킴얄이라는 소수 부족인데 독자 언어를 써서 온전한 성경을 받지 못하다가 몇 년 전 최초로 자국어로 된 성경을 받게 되었습니다. 모든 부족원에게 성경이 돌아가는 동안 사람들은 둥글게 모여 춤을 추며, 찬송을 하며, 기도를 하며 눈물을 흘렸습니다.
늘 우리 곁에 있는 성경은 지금도 누군가에겐 평생 단 한 번이라도 손에 들고 있고 싶은 소중한 보물입니다. 그러나 이 귀한 보물을 우리는 너무 소홀히 여기고 있지는 않습니까? 가장 귀한 보물을 썩히지 말고 날마다 귀하게 여기며 가까이 하십시오. 반드시 주님께서 좋은 것으로 채워주십니다.

♥ 주님! 성경을 펼 때마다 주님의 음성과 약속을 듣게 하소서.
📖 성경이 내 손에 오기까지의 역사적 사건들을 찾아 읽고 전합시다.

세상 밖의 그리스도인

읽을 말씀 : 마태복음 5:13-16

6월 20일

● 마 5:13 너희는 세상의 소금이니 소금이 만일 그 맛을 잃으면 무엇으로 짜게 하리요 후에는 아무 쓸 데 없어 다만 밖에 버려져 사람에게 밟힐 뿐이니라

중국의 리커창 총리가 서민들의 삶을 살펴보겠다며 시장을 탐방했습니다.

시장의 한 정육점에 들른 총리가 반갑게 인사를 건넸습니다.
"여기 고기가 아주 좋은 것 같습니다. 많이 팔고 계시나요?"
"평소에는 아주 잘되지. 그런데 오늘은 하나도 못 팔았소."
"아니, 왜죠?"
"당신이 온다고 시장을 다 막아놔서 손님이 아침부터 한명도 못 들어오잖소?"

당황한 총리가 그럼 자신이 고기를 4근 사겠다고 말했습니다. 그러자 정육점 주인은 퉁명스럽게 대답했습니다.
"그것도 안되오. 무슨 일이 생길 수도 있다고 당신 직원들이 정육점 칼을 모두 가져갔거든."

교회 테두리 안에서 보는 세상과 밖에서 보는 세상은 분명한 차이가 있습니다. 세상으로 나가지 못하는 그리스도인은 자기 역할을 제대로 하지 못하고 있는 것입니다. 교회 안의 복음을 세상에 나가 전할 수 있어야 진정한 그리스도인입니다.

멀리서 보기만 하고 말로만 판단하지 말고 세상 안으로 들어가 세상에 필요한 빛과 소금의 역할에 대해서 고민해보십시오. 반드시 주님께서 좋은 것으로 채워주십니다.

♥ 주님! 확고하고 진실하되 무례하지 않게 신앙을 전파하는 지혜를 주소서.
📖 세상에서 하나님의 복음을 전하기 위해 내가 할 수 있는 일을 찾아봅시다

6월 21일
마음을 지키는 방법

읽을 말씀 : 신명기 4:1-14

● 신 4:9 … 네가 눈으로 본 그 일을 잊어버리지 말라 네가 생존하는 날 동안에 그 일들이 네 마음에서 떠나지 않도록 조심하라…

한 현명한 농부가 두 아들을 데리고 잡초가 무성한 밭에 데려다 놓고 물었습니다.

"이 많은 잡초들을 제거하려면 어떻게 해야 하겠느냐?"

첫째는 농약을 써야 한다고 말했고, 둘째는 뿌리를 다 뽑아야 한다고 말했습니다. 농부는 두 아들에게 각자의 방법대로 잡초를 제거해보라고 맡겼습니다. 그러나 그 어떤 방법을 써도 한 달만 지나면 다시 잡초가 무성했습니다.

두 아들이 포기한 뒤에 농부는 1년이 지나고서야 조용히 아들들을 다시 그 밭으로 불렀습니다. 그런데 거짓말처럼 잡초들이 사라져 있었고 대신 황금빛 벼가 심어져 있었습니다. 아들들을 향해 아버지가 말했습니다.

"잡초를 없애는 가장 확실한 방법은 그 자리에 가치 있는 곡물을 심는 것이란다."

영국의 목회자 콜터도 비슷한 말을 했습니다.

"악을 마음에서 몰아낼 수 있는 사람은 곧 그 자리에 덕을 심어야 한다. 그렇지 않으면 악을 마음에서 몰아내기만 하다가 인생을 허비할 것이다."

내 마음에 떠오르는 악하고 약한 생각에 집중하지 말고 그 안에 능력과 약속의 말씀으로 가득 채우십시오. 반드시 주님께서 좋은 것으로 채워주십니다.

♥ 주님! 제 마음에 주님의 능력의 말씀과 약속의 말씀이 가득 넘치게 하소서.
📖 요즘 삶에 필요한 말씀 3가지를 찾아 암송하고 순종합시다.

하나님과 함께하는 것

6월 22일

읽을 말씀 : 마태복음 1:18-25

● 마 1:23 보라 처녀가 잉태하여 아들을 낳을 것이요 그의 이름은 임마누엘이라 하리라 하셨으니 이를 번역한즉 하나님이 우리와 함께 계시다 함이라

올란도에서 목회를 하며 유명한 작가이기도 한 스티브 브라운 목사님이 일이 있어 뉴욕으로 가는 비행기를 탔습니다. 한참을 가는 도중 갑자기 먹구름이 끼더니 천둥과 번개가 심하게 치기 시작했습니다. 목사님은 깜짝 놀라 안전수칙을 확인하고 있었는데 문득 반대쪽 자리에 앉은 어린아이가 생각났습니다. 그런데 그 아이는 폭풍우가 몰아치는 도중에도 거리낌 없이 엄마 무릎에 앉아 장난을 치며 놀고 있었습니다.

'위험할 텐데 벨트를 단단히 매게하는 것이 좋지 않나?'라는 생각이 들었지만 아직 별 다른 이상은 없었기에 그러려니 하고 있었습니다. 그런데 갑자기 난기류를 만나 선체가 심각하게 흔들리기 시작했습니다. 목사님은 어머니에게 아이를 자리에 앉히라고 주의를 주려고 했는데 그토록 급박한 상황에도 아이는 엄마 품에 안겨 잠을 자고 있었습니다. 아이도 엄마도 너무나 평온한 얼굴이었습니다. 이 모습을 보고 목사님은 깨달았습니다.

'하나님과 함께 하는 삶이 바로 저 모습이다! 하나님과 함께 할 때 우리는 어떤 상황에서도 저 모자처럼 평온할 수 있게 된다.'

창 밖에 먹구름이 껴도, 세상이 심하게 흔들려도 주님의 품 안에만 있다면 언제나 안심입니다. 하나님과 함께하는 기쁨을 누리는 하루를 사십시오. 반드시 주님께서 좋은 것으로 채워주십니다.

♡ 주님! 합력하여 선을 이룬다는 주님의 약속을 믿고 맡기게 하소서.
📖 요즘 어떤 일로 마음이 힘들다면 지금 로마서 8장 26~28절을 읽읍시다.

6월 23일 헌신의 정도

읽을 말씀 : 에스더 5:1-17

● 에 5:16 ... 나도 나의 시녀와 더불어 이렇게 금식한 후에 규례를 어기고 왕에게 나아가리니 죽으면 죽으리이다 하니라

영국의 마틴 로이드 존스 목사님이 사역하시는 동네에 목장을 운영하는 한 농부가 있었습니다.

농부는 특히 소를 애지중지 길렀는데 하루는 소가 쌍둥이를 출산했습니다. 너무 감격한 농부는 아내를 향해 말했습니다.

"하나님이 엄청난 축복을 주셨어, 여보. 우리 한 마리는 하나님께 바치자구."

아내도 너무 좋은 생각이라고 말했습니다. 농부는 목사님을 찾아가 자신의 계획을 말했고, 젖을 떼고 난 뒤에 교회에 기증하겠다고 말했습니다. 그런데 쌍둥이 소 중 한 마리가 시름시름 앓더니 갑자기 죽어버렸습니다. 당황한 농부는 아내와 함께 목사님을 찾아와 이런 말을 했습니다.

"저 목사님... 실은 드릴 말씀이 있는데요. 사실 저희가 기르고 있던 하나님의 송아지가 죽어버렸습니다."

마틴 목사님은 이 농부의 헌신이 '50%'짜리 헌신이었다고 말했습니다.

하나님은 우리에게 '100%' 헌신을 원하십니다. 100배로 응답하시는 하나님께 의심치 말고 온전히 마음을 다해 헌신하십시오. 반드시 주님께서 좋은 것으로 채워주십니다.

💙 주님! 독생자까지 나를 위해 주신 하나님을 생각하며 삶을 드리게 하소서.
📖 지금 교회에서 나의 헌신을 필요로 하는 것이 무엇인지 알아보고 실행합시다.

진짜 복된 것

6월 24일

읽을 말씀 : 사도행전 20:17-35

● 행 20:35 범사에 여러분에게 모본을 보여준 바와 같이 수고하여 약한 사람들을 돕고 또 주 예수께서 친히 말씀하신 바 주는 것이 받는 것보다 복이 있다 하심을 기억하여야 할지니라

비싼 최신형 자전거를 한 남자가 집 앞 거리에서 정비를 하고 있었습니다.

한 소년이 길가다 멈춰서 물끄러미 바라보고 있었습니다. 이 모습을 본 남자가 말을 건넸습니다.

"자전거에 관심이 많니?"

"네, 가지고 있지는 않지만 관심은 많아요, 이거 아주 비싼 모델이지요?"

"그래, 아주 비싼 거지. 근데 내가 산 것은 아니고 자전거를 아주 좋아하는 우리 형이 새로운 자전거를 사면서 나한테 준 거란다."

남자의 말을 들은 소년은 놀라며 '저도...'라고 말을 이었습니다. 남자는 '저도 그런 형이 있었으면 좋겠어요'라고 말할 줄 알았는데 전혀 의외의 대답이 나왔습니다.

"저도 그런 형이 될 수 있었으면 좋겠어요. 제 동생은 천식이 있어서 조금만 뛰어도 숨이 차거든요. 저도 나중에 동생에게 이런 자전거를 줄 수 있는 형이 되고 싶어요."

받는 것보다 주는 것이 훨씬 귀한 행동이며, 그 귀한 행동에 담겨있는 마음은 더욱 중요합니다. 받기보다는 베풀기를 좋아하며 그 베푸는 손에 소중한 마음을 담을 줄 아는 사람이 되십시오. 반드시 주님께서 좋은 것으로 채워주십니다.

♡ 주님! 소외 계층에게 주님의 이름으로 순수하게 베풀게 하소서.
📖 내 주변에 있는 소외 계층의 사람들에게 겸손히 할 수 있는 일을 합시다.

6월 25일 되돌아보는 시간

읽을 말씀 : 신명기 32:17-29

● 신 32:29 만일 그들이 지혜가 있어 이것을 깨달았으면 자기들의 종말을 분별하였으리라

초등학교 4학년 때 부모님의 강요로 일기를 쓰기 시작한 소녀가 있었습니다. 어머니는 매일 일기를 썼는지 검사를 했고, 하루라도 일기를 쓰지 않으면 정신 차리라고 엄하게 혼을 냈습니다. 그렇게 몇 년을 하다 보니 습관이 되어서 좋든 싫든 일기를 계속 쓰게 되었습니다.

10대 때 한국전쟁이 일어나 부모님이 모두 돌아가셨고, 남은 두 살짜리 동생과 함께 먹고 살기 위해 버텨야 했던 것은 너무나 감당하기 힘든 일이었지만 아이러니하게도 그런 상황 속에서도 그토록 억지로 했던 일기쓰기를 통해 지친 심신이 위로를 받았습니다.

그렇게 일기를 쓰던 소녀는 어느새 40년이 넘게 80여권의 일기를 써 한국에서 일기를 제일 오래 쓴 사람으로 기네스북에까지 올랐습니다. 어찌 보면 평탄하지 않은 인생으로 엇나갈 기회가 많았지만 그 와중에도 올바른 삶을 살 수 있었던 비결에 대해서 박래옥 씨는 이렇게 말했습니다.

"일기를 쓰다보면 도저히 나쁜 사람이 될 수가 없어요. 하루 일과를 돌아보면서 이것저것 반성하는 것이 일기인데, 그러다보면 저절로 올바르게 살아가게 됩니다."

오늘 내딛는 하루를 말씀에서 벗어나지 않게 매일 돌아보십시오. 반드시 주님께서 좋은 것으로 채워주십니다.

♡ 주님! 매일 매순간이 주님의 은혜임을 깊이 깨닫고 감사하며 살게 하소서.
📖 매일 저녁 하루를 돌이켜 보는 시간을 가지고 그때의 생각을 적읍시다.

삶을 위한 죽음

읽을 말씀 : 요한복음 8:51-59

● 요 8:51 진실로 진실로 너희에게 이르노니 사람이 내 말을 지키면 영원히 죽음을 보지 아니하리라

필립 시몬스는 30대 초반에 대학 교수로 임용될 만큼 재능도 있고 글로도 인정을 받는 유명한 작가였습니다.

그러나 35세에 근육이 점점 굳어가는 '루 게릭 병'에 걸리게 됐습니다. 의사는 5년이 한계라고 봤습니다. 그는 죽어가는 삶에 대한 적응을 하며 이런 글을 남겼습니다.

"지금 저는 휴지 한 장 들어 올리지 못합니다. 그러나 이런 불편 때문에 하나님의 성품을 통해 나의 모든 행동을 바라보게 되었습니다. 건강할 땐 전혀 느끼지 못했던 얼굴의 물기를 닦아주는 행동, 누군가 빵에 버터를 바르는 모습을 보는 것, 밭에서 일을 하는 늙은 농부의 땀방울 같은 모든 순간들을 나는 하나님이 허락하신 큰 복으로 보게 되었습니다."

필립은 굳어가는 몸을 통해 죽음이 아닌 삶에 집중하기 시작했고, 병세가 심각해질수록 죽어가는 것이 아닌 '살아가는 기술'을 배우고 있다'고 말했습니다. 그는 의사가 말한 5년을 훌쩍 넘어 10년 넘게 살아 있으며 계속해서 깊은 성찰을 통해 깨달은 글들을 책으로 냈는데, 엄청난 베스트셀러가 되었습니다.

우리의 삶은 여기서 끝이 아니기에 죽음으로 가까워지는 하루하루가 축복일 수 있습니다. 나에게 오늘을 허락하신 주님의 은혜에 감사하며 천국을 향해 한 걸음 더 내딛는 하루를 사십시오. 반드시 주님께서 좋은 것으로 채워주십니다.

♡ 주님! 상황이야 어떠하든지 지금 숨 쉬고 살아 있음에 감사하게 하소서.
🖼 별로 의미있게 생각하지 않았던 주변의 상황을 새롭게 보고 감사합시다.

6월 27일 사랑의 자물쇠

읽을 말씀 : 히브리서 9:11-22

●히 9:15 이로 말미암아 그는 새 언약의 중보자시니 이는 첫 언약 때에 범한 죄에서 속량하려고 죽으사 부르심을 입은 자로 하여금 영원한 기업의 약속을 얻게 하려 하심이라

프랑스의 나다라는 여인이 전쟁터로 떠난 약혼자를 기다렸습니다. 전쟁이 끝나고 여인에게 편지 한 통이 도착했는데 그 편지에는 '미안해, 난 여기서 새로운 사랑을 찾았어. 나를 기다리지 말고 행복하게 살기를...'이라고 적혀 있었습니다. 충격을 받은 나다는 편지의 내용을 인정하지 않고 죽을 때까지 약혼자를 기다렸습니다.

이 모습을 지켜본 나다의 동네 여인들은 나다를 대신해 사랑을 지켜주겠다며 나다의 집 앞의 다리에 자물쇠를 달아놓았습니다.

이 이야기는 훗날 프랑스의 시인 데산카의 시를 통해 세상에 알려졌는데, 이야기에 감명을 받은 많은 연인들이 파리 센느 강의 퐁 데자르 다리에 서로의 사랑을 언약하며 자물쇠를 채웠습니다. 그러나 너무 많은 자물쇠의 무게로 난간이 무너져 내려 영원한 사랑의 약속을 담은 수많은 자물쇠들은 강에 잠기게 됐습니다.

사랑을 지키고자 아무리 자물쇠를 걸고 서로 언약을 해도, 사람의 맹세는 지켜질 수 없습니다. 그러나 나를 위해 이 땅에 오시고 또 돌아가신 구원자 예수 그리스도의 사랑은 영원합니다.

우리를 향한 하나님의 사랑만이 결코 변하지 않고 다하지 않음을 기억하고 사람에게 의지하지 말고 하나님만을 더욱 바라보며 의지하십시오. 반드시 주님께서 좋은 것으로 채워주십니다.

💗 주님! 세상에는 영원한 것이 없음을 알고 주님 안에서 살게 하소서.
📖 주변에 실연당해 괴로워하는 사람에게 주님의 영원한 사랑을 전합시다.

프라이팬의 크기

6월 28일

읽을 말씀 : 욥기 36:22-33

● 욥 36:22 하나님은 그의 권능으로 높이 계시나니 누가 그같이 교훈을 베풀겠느냐

낚시를 하면 고기가 잘 잡히기로 유명한 강가가 있었습니다. 많은 낚시꾼들이 그곳에 모여서 물고기를 잡았는데, 잡은 물고기를 자꾸 놓아주는 사람이 있었습니다. 옆에서 이 모습을 보던 사람이 처음엔 재미로 그러는가 보다 하고 있었는데 가만 보니 작은 고기들을 통에 넣고, 반대로 큰 고기들은 놓아주고 있었습니다. 이유가 궁금해진 남자가 넌지시 물었습니다.

"아까부터 계속 작은 물고기만 넣는 이유가 혹시 있으십니까? 보통 작은 물고기를 놓아주고 큰 물고기를 잡아가지 않습니까?"

낚시꾼이 잠시 낚시를 멈추고 대답했습니다.

"저녁에 집에 가서 구워먹을 고기를 잡고 있는데요, 저희 집 프라이팬이 작아서 너무 큰 고기는 안 들어가거든요."

작은 프라이팬에 큰 고기를 굽는 것이 한계가 있지만 프라이팬만 큰 것으로 사면 얼마든지 큰 고기를 잡을 수가 있습니다. 그런데 이런 간단한 이치를 모르는 사람 같이 우리도 어리석게 우리 꿈과, 우리 생각에만 맞춰서 하나님께 구하고 있지는 않습니까? 하나님께 구할 때는 내 생각과 사고방식이 아닌 하나님의 말씀과 감동에 크기를 맞추십시오. 반드시 주님께서 좋은 것으로 채워주십니다.

♡ 주님! 기도하며 주님을 생각하게 하소서.

📖 내가 믿는 하나님은 얼마나 위대하신 분이신가를 다시 생각하며 행동합시다.

6월 29일
받아들이는 자세

읽을 말씀 : 요한1서 5:13-21

● 요1 5:13 내가 하나님의 아들의 이름을 믿는 너희에게 이것을 쓰는 것은 너희로 하여금 너희에게 영생이 있음을 알게 하려 함이라

어떤 약이 신약으로 인정받으려면 반드시 넘어야 하는 두 가지 관문이 있습니다. 하나는 가짜 약을 먹을 때 나타나는 플라시보 효과보다 효력이 좋아야 합니다. 보통 설탕으로 만든 가짜약과 진짜 약을 두 그룹에게 좋은 약이라고 소개한 뒤에 검사를 통해 평가하는데, 플라시보의 효과가 생각보다 아주 좋아 이 단계를 넘지 못하고 효과가 있음에도 사라지는 약들이 많습니다.

둘째는 플라시보의 반대인 노시보 효과입니다. 노시보 효과는 약의 성능이 아니라 부작용을 평가하는 방법입니다. 플라시보와 마찬가지로 아무 것도 아닌 약을 주며 어떤 부작용이 있을 수도 있다고 설명을 하는데, 이것도 플라시보와 마찬가지로 몇몇 사람들은 설탕 약을 먹었음에도 부작용 증상이 나타난다고 병원을 찾아오곤 합니다.

어떤 사람에겐 효과 없는 약도 좋은 효과를 내고, 어떤 사람에겐 부작용이 없는 약도 안 좋은 결과를 가져옵니다. 진리인 하나님의 말씀도 받는 사람의 믿음에 따라 열매가 달라집니다.

받아들이는 자세에 따라 달라지는 약의 효과처럼 성경 말씀을 있는 그대로 나의 삶에 적용하고, 하나님의 말씀으로 받아들이며 순종하십시오. 반드시 주님께서 좋은 것으로 채워주십니다.

♡ 주님! 내가 아닌 주님을 바라보며 갖는 믿음 되게 하소서.

너무 느낌에 의지해 살지 말고 하나님의 말씀에 의지해서 삽시다.

중요한 것을 챙기라

6월 30일

읽을 말씀 : 갈라디아서 6:11-18

● 갈 6:15 할례나 무할례가 아무 것도 아니로되 오직 새로 지으심을 받는 것만이 중요하니라

작은 상점을 운영하는 한 구두쇠가 있었습니다. 나이가 많은 노인은 병이 깊어 임종을 앞두고 있었는데, 아버지가 위독하다는 소식을 듣고는 온 가족이 급히 자리에 모였습니다. 다들 침통한 얼굴로 침상 옆에 모여 있는데 떨리는 목소리로 아버지가 말을 하기 시작했습니다.

"여보, 거기에 있소?"

아내는 남편의 손을 잡으며 말했습니다.

"네, 저 여기 있어요."

그리고 큰 아들, 작은 아들, 셋째 막내딸까지 한 명씩 찾기 시작했습니다. 모두 있다는 걸 확인한 아버지는 겨우 힘을 내 몸을 세웠습니다. 유언을 듣기 위해 온 가족이 가까이 모이자 아버지가 힘들게 입을 열었습니다.

"여기에 우리 가족이 다 있다면... 지금 가게는 누가 본단 말이냐?"

돈에 온 신경을 쓰는 사람은 죽을 때까지 돈만 생각하다 떠납니다. 그러나 이 세상을 떠날 때 세상의 어떤 물건이 가치가 있겠습니까? 더 귀한 것을 위해서는 옥합을 깨트릴 수 있는 용기와 믿음이 있는 성도가 되십시오. 반드시 주님께서 좋은 것으로 채워주십니다.

♡ 주님! 제 소원이 주님께서 중요시 여기시는 것이 되게 해 주소서.
📷 무엇을 위해 누구를 위해 돈을 벌려고 하는지 생각해봅시다.

7

"하나님을 가까이하라
그리하면 너희를 가까이 하시리라
죄인들아 손을 깨끗이 하라
두 마음을 품은 자들아
마음을 성결하게 하라"

(야고보서 4장 8절)

7월 1일
돈보다 중요한 것

읽을 말씀 : 디모데전서 6:3-10

● 딤전 6:10 돈을 사랑함이 일만 악의 뿌리가 되나니 이것을 탐내는 자들은 미혹을 받아 믿음에서 떠나 많은 근심으로써 자기를 찔렀도다

미국의 유명한 스탠딩 코미디언 지미 듀란트에게 2차 대전에 참전한 장병들을 위한 위문공연을 요청하려고 한 기획자가 찾아왔습니다.

최고의 인기를 얻고 있던 지미는 계약조건을 보고 거만하게 말했습니다.

"페이가 너무 적군요. 그날 일정도 빡빡해서 내가 간다 해도 5분 정도 밖에 공연을 못할 텐데 괜찮겠어요?"

기획자는 잠깐이라도 지미를 장병들에게 보여주는 것이 좋을 것 같아 괜찮다고 했습니다. 그리고 공연 당일 지미가 무대에 올라가자 정말 우레와 같은 박수가 쏟아졌습니다. 그런데 약속 시간인 5분이 지나도, 30분이 지나도 지미는 내려오지 않았고 거의 한 시간이 다 돼서야 내려왔습니다. 기획자가 지미에게 도대체 어찌된 일이냐고 묻자 지미가 대답했습니다.

"저 앞에 두 사람을 보세요. 서로 한 팔이 없는데도 힘을 합쳐 박수를 치더군요. 나는 시간을 때우러 왔는데 그 모습을 보고도 저렇게 좋아한단 말입니다. 나는 저 사람들을 더 즐겁게 해주고 싶은 마음에 최선을 다해 공연 했습니다."

돈보다 중요한 일이 세상에는 분명히 있습니다. 하나님이 주신 사명을 통해 돈을 쫓기보다는 복음과 주님의 영광과 보람을 위해 사십시오. 반드시 주님께서 좋은 것으로 채워주십니다.

♥ 주님! 제가 하는 모든 일이 주님의 복음과 주님의 영광을 위해 하게 하소서.
📖 먹던지 마시던지 무엇을 하던지 주님의 영광을 위해 하는지 살펴봅시다.

약속을 지키는 사람

7월 2일

읽을 말씀 : 히브리서 10:19-25

● 히 10:23 또 약속하신 이는 미쁘시니 우리가 믿는 도리의 소망을 움직이지 말며 굳게 잡고

흑사병이 중세유럽을 휩쓸던 시기에 독일에서 있던 일입니다. 독일 남쪽에 오버라머가우라는 마을의 한 청년이 여행을 다녀왔다가 흑사병에 걸렸습니다. 마을에도 병이 퍼져 사람들이 죽어가기 시작했는데, 손쓸 방법이 없던 사람들은 예배당에 모여서 간절히 기도했습니다.

"흑사병을 막아주시면 앞으로 10년마다 예수님의 죽음과 부활을 기념하는 작품을 만들어 헌정하겠습니다."

그런데 기적같이 그날 이후로 단 한명도 흑사병에 걸리지 않았습니다. 마을 사람들은 기쁨으로 축제를 벌였고, 자신들이 서원한대로 온 마을 사람들이 참여해 예수님의 고난과 죽음, 부활을 기념하는 연극을 만들었습니다.

이 연극은 1634년부터 지금까지 계속해서 이어져오고 있고, 지금도 때가 되면 5월에서 10월까지 하루 종일 온 마을 사람들이 참여해 연극을 시연합니다. 하나님에 대한 감사로 시작된 이 행사는 이제 수십만 명의 관광객들이 찾아오고 1억 달러에 가까운 수입을 올리는 놀라운 축복이 되었습니다

하나님은 우리의 헌신을 몇 배로 더 갚아주시는 분입니다. 내가 가진 모든 것의 주인이 하나님이라는 사실을 잊지 말고 하나님과의 약속은 반드시 지키십시오. 반드시 주님께서 좋은 것으로 채워주십니다.

♡ 주님! 100배의 복을 흘러 넘치게 주시는 주님을 기억하게 하소서.
📖 주님께 약속한 것 중에 아직 지키지 못한 것을 찾아 지킵시다.

7월 3일 — 손해 보는 계산

읽을 말씀 : 베드로전서 1:13-25

● 벧전 1:23 너희가 거듭난 것은 썩어질 씨로 된 것이 아니요 썩지 아니할 씨로 된 것이니 살아 있고 항상 있는 하나님의 말씀으로 되었느니라

조선 시대의 한 마을에 의술이 정말 뛰어나지만 인색하기로 소문난 의원이 있었습니다.

이 의원이 열병으로 고생하는 한 아이를 고쳐줬는데 너무나 감사한 어머니가 찾아와 비단으로 만든 주머니를 내밀었습니다.

"다른 의원들은 모두 고치지 못한 병을 이렇게 고쳐주시니 감사합니다. 약소하지만 중국에서 온 귀한 비단으로 만든 주머니입니다. 받아주시지요."

비단은 정말 아름다웠으나 의원이 얼핏 보기에는 치료비만큼 값어치가 있는 것 같지는 않았습니다. 의원은 주머니를 받지도 않고 거절했습니다.

"나는 치료비로는 오로지 돈만 받습니다. 다섯 냥입니다."

호의를 거절당한 여성은 그 자리에서 무뚝뚝하게 비단주머니를 열었습니다. 그리고 거기에서 열 냥을 꺼내 다섯 냥을 주고 나머지 돈은 비단주머니에 넣어서 다시 가지고 갔습니다.

하나님의 계산법은 사람의 계산과 다릅니다. 오병이어를 기쁘게 드릴 때 오천 명이 먹고도 12광주리가 남았습니다. 내가 가진 작은 것이라도 사랑의 마음으로 이웃과 기쁘게 나누며 하나님의 일하심을 선포하십시오. 반드시 주님께서 좋은 것으로 채워주십니다.

♡ 주님! 크기가 아닌 주님을 향한 마음이 중요함을 깨닫게 하소서.
🖼 하나님이 주신 복이 기대만큼이 아니어도 더 큰 복을 기대하며 감사히 받읍시다.

이슬 같은 은혜

읽을 말씀 : 신명기 32:1-12

● 신 32:2 내 교훈은 비처럼 내리고 내 말은 이슬처럼 맺히나니 연한 풀 위의 가는 비 같고 채소 위의 단비 같도다

한 선교사님이 이집트와 이스라엘을 거치는 선교여행을 가셨습니다.

먼저 이집트에 도착해서 여러 도시를 돌아다녔는데 새로 지은 건물들도 외벽이 지저분하고 깔끔하지 못했습니다. 실내 내부도 그리 청결하지는 않았습니다. '사막이다 보니 물이 귀해서 많이 관리를 안하나보다'라고 선교사님은 생각했습니다.

그런데 이스라엘로 건너가니 이집트와는 달리 내부는 비슷했지만 건물들이 깨끗했습니다. 인접한 나라라 강수량도 비슷하고 같은 사막인데 왜 건물이 이처럼 차이 나는지 선교사님은 알 수가 없었습니다. 그래서 이스라엘에서 만난 한 가이드에게 이 사실을 물었더니 이런 대답을 해주었습니다.

"그건 이슬 때문에 그렇습니다. 이집트와는 달리 이스라엘에서는 밤에 이슬이 내립니다. 그래서 아침에 자연적으로 건물들이 물청소를 한 것처럼 깔끔하게 되지요."

어두운 밤에 내려 건물을 씻겨주는 이슬처럼, 매일 죄를 짓고 살아가는 우리에게도 주님의 보혈이 우리를 깨끗하게 해 주십니다. 그러기 위해 은혜를 누릴 경건의 시간, 예배의 시간이 필요합니다. 말씀을 묵상하고 예배를 사모하는 시간마다 하나님의 은혜를 더 간절히 간구하십시오. 반드시 주님께서 좋은 것으로 채워주십니다.

💛 주님! 주님이 흘리신 보혈로 모든 죄가 깨끗케 됨을 감사하며 살게 하소서.
🖼 주님이 주시는 은혜가 때마다 새로우니 때마다 주님을 찾아 의지합시다.

7월 5일 최선의 방법

읽을 말씀 : 요한복음 16:1-24

● 요 16:24 지금까지는 너희가 내 이름으로 아무 것도 구하지 아니하였으나 구하라 그리하면 받으리니 너희 기쁨이 충만하리라

고급 모직을 제조하는 한 작업공장에는 벽에 커다랗게 주의사항이 붙어 있습니다.

'작업을 하다 실이 엉켰을 때는 즉시 소장을 호출하시오!'

그런데 한 여직원이 일을 하다 실이 엉키고 말았습니다. 소장을 호출했다가는 혼이 나거나 불이익을 당할 것 같아서 혼자서 실을 풀어보려고 했는데, 풀려고 할수록 점점 더 엉켰습니다. 급기야 더 이상 손을 쓸 수 없다고 생각이 되는 순간 어쩔 수 없이 소장을 불렀습니다. 소장이 엉킨 실을 풀어주자 여직원이 사과를 하며 말했습니다.

"죄송해요. 전 실을 풀기 위해서 최선을 다했는데 뜻대로 되지가 않았어요."

그러자 소장이 벽에 있는 주의사항을 가리키며 말했습니다.

"아니요. 당신은 최선을 다하지 않았습니다. 실이 엉키면 할 수 있는 가장 최선은 바로 나를 부르는 것입니다."

내 인생을 가로막는 큰 문제를 해결하는 가장 좋은 방법은 하나님께 기도로 간구하며 맡겨드리는 것입니다. 내 힘만으로 최선을 다하는 것은 진정한 최선이 아닙니다. 무엇인가 시도하기 전에 먼저 하나님께 간구하는 것이 모든 일의 최선의 방법임을 잊지 마십시오. 반드시 주님께서 좋은 것으로 채워주십니다.

♥ 주님! 문제가 생겼을 때 주님께 맡기게 하소서.
📖 어려운 상황이 발생할 때 가장 먼저 어떻게 하고 있는지 살펴봅시다.

삶을 위한 부탁

읽을 말씀 : 요한복음 5:19-29

7월 6일

● 요 5:26 아버지께서 자기 속에 생명이 있음 같이 아들에게도 생명을 주어 그 속에 있게 하셨고

영국의 작가 살럿 키이틀리는 블로그에 이런 글을 남겼습니다.
"사랑하는 남편 옆에서 잠이 드는 기쁨을 나는 곧 잃게 될 것이다. 남편은 아마 아침에 습관적으로 두 잔의 커피를 타려고 하다 슬퍼하겠지. 이제 우리 딸의 머리는 누가 묶어주고, 아들의 잃어버린 장난감은 누가 찾아줄까. 나잇살 때문에 나오는 배, 지금보다 훨씬 굵은 허리둘레도 생각보다 괜찮을 것 같다. 이따금씩 자라나는 새치를 뽑는 즐거움을 넘어, 하얗게 백발이 될 때까지 살아보고 싶다. 어떤 이는 흰머리를 부끄러워하지만 그만큼 오래 삶을 경험했다는 반증이 아닌가? 살고 싶은 날이 이렇게 많지만, 아이들이 크는 모습도 보고, 남편을 괴롭히는 못된 아내 역할도 해보고 싶지만 안타깝게 삶은 나에게 그럴 시간을 주지 않았다."

살럿은 대장암 4기를 받고 6개월 시한부를 선고 받고는 매일을 최선을 다해 살아가며 매일의 느낌을 자신의 블로그에 적었습니다. 그리고 의사의 말보다 1년을 더 산 뒤 위의 마지막 글을 적고 얼마 있다 세상을 떠났습니다.

하나님이 허락하신 놀라운 은혜가 오늘임을 떠올릴 때 나이와 상황에 상관없이 최선을 다해 기쁘게 살게 됩니다. 하나님이 허락하신 놀라운 오늘을 최선을 다해 살아가십시오. 반드시 주님께서 좋은 것으로 채워주십니다.

♡ 주님! 오늘이 하나님께서 저에게 주신 선물임을 깨닫고 기쁘게 살게 하소서.
📖 오늘도 하나님께서 주신 생명의 선물과 하나님의 동행을 기뻐하며 삽시다.

7월 7일
무엇을 위해 일하는가?

읽을 말씀: 고린도전서 10:23-33

● 고전 10:31 그런즉 너희가 먹든지 마시든지 무엇을 하든지 다 하나님의 영광을 위하여 하라

노동자 출신으로 자수성가해 미국서부철도회사 사장에 오른 앤더슨이 현장을 찾았습니다.

현장을 살펴보는 앤더슨을 보고는 수염이 성성한 한 남자가 찾아와 반갑게 인사를 했습니다.

"혹시 앤더슨 아닌가? 나를 기억하겠나? 20년 전에 텍사스에서 함께 철도를 놓는 일을 했었는데…"

"물론 기억나지. 아직도 철도현장에서 일을 하고 있군?"

"그럼, 요즘은 경기가 좋잖아. 20년 전에는 5달러 받으려고 하루 종일 고생했었는데 말이야. 안 그런가?"

"아, 그랬지. 그런데 나는 그때 5달러가 아닌 내 꿈을 위해 일을 하고 있었다네."

남자는 앤더슨의 말이 무슨 뜻인지 몰랐습니다. 그러나 자신의 상사가 앤더슨에게 사장님이라고 부르는 것을 보고는 그때와 달라진 처지가 부끄러워 급히 몸을 피했습니다.

지금은 같은 일을 해도 마음가짐이 다르다면 결과가 달라집니다. 하나님이 우리에게 맡기신 비전을 위해 오늘도 최선을 다해 노력함으로 투자하십시오. 반드시 주님께서 좋은 것으로 채워주십니다.

♡ 주님! 주신 비전을 이루기 위해 주님께 기도하며 의지하여 인도 받게 하소서.
🖼 앞으로 10년 후에는 어떤 사람이 되어 주님을 섬기게 될지 꿈을 나눕시다.

진심어린 충고

7월 8일

읽을 말씀 : 잠언 17:1-10

● 잠 17:10 한 마디 말로 총명한 자에게 충고하는 것이 매 백 대로 미련한 자를 때리는 것보다 더욱 깊이 박히느니라

스페인에서 태어나 멕시코와 미국을 거치며 활동하던 성악가가 있었습니다. 최고의 성악가가 되기 위해 부단히 노력을 하던 그는 이스라엘에서 장기 공연을 하며 큰 인기를 누렸습니다. 신문과 언론은 그가 설령 실수를 했더라도 문제 삼지 않고 신이 내린 목소리라고 칭찬을 했습니다. 그런데 그와 함께 오페라를 했던 한 성악가가 숙소로 찾아와 이런 말을 했습니다.

"당신의 발음을 성악가인 나도 알아듣기가 힘듭니다. 호흡법을 바꾸는 것이 좋겠습니다. 나는 당신을 정말로 존경하고 좋아하기에 용기를 내서 하는 말입니다."

그는 처음에 그 말을 인정하지 않았습니다. 그러나 냉정하게 생각해보니 발음이 확실히 정확하지 않았습니다. 그는 2년간 호흡을 다시 연구하면서 정확한 발음을 위해 노력했고, 다른 사람의 조언을 귀하게 여기기 시작했습니다. 또 다른 사람의 조언을 받아들여 오페라에서 유명 팝송을 불러 대중화에 크게 기여했고, 파바로티, 카레라스와 더불어 세계 3대 태너 중 한명인 플라시도 도밍고로 이름을 남겼습니다.

진심어린 충고와 비난을 구별하는 것이 지혜입니다. 진심어린 충고를 해주는 사람들은 가까이 하고 진중히 받되 그렇지 않은 비난들은 흘려버리십시오. 반드시 주님께서 좋은 것으로 채워주십니다.

♥ 주님! 부족함을 주님께서 깨우치게 해 주시고 고치게 하소서.
🧩 무엇을 고쳐야할지 주님과 이웃에게 묻고 맞는 것은 고치기 위해 노력합시다.

7월 9일 — 앞장서는 리더

읽을 말씀 : 마태복음 23:1-13

● 마 23:11 너희 중에 큰 자는 너희를 섬기는 자가 되어야 하리라

사막에 대한 여러 이야기들을 담은 한 다큐멘터리에서 나온 장면입니다.

시리아의 한 목동이 수많은 양들을 이끌고 있었습니다. 중간에 강가를 지나야 했는데 수심이 깊지 않았지만 그 사실을 모르는 양들이 앞에서 머뭇거리고 있었습니다. 그러나 목동은 아무 행동도 하지 않고 가만히 기다렸습니다. 잠시 뒤 한 양이 용기를 내서 강을 건너기 시작했고, 그 양이 무사히 건너는 것을 본 다른 양들도 하나 둘 씩 뒤를 이어 모두 무사히 강을 건넜습니다. 그리고 다시 길을 떠나자 맨 처음 강을 건넌 양이 가장 앞에 서고 다른 양들이 뒤를 따르기 시작했습니다.

이 모습을 보는 방송 팀에게 목동은 양들의 두 가지 특징을 설명했습니다. 하나는 어떤 양이 먼저 위험을 감수하면 다른 양들도 따라하는 것이었고, 다른 하나는 먼저 위험을 감수한 양이 다른 무리들의 리더가 되는 것이었습니다.

예수님이 말씀하신 높은 사람, 즉 리더는 먼저 섬기고, 먼저 행동하는 사람입니다. 우리는 말씀을 따라 먼저 삶의 본을 어디서든지 용기 있게 보여야 합니다. 목자이신 예수님을 따라 교회 안에서도, 세상 가운데서도 먼저 행동하고, 먼저 실천하십시오. 반드시 주님께서 좋은 것으로 채워주십니다.

♡ 주님! 목자의 음성을 듣는 양처럼 주님의 음성을 듣고 행동하게 하소서.
🖼 함께 하고 있는 이들에게 모범이 되어 그들이 잘 따르게 합시다.

한 손의 가능성

읽을 말씀 : 창세기 28:1-5

●창 28:3 전능하신 하나님이 네게 복을 주시어 네가 생육하고 번성하게 하여 네가 여러 족속을 이루게 하시고

7월 10일

피아니스트 폴 비트겐슈타인은 1차 세계대전에 참전했다가 오른팔을 잃었습니다.

세계적인 명성을 얻은 그였지만 전쟁의 참상으로 인해 다시는 피아노를 연주할 수 없게 된 것이나 마찬가지였습니다. 절망에 빠져 하루하루를 그저 연명하던 그에게 어느 날 우편이 하나 도착했습니다. 그 우편에는 당시 유명한 작곡가였던 라벨이 쓴 '왼손을 위한 콘체르토 D'라는 악보가 들어 있었습니다. 그러나 왼손으로 칠 수 있다는 제목과 달리 양손으로도 치기 힘들 정도의 난이도 있는 곡이었습니다.

폴은 라벨이 자신을 놀리려고 이런 악보를 보냈다고 생각했으나 이내 오기가 생겨 악보를 치기 위해 피나는 노력을 했습니다. 그리고 마침내 그가 연주를 완성했을 때 세상 사람들은 그의 음악을 듣고 놀랄 수밖에 없었습니다. 더욱 놀라운 것은 그 연주를 보고 다른 유명 작곡가들도 폴을 위한 노래들을 만들어 보냈다는 사실입니다.

라벨이 한 손의 가능성을 놓치지 않았기에 실의에 빠진 피아니스트는 전보다 더 화려하게 재기할 수 있었습니다. 유명 작곡가가 연주자의 가능성을 꿰뚫어보듯이 하나님은 우리의 가능성을 누구보다 깊고, 자세하게 알고 계십니다. 한 손의 가능성이라도 남아있다면 포기하지 말고 계속 도전하십시오. 반드시 주님께서 좋은 것으로 채워주십니다.

♡ 주님! 주님이 주실 것 때문에 기쁘게 하소서.

📖 벅찬 일도 주님을 의지하며 최선을 다해 노력해 좋은 결과가 되게 합시다.

겸손한 사람의 자세

7월 11일

읽을 말씀 : 시편 149:1-9

●시 149:4 여호와께서는 자기 백성을 기뻐하시며 겸손한 자를 구원으로 아름답게 하심이로다

한 유명한 수도원에 밤늦게 한 노인이 문을 두드렸습니다. 행색을 보니 수도사가 되고 싶어 찾아온 것 같은 것을 보고는 다른 수도사들이 말했습니다.

"아무리 나이가 많아도 여기서는 나중에 들어온 사람이 허드렛일을 해야 하오."

노인은 말없이 고개를 끄덕였습니다. 이후로 청소와 설거지 같은 궂은일들은 모두 노인이 도맡아 했습니다. 그렇게 3달이 지나고 수도원을 살펴보려고 한 관리가 찾아와 수도원장을 찾았습니다. 그러나 수도사들은 수도원장 자리가 아직 비어있다고 말했습니다.

분명히 3개월 전에 여기 새로운 원장이 부임했네. 도착했다는 편지도 이미 받았는데 어떻게 그럴 수가 있나?"

알고 보니 3개월 전 방문했던 노인이 새로 부임한 수도원장이었습니다. 수도사들은 그제야 깜짝 놀라 무릎을 꿇고 사과를 했으나 노인은 그저 미소로 넘기고 한 번도 이 일로 책망하지 않았습니다. 놀라운 인품에 감동한 수도사들은 스스로 변화되기 시작했고, 노인은 '형제 로렌스'라는 이름으로 불리며 중세시대 가장 모범적인 수도원을 만들고 운영한 분으로 기록되었습니다.

사랑이 바탕이 된 겸손의 섬김만이 사람을 변화시킬 수 있습니다. 주님이 보여주신 사랑의 마음으로 겸손히 이웃들을 섬기십시오. 반드시 주님께서 좋은 것으로 채워주십니다.

♡ 주님! 하늘의 영광을 버리신 겸손을 배우게 하소서.
📖 공동체에서 행여 군림하고 있는 부분이 있는지 성찰하고 고칩시다.

사람을 감동시킨 선행

7월 12일

읽을 말씀 : 베드로전서 3:8-22

● 벧전 3:16 선한 양심을 가지라 이는 그리스도 안에 있는 너희의 선행을 욕하는 자들로 그 비방하는 일에 부끄러움을 당하게 하려 함이라

런던을 처음 방문해 친구 집을 찾다가 길을 잃은 한 미국인이 있었습니다. 안개까지 자욱해 도무지 찾을 수가 없었는데 한 소년이 다가와 말했습니다.

"혹시 길을 잃어버리셨나요? 제가 도와드려도 될까요?"

그러나 그 길은 너무 멀었습니다. 하지만 남자가 길을 잃을까봐 걱정된 소년은 한 시간이나 걸어 집을 찾아주었습니다. 다시 한 시간을 걸려 돌아가야 할 소년이 걱정되어 남자는 돈을 좀 챙겨주었으나 소년은 거절했습니다.

"아저씨 덕분에 한 가지 좋은 일을 할 수 있었습니다. 저희 소년단은 하루에 한 가지 선행을 반드시 해야 하니 오히려 제가 감사를 드려야죠."

그리고는 돈을 받지 않고 뛰어서 돌아갔습니다. 이 선행에 감동받은 남자는 미국에 돌아가 소년이 말한 보이스카우트 연맹을 세웠고, 또 전 세계로 퍼트렸습니다. 그리고 나중에 소년을 만난 마을에 이런 글을 새긴 들소 동상을 세워주었습니다.

"날마다 착한 일을 해야 하는 보이스카우트를 미국에 알려준 한 이름 모를 소년을 위해 이 동상을 바칩니다."

진심으로 행하는 것은 작은 선행일지라도 사람들을 감동시킵니다. 사람의 마음을 감동시킬 진심을 담아 하루에 최소 한 가지의 선행은 베푸십시오. 반드시 주님께서 좋은 것으로 채워주십니다.

♥ 주님! 구원받은 기쁨으로 인해 선행하게 하소서.

📖 하루에 한 가지 이상의 선행한 것을 적는 자신만이 볼 수 있는 일지를 만듭시다.

7월 13일 절대로 피할 수 없는 것

읽을 말씀 : 로마서 5:12-21

● 롬 5:12 그러므로 한 사람으로 말미암아 죄가 세상에 들어오고 죄로 말미암아 사망이 들어왔나니 이와 같이 모든 사람이 죄를 지었으므로 사망이 모든 사람에게 이르렀느니라

독일의 백만장자 알프레드 크럽은 죽음의 공포에 질려 평생을 살았습니다.

그는 자신의 눈앞에서 '죽음'에 대해 말하는 사람은 누구든 용서하지 않았습니다. 그가 운영하는 공장의 직원들은 해고를 당하지 않기 위해 '죽음'이라는 말은 절대로 하지 않았습니다. 그러던 그가 함께 식사를 하던 친구가 갑자기 심장마비로 죽는 것을 목격하게 되었는데 너무 놀란 그는 바로 도망을 치고 말았습니다. 그리고 친구가 죽었는데 도망을 친다고 비난한 아내와도 바로 이혼을 했습니다.

그는 죽지 않기 위해서 몸 관리를 철저히 했고, 조금만 이상이 생겨도 바로 병원에 갔습니다. 그러나 그런 그도 나이가 들어 몸이 병들고 약해지는 것은 피할 수 없었고, 말년에는 유명한 의사들을 찾아가 10년만 더 살게 해주면 전 재산을 주겠다고 제안했으나 그 어떤 의사도 응하지 않았고 결국 그렇게 두려워하던 죽음을 맞아 세상을 떠나게 되었습니다.

세상의 그 어떤 사람도 죽음을 결코 피할 수는 없습니다. 세상의 그 어떤 명의도 단 하루라도 수명을 연장시켜 줄 수는 없습니다. 절대로 피할 수 없는 죽음을 준비하는 가장 현명한 일은 날 위해 십자가에서 죽으시고 부활하시어 구원을 예비하신 독생자 예수 그리스도를 믿는 것뿐임을 고백하십시오. 반드시 주님께서 좋은 것으로 채워주십니다.

♡ 주님! 심판을 받아야 하는 저를 구원해 주심을 감사하게 하소서.
📖 십자가 보혈과 구원을 주신 주님을 찬송하는 하루를 만듭시다.

관중들의 지혜

7월 14일

읽을 말씀 : 디모데후서 2:14-26

● 딤후 2:15 너는 진리의 말씀을 옳게 분별하며 부끄러울 것이 없는 일꾼으로 인정된 자로 자신을 하나님 앞에 드리기를 힘쓰라

만원관중이 들어찬 미국의 메이저리그 경기장에서 한 팀의 선발투수가 초반부터 난타를 당했습니다.

심판은 투수를 교체해야겠다고 판단하고 마운드로 걸어 나왔고, 갑자기 관중석을 쳐다봤습니다. 그러자 관중들이 갑자기 'X'라고 쓰여 있는 카드를 들었습니다. 감독은 교체를 포기하고 다시 더그아웃으로 들어갔습니다.

몇 회가 지나고 경기에 결정적인 찬스가 생겼습니다. 이번엔 관중들이 갑자기 먼저 'O'카드를 들었습니다. 이 모습을 본 감독은 타임을 요청하고 대타를 기용했습니다. 이 장면은 몇십 년 전 흥행의 귀재 비크 구단주가 감독이 아닌 관중들의 의견대로 실제 경기를 운용한 이벤트였습니다.

한 경기의 승리보다 관중들의 즐거움을 위해 이런 결단을 내렸지만 실제로는 중요한 고비마다 관중들의 판단이 적중해 초반에 흔들리던 투수는 이내 호투를 펼쳤고, 적재적소에 나온 대타들은 타점을 많이 올려 아주 손쉽게 승리를 거뒀습니다.

때로는 많은 사람들의 지혜가 뛰어난 한 사람의 전문가보다 더 나은 결과를 가져올 때가 있습니다. 교회의 여러 일과 문제들을 그냥 방관하지 말고 사랑과 배려를 바탕으로 서로 협력하여 적극 동참함으로 해결해나가십시오. 반드시 주님께서 좋은 것으로 채워주십니다.

♡ 주님! 교회생활을 충성스럽게 하며 봉사하게 하소서.
📖 우리 교회에서 더 해야 할 봉사가 무엇인지 찾아 실행합시다.

7월 15일

전선을 지켜라

읽을 말씀 : 누가복음 16:1-13

● 눅 16:12 너희가 만일 남의 것에 충성하지 아니하면 누가 너희의 것을 너희에게 주겠느냐

미국의 국방부장관 J. F. 둘스가 일본에 머물고 있는 외교관 맥아더 2세에게 업무 차 연락을 했습니다.

휴일이라 집으로 연락을 했는데 전화를 받은 맥아더의 아내는 둘스 장관이 맥아더의 동료인줄 알고 불같이 화를 냈습니다.

"제 남편을 찾고 계세요? 그러면 집으로는 절대로 전화를 하지 마세요. 그는 직장밖에 모르는 애국자 맥아더니까요. 토요일이든 휴일이든, 아침이든 저녁이든 집에는 들어오지 않으니 그와 연락하고 싶다면 사무실로 바로 전화를 거세요!"

전화를 끊은 둘스 장관은 바로 사무실로 연락해 맥아더에게 바로 집으로 돌아가고 앞으로 주말에는 절대로 사무실에 나오지 말라고 신신당부를 했습니다. 혹시 자신이 일을 잘 못했는지 맥아더가 묻자 둘스 장관이 대답했습니다.

"아주 잘못하고 있지. 지금 국경선보다 더 중요한 가정전선이 무너지고 있거든."

성도는 교회에, 학생은 학교에, 직장인은 일터에서 자리를 지키는 것이 전선을 지키는 일입니다. 하나님이 우리에게 맡기신 개인의, 가정의, 직장의, 성도의 의무를 하나라도 소홀히 하지 말고 매사에 최선을 다하십시오. 반드시 주님께서 좋은 것으로 채워주십니다.

♥ 주님! 주님이 허락하신 가정에서 저의 역할을 사랑으로 잘 하게 도와주소서.
📖 요즘 가족들이 바라는 것이 무엇인지 알아보고 최대한 맞춰 줍시다.

피할 수 없는 죄

7월 16일

읽을 말씀 : 로마서 3:9-18

● 롬 3:10 기록된 바 의인은 없나니 하나도 없으며

'**셜**록 홈즈'의 작가 코난 도일이 타자기 앞에서 글을 쓰고 있었습니다.

평소와 달리 타자기를 두드리며 웃음을 참지 못하는 도일을 보고 아내가 물었습니다.

"무슨 재밌는 일이라도 있으세요?"

"사실 지금 친구들에게 장난을 치려고 준비하고 있는데 생각만 해도 너무 재밌지 뭐요."

도일은 자신과 친분이 있는 사람들 중 성공한 사업가나 고위직에 있는 사람들에게 '나는 당신의 비밀을 알고 있소. 죄가 발각되는 걸 원하지 않는다면 이틀간 집에 들어오지 마시오.'라고 익명의 편지를 보냈습니다.

편지를 보낸 뒤 도일은 이틀간 편지를 보낸 친구들의 집을 돌아 다니다가 이틀째 집에 돌아와 아내에게 말했습니다.

"집에 들어와 있는 친구들이 한 명도 없다니 아무래도 내 친구들은 모두 죄가 많은 사람들인 것 같군. 껄껄껄."

어떤 사람이든 결코 죄로부터는 자유로울 수 없습니다. 내 힘으로 죄를 이길 수 없다는 것은 누구보다 내가 잘 알 수 있습니다. 이길 수 없는 싸움을 벌이는 미련함을 버리고 예수님이 마련하신 구원의 길, 피할 길을 걷는 지혜로운 사람이 되십시오. 반드시 주님께서 좋은 것으로 채워주십니다.

♡ 주님! 이 세상을 살면서 주님의 은혜로 거리낌없이 당당하게 살게 하소서.
📖 마음에 거리끼는 일을 주님의 도움을 받아 하나씩 해결합시다.

7월 17일 죽음의 가치

읽을 말씀 : 골로새서 1:9-23

● 골 1:22 이제는 그의 육체의 죽음으로 말미암아 화목하게 하사 너희를 거룩하고 흠 없고 책망할 것이 없는 자로 그 앞에 세우고자 하셨으니

미국 뉴욕에서 한 남자가 차에 치였습니다. 기적적으로 다친 곳이 없어 무사히 일어났지만 이 모습을 본 주위 사람들이 외쳤습니다.

"그렇게 바로 일어났다간 보상금도 못 받아요. 어서 다시 누워요, 누워!"

사람들의 말을 듣고 남자는 다시 누웠습니다. 그런데 상황파악을 못한 차가 갑자기 급발진을 했고, 여기에 치인 남자는 바로 사망했습니다.

브라질에서는 경비행기가 추락해 타고 있는 남자 3명이 죽은 사건이 있었습니다. 그런데 남자들은 모두 바지가 발목까지 내려간 상태였습니다. 나중에 조사해보니 이들은 지나가는 다른 경비행기 조종사를 놀리기 위해 바지를 벗다가 조종실수로 추락을 한 것입니다.

양화진 외국인선교사 묘원에는 총 417분이 안장되어 있습니다. 이분들은 한국이라는 동방의 작은 땅에 복음을 전하기 위해 죽음을 무릅쓰고 평생을 죽기까지 헌신한 분들입니다.

어떤 것에 가치를 두느냐에 따라 보상금 때문에 끝난 인생이 될 수도, 영원한 복음을 위해 밑거름이 된 삶이 될 수도 있습니다. 하나님이 허락하신 인생을 우리는 지금 무엇을 위해 사용하고 있을까요? 오늘 죽어도 주님께 부끄럽지 않은 삶을 살아가십시오. 반드시 주님께서 좋은 것으로 채워주십니다.

♡ 주님! 주님이 주신 귀한 생명을 주님을 위해 살다 천국으로 이사 가게 하소서.
📖 평생 어떻게 주님을 위해 살지를 기도하며 생각하고 따라갑시다.

명령대로 실천하라

7월 18일

읽을 말씀 : 레위기 18:1-5

● 레 18:4 너희는 내 법도를 따르며 내 규례를 지켜 그대로 행하라 나는 너희의 하나님 여호와이니라

폭풍우가 치는 어느 날 해안의 경비초소에 무전이 도착했습니다. 경비대장은 급히 대원들을 불러 명령을 내렸습니다.

"지금 폭풍 속에 조난당한 어선이 있다고 한다. 모두 바로 출동준비를 하게!"

그러자 한 대원이 말했습니다.

"대장님, 지금 풍랑이 너무 거세고 파도가 높습니다. 이런 날씨에 뜰 수 있는 배는 한 대도 없는데 너무 위험한 것 아닐까요?"

"하지만 우리가 가지 않으면 그 배에 탄 사람들은 십중팔구 죽고 만다."

"이런 날씨에 간다한들 구할 수 있다는 보장도 없습니다."

경비대장은 선원들에게 재차 출항준비를 시키며 외쳤습니다.

"제군들! 우리에게 떨어진 것은 출동 명령이지 귀환 명령이 아니다. 구하러 갈 사람이 있고, 나가라는 명령이 떨어졌으니 우리는 출동한다. 그것이 우리가 할 일의 전부다!"

명령대로 실천하는 것이 제자의 의무이며 삶입니다. 복음을 전하라는 주님의 명령을 받았기에 우리는 전해야 합니다. 주님의 마지막 지상명령을 매일의 삶 가운데 잊지 마십시오. 반드시 주님께서 좋은 것으로 채워주십니다.

♡ 주님! 전도가 주님의 명령임을 기억하게 하소서.
📖 요즘 전도 대상자가 없다면 기도 중에 떠오른 사람을 대상자로 전도합시다.

7월 19일 — 영원을 위한 투자

읽을 말씀 : 요한복음 15:1-8

● 요 15:8 너희가 열매를 많이 맺으면 내 아버지께서 영광을 받으실 것이요 너희는 내 제자가 되리라

우리나라에서 하루에 출판되는 책의 수는 약 백 가지입니다. 1년에만 3천권이 넘는 새로운 책이 나오고 그 책들을 쓴 작가들은 대부분 자기 책들이 오랜 기간 독자들에게 사랑받았으면 좋겠다는 생각을 합니다. 그러나 나온 대부분의 책들의 수명은 90일 정도 밖에 되지 않습니다. 3달이 지나면 1권도 팔리지 않는 책이 대부분이기에 살아남아 이윤을 남기는 책들은 5%가 될까 말까한 정도라고 합니다.

세계최대 온라인 동영상 사이트인 '유투브'는 내가 올린 영상을 전 세계 사람들과 공유할 수 있습니다. 동영상이 조회되면 광고수익을 받는데 유명 업로더들은 한 달에 1억을 벌기도 합니다. 그래서 많은 사람들이 유투브에서 채널을 운영하며 저마다 영상을 올리지만 실제로 올라오는 영상의 95%는 조회 수가 500을 넘지 않고 이로 인해 받을 수 있는 돈은 100원도 되지 않습니다.

심지어 과학자들은 연인들의 사랑의 감정도 호르몬으로는 유통기한이 2년이라는 사실까지 발견했습니다.

밝은 5%의 아래에는 어두운 95%가 존재하는 것이 세상입니다. 돈도, 명예도, 사랑도, 존경도, 세상의 모든 것은 영원한 것이 없습니다. 파도에 쓸려 사라지는 모래성 같은 나의 욕심과 바람이 아니라 하나님의 말씀을 위해 살아가십시오. 반드시 주님께서 좋은 것으로 채워주십니다.

♡ 주님! 세상의 인정을 위해 애쓰는 어리석은 일을 하지 않게 하소서.
※ 지금 하고 있는 일, 앞으로 하고자 하는 일이 주님께 영광이 되게 합시다.

자선의 단계

7월 20일

읽을 말씀 : 갈라디아서 2:1-10

● 갈 2:10 다만 우리에게 가난한 자들을 기억하도록 부탁하였으니 이것은 나도 본래부터 힘써 행하여 왔노라

12세기의 철학자이자 랍비인 마이모니데스는 자선에는 7가지 단계가 있다고 말했습니다.
- 1단계는 가진 것이 아깝지만 마지못해 주는 것입니다.
- 2단계는 아까워하지는 않지만 손해는 보지 않고 주는 것입니다.
- 3단계는 충분히 주지만 상대방이 요구할 때만 주는 것입니다.
- 4단계는 가난한 사람에게 알아서 찾아가 주는 것입니다.
- 5단계는 주는 사람은 받는 사람이 누구인지 모르지만 받는 사람은 준 사람이 누구인지 아는 것입니다.
- 6단계는 주는 사람은 누구에게 주는지 알지만 받는 사람은 누구한테 받는 것인지 모르는 것입니다.
- 7단계는 주는 사람과 받는 사람 모두 누구인지 모르는 단계입니다.

단순히 철학자들이 생각한 자선이기에 정답은 아니며 현실적으로 적용하기 어려운 부분도 있습니다. 그러니 남에게 베푸는 일에 대해서 한 번은 충분히 생각해볼 만한 문제들입니다. 우리는 어떻게 나누며 살고 있고, 또 어떻게 나누고 싶어하며 살고 있을까요? 예수님이 이미 우리에게 말씀하신 높은 수준의 자선의 방법을 따라 되도록 모르게 어려운 사람들을 도우십시오. 반드시 주님께서 좋은 것으로 채워주십니다.

♡ 주님! 모든 선행이 주님만 영광 받는 선행이 되게 하소서.
📖 선행을 하고 있다면 위 7단계의 선행 중에 최고의 수준을 합시다.

7월 21일 전도라는 서비스

읽을 말씀 : 사도행전 5:33-42

● 행 5:42 그들이 날마다 성전에 있든지 집에 있든지 예수는 그리스도라고 가르치기와 전도하기를 그치지 아니하니라

일본의 한 작은 식당에서 손님이 고기를 먹다가 가위를 요청했습니다. 그러자 곧 종업원이 가위를 들고 왔는데, 손님에게 주지 않고 이렇게 말했습니다.

"고기가 너무 크신가요? 제가 잘라드리겠습니다. 혹시 고기가 너무 질긴 건 아니죠?"

손님은 그냥 고기가 조금 컸을 뿐이라고 대답했습니다. 종업원이 고기를 자르고 간 뒤에 손님의 얼굴에는 미소가 가득했습니다.

옆 테이블에서는 주문한 꽁치구이를 가져다주며 종업원이 말했습니다.

"이 꽁치는 앞쪽만 토치로 구웠습니다. 앞쪽을 다 드시고 저희를 불러주시면 따뜻하게 드실 수 있게 뒤쪽도 금방 구워드리겠습니다."

작은 식당으로 시작해 일본 최고의 식장체인점을 세운 '장사의 신' 우노 다카시의 식당에서는 이런 서비스가 일상입니다. 그는 서비스란 고객과의 접점으로 필요에 2,3단계 앞서서 제공해야 하는 것이고, 고객의 필요만 겨우겨우 만족시키는 서비스는 음식을 팔지 않겠다는 소리라고까지 말했습니다.

정말 복음을 전하고 싶다면 생각 이상으로 섬겨야하고 배려해야 합니다. 전도대상자를 귀한 복음을 대접해야 하는 최고의 VIP로 생각하고 반드시 주님께서 좋은 것으로 채워주십니다.

♡ 주님! 사람들에게 주님이 주시는 지혜로 친절하게 하소서.
📖 복음을 전할 때 전도 대상자들에게 어떻게 해야는지 지혜를 배웁시다.

울리는 꽹가리

7월 22일

읽을 말씀 : 잠언 21:1-9

● 잠 21:2 사람의 행위가 자기 보기에는 모두 정직하여도 여호와는 마음을 감찰하시느니라

국내의 한 지자체에서 '초대형 가마솥 프로젝트'를 진행한 적이 있습니다.

세계에서 가장 큰 조리 기구를 만들어 기네스북에 오르는 것이 목표였는데 무려 5억 원의 예산이 들었습니다. 단순히 지자체의 예산으로 하기에는 쉽지 않은 금액이라 주민들을 대상으로 모금운동을 벌였고, 재료인 고철까지 받았습니다.

그렇게 드디어 초대형 가마솥이 만들어졌고, 기네스북에 등재하기 위해서 요청을 했지만 거부를 당했습니다. 호주에 이미 더 큰 질그릇이 있었기 때문입니다. 무안했던 관계자들은 지역 축제 때 이 가마솥을 활용해 밥을 지어 비빔밥을 만들기로 했습니다.

그러나 그 역시 무산되었습니다. 정밀한 설계를 바탕으로 만들어진 것이 아니라 아무리 밥을 넣고 불을 지펴도 밥이 제대로 되지 않았습니다. 결국 가마솥은 아무 곳에도 쓰지 못하는 쓸모없는 도구로 10년째 방치되고 있습니다.

보여주기 위한 신앙생활, 보여주기 위한 교회는 이웃이나 지역사회에 아무런 영향력도 끼치지 못하고 노태됩니다. 겉보기와 외형확장에 신경 쓰기보다는 내실과 실제 필요에 부합하는 봉사를 행하고 신앙을 전하는 교회가 되도록 기도하십시오. 반드시 주님께서 좋은 것으로 채워주십니다.

♡ 주님! 행여나 제가 쓸데없는 명예심을 충족시키기 위해 일하지 않게 하소서.
 주님을 위해 하고자 하는 일이 진정으로 주님을 위한 일인지 점검합시다.

7월 23일 감동을 주는 배려

읽을 말씀 : 로마서 13:8-10

● 롬 13:8 피차 사랑의 빚 외에는 아무에게든지 아무 빚도 지지 말라 남을 사랑하는 자는 율법을 다 이루었느니라

미국 애틀랜타에 있는 코카콜라 본사에 영업용차를 팔기 위해 매일 방문을 하는 세일즈맨이 있었습니다.

그는 경영진이 출근하는 시간에 맞춰 일찍 회사를 찾아 5분씩 정문에서 옷과 신발을 털고, 로비로 들어가 출입을 거절당하고 다시 돌아가는 일을 반복했습니다. 그런데 몇 주째 출근을 하다 정문에서 몸을 터는 세일즈맨을 본 한 임원이 하루는 화를 내며 물었습니다.

"도대체 회사에 들어오기 전에 왜 그렇게 먼지를 터는 거요? 매일 거절하니 재수가 없다 이거요?"

그러나 세일즈맨은 환한 미소를 지으며 대답했습니다.

"드디어 경비원이 아닌 다른 분을 처음으로 만나 뵙습니다. 저는 차를 팔러 온 사람입니다. 그리고 여기는 세계인이 가장 많이 마시는 음료를 파는 회사고요. 그렇기에 최대한 몸을 청결하게 하는 것입니다. 물론 항상 로비에서 돌아가지만요."

임원은 세일즈맨의 대답에 큰 감명을 받았습니다. 그리고 회사에 영업용 트럭이 필요했을 때 세일즈맨에게 연락해 무려 100대의 차를 구입했습니다.

작은 배려라도 습관이 된 사람은 사람들의 인정을 받고 사람들의 마음을 움직입니다. 다른 사람의 작은 필요에도 민감하게 반응하는 배려를 습관적으로 생활화 하십시오. 반드시 주님께서 좋은 것으로 채워주십니다.

♡ 주님! 목표를 이루기 위해 인내하며 집중하되 상대방 유익도 위하게 하소서.
📖 무언가 이루기 위해 하는 일에 상대방의 유익을 위해서도 합시다.

두 나라의 교육

7월 24일

읽을 말씀 : 마태복음 5:38-42

● 마 5:41,42 또 누구든지 너로 억지로 오 리를 가게 하거든 그 사람과 십 리를 동행하고 네게 구하는 자에게 주며 네게 꾸고자 하는 자에게 거절하지 말라

다음은 유럽 어떤 나라의 교육방침입니다.

- 선행학습 절대 금지
- 구구단도 가르쳐 주지 않고 스스로 생각하게 하기
- 그러나 자전거, 인명구조와 같이 안전에 관련된 자격증 교육은 필수

그리고 이와는 정 반대인 어떤 나라의 교육방침입니다.

- 주입식, 획일화 교육방법을 중요하게 여김
- 1등만이 살아남는다고 가르침
- 일본과 우리나라에 영향을 끼쳤고, 엘리트와 선진학습법의 나라

어떤 나라인지 아시겠습니까?

놀랍게도 두 나라 모두 독일입니다. 독일은 우월주위, 엘리트 중심의 교육방식을 유지하다가 그 폐해로 세계대전을 경험하고는 '더 함께 사는 법', '국민 모두의 의식 함양'을 모토로 새로운 교육 방침을 세웠습니다. 그래서 국제학업성취도 평가에서는 언제나 중하위권이지만 결과적으로 나라 자체의 경쟁력은 더욱 높아졌습니다.

올바른 목표를 가지고 가르치고 또 교육받으십시오. 반드시 주님께서 좋은 것으로 채워주십니다.

♥ 주님! 과도한 경쟁에 빠져있는 한국의 학생들이 바르게 성장하게 하소서.
📖 결과가 아닌 행복을 위한 교육의 중요성을 깨달읍시다.

7월 25일 웨이터의 법칙

읽을 말씀 : 히브리서 13:1-9

● 히 13:2 손님 대접하기를 잊지 말라 이로써 부지중에 천사들을 대접한 이들이 있었느니라

한고급 레스토랑에서 중요한 비즈니스 미팅을 하고 있는 사업가 두 명이 있었습니다.

그런데 웨이터가 실수로 그 중 한명에게 와인을 쏟았습니다. 옷을 버린 사업가는 불 같이 화를 내기 시작했습니다.

"지금 미쳤어? 내가 누군지 알아? 여기 지배인 나오라고 해!"

이 사람과 미팅을 하던 사람은 브렌다 반스라는 의류업계의 거물이었는데, 그녀는 이 모습을 보고 당장 거래를 취소했습니다.

유명 IT기업 위트니스 시스템의 데이브 굴드 대표도 비슷한 일을 겪었습니다. 그러나 계약 협상자가 "마침 아침에 샤워를 못했는데 잘됐네요. 양복도 사실 싸구려니까 너무 신경 쓰지 마세요"라며 미소로 넘어가는 것을 보고 그 자리에서 계약을 체결했습니다.

미국의 빌 스완스가 정리한 비즈니스 규칙 33가지 중 하나인 '웨이터의 법칙'입니다. 웨이터의 실수에 대한 태도를 보고 계약을 정해도 된다는 것인데, 빌은 다른 건 몰라도 이 법칙만큼은 예외 없이 정확하다고 언급했습니다.

나보다 낮은 사람, 중요하지 않은 상황에서 나오는 모습이 나의 성품이며 믿음의 현주소입니다. 사회의 어렵고 약한 사람들을 주님을 대하듯이 섬기는 믿음의 성도가 되십시오. 반드시 주님께서 좋은 것으로 채워주십니다.

♡ 주님! 사람을 외모와 가진 것으로 판단하지 않고 존중하게 하소서.
📖 모든 사람들에게 되도록 친절하고 정중하게 대합시다.

되는 말, 안 되는 말

읽을 말씀 : 잠언 21:20-31

●잠 21:23 입과 혀를 지키는 자는 자기의 영혼을 환난에서 보전 하느니라

7월 26일

국내 최초의 생태학자인 최재천 교수는 "살면서 절대로 해서는 안 되는 말"로 세 가지를 꼽았습니다.

1. 바쁘다.
2. 힘들다.
3. 죽겠다.

그래서 "바빠서 힘들어 죽겠다"가 절대로 해서는 안 되는 말입니다. 또한 자주 쓰는 말만 바꿔도 실패에서 성공으로 인생의 방향이 돌아선다고 말했습니다.

반대로 국민대 문학과의 이의용 교수는 "불통을 소통으로 바꾸고 인생이 성공하는 4가지 입버릇"에 대해서 다음과 같이 말했습니다.

1. 반가워
2. 고마워
3. 미안해
4. 잘했어

평소 쓰는 말만 바꿔도 생각이 달라지고 인생이 달라집니다. 영원한 기쁨의 천국을 바라보며 사는 우리 그리스도인들은 뭔가 달라도 달라야 합니다. 주님이 내 인생을 책임져주신다는 걸 믿고, 긍정의 말을 습관화시키십시오. 반드시 주님께서 좋은 것으로 채워주십니다.

♥ 주님! 주님을 향한 믿음과 사랑이 좋은 말과 성품으로 드러나게 하소서.
🖼 나쁜 입버릇은 모양 조차도 버리고 좋은 말버릇은 들이십시다.

7월 27일 — 정신의 계승

읽을 말씀 : 히브리서 11:1-11

● 히 11:7 … 경외함으로 방주를 준비하여 그 집을 구원하였으니 이로 말미암아 세상을 정죄하고 믿음을 따르는 의의 상속자가 되었느니라

젓갈로 유명한 강경에는 한국 남쪽에서 최초로 세워진 교회이자 최초의 예배당인 강경성결교회가 있습니다.

한국에 선교를 온 존 토마스 목사님은 예배당을 지을 곳을 알아보고 있었는데, 갑자기 일본순사가 달려들어 구타를 해 온몸이 상했고, 재판도 없이 감옥에 가두었습니다.

이로 인해 외교문제가 불거졌고, 결국 일본은 사과를 하고 목사님에게도 5만 달러의 보상금을 지불했습니다. 목사님은 매를 맞고 감옥에 들어가 번 돈으로 그 곳에 교회를 지었습니다.

'매를 맞고, 옥살이를 하면서까지 지은 교회'의 이야기는 이 교회의 정신이 되어 존 토마스 목사님 이래로 전해져왔습니다. 일제 치하 시대에는 어린이들을 포함한 모든 성도들이 신사참배 반대 운동을 벌였는데, 학생들이 참여한 유일한 반대운동이었습니다.

또 6.25중에도 성도들은 교회를 떠나지 않았는데, 폭탄이 떨어져도 불발이 되고, 북한군도 이 교회만큼은 수색을 하지 않는 기적 같은 일들이 일어나며 지금까지도 교회가 유지되고 있습니다.

믿음의 유산이기도 한 우리 교회당이 지어진 이야기와 의미를 소중히 여기고, 그 교회당을 잘 관리하십시오. 그리고 그 정신과 마음으로 주님이 제자들을 통해 전해주신 복음과 사랑의 정신을 제대로 받들고 또 전하십시오. 반드시 주님께서 좋은 것으로 채워주십니다.

♥ 주님! 주님의 몸된 교회인 성도들이 모이는 교회당을 잘 보존하게 하소서.
📖 우리교회의 역사와 정신에 대해서 바로 알아보십시오.

변화를 추구하라

7월 28일

읽을 말씀 : 창세기 12:1-9

● 창 12:1 여호와께서 아브람에게 이르시되 너는 너의 고향과 친척과 아버지의 집을 떠나 내가 네게 보여 줄 땅으로 가라

맨 처음 타자기가 발명되었을 때 자판은 정직하게 알파벳순으로 배열되어 있었습니다.

그런데 기술의 한계로 붙어 있는 자판을 반복해서 누르다보면 다른 알파벳 자판과 배열이 꼬이는 문제가 발생했습니다. 그래서 신문사 기자였던 크리스토퍼 숄스가 자주 쓰는 키들은 떨어진 배열을 구상해 만든 것이 지금의 쓰고 있는 'QWERT 키보드'입니다.

그런데 기술의 발전으로 타자기의 이런 문제들이 모두 해결되었습니다. 그래서 오거스트 드보락 박사는 양손을 모두 고르게 사용하며 효율적으로 타이핑을 할 수 있는 자판의 배열을 개발했습니다. 그러나 대대적인 선전에도 불구하고 사람들은 여전히 이전의 'QWERT' 배열의 자판을 사용했고, 컴퓨터의 키보드에도 그대로 적용되었습니다.

드보락 배열의 자판은 타자 능률과 손의 집중률이 매우 높고 심지어 중국어와 일본어에도 잘 어울리기 때문에 1% 미만인 사용률에도 불구하고 지금도 표준 배열 자판으로 남아있습니다.

검증된 좋은 방법이라면 나에게 익숙한 것을 떠나 새롭게 도전할 마음을 가져야 합니다. 본토 친척 땅을 떠났던 아브라함처럼 새로운 것에 도전할 용기를 품으십시오. 하나님이 예비한 새로운 세계로 전진하십시오. 반드시 주님께서 좋은 것으로 채워주십니다.

💟 주님! 옛것에 연연하지 않고 새로운 것에 도전할 용기를 주소서.
🔲 주님이 주신 확신이 있다면 변화에 담대하게 도전해 새로운 세계를 만듭시다.

7월 29일 16가지 씨앗

읽을 말씀 : 마가복음 16:14-18

●막 16:15 또 이르시되 너희는 온 천하에 다니며 만민에게 복음을 전파하라

오산의 한 전통시장 앞에서 요한복음으로 만든 쪽복음을 나눠주며 전도를 하는 장로님이 계셨습니다.

오산 감리교회의 이 장로님은 운영하는 금은방이 있는 시장을 틈틈이 오가며 잠시라도 복음을 전하는 일을 매일 같이 하셨는데 갑자기 한 남자가 다가와 말했습니다.

"저도 성경에 관심이 있습니다. 전도지를 좀 주시겠습니까?"

한국말이 좀 어눌해 이상하다 싶었는데 대화중에 중국인이라는 걸 알았습니다. '한글을 잘 몰라 이해가 힘들 텐데…'라는 생각이 든 장로님은 그날부터 어떤 외국인이 오더라도 줄 수 있는 다양한 언어의 쪽 복음서를 만들기 시작했습니다.

외국어 성경을 구할 길이 없어 때로는 지나가는 한국말을 잘 하는 외국인에게 번역을 부탁했고, 친근하게 전도하기 위해서 그 나라의 간단한 인사말도 공부했습니다.

지금은 16개국의 언어로 된 쪽 복음서를 항상 가지고 다니고, 스리랑카, 방글라데시를 비롯한 다양한 나라의 인사까지 익히며 누구에게나 복음을 전하기 위해 노력하고 계십니다.

복음은 어떤 경우에도 전해야 하는 성도의 필수과목입니다. 때와 곳에 상관없이 언제든지 기회만 닿는다면 복음의 씨앗을 뿌릴 준비를 하십시오. 반드시 주님께서 좋은 것으로 채워주십니다.

💚 주님! 어려워도 힘들어도 복음 전파의 사명을 포기하지 않게 하소서.

📖 일상생활 중에 복음을 전할 방법을 생각해보십시오.

빛을 보내는 거울

7월 30일

읽을 말씀 : 요한복음 1:1-18

● 요 1:7 그가 증언하러 왔으니 곧 빛에 대하여 증언하고 모든 사람이 자기로 말미암아 믿게 하려 함이라

노르웨이의 깊은 산 중턱에 한 마을이 있습니다. 깊은 계곡에 마을이 위치해 있어 하루 중 햇볕을 쐴 수 있는 시간이 많지 않았고, 그나마 10월부터 3월까지는 대낮에도 해가 뜨지 않았습니다. 이곳에서는 약 100년 전부터 사람들이 살기 시작했는데 그때부터 온 마을 사람들의 소원은 '햇볕을 마음껏 쐬는 것' 단 한 가지였습니다.

그런데 이런 문제를 한 설치예술가가 해결했습니다. 그는 마을의 반대편 높은 곳에 해를 따라다니는 센서를 장착한 60미터 폭의 초대형 거울을 설치했습니다. 그래서 높은 산에 가로막혀 있던 햇볕이 이 거울을 타고 언제나 따뜻한 햇살을 비추어줍니다. 100년의 염원이 이루어진 마을 사람들은 이제 낮만 되면 광장으로 모여 거울이 반사해주는 햇볕을 마음껏 즐기곤 합니다.

태양이 보이지 않아도 언제나 그 자리에 햇볕이 있듯, 주님을 모르는 곳에 우리가 복음을 반사시켜 전달해주는 아름다운 거울이 되어야 합니다. 모든 그리스도인들이 저마다의 자리에서 말씀을 비추는 거울이 될 때 구원받는 사람들은 점점 늘어날 것입니다. 세상의 가장 어두운 곳까지 진리의 복음을 보낼 수 있는 그리스도인들이 되게 해달라고 기도하십시오. 반드시 주님께서 좋은 것으로 채워주십니다.

♡ 주님! 세상의 빛이신 주님을 세상에 밝게 비추는 거울 같은 삶을 살게 하소서.
📖 사람들에게 주님을 알리며 살고 있는지 점검해 개선합시다.

7월 31일
터닝포인트

읽을 말씀 : 고린도후서 7:1-10

● 고후 7:10 하나님의 뜻대로 하는 근심은 후회할 것이 없는 구원에 이르게 하는 회개를 이루는 것이요 세상 근심은 사망을 이루는 것이니라

20대의 나이에 찰리 채플린의 일대기를 그린 영화의 주연을 맡아 일약 스타로 떠오른 남자배우가 있었습니다.

그러나 얼마 후 정신적 공허를 이기지 못했던 그는 마약에 빠져 인생을 망쳐버리고 말았습니다. 돈도 다 탕진하고 2번이나 감옥에 갈 정도로 마약에 빠져 재기는 시도조차 하지 않았습니다.

하루는 또 마약을 사서 차에 싣고 돌아오는 길이었는데 배가 고파 식당에 들러 치즈버거를 하나 사서 먹었습니다. 그런데 치즈버거에서 아무 맛이 나지 않았습니다.

'내가 치즈버거 맛도 못 느낄 정도로 형편없는 인생을 살고 있구나...'

남자는 그 길로 바닷가로 가서 마약을 죄다 버리고 다시 한 번 재기의 꿈을 꾸기 시작했습니다. 그리고 흥행보증수표 톰 크루즈를 물리치고 당당히 아이언맨의 주인공으로 발탁되어 다시 한 번 화려하게 정상에 섰습니다. 그러나 이번엔 지난번과 달리 마약에 빠지지 않았고, 오히려 영화 속의 아이언맨 캐릭터처럼 어려운 아이들을 찾아가 물심양면으로 돕는 따뜻한 스타 로버트 다우니 주니어로 살아가고 있습니다.

터닝포인트는 잘못 가던 길에서 다시 돌아와 완전히 다른 삶을 살아가는 것입니다. 주님을 만난 이후로 그전과는 확실히 다른 삶을 살아가고 있는지 점검해 보십시오. 반드시 주님께서 좋은 것으로 채워주십니다.

♡ 주님! 세상이 포기한 사람도 주님 안에서는 희망이 있음을 알게 하소서.
📖 주변에 마약 중독으로 괴로워하는 사람에게 오늘의 이야기를 전합시다.

8월 1일
시간의 주인

읽을 말씀 : 이사야 38:15-22

● 사 38:16 주여 사람이 사는 것이 이에 있고 내 심령의 생명도 온전히 거기에 있사오니 원하건대 나를 치료하시며 나를 살려 주옵소서

통계청에서 퇴직한 직장인들을 대상으로 '회사생활 중에 가장 후회되는 것'이 무엇인지 조사했습니다.

그중 가장 많은 응답을 받은 것은 의외로 '자기 자신을 위한 시간을 충분히 갖지 못한 것'이었는데, 그래서 이번에는 현직 직장인들을 대상으로 하루에 자신을 위한 시간을 얼마나 갖고 있는지 조사했습니다. 그랬더니 평균적으로 '55분'이 나왔고 역시 이 시간이 부족하다고 생각했습니다.

미국에서도 자신을 위해 내는 시간을 '미타임(ME-TIME)'이라고 부르며 중요성을 부각하고 있는데, 조사에 따르면 성공한 경영자일수록 어떻게 해서든 자기만의 중요한 시간을 많이 만들어 활용을 했습니다. 그래서 많은 경영전문가들은 아무리 바빠도 자신을 위해, 진짜 하고 싶은 일을 할 수 있도록 매일 시간을 내는 것이 행복한 인생과 더 나은 성과를 위해서도 중요하다고 말하고 있습니다.

시간의 주인을 나라고 생각하는 사람들도 정작 자신을 위해 살지 못하고 있습니다. 어쩌면 우리 그리스도인들도 같은 모습일지 모릅니다. 말로만 하나님을 위한 삶을 살겠다고 고백하지 말고 정말 하나님을 위한 시간을 삶으로 증명하십시오. 반드시 주님께서 좋은 것으로 채워주십니다.

♡ 주님! 바쁘다는 이유로 경건의 시간을 소홀히 하지 않게 하소서.
📖 주님과 함께 하는 경건의 시간을 언제 얼마나 갖는 것이 좋은지 생각합시다.

돌려서 보여주라

읽을 말씀 : 로마서 6:1-14

● 롬 6:11 이와 같이 너희도 너희 자신을 죄에 대하여는 죽은 자요 그리스도 예수 안에서 하나님께 대하여는 살아 있는 자로 여길지어다

애플의 제품들은 포장이 아주 복잡합니다. 보통 10초도 안 되서 개봉할 수 있는 기존 제품과는 달리 아주 번거롭게 구성되어 있는데 이것은 애플에서 일부러 불편하게 제작을 했기 때문입니다.

애플이 판매하는 제품들은 대부분 프리미엄 전자기기인데 박스를 열며 고객에게 비싼 물건을 얻었다는 만족감을 오래 느낄 수 있게 하려는 일종의 홍보효과입니다.

또 한 가지 특이한 점은 애플 제품의 노트북에는 로고가 거꾸로 그려져 있습니다. 보통은 노트북의 방향을 쉽게 알 수 있게 로고를 그리지만 애플의 제품들은 정반대로 되어 있습니다. 이것은 애플의 '아이 시리즈'를 시작한 켄 시걸 홍보팀장이 '브랜드 홍보효과'보다 더 중요한 것은 없다고 생각해 스티브 잡스에게 건의를 했고 이것이 받아들여졌기 때문입니다. 이후 애플의 모든 노트북에는 한 입 깨문 사과가 거꾸로 달려 있지만 사람들은 이 뒤집허진 로고를 전혀 문제로 여기지 않습니다. 왜냐하면 사용자들 역시 내가 애플 제품을 쓰고 있다는 것을 사람들에게 알리는 것을 약간의 불편함보다 더 만족하기 때문입니다.

제대로 믿는 것만큼 제대로 보여주는 신앙생활 역시 중요합니다. 하나님의 귀한 사랑과 복음을 사람들에게 제대로 보여주기 위해서 신경을 쓰십시오. 반드시 주님께서 좋은 것으로 채워주십니다.

💚 주님! 효과적으로 복음을 전하는 지혜를 주셔서 큰 열매를 맺게 하소서.
📖 지금 복음을 전하는 방법이 효과적인지 생각하고 더 좋은 방법을 찾읍시다.

8월 3일 - 말씀을 실천하라

읽을 말씀 : 야고보서 2:14-26

● 약 2:26 영혼 없는 몸이 죽은 것 같이 행함이 없는 믿음은 죽은 것이니라

셰익스피어가 자신의 작품이 연극으로 공연되는 극장을 찾았습니다. 극장에서 그를 알아본 한 팬이 말을 걸었습니다.

"여기서 뵙다니 정말 영광입니다. 그런데 한 가지 궁금한 것이 있습니다. 선생님의 작품으로 만들어진 연극을 보면 기분이 어떠십니까? 제가 보기에는 아무래도 원작인 글보다는 수준이 떨어지는 것 같은데요?"

그러자 셰익스피어가 대답했습니다.

"그것은 제 작품을 잘못 알고 계시기 때문입니다. 저는 모든 책을 극장에서 상영된다고 가정하고 글을 씁니다. 그러므로 제 작품을 제대로 감상하시려면 책보다는 극장을 찾으셔야 합니다."

많은 사람들이 셰익스피어의 작품을 소설로 알고 있지만 실제로 작품을 읽어보면 대사나 지문이 공연의 대본 같다는 느낌을 많이 받습니다. 그렇기에 셰익스피어의 작품을 책으로만 보는 것은 절반도 안 되는 부분밖에 이해하지 못하는 것과 같습니다.

셰익스피어의 작품이 책보다는 공연을 위한 것이었듯이, 성경의 말씀도 우리의 머리가 아닌 행동을 바꾸기 위한 것입니다. 하루에 한 구절의 말씀이라도 실천하며 주님을 알아가십시오. 반드시 주님께서 좋은 것으로 채워주십니다.

♥ 주님! 어떤 일에 대한 동기도 중요하게 생각하게 하소서.
📖 말씀을 깨닫는 것만큼 실천에도 비중을 두고 행하십시오.

혀의 중요성

읽을 말씀 : 잠언 12:10-19

● 잠 12:18 칼로 찌름 같이 함부로 말하는 자가 있거니와 지혜로운 자의 혀는 양약과 같으니라

탈무드에 나오는 이야기입니다.

이스라엘의 한 지혜로운 왕이 가장 훌륭한 신하 두 명을 불러 말했습니다.

"그대들은 온 나라를 돌아다니며 세상에서 가장 지혜로운 것과 가장 조심해야 할 것이 무엇인지 각자 찾아서 나에게 알려주시오."

몇 달이 지난 후 가장 조심해야 할 것을 찾으러 간 신하가 먼저 돌아왔습니다. 왕이 그에게 찾은 것이 무엇이냐 묻자 신하가 대답했습니다.

"세상에서 가장 조심해야 할 것은 사람의 혀입니다, 전하."

며칠 뒤에 이번에는 가장 지혜로운 것을 찾으러 간 신하가 돌아왔습니다. 그리고 그 역시 왕에게 이렇게 대답했습니다.

"세상에서 가장 지혜로운 것은 바로 사람의 혀입니다."

혀를 다스릴 줄 아는 사람은 성을 빼앗는 자보다 낫다고 성경은 말씀하고 있습니다. 그러므로 우리는 말씀의 가르침대로 덕을 세우고, 진리를 전하고, 사랑을 실천하는 일에 지혜롭게 혀를 사용하려고 노력해야 합니다. 나는 아니라고 생각하지 말고 한 마디 말에도 사랑과 복음을, 격려와 칭찬을 담게 해달라고 구하며 항상 조심하며 지혜롭게 혀를 사용하는 방법을 말씀을 통해 배우십시오. 반드시 주님께서 좋은 것으로 채워주십니다.

♡ 주님! 제가 하는 말마다 사람을 살리는 말을 하되 비수가 되지 않게 하소서.

📖 평소 사용하는 말로 상대방에게 상처 주는 일은 없는지 살펴봅시다.

8월 5일
바른 자세를 가진 사람

읽을 말씀 : 베드로전서 5:1-11

●벧전 5:3 맡은 자들에게 주장하는 자세를 하지 말고 양 무리의 본이 되라

민주화 운동을 위해 고군분투하는 한 청년이 있었습니다. 아무리 노력해도 세상은 변하지 않는 것 같았습니다. 많은 친구들이 구속되고 남은 친구들과 답답한 심정을 토로하다가 민주화운동의 거목이자 기독교 사상가로 유명한 한 분을 무작정 찾아갔습니다.

연락도 없이 찾아온 청년들을 반갑게 맞아주신 그 분은 2시간이 넘게 대화를 하며 여러 이야기를 나누었습니다. 그리고 헤어지기 전에 청년이 마지막으로 물었습니다.

"지금 시대를 이겨내기 위해서 저희가 도대체 무엇을 해야 합니까?"

긴 침묵 끝에 그 분이 대답했습니다.

"고개를 들고 허리를 펴게. 먼저 자세를 바르게 하고 올바르게 문제를 풀려고 노력하게."

이후 삶의 고비가 찾아올 때마다 이상하게 저 말 만큼은 기억이 났습니다. 그렇게 최악의 순간에도 바른 자세를 지니려고 노력을 했는데, 그런 가운데 고비들을 하나 둘씩 넘고 성공할 수 있었습니다. 그리고 지금은 장애인들을 돕는 재단에서 상임이사로 끝까지 본분을 다하고 있습니다.

어떤 상황 속에서도 바른 자세로 바른 행동을 하며 아직 세상에 올바른 그리스도인들이 있음을 보여주십시오. 반드시 주님께서 좋은 것으로 채워주십니다.

♡ 주님! 어떤 상황에서도 주님을 믿고 의지하여 올바르게 문제를 풀게 하소서.
📖 지금 힘든 것이 있다면 주님께 기도로 아뢰고 답을 찾읍시다.

말씀을 적으라

8월 6일

읽을 말씀 : 잠언 3:1-8

● 잠 3:3 인자와 진리가 네게서 떠나지 말게 하고 그것을 네 목에 매며 네 마음판에 새기라

베토벤이 하루는 마차를 타고 이동하다 기가 막힌 악상이 떠올랐습니다. 그러나 당장 악보가 없었습니다. 너무나 확실한 악상이었기에 그는 집에 돌아가서 다시 적을 수 있을 것이라고 생각해 우선 볼 일을 다 보고 돌아왔습니다. 그러나 다시 책상에 앉아서 아무리 노력을 해도 그때의 악상이 다시 떠오르지 않았습니다. 이때 얼마나 답답했는지 베토벤은 친구에게 보내기 위해 쓰던 편지에서도 당시 심정을 적었습니다.

"그 짧은 시간에 그토록 분명한 악상이 완전히 사라져 버렸다네. 내가 악보에 손조차 댈 수 없을 정도로 어떻게 그렇게 기억이 사라져 버릴 수 있단 말인가?"

그러나 다음 날 아침에 잠이 깨자마자 악상이 다시 떠올랐습니다. 베토벤은 그 즉시 거실로 나가 악보를 그리기 시작했는데, 이때 탄생한 캐논은 베토벤 교향곡의 한 악장으로 사용되었습니다.

유태인늘은 어려서부터 성경 말씀을 곳곳에 적어놓고 묵상하게 합니다. 모든 순간 가운데 중심을 잃시 잃으려면 시시때때로 말씀을 묵상하며 성령님의 인도하심을 간구해야 합니다. 하나님의 말씀을 되도록 암송하고 자주 묵상하십시오. 그리고 그 말씀 가운데 임하시는 성령님의 음성을 곳곳에 메모하십시오. 반드시 주님께서 좋은 것으로 채워주십니다.

♡ 주님! 주님의 말씀을 통해 삶의 지혜를 주시고 승리하게 하소서.

🖼 특별히 힘을 주는 말씀 5성구 정도를 찾아 적어 암송하고 자주 묵상합시다.

8월 7일

고독을 이기는 평안

읽을 말씀 : 시편 68:1-6

● 시 68:6 하나님이 고독한 자들은 가족과 함께 살게 하시며 갇힌 자들은 이끌어 내사 형통하게 하시느니라 오직 거역하는 자들의 거처는 메마른 땅이로다

프랑스의 한 여성이 단식을 통해 자살을 시도했습니다. 다른 방법으로는 자살을 성공하지 못해 결국 죽을 때까지 음식을 먹지 않았는데, 그 가운데 느껴지는 감정들을 일기에 적었습니다.

- 단식 17일째, 심장이 비어있는 것 같이 공허하다. 그런데 왜 아직도 죽지 않는 것일까?
- 32일째, 아직도 심장은 뛰고 있다. 음식을 먹고 싶은 생각 밖에 들지 않는다. 영혼까지도 팔 수 있을 것 같다. 그러나 나는 지지 않을 것이다.
- 39일째다. 죽는 것이 이렇게 힘든 것인 줄은 몰랐다. 그러나 내가 겪었던 고독이 더 두렵다. 나는 고독보다는 죽음을 택하겠다.
- 45일째, 이제 몸을 움직일 수가 없다. 허리가 너무 아프다.

그리고 45일째 일기를 마지막으로 그녀는 숨을 거두었습니다. 사람들은 단식으로 죽은 이 여성이 프랑스에서 가장 인기 있는 모델 중 한 명이었던 피숑이었다는 사실에 놀랐고, 또 그 죽음의 원인이 외로움에서 기인한 고독이라는 사실에 더 크게 놀랐습니다.

지치고 힘든 마음이 있을 때는 주님께로 더욱 나아오십시오. 반드시 주님께서 좋은 것으로 채워주십니다.

💚 주님! 영적 갈증을 세상의 방법으로가 아니라 주님의 말씀으로 풀게 하소서.
📖 마음이 공허 할 때는 더 의지적으로 기도하며 말씀을 가까이 합시다.

나이에 맞는 아름다움

8월 8일

읽을 말씀 : 잠언 20:22-30

● 잠 20:29 젊은 자의 영화는 그의 힘이요 늙은 자의 아름다움은 백발이니라

심리학자 프로이트가 야간열차를 타고 유럽을 가고 있었습니다. 침대칸에서 잠을 자던 그는 잠시 화장실을 가려고 문을 나서는 순간 문득 모르는 늙고 추한 노인이 자신의 방에 들어온 것을 보고는 놀랐습니다.

"저 혹시 칸을 잘못 들어오신 것 아닙니까? 여기는 제가 쓰는 칸입니다."

그러나 노인은 말이 없었습니다. 잠시 뒤 프로이트는 그 노인은 자신의 얼굴이 거울에 비친 것임을 알았습니다. 프로이트는 이때 너무 충격을 받아 나중에 자서전에도 이 일을 상세히 적었으며 또한 모든 사람들은 40세 이후부터 자신의 나이를 어떤 면으로든 거부하려는 현상이 있다고 연구에 쓰기도 했습니다.

그러나 거의 백세가 다 되신 연세대 철학과의 김형석 명예교수는 막상 살아보니 60부터 75세가 인생의 황금기이며 어느 나이 때고 다 그때에 맞는 즐거움과 기쁨이 존재한다고 말했습니다.

창조주 하나님을 깨닫고, 예수님의 복음을 따라 살면 인생의 그 어느 때나 주신 소명을 따라 즐겁게 살 수 있습니다. 나이이 많음을 아쉬워하지 말고 뒤를 돌아보기 보다는 계속해서 미래를 바라보며 하나님을 알고 또 동행하는 지금 이 순간이 가장 인생의 소중한 때임을 믿으십시오. 반드시 주님께서 좋은 것으로 채워주십니다.

♥ 주님! 지난날을 추억하며 안타까워하지 말고 승리하게 하소서.
📖 지금 이 나이에 무엇을 하면서 주님을 기쁘게 섬길지를 결정합시다.

8월 9일 공동체의 힘

읽을 말씀 : 골로새서 2:6-19

● 골 2:19 머리를 붙들지 아니하는지라 온 몸이 머리로 말미암아 마디와 힘줄로 공급함을 받고 연합하여 하나님이 자라게 하시므로 자라느니라

개미들은 눈이라는 기관이 있지만 사실상 퇴화되어 더듬이와 페로몬으로만 의사소통을 합니다.

그러나 앞이 안 보이면서도 먹이를 구하러 나갈 때 서로 줄을 맞추어 가고 먹이를 분해하는 일도 효율적으로 협력합니다. 또 이런 중에 개미 한 마리를 무리 중에서 떨어트려놔도 어떻게 알았는지 용케 헤매지도 않고 집으로 찾아갑니다. 한 마리의 움직임만 보면 굉장히 낮은 지능의 곤충이지만 여럿이 모여서 일을 할 때를 보면 굉장히 지능이 높은 것처럼 보이는데 곤충학자들에 따르면 '네트워크를 이루어 협력하는 것'이 그 비결이라고 합니다.

길을 이동할 때에도 집에서 만날 때도 개미들은 서로 얻은 정보를 계속 교환하는데 각자의 경험들을 집단이 공유하면서 생존 활동에 필요한 이들을 효율적으로, 그리고 지혜롭게 처리할 수 있게 되는 것입니다. 현재 개미들의 이런 네트워크 구성 방식은 인공지능을 비롯한 많은 과학 분야에서도 응용되고 있습니다.

내 삶에 임하시는 하나님의 귀한 손길을 공동체 가운데 서로 나누고 힘을 얻는 교제가 예배 가운데 있어야 합니다. 험한 세상에서 한 주간 살며 경험한 하나님의 손길을 서로 공유하는 건강한 영적 공동체를 교회 안에 세우십시오. 반드시 주님께서 좋은 것으로 채워주십니다.

♡ 주님! 함께하는 형제자매들과 주님을 경험한 간증을 힘써 나누게 하소서.
🖼 함께하는 형제자매 중에 최근 자주 보이지 않는 형제자매에게 연락합시다.

발 앞을 인도하시는 주님

8월 10일

읽을 말씀 : 시 119:100-106

● 시 119:105 주의 말씀은 내 발에 등이요 내 길에 빛이니이다

하산 타이밍을 놓쳐 어두운 밤에 혼자서 산을 내려오는 사람이 있었습니다. 그런데 그만 발을 잘못 디뎌 구릉으로 굴러 떨어졌습니다. 한참을 굴러가다가 겨우 나뭇가지를 붙잡았는데, 발밑이 보이지 않아 안간힘을 쓰며 버텼습니다. 그러나 위로 올라가기에는 너무 가팔랐고, 목청껏 도와달라고 외쳤지만 인기척이 전혀 없었습니다.

그렇게 매달려 몇 분이 더 지나자 손에 힘이 없었습니다. 결국 될 대로 되라는 심정으로 무작정 머리를 손으로 감싸고 뛰어내렸습니다. 그런데 막상 떨어지고 나니 1미터도 되지 않는 마른 땅에 평지가 있었습니다. 놀란 가슴을 쓸어내린 등산객은 다시 몸을 추스르고 무사히 산을 내려왔습니다.

한 치 앞을 모르는 것이 인생이고, 한 치 앞을 모르기에 어려운 것이 인생입니다. 그러나 모진 풍파를 다 겪은 다윗은 주님의 말씀이 내 발 앞의 등불과 같다고 고백했습니다.

길의 끝은 알 수 없을 지라도 지금 한 걸음 내딛어야 할 곳이 어딘지, 떨어지면 사는 곳인지 죽는 곳인지... 인생을 살펴주는 것이 바로 주님의 말씀입니다. 인생의 답이 없을 때, 한 치 앞을 몰라 낙심할 때에는 다시 주님의 말씀으로 돌아가 답을 찾으십시오. 반드시 주님께서 좋은 것으로 채워주십니다.

♡ 주님! 언제나 해답되시는 주님과 함께하게 하소서.
📖 내일 이 후에 있을 일 중에 마음을 압박하고 있는 것을 주님께 기도합시다.

8월 11일
감당할 수 있는 시험

읽을 말씀 : 고린도전서 10:1-22

● 고전 10:13 ...오직 하나님은 미쁘사 너희가 감당하지 못할 시험 당함을 허락하지 아니하시고 시험 당할 즈음에 또한 피할 길을 내사 너희로 능히 감당하게 하시느니라

케냐에서 15년 동안 사자를 기르고 또 관찰했던 조이 아담슨은 사자가 새끼를 키우는 모습을 보고 큰 감명을 받았습니다.

먼저 사자는 새끼에게 먹이 잡는 훈련을 시킬 때 결코 도와주지 않습니다. 그리고 만약 새끼가 너무 쉬운 사냥감을 잡으려고 하면 먼저 달려가 사냥감을 날려버리고 더 큰 먹이를 사냥하도록 새끼를 돌려보냅니다. 급에 맞는 먹이를 사냥하지 못하면 자기 배는 채울 수 있을지 모르지만 같은 무리나 가족의 배는 채울 수 없기 때문입니다.

또 하이에나나 늑대 같은 맹수와 맞닥뜨릴 때가 있는데, 이때도 이길 수 있는 상대면 그저 뒤에서 지켜봅니다. 겁먹은 새끼가 돌아와 도움을 요청해도 오히려 앞발로 새끼를 다시 맹수들에게로 돌려보냅니다. 나중에 가족이 사냥한 먹이를 맹수들이 노릴 때가 있는데 이때 숫자에 상관없이 달려와 싸움에서 이기고 지켜내는 것이 수사자의 역할이기 때문입니다.

사자가 새끼들에게 백수의 왕이 될 수 있는 자격을 가르치는 것처럼 하나님도 세상에서 하나님의 자녀들이 세상을 이길 수 있는 방법을 말씀으로 가르치십니다. 세상에서 우리가 받는 고난이 너무 힘들 때가 있지만 그 고난을 복음의 능력으로 능히 이길 수 있게 하셨음을 잊지 마십시오. 반드시 주님께서 좋은 것으로 채워주십니다.

💚 주님! 힘든 일이 세상을 이길 수 있게 하는 훈련임을 알게 하소서.
📖 어렵고 힘들 때는 고린도전서 10장13절에서 답을 찾읍시다.

가장 좋은 광고효과

8월 12일

읽을 말씀 : 디모데전서 4:6-16

● 딤전 4:16 네가 네 자신과 가르침을 살펴 이 일을 계속하라 이것을 행함으로 네 자신과 네게 듣는 자를 구원하리라

미국 동부의 낙농업자들이 우유 판매량을 늘리기 위해서 지역마다 고속도로에 대형 광고판을 설치했습니다.

"우유를 마셔주세요. 그러면 우리 주에 있는 성실한 낙농업자들을 도울 수 있답니다!"

그러나 우유 판매량은 전혀 늘지 않았습니다. 오히려 줄고 있는 지역도 있었습니다. 뭐가 문제인지 몰라 이들은 광고업체에 컨설팅을 의뢰했고, 몇 주 뒤에 새로운 문구와 함께 광고판이 교체되었습니다.

그들은 먼저 인기 있는 배우를 광고모델로 썼습니다. 그리고 밑에 단 한 문장을 달았습니다.

"우유를 드시고 저처럼 건강해지세요."

그러자 거짓말처럼 우유 판매량이 폭발적으로 증가했습니다. 그리고 지금은 이런 방식의 광고가 모든 산업에 거의 동일하게 퍼져 있습니다.

복음을 전할 때 가장 중요한 것은 논증이나 토론이 아닌 삶으로 증명하는 것입니다. 삶으로 보여줄 수 있다면 저절로 복음은 전해지며 저절로 전도가 되어집니다. 사람들이 행복하고, 즐겁고, 풍성한 우리의 삶을 궁금해 하기 시작할 때 복음을 받아들일 준비도 함께 되어갈 것입니다. 하나님의 은혜가 충만한 삶으로 세상에 복음을 전하십시오. 반드시 주님께서 좋은 것으로 채워주십니다.

♥ 주님! 저에게 생명을 주시고 더 풍성하게 하신 주님의 약속을 이루게 하소서.
🖼 열매 맺는 전도를 위해 직접 체험한 주님을 적어놓고 자주 활용합시다.

8월 13일
예수님을 섬기는 것

읽을 말씀 : 시편 138:1-8

● 시 138:6 여호와께서는 높이 계셔도 낮은 자를 굽어살피시며 멀리서도 교만한 자를 아심이니이다

미국 감리교의 선교부 감독인 F. 맥도웰박사가 파송한 선교사님들의 사역 현황을 살펴보기 위해 인도를 찾았습니다.

예수님을 믿고 개종한 성도들이라며 40여명의 사람들이 찾아왔는데 이들의 초라한 행색을 본 감독은 이런 생각을 했습니다.

'이 사람들이 과연 진짜 주님을 믿는 사람들일까? 어쩌면 머물 장소를 구하고 음식을 얻으려고 온 사람일 지도 모르는 일 아닌가?'

그리고는 "예수 그리스도가 누군지 아십니까?"라고 물었습니다. 그런데 모든 사람들이 그 자리에서 가장 가난한 사람을 가리켰습니다. 당황하는 감독을 보고 한 인도인이 말했습니다.

"예수님은 우리를 구원하기 위해 오셨다고 선교사님이 말했습니다. 그리고 실제로 오신 예수님은 우리 같은 가난한 사람들과 함께 하셨다고 하셨습니다. 그렇기에 우리가 예수님을 섬기기 위해서는 예수님이 이 땅에 오셔서 구하고자 하셨던 가난하고 힘든 사람들을 더욱 사랑해야 합니다."

감독은 본국으로 돌아가 사역지에서의 은혜를 얘기하며 자신의 교만함을 뉘우쳤습니다. 하나님을 섬기는 것은 이 땅의 사람들을 찾아가 섬기며 복음을 전하는 것입니다. 예수님의 사랑을 가지고 복음이 필요한 이웃들을 찾아가십시오. 반드시 주님께서 좋은 것으로 채워주십니다.

♡ 주님! 만복을 주신 주님의 은혜를 잊어버리고 교만하게 살지 않게 하소서.
※ 남루한 차림을 한 사람들도 주님이 귀하게 여기심을 기억합시다.

주님이 주신 뜻

읽을 말씀 : 로마서 12:1-13

● 롬 12:2 너희는 이 세대를 본받지 말고 오직 마음을 새롭게 함으로 변화를 받아 하나님의 선하시고 기뻐하시고 온전하신 뜻이 무엇인지 분별하도록 하라

미국 매사추세츠의 한 마을에 사는 소피아라는 여성이 25만 원짜리 즉석복권에 당첨됐습니다.

기쁜 마음으로 당첨금을 들고 집으로 돌아가고 있었는데 교차로에 서 있는 노숙자를 보게 되었습니다. 그리고 오늘 재미로 샀던 복권이 이 정도 금액에 당첨된 것은 분명히 선한 일에 쓰라는 하나님의 뜻이라는 감동이 마음속에 찾아왔습니다.

소피아는 차에서 내려 추위에 떨고 있던 노숙자를 찾아가 따뜻한 커피를 사주며 대화를 했습니다. 그리고 대화 중에 소피아는 지역 노숙인의 쉼터가 너무 작아서 들어가지 못하는 많은 사람이 있다는 것을 알게 되었습니다. 나머지 당첨금을 노숙자의 숙박비로 내준 소피아는 이날의 경험을 페이스북에 올리며 모금운동을 벌였습니다.

소피아의 선행을 들은 사람들은 모금에 참여하며 계속해서 이야기를 공유했고 소피아의 지역 사람들은 노숙인들을 위해 할 수 있는 선행을 찾아 하기 시작했습니다. 결국 필요한 금액보다 많은 돈이 모여 쉼터에는 더 많은 노숙인들이 머무를 수 있게 되었습니다.

하나님은 우리의 삶 가운데 임하시고 역사하시는 분입니다. 작은 일이라도 성령님이 주시는 감동을 따라 선행을 실천하십시오. 반드시 주님께서 좋은 것으로 채워주십니다.

♡ 주님! 제게 주신 좋은 것들을 어려운 이웃 사람들과 나누어 쓰게 하소서.
📖 집에 있는 것 중에 1년 이상 쓰지 않는 것들을 노숙자의 집에 보냅시다.

8월 15일 — 광복의 의미

읽을 말씀 : 시편 105:24-45

● 시 105:43-44 그 백성으로 즐거이 나오게 하시며 그 택한 자로 노래하며 나오게 하시고 열방의 땅을 저희에게 주시며 민족들의 수고한 것을 소유로 취하게 하셨으니

오늘은 일본제국의 속박 속에서 해방의 값진 '민족의 자유'를 얻음을 기념하는 날입니다.

그런데 이 역사를 잘 살펴보면 성경의 이스라엘 민족과 시기는 다르지만 많은 공통점이 있습니다. 먼저 출애굽의 해방이 우리와 비슷합니다.

우리나라는 일제치하에서 수탈을 당했고, 이스라엘은 바로 왕 밑에서 노예생활을 했습니다. 그리고 히로시마와 나가사키에 투하된 미국의 원자폭탄에 일본이 항복함으로써 우리는 해방의 자유를 누리게 되었고 애굽의 바로 왕은 맏아들 독자들이 죽는 하나님의 기적에 의해서 이스라엘 민족을 놓아 주었습니다. 그리고 이런 해방의 역사가 있었기에 눈부신 발전을 이루며 지금 세계의 한 축을 담당하는 나라로 성장할 수 있었습니다.

오랜 일제의 속박에서 벗어나 광복을 누린 것이 비할 데 없는 큰 기쁨인 것처럼, 우리를 죄에서 구원하신 예수님의 은혜에도 큰 기쁨을 늘 누려야 합니다.

지금 당연하게 누리고 있는 자유가 선조들의 엄청난 희생에 의해서 이루어진 것처럼 내가 누리고 있는 신앙의 자유도 많은 믿음의 선배들의 희생에 의해서 이루어진 것임을 잊지 마십시오. 다만 주님의 은혜에 더욱 감사하며 조국의 광복을 위해 목숨 바친 분들을 두고두고 기억 하십시오. 반드시 주님께서 좋은 것으로 채워주십니다.

💗 주님! 조국의 광복을 위해 몸 바친 분들을 보내주심을 감사하게 하소서.
📖 하나님의 은혜로 죄에서 해방되었음도 기억하며 주님께 감사합시다.

후회가 없는 부르심

8월 16일

읽을 말씀 : 로마서 11:25-36

● 롬 11:29 하나님의 은사와 부르심에는 후회하심이 없느니라

미국의 선교사 멜빌 콕스는 아프리카 중에도 아직 아무도 간 적이 없는 라이베리아로 선교를 떠나려고 했습니다.

당시 라이베리아에는 선교가 문제가 아니라 백인이라는 사실만으로도 죽을 수 있는 굉장히 위험한 곳이었습니다. 근처 신학교에서 채플 시간에 말씀을 전하던 목사님은 라이베리아로 떠나려는 자신의 계획을 이야기했는데 그것을 사명이 아닌 무모함이라고 생각한 한 학생이 질문을 했습니다.

"라이베리아로 가실 때 목사님의 관을 들고 가야 하지 않을까요? 죽을 것이 뻔한데 도대체 가서 무엇을 하시겠단 말씀입니까?"

"아프리카가 주님께 돌아올 수 있다면 나는 죽음이 두렵지 않습니다. 결코 포기하지 않을 것입니다. 걱정은 고맙지만 나는 가야 합니다."

그리고 선교사님은 라이베리아에 들어간 지 5개월 만에 순교하셨습니다. 그러나 선교사님의 모습을 보고 또 많은 사람들이 라이베리아를 향했고, 지금은 전 인구의 10%가 예수님을 믿는 복음의 결실이 맺힌 지역이 되었습니다.

하나님을 쫓아 마지막까지 헌신하는 인생은 결코 헛되지 않고 반드시 열매를 맺습니다. 절대로 실수하지 않으시는 하나님의 부르심에 아멘으로 순종하며 화답하십시오. 반드시 주님께서 좋은 것으로 채워주십니다.

♡ 주님! 지금도 오지에서 생명의 위협에도 복음을 전하는 종들을 지켜 주소서.
📖 선교사님을 위해 기도하며 헌금과 함께 격려 편지를 보냅시다.

8월 17일
도움이 필요한 사람들

읽을 말씀 : 잠언 11:24-31

● 잠 11:25 구제를 좋아하는 자는 풍족하여질 것이요 남을 윤택하게 하는 자는 자기도 윤택하여지리라

미국 노스캐롤라이나에 있는 '아웃리치선교교회'에서 송구영신 예배를 드리고 있는데 한 남자가 중간에 들어왔습니다. 그런데 남자의 손에는 자동소총이 들려 있었습니다. 이 모습을 본 성도들 몇몇은 비명을 질렀고 문 쪽으로 달아나는 성도들도 있었습니다. 그러나 남자는 계속해서 목사님이 있는 강단까지 걸어 나갔습니다. 위협적인 남자의 모습을 본 래리 목사님은 환한 미소와 함께 말을 건넸습니다.

"제가 무엇을 도와드릴까요?"

그러자 갑자기 남자가 눈물을 흘리며 대답했습니다.

"저를 위해서 기도해주실 수 있나요?"

그리고 온 성도가 총을 들고 들어온 남자를 위해 기도하기 시작했습니다. 신고를 받고 경찰이 출동했지만 목사님은 처벌을 하지 말아달라고 부탁했고, 남자의 죄명은 '도움 요청'으로 처리되어 정신과 진료를 받은 뒤 이 교회의 정식 성도가 되었습니다.

따뜻한 말 한마디와 진심어린 기도가 한 사람을 살인범의 길에서 생명의 길로 돌려놓을 수 있습니다. 사랑은 최악을 최선으로 순식간에 변화시킬 수 있는 유일한 비법입니다. 우리의 시선이 아닌 하나님의 시선으로 사람들을 바라보고 위로하십시오. 반드시 주님께서 좋은 것으로 채워주십니다.

♡ 주님! 도움을 필요로 하는 많은 사람들 중 한 사람이라도 돕게 하소서.
📖 사람을 외모로 판단하지 말고 그 안에 있는 마음을 살피는 사람이 됩시다.

예수님이 계시는 곳

8월 18일

읽을 말씀 : 고린도전서 3:12-23

● 고전 3:16 너희는 너희가 하나님의 성전인 것과 하나님의 성령이 너희 안에 계시는 것을 알지 못하느냐

이집트는 원래 매우 많은 기독교인들이 있던 나라였지만 7세기에 이슬람에게 정복을 당한 뒤 1300년 동안 박해를 받아왔습니다. 동굴을 파고, 도망을 가고, 광야에서 예배를 드리며 신앙의 자유를 지키던 성도들에게 한 번은 이슬람 지도자가 이런 제안을 했습니다.

"마음껏 예배를 드릴 수 있게 해주겠다. 다만 그 지역에는 수도의 모든 쓰레기가 버려질 것이다. 쓰레기 처리를 하며 평생을 살아야 해도 예배를 드리고 싶다면 허락하겠다."

이 말을 들은 이집트의 그리스도인들은 흔쾌히 허락했습니다. 그렇게 1000년이 넘게 박해를 받아왔지만 아직도 이집트에는 쓰레기 마을로 불리는 모카탐에 많은 교회와 천만 명이 넘는 그리스도인이 있고, 거기에 세워진 동굴교회는 중동에서 최대 규모를 자랑하는 아름다운 교회로 믿음을 유지해오고 있습니다.

세상의 복락과 결코 비교할 수 없는 것이 주님을 향한 신앙입니다. 그 신앙을 위해 지금도 많은 것을 희생하며 고난 가운데 있는 성도들이 세계 곳곳에 많습니다. 예수님이 계신 곳이 천국이며, 예수님이 계시지 않은 곳이 지옥입니다. 어디에 머물든 상관없이 오직 주님이 내 삶 가운데 계신지를 먼저 확인하십시오. 반드시 주님께서 좋은 것으로 채워주십니다.

♡ 주님! 주님을 위해 고난을 받을지라도 주님을 따르게 하소서.
🕮 주님께 예배하기 위해 잃어야 할게 있다 하더라도 예배를 선택합시다.

8월 19일

부가 줄 수 있는 것

읽을 말씀 : 잠언 10:1-9

● 잠 10:2 불의의 재물은 무익하여도 공의는 죽음에서 건지느니라

스웨덴의 한 시골에서 불우한 환경에서 자라는 마커스라는 소년이 있었습니다.

마약중독자였던 아버지와 알코올 중독자였던 어머니는 마커스가 중학생이 되기 전 이혼을 했고, 학교에서도 왕따를 당했던 마커스는 방안에 틀어박혀 하루 종일 컴퓨터를 가지고 노는 것이 삶의 전부였습니다.

청년이 된 뒤에 뛰어난 컴퓨터 프로그래머가 된 마커스는 마인크래프트라는 게임을 만들었는데 이 게임은 전 세계에 1억 만 장 이상이 팔리며 엄청난 성공을 거두었습니다. 게임으로 3조원이라는 돈을 번 마커스는 그동안의 삶을 보상받기 위해 돈을 물 쓰듯이 썼습니다. 800억 원짜리 대형 저택을 사서 2억 원짜리 파티를 수시로 열고, 주말에는 라스베가스로 가서 돈을 물 쓰듯 썼습니다. 그렇게 몇 년을 산 뒤에 그는 자신의 삶을 이렇게 평가했습니다.

"엄청난 부가 내 삶을 더 외롭게 만들었습니다. 원하는 것은 무엇이든 할 수 있지만 내 인생은 이전보다 훨씬 더 외로워졌습니다."

더 많은 돈은 결코 더 나은 인생, 더 나은 행복을 보장할 수 없습니다. 내 삶을 진정으로 풍족하게 채워줄 예수님을 더욱 사모하십시오. 반드시 주님께서 좋은 것으로 채워주십니다.

♡ 주님! 가진 것으로 족한 줄 알라고 하신 주님의 말씀대로 자족하게 하소서.
📖 많은 돈을 가지고 있게 된다면 어떻게 사용할지 생각해봅시다.

마지막 소원

8월 20일

읽을 말씀 : 잠언 11:23-31

● 잠 11:23 의인의 소원은 오직 선하나 악인의 소망은 진노를 이루느니라

급성 백혈병에 걸려 병원치료를 받던 브랜든은 상태가 급속히 안 좋아져 의사로부터 한 달을 넘기기 힘들 것이라는 진단을 받았습니다. 병원을 갔다 오는 길에 차 안에서 브랜든의 어머니는 남은 시간 동안 하고 싶은 일이 있냐고 물었는데, 브랜든은 해맑은 미소를 지으며 말했습니다.

"세상의 모든 노숙자들에게 샌드위치를 나눠주고 싶어요."

어머니는 브랜든과의 대화를 인터넷에 올리며 자신과 함께 노숙자들에게 샌드위치를 전달해줄 사람을 찾았습니다. 브랜든의 착한 마음씨에 감동을 받은 사람들은 미국 전역에서 재료를 보내왔고, 마을 사람들은 휴가를 써서 함께 샌드위치를 만들었습니다. 그렇게 2주 동안 4천여 명의 노숙자가 브랜든의 샌드위치를 받았습니다. 샌드위치가 모두 배달된 다음날 브랜든은 세상을 떠났는데, 마지막으로 방송국과의 인터뷰에서 이런 말을 남겼습니다.

"정말 행복한 2주였습니다. 그토록 바라던 소원이 이루어지는 것을 직접 보게 되었으니까요. 불가능할 것 같은 제 소원도 이루어졌으니 여러분도 꿈을 잃지 마세요."

하나님이 주신 비전을 깨닫는 것, 그리고 그 비전을 이루기 위해 노력하는 것이 우리 삶에 가장 중요한 포인트입니다. 주님이 주신 소원을 찾고 또 이루기 위해 노력하십시오. 반드시 주님께서 좋은 것으로 채워주십니다.

♥ 주님! 저를 부르신 뜻과 저에게 주신 비전을 매일매일 이루어 가게 하소서.
📖 만약 이 땅의 생활이 한 달 남았다면 무엇을 할지 생각해봅시다.

8월 21일
꾸준함의 위대함

읽을 말씀 : 베드로전서 1:3-12

● 벧전 1:7 너희 믿음의 확실함은 불로 연단하여도 없어질 금보다 더 귀하여 예수 그리스도께서 나타나실 때에 칭찬과 영광과 존귀를 얻게 할 것이니라

미국 오클라호마의 한 가난한 집에서 태어난 윈스턴은 버스 운전기사가 되고 싶었습니다.

그러나 인종차별이 존재하던 시대라 아무리 노력해도 버스기사가 될 수 없었습니다. 끝까지 포기하지 않았던 윈스턴은 결국 다른 지역의 버스회사에 힘겹게 들어가게 되었습니다. 그가 하는 일은 버스를 정비하고 청소하는 것이 전부였지만 그는 자신의 일을 매우 소중히 여겼습니다.

매일 출근 시간보다 한참 이른 아침 6시에 회사에 나와 모든 준비를 끝내놓은 그는 입사하던 18살부터 100살이 될 때까지 81년 동안 단 하루도 회사를 빠지지 않았습니다. 그리고 81년의 근무를 마지막으로 은퇴를 하는 날 당시 대통령이었던 빌 클린턴은 윈스턴에게 '세기의 일꾼'이라는 표창장을 주었으며 회사는 그가 담당하던 구역을 '아서 윈스턴 구역'이라고 이름을 지어주었습니다.

그저 자신이 맡은 일을 최선을 다해 열심히 한 사람에게는 하나님이 예비하신 놀라운 큰 복이 찾아옵니다. 작은 것에 최선을 다할 때 점점 큰 것을 맡기시는 주님을 믿고 내가 맡은 일의 크기와 상관없이 회사에서도 교회에서도 언제나 최선을 다하십시오. 반드시 주님께서 좋은 것으로 채워주십니다.

♡ 주님! 맡은 사람이 해야 할 일은 충성임을 자주자주 기억하게 하소서.
 지금 주어진 일의 목록을 적은 후 과연 얼마나 충성스럽게 하는지 점검합시다.

인생을 바꾼 질문

8월 22일

읽을 말씀 : 요한복음 3:1-8

● 요 3:3 예수께서 대답하여 이르시되 진실로 진실로 네게 이르노니 사람이 거듭나지 아니하면 하나님의 나라를 볼 수 없느니라

탯줄이 목에 감겨 20분이나 숨을 못 쉬었다가 기적적으로 태어난 데이비드라는 아기가 있었습니다.

그러나 뇌에 산소가 충분히 가지 않아 뇌성마비에 걸렸는데, 11살 때 아버지가 돌아가시고, 14살 때 어머니가 돌아가셔서 고아원에 맡겨져 자라게 되었습니다. 기독교 기관에서 운영했던 고아원에서 하나님에 대해 알게 되면서 데이비드는 하나님을 원망하기 시작했습니다.

"정말로 하나님이 있다면 나는 왜 장애인이죠? 그러고도 저를 사랑한다고 할 수 있나요?"

자살 시도도 수차례 했지만 계속 실패를 했던 그는 그토록 원망하던 예수님을 믿어보고 새로운 선택을 하며 살아가기로 했습니다. 그리고 그의 삶은 거짓말처럼 바뀌기 시작했고 사랑하는 아내를 만나 네 자녀를 두게 되었으며, 많은 직원을 둔 동기부여 연설가로 미국 전역에서 초청을 받고 있습니다. 데이비드 링은 자신의 인생을 바꾼 질문에 대해 사람들에게 이렇게 말합니다.

"하나님께 '왜'냐고 묻지 마시고 다만 뜻이 '무엇'인가를 물으십시오."

내 삶에 주시는 주님의 뜻이 무엇인지 깊이 묵상하십시오. 반드시 주님께서 좋은 것으로 채워주십니다.

♡ 주님! 모든 일에 감사하며 살게 하소서.
🖼 삶의 골짜기에서 경험한 주님의 은혜와 능력에 대해 간증합시다.

8월 23일
겸손할 이유

읽을 말씀 : 마태복음 11:25-30

● 마 11:29 나는 마음이 온유하고 겸손하니 나의 멍에를 메고 내게 배우라 그리하면 너희 마음이 쉼을 얻으리니

미켈란젤로가 바티칸의 요청으로 시스티나교회에 천치창조를 그리고 있었을 때입니다.

몸이 상할 정도로 4년이나 그림에 전념한 뒤 완성을 시켜보니 자기가 그린 그림이었지만 너무나 만족스러웠습니다. 그림이 완성되었다는 뜻으로 구석에 자기 이름을 새기고 교회 밖으로 나왔는데, 햇살이 너무나 아름다웠고, 지저귀는 새소리가 마치 천사들의 찬송처럼 들렸습니다. 대자연에 나타난 하나님의 솜씨에 감탄하던 미켈란젤로는 문득 이런 생각이 들었습니다.

'하나님은 이렇게 아름다운 작품들을 완성하시고도 어느 것 하나에 이름을 남기지 않으셨다. 그런데 이에 미치지도 못하는 작품을 만든 내가 어찌 자랑스럽게 이름을 남길 수 있단 말인가?'

그리고는 다시 돌아가 그림 구석에 있는 자기 이름을 지웠습니다. 그리고 이후로도 자신의 어떤 작품에도 이름을 적지 않았습니다. 그래서 천지창조 이후의 미켈란젤로의 작품에는 모두 아무런 낙관이 없습니다.

하나님의 은혜 없이는 아무것도 이룰 수 없다는 사실, 그것 하나로도 겸손의 이유는 충분합니다. 나에게 모든 능력을 주시고 모든 일을 허락하신 분이 주님이심을 오늘도 잊지 마십시오. 반드시 주님께서 좋은 것으로 채워주십니다.

♡ 주님! 모든 영광으로 주님만 높이게 하소서.
📖 행여 자의건 타의건 받고 있는 칭찬을 주님께 돌려드리고 있는지 살핍시다.

뿌리를 뽑아라

읽을 말씀 : 데살로니가전서 5:12-28

● 살전 5:22 악은 어떤 모양이라도 버리라

8월 24일

율곡 이이는 '격몽요결'이라는 책을 통해 '인생을 망치는 8개의 나쁜 습관'을 다음과 같이 말했습니다.
1. 일하지 않고 놀 생각만 하는 것.
2. 할 일 없이 하루를 허비하는 것.
3. 자기와 같은 생각을 가진 사람만 좋아하는 것.
4. 사람의 칭찬을 받으려고 헛된 말과 글을 쓰는 것.
5. 풍류를 핑계로 인생을 허비하는 것.
6. 돈만 목표로 살아가는 것.
7. 남의 성공을 부러워하고 열등감을 갖는 것.
8. 절제하지 못하고 돈과 여색을 탐하는 것.

또 이이는 이 습관을 이겨내고 새롭게 태어나기 위해서는 한 칼에 잘라내듯이 습관을 뿌리째 뽑는 방법뿐이라고 이야기했습니다.

예수님과 더 가까워지는 것을 막는 모든 습관은 해가 되는 습관입니다. 이미 그 습관들이 무엇인지 알면서 혹시 망설이고 있지 않습니까?

알면서도 유지하는 좋지 않은 습관들이 있다면 바로 지금이 결단할 때입니다. 잠깐의 유익을 위해 오늘 내일로 미루지 말고 지금 당장 습관의 뿌리를 뽑으십시오. 반드시 주님께서 좋은 것으로 채워주십니다.

♡ 주님! 주님께 가까이 가는 좋은 습관을 생활화해서 주님을 섬기게 하소서.
📷 주님께 가까이 하는데 걸림돌이 되는 것이 무엇인지 살펴보고 개선합시다.

반드시 전해야할 것

8월 25일

읽을 말씀 : 마가복음 8:27-38

● 막 8:35 누구든지 자기 목숨을 구원하고자 하면 잃을 것이요 누구든지 나와 복음을 위하여 자기 목숨을 잃으면 구원하리라

좋은 침구류를 싸게 파는 것으로 유명한 가게가 있었습니다. 평소 이곳을 자주 들르던 목사님이 주인의 권유로 좋은 제품을 구입한 뒤 가게를 나왔습니다. 그런데 갑자기 성령님의 감동이 마음에 찾아왔습니다. 목사님은 다시 가게 문을 열고 들어가 사장님에게 말했습니다.

"제가 그동안 사장님에게 이불과 옷감에 대해서 참으로 많이 묻기만 했습니다. 그런데 저 역시 반드시 전해야 할 말이 있다는 것을 잊고 있었습니다. 잠시 시간을 내주시겠습니까?"

사장은 목사님을 사무실로 안내했고, 목사님은 가방에서 성경을 꺼내 복음을 전했습니다. 그런데 복음을 들은 사장님이 갑자기 울며 고백했습니다.

"저는 40년 넘게 계속 이 가게에서만 일을 했습니다. 그동안 만난 목사님이 수백 명이고 거래하는 교회만 500곳입니다. 그런데 예수님과 복음에 대해서 이렇게 들은 것은 오늘이 처음입니다. 이제 영혼에 관한 일을 알게 되었으니 예수님을 믿겠습니다."

사람들과 친하게 지내며 좋은 관계를 맺는 것은 중요한 일입니다. 그러나 진정한 성도라면 그 일의 모든 목적은 결국 복음 전파에 있음을 기억하십시오. 반드시 주님께서 좋은 것으로 채워주십니다.

♡ 주님! 저와 가까이 있는 믿지 않는 사람에게 복음을 전하게 하소서.

📖 단골로 거래하는 가게나 업체의 대표나 직원에게 복음서적을 전합시다.

출석의 동기

8월 26일

읽을 말씀 : 에베소서 5:1-14

● 엡 5:2 그리스도께서 너희를 사랑하신 것 같이 너희도 사랑 가운데서 행하라 그는 우리를 위하여 자신을 버리사 향기로운 제물과 희생제물로 하나님께 드리셨느니라

신학자 에머슨 퍼스틱은 미국의 교인들을 분석해 '사람들이 교회에 나가는 이유'를 크게 4가지로 분류했습니다.

- 첫째는 습관으로 어려서부터 다녀왔기 때문입니다. 매주 가족들과 참여해왔기 때문에 습관적으로 그냥 참여하는 사람들입니다.
- 둘째는 설교 때문입니다. 재밌는 설교를 하거나, 유명한 목사님이 있는 교회라는 이유로 나가는 사람들이 아주 많았습니다.
- 셋째는 사회활동 때문입니다. 지역 사람들과 교류를 하며 사업 기회도 잡을 수 있기 때문에 나가는 사람들도 있었습니다.
- 넷째는 심리적 안정 때문입니다. 잘못을 반성하고 죄를 용서받았다는 위안을 얻기 위해 참석하는 사람들입니다.

에머슨은 이 네 가지 동기가 모두 잘못된 신앙이라고 말하며 교회는 오직 예수님을 만나고, 찬양하고, 높여드리기 위해 나가는 곳이 되어야 된다고 말했습니다.

교회에 모여 예배드리는 유일한 목적은 오직 예수님이어야 합니다. 나의 동기는 무엇입니까? 예배와 찬양의 중심에 예수 그리스도가 온전히 계십니까? 신앙생활의 동기와 예배의 목적을 바르게 설정하십시오. 반드시 주님께서 좋은 것으로 채워주십니다.

♡ 주님! 주님을 경배하기 위한 교회 생활이 최우선이 되게 하소서.
📖 교회 출석하는 이유가 무엇인지 깊이 생각하고 주님이 최우선이 되게 합시다.

8월 27일
리더이신 예수님

읽을 말씀 : 요한계시록 7:5-17

● 계 7:17 이는 보좌 가운데에 계신 어린 양이 그들의 목자가 되사 생명수 샘으로 인도하시고 하나님께서 그들의 눈에서 모든 눈물을 씻어 주실 것임이라

영국에서 두 번째로 큰 매장인 고급 백화점 체인 셀프리지스를 만든 해리 고든 셀프리지는 단 한 개의 매장으로 시대의 패러다임을 완전히 바꾸어버린 선구자였습니다.

그의 인생은 영국에서 드라마로도 만들어져 무려 850만 명의 시청자를 기록했는데, 그는 자신의 성공비결은 직원들의 고용주가 아닌 리더가 되는 것이며 그 차이에 대해 다음과 같이 말했습니다.

"고용주는 직원들을 다그치지만 리더는 이끕니다.
고용주는 권위에 의존하지만 리더는 친절을 사용합니다.
고용주는 공포감을 조성하고 리더는 열정을 부어줍니다.
고용주는 '나'에 대해 말하지만 리더는 '우리'라고 말합니다.
고용주는 '이론'을 말하지만 리더는 '실제'를 보여줍니다.
세상에 필요한 것은 고용주가 아닌 더 많은 리더입니다."

해리 고든의 이러한 철학은 리더가 되려면 먼저 섬기라는 예수님의 말씀을 통해 세워진 것이었습니다.

예수님은 역사상 가장 뛰어나고 영향력 있는 리더이십니다. 말씀을 통해 예수님이 가르치시고, 또 살아가신 삶을 배우고, 같은 방법으로 세상을 이끌어 나가는 리더가 되십시오. 반드시 주님께서 좋은 것으로 채워주십니다.

♥ 주님! 제가 보스가 아니라 리더로서 살아가도록 제 마음을 주장해 주소서.
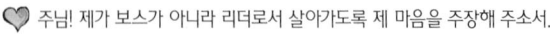 위 리더의 조건 중에서 개선해야 할 것들을 개선해 좋은 리더가 됩시다.

인정하고 사과하라

8월 28일

읽을 말씀 : 마태복음 6:5-15

● 마 6:14 너희가 사람의 잘못을 용서하면 너희 하늘 아버지께서도 너희 잘못을 용서하시려니와

미국에서 최초로 신문을 만든 코네티컷의 지역 신문사가 전면에 이런 사과문을 실은 적이 있습니다.

"회사의 재정을 위해 잘못된 광고를 실은 것을 사과드립니다. 우리는 200년 전에 사람의 인권을 무시하고 노예를 판매하는 광고를 실은 적이 있습니다. 지난 세기에 우리 회사의 사람들이 저지른 잘못된 행동에 대해서 진심으로 사과드립니다."

노예제도가 합법이던 당시 이 신문사는 돈을 받고 노예 매매에 대한 광고를 실었습니다. 노예제도가 폐지되기 전까지 그 신문에는 매일 같이 '건장한 흑인 남자 노예를 판매합니다.', '15살에 피트라는 이름을 가진 노예 소년을 찾아주시면 사례합니다.'와 같이 잘못된 광고를 실었습니다.

그러나 중요한 것은 당시에 이것은 불법이 아니었고, 그 광고를 실었던 사람들은 다 죽어서 존재하지 않는 상태였지만 그 과오에 대해서까지 사과를 했다는 것입니다.

용서는 먼저 스스로 잘못을 인정한 상태에서 받을 수 있습니다. 기간에 상관없이 내가 잘못한 일이 있다면 상대방에게 잘못을 시인하고 용서를 구하십시오. 또 같은 방법으로 용서를 구하는 사람에게는 하나님의 사랑으로 용서해 주십시오. 반드시 주님께서 좋은 것으로 채워주십니다.

♡ 주님! 용서를 구해야 할 것들을 깨닫고 구하게 하소서.
📖 지금 하고 있는 일이 잘못된 것이 있으면 바르게 잡고 용서를 구합시다.

8월 29일
섬기면 변한다

읽을 말씀 : 로마서 14:13-23

● 롬 14:18 이로써 그리스도를 섬기는 자는 하나님을 기쁘시게 하며 사람에게도 칭찬을 받느니라

인도에서 기독교로 개종했다는 이유로 남편에게 심한 박해를 받던 여인이 있었습니다.

남편의 폭력과 폭언이 점점 심해졌기에 지켜보는 선교사님이 뭐라고 위로를 해야 할지 모를 정도였습니다.

괴로운 마음에 그저 기도로 중보할 뿐이었는데 두 달이 지나자 별안간 남편도 함께 교회로 나왔습니다. 깜짝 놀란 선교사님은 여인에게 도대체 무슨 일이 일어났는지를 물었습니다.

"저분이 그 남편 분이 정말로 맞습니까? 도대체 이게 어떻게 된 일입니까?"

"저는 단지 예수님을 믿고 나서 제가 더 좋은 사람이 되었다는 것을 남편에게 보여주고 싶었어요. 그래서 더 좋은 아내, 더 좋은 부모가 되기 위해서 노력했습니다. 그런데 그 모습을 지켜보던 남편이 감동을 받고 별안간 함께 교회에 나오겠다고 먼저 말을 걸었습니다. 사실 저도 믿을 수가 없는 일이에요."

하나님을 만나면 변하게 됩니다. 그리고 변한 사람들의 섬김을 통해 또 다른 영혼들이 변하게 됩니다. 하나님을 만나 내가 변화되었다면 그 삶을 통해 다른 사람도 변화시킬 수 있습니다. 나의 섬김을 통해 사람들에게 복음을 전할 수 있다는 사실을 잊지 마십시오. 반드시 주님께서 좋은 것으로 채워주십니다.

♡ 주님! 주님이 우리를 섬기셨듯이 저도 주님처럼 사람들을 섬기게 하소서.
📖 혹시 누군가의 위에서 군림하는 태도가 있다면 섬기는 사람이 됩시다.

나폴레옹의 약속

8월 30일

읽을 말씀 : 야고보서 5:7-20

● 약 5:12 ...하늘로나 땅으로나 아무 다른 것으로도 맹세하지 말고 오직 너희가 그렇다고 생각하는 것은 그렇다 하고 아니라고 생각하는 것은 아니라 하여 정죄 받음을 면하라

나폴레옹이 황제였던 시절 아내 조세핀과 함께 유럽의 여러 나라를 방문했습니다.

대부분의 나라들이 독재자인 나폴레옹을 환대하지 않았지만 룩셈부르크는 열렬히 환영했습니다. 이에 감격한 나폴레옹은 당시 금화 1500개로 만든 장미꽃을 선물하며 약속을 했습니다.

"프랑스가 존재하는 한 매년 이 장미를 룩셈부르크에 보내겠소."

그러나 나폴레옹은 몇 년 뒤 전쟁에서 패배한 뒤 유배가 되어 평생을 섬에서 보내다 생을 마감했기에 단 한 번도 장미를 보내지 못했습니다. 그런데 이로부터 200년이 지난 1984년도에 룩셈부르크 정부는 나폴레옹의 약속을 빌미로 그동안 보내지 않은 장미 값을 보내달라고 요청했는데 그 금액이 원금과 이자까지 합쳐 무려 300억 원에 달했습니다.

프랑스 정부는 고심 끝에 정중한 사과문을 보냈습니다. 200년 전 나폴레옹의 말 한 마디로 그렇게 많은 금액을 주고, 또 계속해서 매년 보낼 수는 없었기 때문이었습니다.

한 때 유럽을 지배했던 황제의 약속이라 하더라도 사람의 약속은 절대로 믿을 수 없습니다. 사람의 말과 약속을 너무 믿거나 의지하지 말고 오직 하나님의 말씀인 성경의 약속만을 의지하십시오. 반드시 주님께서 좋은 것으로 채워주십니다.

♥ 주님! 누구에게 제 뜻대로 함부로 약속하는 교만함이 없게 해 주소서.
📖 혹시 누구에게 약속하고 지키지 않는 것이 있으면 사과하고 정리합시다.

8월 31일
생각을 바꿔라

읽을 말씀 : 시편 92:1-15

● 시 92:5 여호와여 주께서 행하신 일이 어찌 그리 크신지요 주의 생각이 매우 깊으시니이다

성공률이 85%인 수술이 있습니다.
 만약 이 확률을 환자에게 85%의 성공률이 있는 수술이라고 권유하면 대부분 수술을 결심합니다. 그러나 15%의 실패율이 있다고 얘기하면 훨씬 많은 사람들이 수술을 기피합니다.

두통으로 고생하는 환자가 있습니다.
 이 환자에게 진통제를 주면서 오천 원짜리라고 하면 효과가 별로라고 생각합니다. 반면에 만 원짜리라고 하면 효과가 좋다고 말하며 실제로 통증도 더 덜 느낍니다.

시험을 보기 전의 학생에게 대화하며 '성공, 성취'라는 단어를 사용하면 평소보다 훨씬 높은 점수를 받습니다. 그리고 TV에서 대학 교수의 삶에 대한 프로를 본 학생은 며칠간 더 많은 지식을 얻기 위해 자기도 모르게 노력을 합니다.

우리는 우리가 굉장히 객관적이고 합리적으로 살아간다고 느낍니다. 그러나 단순한 말 한 마디에 의해서도 우리의 삶은 굉장히 극적으로 바뀝니다. 우리의 삶, 우리의 신앙, 우리의 환경을 절대로 과소평가하지 말고 하나님을 위해 크게 쓰임 받을 미래를 그리십시오. 반드시 주님께서 좋은 것으로 채워주십니다.

💛 주님! 미래에 대한 아름다운 꿈을 주님 안에서 주님이 주신 대로 품게 하소서.
📖 삶을 믿음으로 보다는 너무 기분과 느낌대로 살고 있지 않는지 살펴봅시다.

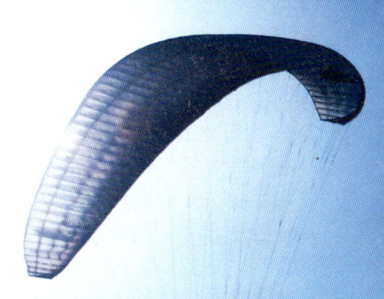

"푯대를 향하여 그리스도 예수 안에서
하나님이 위에서 부르신 부름의 상을 위하여
좇아가노라"

(빌립보서 3장 14절)

9월 1일 · 진짜 값진 유산

읽을 말씀 : 디모데후서 1:3-18

●딤후 1:5 이는 네 속에 거짓이 없는 믿음이 있음을 생각함이라 이 믿음은 먼저 네 외조모 로이스와 네 어머니 유니게 속에 있더니 네 속에도 있는 줄을 확신하노라

미국 역사상 가장 존경받는 대통령인 링컨은 평생 술과 담배를 하지 않았습니다.

독실한 크리스천이었던 어머니는 링컨에게 늘 신앙을 강조했고, 말씀을 읽어주었습니다. 그리고 일찍 세상을 떠나면서도 이런 유언을 남겼습니다.

"평생 정직하고 바르게 살아야 한다. 비록 너에게 재산은 한 푼도 물려주지 못했지만, 더 큰 신념과 신앙을 물려주었기에 엄마는 기쁘게 눈을 감을 수 있단다."

이 유언을 평생 간직하고 살던 링컨은 스스로 절제하며 몸과 시간에 해로운 일들을 하지 않았습니다. 그리고 후에 대통령이 되고 링컨은 자신의 모든 성공을 어머니의 공으로 돌렸습니다.

"지금의 나와 이렇게 될 수 있을 거라 생각했던 희망, 나의 모든 좋은 습관은 모두 어머니에게서 물려받은 것입니다."

신앙은 단순히 교회와 성경에서 배우는 것이 아니라 부모님의 말과 행동으로도 전승되는 것입니다. 말씀과 신앙보다 더 값진 것은 없기에 믿음은 자녀들을 통해 가문 대대로 전해져야 합니다. 자녀들을 정말로 위한다면 그 어떤 재산과 능력보다 유니게처럼 신앙의 유산을 물려주십시오. 반드시 주님께서 좋은 것으로 채워주십니다.

♡ 주님을 신뢰함이 성공의 비결임을 알게 하소서.
📖 나중에 자녀들에게 무엇을 물려주며 무엇이라 유언할지 생각해봅시다.

행동해야 할 이유

읽을 말씀 : 야고보서 1:19-27

● 약 1:25 자유롭게 하는 온전한 율법을 들여다 보고 있는 자는 듣고 잊어버리는 자가 아니요 실천하는 자니 이 사람은 그 행하는 일에 복을 받으리라

오스트리아의 정신과 의사 르네 스피츠가 미국의 한 고아원을 방문했습니다.

어린 아기들의 사망률이 너무 높아 문제가 있는지 살피기 위해서였는데 아무리 결점을 찾아보려 해도 찾을 수가 없었습니다. 고아원은 구석구석 청결했고, 아기 8명당 간호사도 1명씩 배치되어 있어서 일손도 부족하지 않았습니다. 침대 시트도 깨끗하게 유지했고, 아이들에게 충분한 영양을 공급했습니다.

그러나 어쩐 일인지 아기들은 2살이 되기 전에 40%나 죽었습니다. 그리고 르네는 그 원인이 하루 종일 아이들을 혼자 격리시켜 놓는 것이라는 걸 알아냈습니다. 어린 아이들이 병균에 감염되지 않게 하려고 각방에 떨어뜨려놓고 접촉을 최소한으로 줄였는데, 그로인해 애정 어린 스킨십을 받지 못해 외로움에 죽어간 것이었습니다.

사람에게는 물질적인 풍요보다 애정 어린 관심과 어우러짐이 더욱 중요합니다. 물질을 통한 구제와 헌신도 중요하지만 그보다 직접 찾아가 함께 하는 봉사가 더욱 소중한 일입니다. 물질을 후원한다고 봉사를 소홀히 한다면 정말 중요한 것을 놓치고 있는 것입니다. 외롭고 소외된 이웃에게 직접 찾아가 따스한 사랑을 부어주십시오. 반드시 주님께서 좋은 것으로 채워주십니다.

♡ 주님! 말만이 아니라 진실한 행함으로 사랑을 실천하는 사람이 되게 하소서.

🖼 사랑으로 한다는 행동이 머리에서가 아닌 마음으로부터의 사랑이게 합시다.

9월 3일
잠시 들른 인생

읽을 말씀 : 이사야 2:5-22

● 사 2:22 너희는 인생을 의지하지 말라 그의 호흡은 코에 있나니 셈할 가치가 어디 있느냐

유명한 목회자 하페즈 하임을 만나려고 한 미국인이 폴란드까지 비행기를 타고 떠났습니다.

하페즈의 집에 가보니 온 사방에 책만 가득하고 덩그러니 책상과 의자 하나뿐이었는데 이 광경을 보고 놀란 미국인이 하페즈에게 물었습니다.

"제가 일전에 연락을 드린 그 사람입니다. 그런데 이곳이 선생님 집이 맞습니까? 세간이 하나도 없이 어떻게 생활하십니까?"

그 말을 들은 하페즈가 물었습니다.

"세간? 당신도 세간이 없지만 잘 생활하고 있지 않소?"

"저야 여기 여행으로 온 것이니 당연히 없지요. 그러나 선생님은 이곳이 머무시는 곳이잖습니까?"

"허허, 천만에 나 역시 마찬가지요."

이 땅에서 누리는 모든 것은 하나님이 잠시 허락하신 은혜입니다. 그런데 때로는 그 은혜를 잊고 세상의 정욕을 위해 살아갈 때가 우리는 너무나 많습니다. 그 은혜를 기억하며 하나님의 뜻에 맞게 받은 은혜들을 지혜롭게 사용하십시오. 반드시 주님께서 좋은 것으로 채워주십니다.

♥ 주님! 세상에서의 삶은 나그네 생활이며 순례자임을 기억하게 하소서.
📖 가지고 있는 것 중에 불필요한 것을 이웃에게 주고 단순한 마음으로 삽시다.

비어있는 쇼핑몰

읽을 말씀 : 디모데전서 3:14-16

● 딤전 3:15 만일 내가 지체하면 너로 하여금 하나님의 집에서 어떻게 행하여야 할지를 알게 하려 함이니 이 집은 살아 계신 하나님의 교회요 진리의 기둥과 터니라

지난 2005년, 중국 둥관시에 '남중국몰'이라는 초대형 쇼핑몰이 오픈됐습니다.

면적이 709만평으로 세계에서 가장 큰 쇼핑몰로 대대적인 스포트라이트를 받았습니다. 2위와 비교했을 때도 100만 평 이상이 더 큰 압도적인 규모였습니다.

강을 등지고 있는 이 쇼핑몰에는 엄청난 크기의 풍차와 놀이기구들이 즐비할 만큼 공을 들여 만들어졌습니다. 그러나 안타까운 것은 이 쇼핑몰의 99%가 비어있다는 사실입니다. 넓은 공터를 구하다보니 주변에 상권이 충분하지 않은 한적한 곳에 공사를 해야 했습니다.

그저 주변의 수요가 충분하지도 않은데도 크게 지으면 알아서 찾아올 거라는 구시대적인 발상으로 막대한 예산을 들여 지었지만 애초 예상과는 달리 4년 동안 새로 입점하는 곳이 한 곳도 없을 정도로 아무런 관심을 받지 못하다가 고작 1%밖에 차 있지 않은 가장 거대한 '비어있는 쇼핑몰'이 되고 말았습니다.

건물에게 가장 중요한 것은 보이는 모습이나 크기보다 그 목적에 맞게 사용되고 있는 것입니다. 교회의 외형보다는 하나님을 사모하는 성도들이 더 모여들기를 기도하십시오. 반드시 주님께서 좋은 것으로 채워주십니다.

♡ 주님! 남에게 과시하기 위한 삶이 아니라 주님을 증거하는 삶이 되게 하소서.
📖 물건이나, 마음이나 남에게 과시하기 위한 것은 모두 정리합시다.

9월 5일

길이 있는 곳

읽을 말씀 : 요한복음 14:1-6

● 요 14:6 예수께서 이르시되 내가 곧 길이요 진리요 생명이니 나로 말미암지 않고는 아버지께로 올 자가 없느니라

사막을 여행하다 길을 잃은 여행자가 있었습니다. 더위가 식은 저녁에도 길을 찾기 위해서 계속 걷고 있었는데 눈앞에 사람의 발자국이 보였습니다.

'아, 저 곳을 따라가면 길이 나오겠군!'

그러나 그 발자국을 따라 몇 시간을 걸었는데도 마을은 나오지 않았습니다. 그리고 어디선가 익숙한 선인장이 눈에 보였습니다. 알고 보니 찾은 발자국이 자기 자신의 발자국이었고, 계속해서 헤매던 곳을 발자국을 따라 다시 돌았던 것입니다. 힘이 빠진 남자는 쓰러져 멍하니 있었습니다.

그런데 유난히 빛나는 별이 하나 있었습니다. 그 순간 '사막에서 길을 잃으면 북극성을 보고 걸어라'는 말이 생각났던 남자는 빛나는 별을 따라 계속 걷기 시작했고 무사히 사막을 빠져나올 수 있었습니다.

세상의 그 어떤 사람의 조언이나 삶이라 하더라도 결국 사막에 남겨진 발자국입니다. 진정한 길을 찾기 위해서는 사막에 남겨진 사람의 발자국을 찾아서는 안 되고, 변하지 않는 북극성과 같은 하나님의 말씀을 찾아야 합니다.

인생의 모든 해답은 언제나 성경안에 고스란히 들어 있습니다. 언제나 인생의 밤하늘에 밝게 빛나고 있는 하나님의 말씀을 따라 살아가십시오. 반드시 주님께서 좋은 것으로 채워주십니다.

♡ 주님! 말씀이 인도하는 대로 따라가는 단순한 믿음의 삶이 되게 하소서.
📷 어려움을 당했을 때 무엇을, 또는 누구를 의지하고 있는지 생각해봅시다.

아버지의 사랑

9월 6일

읽을 말씀 : 요한복음 13:1-20

● 요 13:1 유월절 전에 예수께서 자기가 세상을 떠나 아버지께로 돌아가실 때가 이른 줄 아시고 세상에 있는 자기 사람들을 사랑하시되 끝까지 사랑하시니라

영국의 평범한 회사원 레이는 머리가 너무 아프다는 딸을 데리고 병원에 갔습니다. 정밀검사 결과 뇌종양이었는데 의사는 수술을 해도 가능성이 희박하다고 말했습니다. 하지만 어린 딸을 포기할 수 없어 큰 수술을 2번이나 시도했는데 모두 실패했습니다. 자기를 위해 열심히 노력하는 아빠의 모습을 보고 초등학생인 딸이 오히려 의연하게 괜찮다고 얘기했지만 아빠는 그럴 때마다 이렇게 말했습니다.

"분명히 방법이 있을거다. 아빠를 믿으렴. 아빠는 반드시 찾아낼 거야."

레이는 회사에서 일하는 시간을 저녁으로 바꾼 뒤 낮에는 도서관과 인터넷으로 하루 종일 자료를 찾았습니다. 그리고 로리와 비슷한 뇌종양을 수천 번이나 치료한 의사가 미국에 있다는 것을 알고 로리의 뇌 사진과 사정을 상세히 적었습니다. 연락을 받은 켈리 박사는 충분히 고칠 수 있다고 말했고, 미국에서 수술을 받은 로리는 완치되어 나흘만에 퇴원하고 건강하게 자라가고 있습니다.

어떤 상황에서도 자녀를 포기하지 않고 방법을 찾는 것이 부모님의 사랑이며, 또한 하나님의 사랑입니다. 우리를 영원한 생명을 주기 위해 독생자 예수님을 보내주신 귀한 하나님의 사랑을 묵상하십시오. 반드시 주님께서 좋은 것으로 채워주십니다.

♡ 주님! 이 세상 누구도 줄 수 없는 영원한 하나님의 사랑을 찬송하게 하소서.
📖 언제나 주님 안에는 해답이 있고 길이 있음을 믿읍시다.

9월 7일

아직 할 수 있는 일

읽을 말씀: 고린도전서 15:35-58

● 고전 15:43 욕된 것으로 심고 영광스러운 것으로 다시 살아나며 약한 것으로 심고 강한 것으로 다시 살아나며

교통사고로 하반신마비가 된 한 남자가 이런 글을 썼습니다. "하반신 마비가 되기 전에 내가 할 수 있는 일은 1만 가지였습니다. 그러나 이제는 할 수 있는 일이 9천 가지가 되어버렸습니다. 저는 잃어버린 천 가지를 아쉬워하며 평생 살아갈 수도 있고 아니면 아직 가능한 9천 가지를 하면서 살아갈 수도 있습니다. 오로지 선택은 나의 몫이지요. 처음 사고를 당했을 때 내 인생의 길목에 큰 바위가 놓여있다고 생각했습니다. 그러나 그 위에 올라갔을 때 저 멀리 아름다운 지평선이 보일지 누가 알겠습니까? 지금 보기엔 엄청 커 보이지만 막상 올라가면 별 거 아닐지도 모를 일입니다. 이제 저는 선택을 내렸습니다. 그리고 여러분도 이 사실 한 가지를 기억해주시기를 바랍니다. 중요한 것은 여러분에게 무슨 일이 일어나느냐가 아니라 여러분이 그 일을 통해 무엇을 할 수 있는가 입니다."

남자의 이 글은 베스트셀러 '영혼을 위한 닭고기 수프'에도 실렸고, 다른 많은 글들보다 훨씬 사람들의 많은 응원을 받았습니다.

가진 것에 상관없이, 나이에 상관없이, 능력에 상관없이, 아직 할 수 있는 많은 일이 있습니다. 지금 할 수 있는 일로 이웃을 사랑하고, 하나님을 찬양하십시오. 반드시 주님께서 좋은 것으로 채워주십니다.

💛 주님! 없는 것에 마음 아파하지 말고 가지고 있는 것에 감사하며 살게 하소서.
📖 지난날 극심히 어려웠을 때 어떻게 그 어려움을 통과했는지 생각해봅시다.

진실의 가치

9월 8일

읽을 말씀 : 에베소서 5:1-14

● 엡 5:9 빛의 열매는 모든 착함과 의로움과 진실함에 있느니라

페르시아의 황제 코스로스가 신하들을 모아놓고 말했습니다. "나는 내가 좋은 황제인지 궁금하오. 그대들의 생각을 솔직히 말해주시오. 듣고서 일리가 있으면 진귀한 보석을 하사하겠소."

코스로스 황제는 자존심이 매우 강했기에 신하들은 보석이나 받으려고 그럴듯하게 아첨을 했습니다. 그러나 신하 중 가장 지혜로운 엘림은 달랐습니다.

"진실을 어찌 돈이나 보석으로 살 수 있겠습니까? 저는 말하지 않겠습니다."

그러자 황제는 그저 솔직하게 말해달라고 했습니다.

"폐하는 향락에 너무 많은 예산을 쓰고 계십니다. 그로 인한 세금으로 백성들이 힘들어하고 있으니 그 부분만 신경을 쓰시면 성군이 되실 것입니다."

황제는 엘림을 총리로 임명하고 나머지 신하들에게는 보석을 주었습니다. 그런데 다음날 몇몇 신하들이 보석을 팔러 갔는데 상인들이 가짜라고 했다며 왕을 찾아왔습니다.

"그대들이 나에게 거짓 조언을 했기에 나도 가짜 보석을 주었네, 뭐가 잘못됐나?"

진리의 가치는 돈으로 따질 수 없습니다. 하나님이 허락하신 소중한 믿음을 그 어떤 것과도 바꾸지 마십시오. 반드시 주님께서 좋은 것으로 채워주십니다.

♡ 주님! 진실된 삶을 살며 사람들에게 진실 되게 행동해 신뢰받게 하소서.
🞕 하나님께 서원하고 구하는 기도가 어떤 마음인지 살피십시오.

9월 9일
탐욕에 눈이 멀 때

읽을 말씀 : 시편 119:30-39

● 시 119:36 내 마음을 주의 증거들에게 향하게 하시고 탐욕으로 향하지 말게 하소서

제 나라의 황제 경공에게는 세 명의 호위무사가 있었습니다. 이들은 뛰어난 무술로 많은 백성이 존경하고 왕의 신임이 두터워 점점 명망이 높아졌습니다. 그런데 어느 순간부터 이들은 자신의 세를 과시하는 데에만 혈안이 되어 왕의 명령도 무시한 채 횡포를 일삼았습니다.

백성들에게 선정을 베풀고 있었던 경공이나 세 무사의 실력과 세가 만만치 않아 고민을 하고 있었는데, 공자도 인정한 지혜를 가지고 있었던 안영이 자신이 그 일을 맡겠다며 왕을 안심시켰습니다. 다음날 안영은 세 무사를 궁으로 불러 복숭아 두 개를 주며 말했습니다.

"황제만 먹을 수 있는 궁 후원에서 수확한 복숭아녜, 수가 모자라 특별히 두 개만 하사할 테니 자네들이 공을 따져 알아서 나누게나."

세 무사는 서로 자기가 복숭아를 가져야 한다고 말다툼을 벌이다 급기야 칼을 꺼냈고, 서로에게 치명상을 입혀 모두 죽고 말았습니다. 그리고 이 사건 때문에 복숭아 두 개로 세 사람을 죽인다는 '이도살삼사(二桃殺三士)'라는 말이 생겨 지금까지 내려오고 있습니다.

하나님이 주신 귀한 삶을 하찮은 욕심으로 버리지 말고 주님의 은혜를 위한 일로 사용하십시오. 반드시 주님께서 좋은 것으로 채워주십니다.

💗 주님! 주님 외에는 그 무엇도 소망하지 않는 성숙한 믿음을 주소서.
📖 내 안에 주님만 영광 받으시길 원하는 강렬한 마음이 있는지 살펴봅시다.

천국을 바랄 자격

9월 10일

읽을 말씀 : 디도서 3:1-11

● 딛 3:7 우리로 그의 은혜를 힘입어 의롭다 하심을 얻어 영생의 소망을 따라 상속자가 되게 하려 하심이라

강에서 우렁을 잡아먹으며 사는 두루미가 있었습니다. 그런데 하루는 못 보던 하얀 새가 강가로 날아왔습니다. 두루미가 그 새에게 어디에서 왔냐고 묻자 그 새는 자기가 천국에서 날아왔다고 말했습니다.

"천국이라는 곳이 정말 있구나... 그런데 거기는 어때? 정말 천국이 그렇게 좋은 곳이니? 여기보다 훨씬 좋아?"

"그럼, 비교할 수 없을 정도로 좋지!"

천국에서 온 새는 두루미에게 천국의 여러 가지 이야기를 해 주었습니다. 아름다운 천국의 이야기를 넋놓고 듣던 두루미가 물었습니다.

"그런데 말이야, 천국에도 우렁이 있니?"

"아니, 천국에 우렁이는 없어. 대신 훨씬 좋은 것들이 많지."

그러자 두루미는 시큰둥하게 말했습니다.

"됐어, 그럼 난 안 갈래. 천국이든 뭐든 나는 우렁만 있으면 그만이거든."

천국을 성말로 사모하며 가기를 원하는 사람이라면 이 세상의 것들에 연연해서는 안 됩니다. 그 어떤 것도 예수님보다 귀하게 여겨서도 안 됩니다. 말이 아닌 삶으로 천국을 준비하는 성도가 되십시오. 반드시 주님께서 좋은 것으로 채워주십니다.

💚 주님! 이 땅의 생활에 연연하지 않고 천국을 소망하게 하소서.

🎴 오늘 밤에 이 땅을 떠난다 할지라도 조금도 두려움과 아쉬움이 없게 삽시다.

9월 11일 — 한 표의 중요성

읽을 말씀 : 시편 110:1-7

● 시 110:3 주의 권능의 날에 주의 백성이 거룩한 옷을 입고 즐거이 헌신하니 새벽 이슬 같은 주의 청년들이 주께 나오는도다

'역사상 가장 중요한 한 표'라는 글에 나오는 자료입니다.
1645년에 영국에서의 한 표는 올리버 크롬웰에게 영국의 지배권을 주었습니다. 그는 영국에 혁명을 일으켰고, 또 혁명에 의해 죽었습니다.

1776년에 미국에서의 한 표는 미국이 독일어 대신 영어를 사용하도록 만들었습니다. 만약 이 한 표가 없었더라면 지금 미국은 독일어를 쓰고 있었을지도 모릅니다.

1845년 텍사스에서의 한 표는 텍사스가 연방정부에 가입하게 만들었습니다. 이 한 표가 없었다면 지금도 텍사스는 미국에 속하지 않았을 것입니다.

1875년 프랑스에서 한 표는 왕정에서 공화정 체제로 바꾸었습니다.

1923년에 독일에서의 한 표는 아돌프 히틀러에게 나찌당의 대표 자리를 주었습니다. 그리고 그 이후의 역사는 우리 모두가 아는 대로입니다.

이처럼 때론 한 사람의 투표가 역사에 있어 중대한 변화를 가져주기도 합니다. 그리고 한 표는 곧 한 사람의 중요성을 뜻합니다. 그렇듯 말씀을 전하는 한 사람의 변화가 엄청나게 많은 생명을 천국으로 인도할 수 있습니다. 하나님에 말씀을 따라 변화되고 살아가는 한 사람이 되십시오. 반드시 주님께서 좋은 것으로 채워주십니다.

💚 주님! 지극히 적은 것도 주님 안에서는 존중하는 성숙한 삶을 살게 하소서.
📖 한 사람이 역사와 환경과 상황을 바꿀 수 있음을 기억합시다.

직접 찾아가라

9월 12일

읽을 말씀 : 히브리서 10:19-39

●히 10:25 모이기를 폐하는 어떤 사람들의 습관과 같이 하지 말고 오직 권하여 그 날이 가까움을 볼수록 더욱 그리하자

'언어를 익히는 가장 빠른 방법'에 대해서 학자들이 연구를 했습니다. 조사 결과 가장 빠른 방법은 '사람과 일대일로 대면해서 배우는 것'이었습니다.

반면에 가장 느린 방법은 '비디오나 오디오 교재를 사용하는 것'이었습니다. 심지어 교육을 위해 만들어진 것이라 하더라도 효과가 훨씬 미미했습니다.

그리고 이 연구결과 대로 엄마와 오랜 시간 있으면서 실제 대화를 하는 듯한 말을 많이 듣는 아기가 말도 빨리 배웠고, 자라면서도 어휘력이 아주 높았습니다.

그러나 어학교재나 교육비디오를 활용하는 경우에는 오히려 말을 배우는 속도가 늦었으며 자라면서도 집중력 저하와 같은 안 좋은 부작용까지 일어났습니다. 그래서 자녀의 어휘력을 위해서는 전문가가 만든 영상이나 교재를 주는 것보다도 엄마가 함께 대화를 해주고 놀아주는 것이 훨씬 효과적입니다.

온라인 예배가 발달하고 메신저 채팅 기능이 아무리 발달해도 우리가 모이고 함께 해야 하는 것은 그것이 하나님을 예배하고 서로의 신앙을 나누는 가장 효과적인 방법이기 때문입니다. 예수님의 진정한 제자가 되고 싶다면, 또 다른 성도들을 진정한 제자로 양육하고 싶다면 모이기를 힘쓰고, 먼저 찾아가십시오. 반드시 주님께서 좋은 것으로 채워주십니다.

♡ 주님! 모이기를 등한히 해 신앙에 문제가 생기지 않게 하소서.

📖 정말 부득이한 경우가 아니면 무조건 교회에 출석해 예배합시다.

9월 13일

전도의 비법

읽을 말씀 : 사도행전 4:23-31

● 행 4:31 빌기를 다하매 모인 곳이 진동하더니 무리가 다 성령이 충만하여 담대히 하나님의 말씀을 전하니라

어떤 유능한 신입영업사원이 중요한 고객과 미팅을 하고 있었습니다. 한 건만 성사되면 엄청난 실적을 올릴 수 있었기에 열과 성을 다해 자료를 준비하고 열심히 노력을 했지만 고객은 막판에 계약을 하지 않기로 마음을 돌렸습니다. 기대가 컸던 만큼 실망도 컸던 신입사원은 회사로 돌아와 상사에게 보고를 했습니다.

"정말 자신 있었는데 놓쳤습니다. 거의 다 됐다고 생각했는데 왜 실패했을까요? 아무리 열심히 물가로 말을 끌고 가도 역시 물을 먹일 순 없기 때문일까요?"

그러자 상사가 말했습니다.

"자네는 생각만 조금 바꾸면 훨씬 더 나은 실적을 올릴 수 있을 걸세. 잘 듣게, 우리의 목적은 고객을 물가로 끌고 가는 것이 아니라 목이 말라 물을 찾게 하는 것이라네."

상사의 말을 듣고 크게 깨달은 신입사원은 이후 지역에서 가장 많은 계약을 성사시키는 사원이 되었습니다.

외적인 보상으로 억지로 끌고 오는 전도에는 한계가 있습니다. 사람들에게 참 진리가 무엇인지, 바른 믿음이 무엇인지 먼저 보여주고 타는 목마름으로 고생하는 사람들을 주님께 인도해야 합니다. 그리고 교회로 인도하십시오. 반드시 주님께서 좋은 것으로 채워주십니다.

♡ 주님! 제가 복음을 전할 때 성령님께서 인도해 주셔서 많은 열매 맺게 하소서.
📖 복음을 전할 때 사탄도 일하고 있다는 사실을 기억하고 성령님을 의지합시다.

선량한 목소리

읽을 말씀 : 에베소서 4:25-32

9월 14일

● 엡 4:25 그런즉 거짓을 버리고 각각 그 이웃과 더불어 참된 것을 말하라 이는 우리가 서로 지체가 됨이라

올리버 골드스미스의 글에는 이런 내용이 나옵니다. "길에서 위험에 처한 한 여성이 있었다. 여성은 어떤 남자에게 심한 욕설을 들으며 구타를 당했다. 그러나 아무도 도와주지 않았다. 나중에 경찰이 이곳에 오자 사람들은 오히려 피해자를 비난했다. '남자의 말을 들어보니 여자가 잘못한 것 같았어요.', '이 시간에 나오면 위험하니 여자 잘못이에요.' 여자가 맞는 모습을 보고 그냥 있던 사람들은 선량한 방관자가 아닌 범죄자에 동조하는 시민이었을 뿐이다."

올리버는 이 글을 통해 "침묵은 동의를 뜻한다"는 말을 했는데, 이는 훗날 골드스미스의 법칙으로 불리며 많은 사례에 인용되었습니다.

흑인들의 인권운동을 위해 헌신했던 마틴 루터 킹도 이런 말을 했습니다.

"악에 대해서 항의를 하지 않고 받아들이는 사람들은 실제로 악에 협조하고 있는 것이다."

사회의 부조리함과 잘못된 사항들에 대해서 우리들은 당당한 목소리를 내야 합니다. 나와 관련된 일이 아니라고, 누군가는 대신 해주겠지 라는 생각 대신 믿음을 따라 움직이십시오. 반드시 주님께서 좋은 것으로 채워주십니다.

♡ 주님! 이웃의 어려움을 모른 체 방관하지 않고 돕게 하소서.
🖼 양심에서 도우라고 한 사람을 돕지 못했다면 지금이라도 도웁시다.

9월 15일

행복의 6가지 조건

읽을 말씀 : 야고보서 1:12-18

● 약 1:18 그가 그 피조물 중에 우리로 한 첫 열매가 되게 하시려고 자기의 뜻을 따라 진리의 말씀으로 우리를 낳으셨느니라

하버드대학교를 졸업한 엘리트 출신 268명의 삶을 무려 70여 년간이나 역학 조사해 행복의 조건을 알아봤더니 다음의 7가지 특징이 나왔습니다.
 1. 인생의 어려움에 적응하는 능력.
 2. 자기가 원하는 만큼의 교육 기회.
 3. 배우자와의 좋은 관계에서 비롯된 안정적 결혼생활.
 4. 금연.
 5. 금주 및 금주에 가까운 절주.
 6. 건강을 유지할 정도의 적절한 운동.
 7. 적당한 체중 유지.
 위의 조건 중 4가지 이상을 갖춘 사람의 인생은 거의 100% 행복했습니다. 그러나 3가지 이하로 가진 사람은 대부분 불행했습니다.
 하나님이 주신 행복의 조건은 매우 단순하고 누구나 얻을 수 있습니다. 그러나 욕심과 세상의 잘못된 지식에 눈이 멀어 이 단순한 진리를 잊고 살 때가 너무나 많습니다. '행복'이라는 이유로 진짜 행복에서 멀어지는 어리석은 일들을 멈추고, 진리 안에 거하며 진정으로 행복하게 되는 일들을 붙잡으십시오. 반드시 주님께서 좋은 것으로 채워주십니다.

♥ 주님! 진정한 행복은 주님 안에만 있음을 철저히 믿고 생활하게 하소서.
📖 나에게 부족한 행복을 위한 조건을 달성하십시오.

집중을 위한 준비

9월 16일

읽을 말씀 : 사도행전 20:17-38

● 행 20:24 내가 달려갈 길과 주 예수께 받은 사명 곧 하나님의 은혜의 복음을 증언하는 일을 마치려 함에는 나의 생명조차 조금도 귀한 것으로 여기지 아니하노라

리우 올림픽에서 진종오 선수가 사격부문 세계최초로 올림픽에서 3회 연속 금메달을 땄습니다.

더불어 사격에 대한 국민들의 관심이 매우 커지고 있는데, 사격은 사람들의 생각보다도 훨씬 고도의 집중력이 필요한 종목이었습니다. 먼저 사람 눈의 구조상 총의 가늠쇠와 표적을 동시에 볼 수가 없습니다. 그래서 사격선수들은 각자의 감으로 표적을 향해 총을 쏩니다. 올림픽 금메달리스트인 래니 바샴은 이 훈련에 대해서 이런 말을 했습니다.

"50미터 거리에서 10센트 동전보다 작은 곳을 맞추는 것이 사격입니다. 총신의 각도가 백분의 1만 틀려도 표적지에서 완전 빗나간 곳에 총알이 발사됩니다. 그래서 사격에서 가장 중요한 것은 움직이지 않는 것입니다. 가장 먼저 숨을 참는 법을 배워야 하며, 대회 나가기 전 12시간은 아무것도 먹지 않아 소화작용을 멈추게 합니다. 그리고 적절한 맥박 수치인 60수준을 유지하기 위해서 조깅을 수시로 합니다. 여기에 정신적인 문제까지 포함해 사격의 80%는 집중을 하는 것이고 나머지 20%가 기술적인 문제입니다."

우리는 예배 때 하나님께 집중하기 위해 어떤 준비를 하고 있을까요? 최소 토요일 저녁, 이른 주일 아침만큼은 예배를 위해 투자하십시오. 반드시 주님께서 좋은 것으로 채워주십니다.

♡ 주님! 주일 성도들과 함께하는 예배를 위해 경건하게 준비하게 하소서.
🖼 주일 예배를 위해 토요일 영육 간에 준비하는 삶을 삽시다.

9월 17일
위험한 믿음

읽을 말씀 : 이사야 44:9-20

● 사 44:18 그들이 알지도 못하고 깨닫지도 못함은 그들의 눈이 가려서 보지 못하며 그들의 마음이 어두워져서 깨닫지 못함이니라

'헤일밥혜성'은 3000년에 한 번만 관측할 수 있는 혜성입니다. 이 혜성이 약 십년 전에 지구에 나타났었는데 그 날 밤 미국 캘리포니아의 산타페에서는 39명이 이 혜성을 맞이할 준비를 하고 있었습니다.

인류를 초월한 외계인이 자기들을 구출하기 위해서 혜성을 보냈다고 믿은 이들은 자기 이름이 써 있는 명찰을 가슴에 달고 흰옷과 검은 신발을 갖춰 입었습니다. 그리고 침대 맡에는 '이륙 팀'이라는 팻말을 붙이고 수면제를 먹고 비닐봉지를 뒤집어 쓴 뒤 저산소증으로 집단 자살을 했습니다. 혜성이 올 때 목숨을 끊어야만 지구를 떠날 수 있다고 믿었던 것입니다.

이 사건이 더욱 안타까운 것은 이 사이비종교의 목적이 순수한 잘못된 믿음에서 비롯되었기 때문입니다. 이들의 교주였던 애플화이트는 그동안 종교활동으로 한 푼의 이득도 챙기지 않았고, 혜성이 오던 날도 신도들과 함께 자살을 했습니다.

바른 진리를 향한 믿음은 영생과 구원의 자유가 있지만 진리라고 포장된 그릇된 가르침을 향한 믿음은 비참한 종말뿐입니다. 막다른 길을 향한 인생은 아무리 열심히 살아도, 아무리 착하게 살아도 결과는 마찬가지입니다. 성경을 벗어나는 그릇된 진리는 믿지도 말고, 관심도 갖지 마십시오. 반드시 주님께서 좋은 것으로 채워주십시오.

♥ 주님! 말씀을 바로 알고 깨달을 지혜를 성령님을 통해 보내주소서.
📖 공인된 기관이나 교회에서만 하는 성경공부만 참석하십시오.

브레어의 선택

읽을 말씀 : 시편 33:12-22

● 시 33:12 여호와를 자기 하나님으로 삼은 나라 곧 하나님의 기업으로 선택된 백성은 복이 있도다

'**토** 끼 브레어'라는 동화의 내용입니다.
우유부단한 토끼 브레어가 옆 마을의 테리핀에게 일주일 뒤 저녁 초대를 받았습니다. 그리고 다음날 다른 마을의 포숨에게도 같은 날짜에 초대를 받았습니다.

'테리핀 씨보다 어쩌면 포숨 씨가 더 맛있는 걸 줄 수도 있잖아? 일단 둘 다 간다고 해야겠어.'

그리고 약속한 당일 브레어는 일찍 집을 나와 마을을 돌아다니며 소문을 수집했습니다. 그런데 한 이웃이 테리핀 씨네 요리 솜씨가 아주 좋다고 칭찬을 했습니다. 그 소리를 듣고 브레어는 테리핀의 집으로 발걸음을 돌렸는데, 시장 어귀에서 포숨이 각종 진귀한 재료들을 사갔다는 소문이 들렸습니다.

그 소문을 듣고 다시 브레어는 포숨의 집으로 발걸음을 돌렸습니다. 그런데 가다 생각해보니 아무리 재료가 좋아도 요리를 못하면 소용이 없다고 생각되자 발걸음을 돌렸는데 아무래도 진귀한 음식을 먹어보고도 싶었습니다. 한참을 고민하다 결국 저녁이 되었고 브레어는 어느 쪽 만찬도 참여하지 못한 채 소중한 두 이웃까지 잃고 말았습니다.

세상과 하나님 사이에서 갈등을 하는 사람은 결국 중요한 것을 놓치고 맙니다. 확실히 하나님의 편에 서서 섬기기로 마음을 정하십시오. 반드시 주님께서 좋은 것으로 채워주십니다.

♡ 주님! 갈팡질팡하는 어리석은 생활을 하지 않고 믿음의 삶만을 살게 하소서.
🖼 믿음 생활을 언제나 최우선으로 놓고 세상의 즐거움과 갈등하지 마십시오.

9월 19일
기다리는 지혜

읽을 말씀 : 유다서 1:17-23

● 유 1:21 하나님의 사랑 안에서 자신을 지키며 영생에 이르도록 우리 주 예수 그리스도의 긍휼을 기다리라

세 명의 카우보이가 목초지를 향해 소를 몰고 가고 있었습니다. 하루 종일 아무것도 먹지 못한 카우보이들은 소들을 잘 둘러놓고 근처 마을로 향했습니다.

너무나 배가 고팠던 카우보이 두 명은 말을 타고 가며 지금 얼마나 배가 고픈지, 마을에 가면 어떤 음식을 얼마나 먹을지 계속 말하고 있었는데 한 카우보이는 "나는 그다지 배고프지 않아"라고 말하며 묵묵히 말을 몰아 둘을 앞질러 갔습니다.

배가 고프다며 불평을 하던 두 카우보이도 어느새 마을에 도착했고, 식당에 가자마자 가장 두꺼운 스테이크부터 시켰습니다. 그런데 배가 고프지 않다던 카우보이가 이미 도착해 음식을 허겁지겁 먹고 있었습니다. 이 모습을 본 두 카우보이가 놀리듯이 물었습니다.

"아니, 이보게 배도 고프지 않다더니 우리보다 음식을 더 많이 먹고 있는 걸?"

"먹을 것이 없을 때 배고파한다고 음식이 생기는 것이 아니라네. 차라리 말을 더 빨리 모는 것이 지혜롭지."

모든 필요를 때에 맞게 공급하시는 주님이심을 믿는다면 불평보다는 항상 순종이 앞서야 합니다. 만나와 메추리를 공급받고도 불평하는 광야의 백성이 되지 말고 믿음으로 응답을 기다리는 에스더 같은 성도가 되십시오. 반드시 주님께서 좋은 것으로 채워주십니다.

♡ 주님! 내 뜻대로 되지 않는다고 불평하지 말고 범사에 감사하게 하소서.
📷 요즘 마음에 불만스러운 것이 있으면 감사가 부족함을 깨달읍시다.

용감함과 무모함 사이

9월 20일

읽을 말씀 : 고린도전서 1:18-31

● 고전 1:18 십자가의 도가 멸망하는 자들에게는 미련한 것이요 구원을 받는 우리에게는 하나님의 능력이라

지형이 험한 미국 콜로라도의 한 버스회사에서 운전기사를 모집했습니다.

면접관이 가파른 절벽 사진을 보여주며 물었습니다.

"만약 코스에 이런 길이 있다면 운전할 수 있겠습니까?"

● 첫 번째 사람이 대답했습니다.

"물론입니다. 절벽이 아니라면 차가 충분히 지날 수 있는 충분한 길이니까요."

● 두 번째 사람이 대답했습니다.

"저도 가능합니다. 제 실력이라면 절벽 끝을 따라서도 무사히 갈 수 있습니다."

● 마지막으로 세 번째 사람이 대답했습니다.

"저는 다른 건 몰라도 절벽 끝에서 최대한 멀리 떨어지겠습니다."

버스회사는 마지막 세 번째 사람을 고용했습니다. 버스회사에서 구하는 사람은 '용감한 사람'이지 '무모한 사람'이 아니었습니다.

말씀을 따라 담대하게 사는 것이 용감한 신앙이고, 말씀이 없이 담대하게만 사는 것이 무모한 신앙입니다. 말씀을 통해 인도하시는 하나님의 음성을 따라 용감한 신앙생활을 하십시오. 반드시 주님께서 좋은 것으로 채워주십니다.

♡ 주님! 믿음이라는 이름으로 무모하게 생활하지 않게 도와주소서.

※ 행여 영적 우월감으로 남 앞에서 과시하는 믿음의 실수를 하지 맙시다.

9월 21일
올바르게 사용하라

읽을 말씀 : 잠언 15:20-33

●잠 15:21 무지한 자는 미련한 것을 즐겨 하여도 명철한 자는 그 길을 바르게 하느니라

가난한 집에서 태어나 초등학교밖에 못 나온 릭이라는 사람이 있었습니다.

변변한 일자리도 구하지 못해 당시 아무나 받아주는 보험회사에 들어가 설계사로 일을 시작했는데, 그의 첫 선임이 이런 가르침을 주었습니다.

"9번 거절을 당하면 1번은 반드시 승낙을 받는다네."

릭은 이 말을 철썩 같이 믿었습니다. 그리고 거절을 당할수록 곧 승낙을 받을 거란 생각에 콧노래를 부르며 고객들을 만나러 갔습니다. 그리고 6개월 만에 전국에서 가장 많은 계약을 성사시키는 직원이 되었습니다.

이제 그는 자신이 원하던 성공도 얻었고 많은 돈도 벌었습니다. 그러나 뭔가 충분하지 않았습니다. 그는 결국 다니던 회사를 그만두고 한 자선단체에서 후원자를 모으는 일을 하기 시작했는데 무려 10년 동안 3천 명이나 되는 후원자를 모으며 자신의 능력을 어려운 사람을 돕는 일에 쓰기 시작했습니다.

하나님이 주신 능력은 하나님의 일을 위해 사용되어야 합니다. 나에게 모든 것을 주신 분이 하나님이란 사실을 잊지 말고 주님의 영광을 세상에 드러내는 일을 힘써 감당하십시오. 반드시 주님께서 좋은 것으로 채워주십니다.

♡ 주님! 은혜의 선물을 주님만을 위해 사용하는 믿음의 사람 되게 하소서.
※ 내가 가장 잘 할 수 있는 일을 주님만을 위해 사용합시다.

구두가 준 교훈

읽을 말씀 : 야고보서 1:2-8

● 야고보서 1:6,7 오직 믿음으로 구하고 조금도 의심하지 말라 의심하는 자는 마치 바람에 밀려 요동하는 바다 물결 같으니 이런 사람은 무엇이든지 주께 얻기를 생각하지 말라

부모님을 따라 구두를 맞추러 간 소년이 있었습니다. 구두공은 소년의 발 사이즈를 잰 뒤 구두디자인을 각을 지게 할지, 둥글게 할지를 물었습니다. 소년은 두 디자인이 모두 좋아서 결정을 하지 못했습니다. 그러자 구두공이 물었습니다.
"결정을 하기 어려우면 내가 알아서 해줄까?"
소년은 차라리 그게 낫겠다고 생각했습니다. 그리고 일주일 뒤 구두공을 찾아가 구두를 받은 소년은 깜짝 놀랐습니다. 한쪽 구두는 각이 진 모양이었고, 다른 쪽은 둥근 모양이었기 때문입니다. 그러나 자기가 결정을 맡겼기에 어쩔 수가 없었고, 이때 맞춘 새 구두는 한 번도 신지 못했습니다.
소년은 이때의 경험으로 내가 내릴 결정을 망설이면 다른 사람에 의해 전혀 엉뚱한 결과가 나올 수 있다는 걸 깨닫고 아무리 어려운 상황에서도 일단 결정을 내리며 살았습니다. 로널드 레이건이라는 이름의 이 소년은 훗날 미국의 40대 대통령이 되었습니다.
세상과 하나님 사이에서 방황하며 결정을 내리지 못하면 죄의 흐름에 따라 흘러가는 삶을 살게 됩니다. 그렇기에 죄의 갈림길에 설 때마다 담대히 주님 편에 서겠다고 선포하며 전진해야 합니다. 여호수아와 갈렙처럼 하나님의 편에 서기로 지금 결단하십시오. 반드시 주님께서 좋은 것으로 채워주십니다.

♡ 주님! 모든 결정을 주님의 뜻대로 내릴 수 있게 하소서.
📖 무슨 일을 결정할 때 주님의 방법으로 하고 있는지 살펴봅시다.

9월 23일
인생의 신기루

읽을 말씀 : 야고보서 4:13-17

● 약 4:14 내일 일을 너희가 알지 못하는도다 너희 생명이 무엇이냐 너희는 잠깐 보이다가 없어지는 안개니라

나폴레옹의 군대가 이집트를 정복하러 사막을 걷고 있었습니다. 무더위에 고생을 하며 식수도 거의 떨어져가던 도중 갑자기 앞에 한 병사가 소리를 질렀습니다.

"저기 오아시스가 있다!"

곧 다른 병사들 눈에도 아지랑이처럼 흐물거리는 오아시스가 보이기 시작했습니다. 그러나 아무리 걸어도 오아시스가 가까워지지 않았습니다. 모두가 당황하고 있을 때 함께 진군하던 프랑스의 천재수학자 가스파드가 나폴레옹을 찾아가 말했습니다.

"저것은 신기루입니다. 제 생각대로라면 저곳으로 가면 절대 오아시스가 나오지 않기 때문에 병사들을 진정시키고 지도를 따라 이동해야 합니다."

가스파드는 이후 신기루의 원인을 과학적으로 분석했는데 뜨거운 열과 공기의 변화로 인해 전혀 다른 위치에 비슷한 상이 맺히는 것이었습니다. 즉, 신기루는 오아시스가 실제로 있다는 것을 보여주긴 하지만 그대로 따라가서는 결코 오아시스를 만날 수 없었습니다.

인생에서 누릴 수 있는 모든 가치들은 결국엔 사라질 허상입니다. 세상에서의 삶을 통해 우리가 만날 수 있는 참된 오아시스는 진리의 말씀인 성경이며 하나님의 사랑뿐임을 기억하십시오. 반드시 주님께서 좋은 것으로 채워주십니다.

♥ 주님! 세상 곳곳에 있는 신기루 같은 헛된 것에 마음을 뺏기지 않게 하소서.
📖 모든 일을 하나님의 말씀에 따라 분별하는 능력과 지혜를 구합시다.

기도의 오솔길

9월 24일

읽을 말씀 : 역대하 7:11-22

● 대하 7:14 내 이름으로 일컫는 내 백성이 그들의 악한 길에서 떠나 스스로 낮추고 기도하여 내 얼굴을 찾으면 내가 하늘에서 듣고 그들의 죄를 사하고 그들의 땅을 고칠지라

서 아프리카의 국경지도에 모든 부족이 예수님을 믿는 작은 마을이 있었습니다.

토담으로 지은 교회에는 따로 남는 방이 없어 마을 사람들은 숲속에 조용히 기도할 수 있는 작은 집을 만들었습니다. 사람들이 어찌나 기도를 많이 했는지 몇 달 만에 숲 속의 오두막으로 가는 오솔길이 생길 정도였습니다. 그러나 기도를 소홀히 할 때는 잡초가 빠르게 자라 길이 사라졌습니다.

마을 사람들은 기도하는 방으로 가는 길이 있을 때와 없을 때의 삶이 너무나 달라진 것을 알고는 잡초가 자라려고 하면 의식적으로 더 기도를 하러 많이 찾아갔습니다. 그리고 몇 년 뒤 이곳에서 다른 사람에게 근심이나 걱정이 있는 것 같을 때는 이렇게 말을 하게 되었습니다.

"형제여, 마음의 길에 잡초가 자라고 있는 것 같군요."

건강이 나빠질 때 빨리 치료를 해야 회복이 빠른 것처럼 신앙의 약한 모습이 보일 때는 속히 기도생활부터 시작해야 합니다. 지금 내 마음에 있는 기도의 오솔길은 어떤 상태일까요? 충분히 주님께 무릎을 꿇는 신앙 생활일까요? 기도하지 않으면 하나님의 영광이 떠납니다. 기도하지 않으면 우리의 계획이 많아집니다. 기도생활을 통해 염려를 떠나보내고 사탄을 쫓아내십시오. 반드시 주님께서 좋은 것으로 채워주십니다.

♡ 주님! 기도로 신앙이, 그리고 영육이 더욱 강건하게 하소서.
🖼 마음의 길에 잡초가 자라고 있는지 살펴봅시다.

9월 25일
정말 조심해야할 것

읽을 말씀 : 잠언 21:1-8

●잠 21:8 죄를 크게 범한 자의 길은 심히 구부러지고 깨끗한 자의 길은 곧으니라

미국 콜로라도의 한 산지에는 400년이 더 된 거목이 있습니다. 콜럼버스가 아메리카 대륙을 발견했을 때쯤 자라기 시작해 미국 생태 변화를 연구하기 위해 과학자들이 많이 찾았는데 조사에 따르면 그동안 14번이나 벼락을 맞았으나 죽지 않았고, 헤아릴 수 없는 태풍과 호우에도 쓸려가거나 날아가지 않고 그 자리를 지키고 있었습니다.

그런데 그 나무가 최근 몇 년 만에 급격히 시들더니 갑자기 죽고 말았습니다. 나무가 갑자기 죽을만한 외부적인 요인은 하나도 없었습니다.

죽은 나무를 조사하던 학자들은 나무 안을 딱정벌레들이 파먹은 것이 원인임을 알게 되었습니다. 모진 풍파를 견뎌내며 400년이나 거뜬히 버텨왔지만 작은 딱정벌레를 이겨내지 못하고 결국 쓰러진 것입니다.

우리의 삶도 어쩌면 이와 같습니다. '고난'이라는 이름으로 거세게 몰아치는 폭풍과 벼락은 잘 버텨내지만 매일 찾아오는 근심과 걱정, 작은 유혹에 쓰러지고 있을 수도 있습니다. 일용할 양식을 구하는 주기도문처럼 오늘 닥쳐오는 작은 유혹과 사소한 근심을 이겨낼 수 있는 믿음과 은혜를 구하십시오. 반드시 주님께서 좋은 것으로 채워주십니다.

💚 주님! 모든 염려와 불안과 낙심을 주님께 모두 맡겨 버리고 승리하게 하소서.
🖼 요즘 마음을 불안하게 하는 요인이 무엇인지 살펴보고 주님께 맡깁시다.

생명의 신호

9월 26일

읽을 말씀 : 시편 42:1-11

● 시 42:8 낮에는 여호와께서 그의 인자하심을 베푸시고 밤에는 그의 찬송이 내게 있어 생명의 하나님께 기도하리로다

하버드 대학교의 심장전문의 레빈 박사가 회진 중 한 의식불명의 노인에게서 제3심음을 들었습니다.

제3심음은 심장이 멈추기 직전에 들리는 소리로 건강한 사람에게는 아무리 좋은 청진기를 사용해도 들을 수가 없습니다. 레빈 박사는 마침 자신에게 배우던 인턴들을 호출해 환자를 진찰하게 했습니다. 그리고 가족들을 불러 마음의 준비를 하라고 했습니다.

그런데 박사의 예상과는 달리 노인의 심장에서는 점점 제3심음이 사라졌고, 며칠 뒤 완전히 건강을 회복하고 의식도 찾았습니다. 박사가 노인에게 기적이 일어났다고 얘기하자 노인이 되물었습니다.

"기적이라뇨? 저는 분명히 그날 선생님의 회진 내용을 들었습니다. 다른 의사들까지 찾아와서 심장소리가 분명히 들린다고 하지 않았습니까?"

제3심음에 대해서 모르던 노인은 의사의 진단이 심장이 회복된다는 줄 알았던 것입니다.

생각은 때론 희미한 가능성을 지피는 불씨가 되기도 합니다. 그리고 주님은 우리가 분명히 다시 살아날 수 있음을 말씀하셨습니다. 내 삶의 신호가 죽어가고 있다 하더라도 하나님이 살아있다고 말씀하신다면 살 수 있음을 믿으십시오. 반드시 주님께서 좋은 것으로 채워주십니다.

💚 주님! 세상의 기준으로 희비애락하지않고 주님의 말씀에 의해 살게 하소서.
📖 가능성이 없는 일처럼 보여도 주님이 도우시면 가능하니 재도전합시다.

9월 27일
존경하는 이유

읽을 말씀 : 마태복음 5:17-20

●마 5:19 ...누구든지 이를 행하며 가르치는 자는 천국에서 크다 일컬음을 받으리라

영국 케임브리지 지역에 한 굴뚝 청소부가 있었습니다. 요즘 세상에 굴뚝 있는 집이 많지 않기 때문에 그는 매일 열심히 일을 했지만 지금도 작은 단칸방에서 옷을 꿰매 입을 정도로 가난하게 살고 있습니다. 그런데 이 청소부는 매일 일을 마치고 아껴 모은 돈으로 '칸나'라는 꽃의 씨앗을 사서 이곳저곳에 뿌리기 시작했습니다.

그가 뿌린 씨들은 곧 지역을 가득 채울 정도로 커졌고, 시에서는 청소부가 사는 지역에 '칸나 페스티벌'을 열기 시작했습니다. 해마다 점점 커진 이 행사는 유럽에서 사람들이 5번째로 많이 찾는 꽃 축제로 발전을 했습니다.

그러나 정작 이 페스티벌을 사실상 만든 청소부는 결혼도 못하고 여전히 가난하게 살며 어느새 할아버지가 되었기에 한 언론은 그를 영국에서 가장 불쌍한 20인에 올리기도 했습니다.

하지만 그의 삶은 무의미한 것이 아니었습니다. 영국 고등학생들을 대상으로 가장 존경하는 영국인을 뽑는 설문조사를 진행했는데 그 청소부의 애칭인 '칸나 할아버지'가 무려 3위에 선정되었기 때문입니다.

인생은 단순히 잘 먹고 잘 사는 것이 전부가 아닙니다. 진리를 발견하고 진정 구원은 얻었는가가 더 중요한 문제입니다. 물질의 성공보다 더 중요한 가치가 있음을 사람들로 알게 하십시오. 반드시 주님께서 좋은 것으로 채워주십니다.

💚 주님! 주님 안에서 가치를 중요시 여기며 그 핵심 가치를 이루게 하소서.

🖼 현업에 충실하면서 뭐가 남을 위해 하찮을지 모르지만 특별한 일을 합시다.

빛을 발하는 만남

읽을 말씀 : 로마서 14:13-23

● 롬 14:18 이로써 그리스도를 섬기는 자는 하나님을 미쁘시게 하며 사람에게도 칭찬을 받느니라

9월 28일

한 남자가 사랑하는 연인에게 줄 보석을 사러 귀금속 상인을 찾아갔습니다. 상인은 여러 보석들을 보여주었지만 남자는 연인을 위한 아주 특별한 보석을 원했습니다. 잠시 망설이던 상인은 마침 그런 보석이 있다며 안으로 들어가더니 금고에서 어떤 보석을 가지고 나와 보여주었습니다. 그러나 보석은 아주 평범해 보였습니다.

"별다른 광택도 없고 세공도 별로인 것 같은데 그 보석이 왜 특별합니까?"

"특별한 것엔 다 이유가 있지요. 잠시만 기다려보세요.."

상인은 손 안에 보석을 쥐고 있다가 몇 분 뒤에 펼쳐보여 주었습니다. 그랬더니 평범했던 그 보석에서 영롱한 무지갯빛이 나기 시작했습니다. 남자가 어찌된 영문인지 묻자 상인이 말했습니다.

"이 보석은 오팔입니다. 그냥 보기에는 평범한 보석 같지만 사람의 체온이 닿으며 이런 빛이 납니다. 사람이 있어야 빛이 나기에 연인을 위해 이보다 더 특별한 보석은 없을 것입니다."

오팔이 체온을 만나야 빛이 나는 것처럼 사람도 하나님을 만나야 특별해집니다. 매일 나의 삶에 주님이 찾아오시도록 영접하는 기도를 드리고 주님과 교제하는 삶을 통해 존귀한 삶을 사십시오. 반드시 주님께서 좋은 것으로 채워주십니다.

♥ 주님! 주님을 섬김으로 사람들에게 칭찬받음을 알게 하소서.
📖 지금 하나님이 가장 필요하다고 생각되는 사람을 교회로 초청하십시오.

9월 29일
손해가 아닌 선

읽을 말씀 : 베드로전서 3:8-22

● 벧전 3:17 선을 행함으로 고난 받는 것이 하나님의 뜻일진대 악을 행함으로 고난 받는 것보다 나으니라

중국 당나라 시절에 송청이라는 유명한 의사가 있었습니다. 그는 특히 약을 잘 지었는데 그가 지어준 약을 먹으면 대부분 병이 말끔히 나았습니다. 그러나 그는 약을 팔아 돈을 벌기보다는 사람들을 고쳐주는 일에 더 보람을 느꼈습니다. 돈이 없는 사람들이 오면 그는 돈을 받지 않고 외상장부에 이름만 적고 치료를 해주고 약을 주었습니다. 그렇게 외상장부가 빽빽해지면 그냥 마당에 불을 지펴 태워버렸습니다.

세간에는 송청이 진정한 대인이라는 평과 본전도 못 찾는 어리석은 인물이라는 평이 섞여 있었습니다. 그러나 막상 송청은 자신이 외상장부를 태우는 이유에 대해서 이렇게 말했습니다.

"40년 동안 외상장부를 태웠지만 한 번도 크게 손해 본 적이 없습니다. 약값을 떼어먹은 사람도 있지만 뜻밖의 성공을 거둬 분에 넘치게 보답을 한 사람 역시 많습니다. 나는 어리석거나 대단해서 외상장부를 태우는 것이 아니라 선을 베푸는 일이 손해 보는 일이 아니란 것을 경험했기에 하는 것뿐입니다."

선을 행하되 낙심하지 않을 이유는 하나님이 모든 것을 기억하시고 또 갚아주시기 때문입니다. 선한 일을 행하는 것을 어리석다 생각하지 말고 더더욱 주님을 위해 수고하십시오. 반드시 주님께서 좋은 것으로 채워주십니다.

♡ 주님! 칭찬받는 성도가 되어 주님께 영광되게 하소서.
※ 어려운 사람의 필요를 먼저 채워주고 주님의 나라와 의를 먼저 생각합시다.

탐욕의 포로

읽을 말씀 : 고린도전서 9:23-27

● 고전 9:25 이기기를 다투는 자마다 모든 일에 절제하나니 그들은 썩을 승리자의 관을 얻고자 하되 우리는 썩지 아니할 것을 얻고자 하노라

14세기 벨기에의 왕인 레이몬드 3세는 백성들에게는 전혀 관심이 없고 오로지 맛있는 음식만 찾는 어리석은 사람이었습니다. 결국 반란이 일어나 왕의 자리에서 쫓겨났으나 그와 사촌이었던 새로운 왕은 차마 레이몬드를 죽일 수 없어 감옥에 가두었습니다. 레이몬드를 위해 새롭게 지어진 감옥은 아주 좁은 문이 있었고, 매일 진수성찬이 차려졌습니다. 그곳에 갇힌 레이몬드에게 왕이 말했습니다.

"너는 백성을 돌보지 않고 자기 안위에만 신경을 썼다. 만약 음식에 대한 탐욕을 이겨내 살이 빠져 이 문으로 나올 수 있다면 너는 자유다. 하지만 음식의 유혹을 이기지 못한다면 평생 이곳에서 살아야 한다."

그러나 막상 문이 생각보다 작지 않아 레이몬드가 조금만 노력한다면 충분히 나와 자유의 몸이 될 수 있었습니다. 그렇지만 그는 한 번도 음식의 유혹을 이겨내지 못했고, 결국 죽을 때까지 감옥을 벗어나지 못했습니다.

1차원적인 욕구에 사로잡힌 사람은 참된 자유를 누릴 수 없습니다. 인생의 최고의 자리에 예수님을 모심으로 우선순위를 제대로 정하십시오. 피조물의 노예가 되지 않고 하나님의 자녀로써 피조물을 다스리게 됨을 기억하십시오. 반드시 주님께서 좋은 것으로 채워주십니다.

♡ 주님! 먹고 마시는 일보다는 주님 나라 건설에 시간과 돈을 쓰게 하소서.
※ 지금 사용하고 있는 물질의 사용 비율이 주님의 일에 많도록 합시다.

10월 1일
고요하게 집중하라

읽을 말씀 : 시편 19:1-14

● 시 19:14 나의 반석이시요 나의 구속자이신 여호와여 내 입의 말과 마음의 묵상이 주님 앞에 열납되기를 원하나이다

우리가 일반 집안에서 생활할 때 나는 소음을 측정하면 50데시벨 정도라고 합니다. 그리고 이 기준에서 데시벨이 5씩 높아질수록 혈압이 10%씩 상승합니다. 일반 직장 사무실은 70데시벨인데 이정도 소음이면 혈압이 평소보다 20,30% 정도 오르는 심한 스트레스 상황입니다. 애초에 노이즈라는 영어단어도 '메스꺼움, 고통'이라는 라틴어에서 유래되었습니다.

그런데 현대인들은 이런 소음에 익숙한 삶을 살다보니 조용히 안정을 취할 수 있는 상황에서도 습관적으로 TV나 라디오를 켜놓습니다. 그러나 우리의 뇌는 최소한 하루에 2시간 정도 고요한 가운데 있어야 기능이 회복됩니다.

20분 동안 잔잔히 클래식을 듣는 것보다도 2분 동안 조용한 곳에 있는 것이 훨씬 효과가 좋습니다. 처음에는 조금 불편해도 차차 소음이 없는 상황에 있으려고 하다 보면 결국 뇌의 기능도 회복이 되고, 훨씬 일에 집중도 잘되게 됩니다.

외부의 소음이 너무 많을 땐 마음을 내려놓고 잠잠히 주님의 임재를 구해야 합니다. 외부의 환경뿐 아니라 내면의 마음의 소음까지 관리해 조용히 주님께 나아가십시오. 반드시 주님께서 좋은 것으로 채워주십니다.

💚 주님! 고요한 심령으로 주님을 묵상하며 집중해 성령이 충만하게 하소서.
📖 소음에 얼마나 노출되어 있는지 생각하고 조용한 시간을 가집시다.

웃음의 가치

10월 2일

읽을 말씀 : 시편 95:1-11

● 시 95:2 우리가 감사함으로 그 앞에 나아가며 시를 지어 즐거이 그를 노래하자

미국의 리얼리즘 작가 호퍼는 대공황시대에 활동했는데 한때 작품이 팔리지 않아 돈을 벌기 위해 매일 새벽 인력시장에 나갔습니다. 그러나 경기가 안 좋아 많은 사람들이 일을 구하러 나왔기에 일자리를 얻는 것은 바늘구멍에 들어가는 것보다 어려웠습니다. 아무리 일찍 나와도 사람들이 벌써 수 백명이 기다리고 있었고, 생기는 일자리는 몇 개뿐이었습니다.

며칠간 허탕을 친 호퍼는 '사람을 뽑는 기준'이 무엇인지 궁금했습니다. 그래서 계획을 세워 하루는 엄청 호들갑을 떨어보고, 하루는 화를 내보고, 하루는 슬픈 표정을 하고, 하루는 밤을 새고 맨 앞줄에서 기다려보기도 했습니다. 그러나 상황이 만만치 않았습니다. 그런데 활짝 웃기로 한 날 갑자기 사람을 구하는 한 남자가 호퍼를 보고 외쳤습니다.

"페인트칠 할 사람 두 명 구해요. 그리고... 일단 저기 웃고 있는 사람!"

호퍼는 매일 웃는 표정으로 일자리를 거의 매일 구할 수 있었고 어려운 시기를 지혜롭게 극복하고 훗날 미국의 대표적인 화가 중 한 명이 되었습니다.

고난 중에도, 환난 중에도 웃을 수 있는 것이 성도의 참된 복이며 믿음입니다. 힘든 만큼 위로를 주시는 주님을 바라보며 더욱 환하게 웃으십시오. 반드시 주님께서 좋은 것으로 채워주십니다.

♥ 주님! 방패가 되시며 자랑이 되시는 주님을 더욱 의지하게 하소서.
📖 어떤 표정을 자주 짓는지 살펴보고 항상 웃음진 표정으로 삽시다.

10월 3일

간결한 고백

읽을 말씀 : 누가복음 9:18-27

● 눅 9:20 예수께서 이르시되 너희는 나를 누구라 하느냐 베드로가 대답하여 이르되 하나님의 그리스도시니이다 하니

영국의 빅토리아 여왕이 나라를 이끌 장관을 뽑으려고 관료들에게 추천을 받았습니다. 그런데 조건을 충족하는 수의 추천을 받은 후보가 3명이나 되었습니다. 여왕은 세 명의 후보를 불러 셰익스피어의 작품을 건네주며 말했습니다.

"1주일 뒤 이 책의 내용을 한 장으로 요약해오세요. 가장 요약을 잘한 사람을 뽑겠습니다."

아이젠하워 장군은 2차 세계대전 중에도 모든 보고서를 1장으로 요약해 받았습니다. 전쟁과 관련된 아주 중요한 일이라도 보고서가 1장을 넘으면 읽지 않고 다시 작업을 지시했습니다.

훌륭하고 어려운 내용을 간단하게 압축하는 것은 지혜가 있지 않으면 할 수 없다고 예로부터 사람들은 생각했습니다. 그래서 우리나라 고려 시대에도 과거 시험은 약술 능력으로 평가했고, 지금의 제네럴 모터스 같은 많은 세계적인 회사들도 입사 시험에 요약 능력을 꼭 넣고 있습니다.

마틴 루터는 성경의 모든 내용을 그리스도의 보혈이라는 한 단어로 요약했습니다. 66권의 성경이 우리에게 어떤 의미인지, 우리의 신앙을 요약하면 하나님께 뭐라고 보고할 수 있는지 묵상하며 적어보십시오. 반드시 주님께서 좋은 것으로 채워주십니다.

♡ 주님! 주님이 내게 어떤 분이신지를 잘 깨닫고 잘 믿게 하소서.
📖 주님이 어떤 분으로 생각하고 경험했는지 일일이 적은 후 나눕시다.

인재의 조건

10월 4일

읽을 말씀 : 디모데전서 3:1-13

● 딤전 3:13 집사의 직분을 잘한 자들은 아름다운 지위와 그리스도 예수 안에 있는 믿음에 큰 담력을 얻느니라

중국 후한 시대 관료인 유소는 사람을 등용하는 일을 하다가 어떤 법칙을 깨닫고 '인물지'라는 책을 썼습니다.
국내 대기업의 한 경제연구소에서 이 책의 내용이 가치 있다 생각해 '인재를 못 알아보는 7가지 이유'로 다음과 같이 정리해 온라인에 올렸습니다.

1. 명성이 실력의 전부라고 생각해서.
2. 주관적인 판단으로 인재를 평가하기 때문에.
3. 내면이 아닌 외면적인 성격으로만 그릇의 크기를 판단해서.
4. 대기만성형 인재를 알아보지 못하고 빨리 꽃피는 사람들만 찾기 때문에.
5. 자신과 비슷한 부류만 좋아하기 때문에.
6. 처한 상황에서 인재를 판단하고 미래를 보지 못하기 때문에.
7. 인재를 겉모습과 환경만 보고 판단하기 때문에.

진짜 인재는 겉이 아닌 속을 봐야 합니다. 하나님은 오로지 나의 중심만을 보시고 판단하십니다. 그래서 사람의 판단에 나를 맡기지 말고 오직 주님이 어떻게 나를 생각하실지에 집중해야 합니다. 나의 모든 부족함을 하나님께 맡기고 오로지 하나님께 쓰임 받을 수 있는 믿음의 중심을 견고하게 하기 위해 힘쓰십시오. 반드시 주님께서 좋은 것으로 채워주십니다.

♡ 주님! 제 마음의 중심에 오로지 주님만을 의지하고 향하는 마음을 주소서.
📖 위 7가지 중에 몇 가지가 해당되는지 살피고 개선합시다.

10월 5일

편견과 오해

읽을 말씀 : 디모데전서 5:16-21

● 딤전 5:21 하나님과 그리스도 예수와 택하심을 받은 천사들 앞에서 내가 엄히 명하노니 너는 편견이 없이 이것들을 지켜 아무 일도 불공평하게 하지 말며

'아랍인에 대한 편견과 오해'로 스탠딩 코미디를 하고 있는 마즈 조브라니가 두바이로 공연을 갔습니다.

숙소에서 쉬다가 운전기사를 보냈다는 공연 관계자의 말을 듣고 로비로 내려왔는데 한 인도사람이 있었습니다. 그 인도사람도 자신을 빤히 쳐다보기에 마즈가 다가가 운전기사냐고 묻자 인도사람이 대답했습니다.

"천만에요. 저는 이 호텔 주인입니다."

깜짝 놀란 마즈가 다급히 사과를 하며 말했습니다.

"정말 죄송합니다. 그런데 왜 그렇게 저를 쳐다보셨죠?"

"당신이 제 기사랑 닮아서 저도 살짝 헷갈렸습니다."

마즈는 편견을 주제로 코미디를 하는 자신도 인도사람에 대한 편견이 있었다며 이 소재마저도 자신의 코미디에 사용하며 사람들에게 외모와 인종에 대한 편견을 가지지 말아줄 것을 호소하고 있습니다.

나의 작은 편견과 오해로 다른 사람들이 큰 상처를 받을 수도 있습니다. 어쩌면 의식하지도 못하는 사이에 다른이의 마음에 상처를 줄 수 있기에 몸가짐을 항상 조심해야 합니다. 무의식중에라도 편견으로 다른 사람을 상처주지 않도록 항상 먼저 배려하는 습관을 들이십시오. 반드시 주님께서 좋은 것으로 채워주십니다.

♡ 주님! 인류는 주님의 작품이므로 어떤 인종에 대해서도 편견이 없게 하소서.
📖 혹시 인종에 대한 편견이 있다면 그도 하나님의 작품임을 기억합시다.

진짜를 발견한 인생

읽을 말씀 : 이사야 33:1-6

10월 6일

● 사 33:6 네 시대에 평안함이 있으며 구원과 지혜와 지식이 풍성할 것이니 여호와를 경외함이 네 보배니라

어느 유명한 소설잡지의 편집장에게 한 여자가 같은 원고를 계속해서 보냈습니다. 원고를 보낸 뒤에 사무실로 전화해서 원고를 읽었는지, 가능성이 어떤지 계속해서 물었으나 별다른 재미나 유익이 없는 글이었기 때문에 전화를 받을 때마다 "저희는 모든 원고를 소중한 마음으로 읽습니다. 검토한 뒤 뽑히게 되면 답신 드리겠습니다"라는 사무적인 응대만을 해왔습니다. 그런데 하루는 엄청 화가 난 목소리로 여자가 따져 물었습니다.

"당신은 그동안 거짓말을 해왔어요! 정말로 글을 읽는지 확인하려고 내 원고의 중간을 풀로 붙여 놓았는데 붙은 채로 다시 돌아왔군요. 그러고도 당신이 편집장의 자격이 있다고 생각하나요?"

분노에 가득 찬 여자의 말에 편집장은 차분히 대답했습니다.

"아, 물론 읽었습니다. 그러나 끝까지 읽지는 않았지요. 음식이 상했는지 아닌지는 한 입만 먹어보면 알 수 있는 것 아니겠습니까?"

굳이 세상의 죄에 빠져보지 않아도 말씀에 비추어, 양심에 비추어 우리는 판단할 수 있습니다. 참된 진리를 발견하고, 하나님을 믿는 삶을 살고 있다면 잘못된 것을 알면서 굳이 세상의 유혹과 죄에 발을 담글 필요는 없습니다. 참된 진리에 집중하십시오. 반드시 주님께서 좋은 것으로 채워주십니다.

♡ 주님! 남을 비난하기 전에 내 자신을 살필 줄 아는 겸손을 주소서.
📖 죄에 대한 유혹과 호기심에 빠지지 말고 오로지 주님 안에 거하십시오.

10월 7일
하늘의 법은 다르다

읽을 말씀 : 로마서 8:1-17

● 롬 8:2 이는 그리스도 예수 안에 있는 생명의 성령의 법이 죄와 사망의 법에서 너를 해방하였음이라

19세기 초반 미국 보스턴에서 있던 일입니다. 어두운 밤에 한 남자가 부두를 거닐다 발을 잘못 디뎌 바다에 빠졌습니다. 수영을 못해 허우적거리며 살려달라고 크게 외쳤으나 주변에는 아무도 없었습니다. 결국 남자는 바다에 빠져 죽었습니다. 잠시 뒤 그를 찾으러 온 가족들이 근처 가로등에 서 있는 사람에게 남자의 행방을 물었습니다.

"그 사람이 맞는지는 모르겠지만 아까 어떤 남자 한 명이 바다에 빠져서 죽었습니다."

가족들은 서둘러 경찰에 신고를 했고, 물에 빠져 죽은 남자는 가족의 일원이 맞았습니다. 그리고 남자가 물에 빠지던 순간부터 죽을 때까지 목격자가 계속 가로등에 서 있었다는 것을 알게 되었습니다. 심지어 그는 수영까지 잘했습니다. 구할 수 있는 능력이 있음에도 외면했다는 이유로 가족은 목격자를 법원에 고소했는데 법원은 목격자의 손을 들어주었습니다. '도덕적인 책임은 있지만 법적인 책임까지 물을 수는 없다'는 것이 그 이유였습니다.

세상의 법은 생명을 외면한 책임을 묻지 않지만 하나님은 분명히 물으십니다. 그러나 두려움이 아닌 사랑의 책임으로 영원한 생명을 주는 복음을 전하고 또 전하는 충성된 제자로 사십시오. 반드시 주님께서 좋은 것으로 채워주십니다.

♡ 주님! 제 앞에 있는 죄로 인해 죽은 영혼들을 복음으로 살리게 도와주소서.
🕸 지인들에게 전화나 문자나 신앙서적으로 복음을 전하고 교회로 초청합시다.

신앙의 기대치

10월 8일

읽을 말씀 : 베드로전서 2:1-10

● 벧전 2:9 … 그의 소유가 된 백성이니 이는 너희를 어두운 데서 불러 내어 그의 기이한 빛에 들어가게 하신 이의 아름다운 덕을 선포하게 하려 하심이라

하버드대학교에서 심리학을 연구하는 로버트 로젠탈 교수는 집에서 들쥐 200마리를 연구용으로 기르고 있었습니다.

그러다 여름휴가를 몇 달 동안 떠나게 된 교수는 쥐들을 관리해줄 사람들을 몇 명 고용했습니다. 200마리의 쥐들 중 40마리 정도의 머리에는 흰점이 있었는데 사육사들은 이 쥐들이 뭔가 특별하다고 막연히 생각하며 더 잘 보살폈습니다. 그러나 단순히 표시용으로 흰 페인트를 발라놓은 것이었습니다.

휴가에서 돌아온 교수는 마치 우연처럼 머리에 표시가 있는 쥐들이 더 발달이 잘 되고 똑똑한 것을 보고 샌프란시스코의 한 초등학교와 연계를 해 학생들을 대상으로 비슷한 실험을 했습니다.

그리고 쥐들과 마찬가지로 무작위로 선발된 '우수한 학생'들이 실제로 우수한 성적을 냈습니다. 로젠탈 교수는 더 똑똑하다고 생각하는 학생들을 향한 관심이 실제 학생들의 능력보다 더 큰 효과가 있다고 연구를 발표했고, 이 실험은 '로젠탈 효과'로 현대 심리학의 가장 중요한 실험 중 하나로 평가받고 있습니다.

우리가 우리의 신앙을 향한 기대치가 진짜 신앙생활에 큰 영향을 미칠 수 있습니다. 겸손한 자세를 갖되 더 굳건한 신앙을 향한 마음 역시 놓지 마십시오. 반드시 주님께서 좋은 것으로 채워주십니다.

♥ 주님! 저를 특별히 여기시는 주님의 은혜를 생각하며 굳건히 살게 하소서
📖 주님께서 특별하게 생각하신다는 믿음을 글로 써서 이웃에게 간증합시다.

10월 9일 소록도의 감사

읽을 말씀 : 데살로니가전서 5:12-28

● 살전 5:18 범사에 감사하라 이것이 그리스도 예수 안에서 너희를 향하신 하나님의 뜻이니라

힘겹게 공부해 치과의사가 된 한 남자가 있습니다. 마음의 여유도 찾을 겸 봉사활동으로 소록도에 방문했는데 첫 봉사에서 '이곳에서 이분들을 위해 살아야겠다'는 생각이 들었습니다. 힘들게 의사가 돼서 굳이 왜 소록도에 가느냐고 가족부터 친구들까지 모든 사람들이 만류했지만 남자는 소록도로 떠나 20년 가까이 한센병 환자들을 도우며 살아가고 있습니다.

외지인들을 꺼려하는 마을 사람들과 친해지려고 진료가 끝나면 가운을 벗고 평상복으로 온 마을을 돌아다니며 인사를 하고 대화를 나누었습니다. 나중에는 소록도에서 만난 간호사와 결혼도 하고 자식도 낳으며 살면서 온 마을 사람들의 의사이자 아들처럼 살았습니다. 그러나 그런 생활을 통해 베풀고 나누는 것보다 오히려 더 많은 것을 얻고 배웠다고 한 강연에서 이렇게 고백했습니다.

"저는 이분들을 통해 인생을 배웠습니다. 후유증이 심한 분들은 눈도 잘 보이지 않아 음식도 제대로 먹기 힘듭니다. 그런데도 항상 숨은 쉴 수 있고 하루 세끼 밥은 먹지 않느냐며 불평을 절대로 하지 않으십니다. 감사와 행복이 무엇인지 저는 소록도에서 깨달았습니다."

오늘 눈을 뜨고 숨을 쉴 수 있다는 것만으로도 감사의 조건은 충분합니다. 오늘 하루는 불평대신 오직 감사의 자세로 살아보십시오. 반드시 주님께서 좋은 것으로 채워주십니다.

♡ 주님! 어떤 상황에서도 모든 일에 주님께 감사하는 마음으로 살게 하소서.
🖼 지금 가지고 있는 불만을 감사로 바꿉시다.

성공하는 예배의 조건

10월 10일

읽을 말씀 : 요한복음 4:19-24

● 요 4:24 하나님은 영이시니 예배하는 자가 영과 진리로 예배할지니라

중국 고서에 나오는 내용입니다.
중국을 통일한 한 왕이 피리 합주를 즐겨 전국의 명인들을 좋은 대우로 불러 모았습니다. 이미 300명이나 되는 명인들이 모였으나 하루는 한 남자가 자신이 진정한 피리 명인이라며 찾아왔습니다. 워낙 기세가 등등해 왕은 그 사람을 고용해 합주를 함께 하게 시켰습니다.

몇 년 뒤 새로운 왕이 자리에 올랐는데 이 왕은 합주가 아닌 피리 독주를 즐겼습니다. 그래서 각 명인들의 솜씨를 보기 위해 한명씩 연주를 시켰습니다. 그런데 가장 유명한 명인이라고 찾아왔던 사람이 제대로 소리도 내지 못하는 엉터리였습니다.

좋은 대우를 받기 위해 명인으로 위장하며 300명 가운데서 피리를 부는 척을 그동안 해왔던 것입니다. 분노한 왕은 가짜 명인의 모든 재산을 빼앗고 먼 곳으로 유배를 시켜 평생을 살게 벌을 내렸습니다.

예배란 하나님을 사모하는 사람들이 모여 회개하고 새로운 은혜를 다시 구하는 귀한 시간입니다. 이 귀한 시간을 분주한 마음으로, 잘못된 습관으로 주님이 주실 풍성한 은혜를 놓치고 계시진 않습니까? 함께 모여 드리는 예배 가운데 나의 진심과 찬양이 제대로 드려지고 있는지, 공적인 순서에 휩쓸리는 예배를 드리고 있지 않은지 점검해보십시오. 반드시 주님께서 좋은 것으로 채워주십니다.

♥ 주님! 예배시간에 진실된 마음으로 최선을 다해 찬양하며 경배하게 하소서.
🖼 무엇으로 주님께 영광을 돌릴지 생각하고 실천합시다.

10월 11일
리더에게 필요 없는 것

읽을 말씀 : 베드로전서 2:18-25

● 벧전 2:21 이를 위하여 너희가 부르심을 받았으니 그리스도도 너희를 위하여 고난을 받으사 너희에게 본을 끼쳐 그 자취를 따라오게 하려 하셨느니라

미국에서 가장 인기 있는 리더십 블로그를 운영하고 있는 댄 락웰 목사님은 예수님의 모습을 토대로 '성공하는 리더들이 무시해야 할 6가지'에 대해 다음과 같이 말했습니다.

1. 다른 사람의 작은 실수.
2. 모욕적인 말과 행동.
3. '내가 너 그럴 줄 알았어'라는 말.
4. 실패에 대한 죄책감.
5. 부정적인 시선을 가진 사람들.
6. 나의 역할, 사역, 비전을 이해하지 못하는 사람들의 피드백.

무시해야할 것과 경청해야할 것을 바르게 분별하는 것이 지혜입니다. 들을 소리와 가릴 소리를 구분할 지혜를 하나님께 구하십시오. 반드시 주님께서 좋은 것으로 채워주십니다.

💟 주님! 남의 말로 시험에 들지 말고 주님 말씀으로 이겨내게 하소서.
📖 나를 가장 시험에 들게 하는 말도 믿음으로 이겨냅시다.

예배의 성공

10월 12일

읽을 말씀 : 시편 116:1-9

● 시 116:8 주께서 내 영혼을 사망에서, 내 눈을 눈물에서, 내 발을 넘어짐에서 건지셨나이다

영국의 유명한 시인이자 극작가인 오스카 와일드는 복잡한 사생활과 여성편력으로 사람들의 입에 늘 오르내릴 정도로 유명세를 탔습니다. 그러나 사실 그는 문학사에 이름을 남길 정도의 실력 있는 작가이자 시인이었습니다. 한 번은 그가 작심한 한 작품이 런던의 극장에서 상영되었습니다. 오스카는 많은 사람들이 찾아와 호평을 할 것이라고 기대했지만 어쩐 일인지 사람들이 거의 오지 않아 초연은 완전히 흥행에 실패했습니다. 이 사실을 모르는 오스카의 친한 친구가 그날 밤 찾아와 공연에 대해서 물었습니다.

"연극은 성공적이었나? 시나리오가 아주 훌륭하던데?"

오스카가 의기소침하게 대답했습니다.

"연극이야 물론 성공적이었지, 그런데 문제는... 관객이 아주 대실패였다네."

오스카는 사회적으로 아주 유명한 호사가였지만 사람들은 그의 사생활에만 관심이 있었지 작품에는 관심이 없었습니다.

마찬가지로 세상에서 가장 귀한 하나님의 놀라우신 사랑을 찬양하는 예배에는 중심을 잃지 않은 내가 있어야 진정한 예배의 성공입니다. 예배의 성공을 위해 주님께서 우리를 위해 십자가를 지신 예수님의 사랑에 감격하는 성도가 되십시오. 반드시 주님께서 좋은 것으로 채워주십니다.

♥ 주님! 예배 때마다 저를 위해 모진 고통을 당하신 주님을 생각하게 하소서.
📖 예배 시작하기 전, 예수님의 사랑과 고난과 부활을 묵상합시다.

10월 13일
본분을 잊지 말라

읽을 말씀 : 전도서 12:9-14

● 전 12:13 일의 결국을 다 들었으니 하나님을 경외하고 그의 명령들을 지킬지어다 이것이 모든 사람의 본분이니라

화가 휘슬러는 비숑 프리제라는 개를 키우고 있었습니다. 관리하기가 까다롭고 매우 비싼 개라 애지중지하고 있었는데 어느 날부터 목이 심하게 아파 제대로 짖지를 못했습니다. 강아지를 너무 사랑했기에 수의사보다 더 믿을만한 의사를 찾던 휘슬러는 명의로 소문난 메킨지 박사를 불러 진찰을 부탁했습니다.

박사는 당연히 휘슬러가 아픈 줄 알고 왕진을 왔다가 반려견의 진찰인 것을 알고 매우 화가 났으나 일단 치료를 해주었습니다. 그리고 다음 날 휘슬러에게 연락을 해 사무실에 일이 있으니 와달라고 요청했습니다. 휘슬러는 사무실에 걸만한 그림을 구입하려는 줄 알고 흔쾌히 달려갔는데 도착한 그를 보고 메킨지 박사가 말했습니다.

"아, 오셨군요. 실은 병원 입구 문 가장자리의 칠이 좀 벗겨져서요. 깨끗하게 칠을 좀 다시 해주시겠습니까?"

그리스도의 자녀로서의 본분을 잊고 제멋대로 살면 사는 그대로 같은 취급을 받게 됩니다. 이제껏 그렇게 살지 못했다 하더라도 이제부터라도 합당한 그리스도인의 모습을 보이며 살아야 합니다. 하나님이 만왕의 왕이심을 고백하고 그 고백에 합당한 그리스도의 자녀로 살아가십시오. 반드시 주님께서 좋은 것으로 채워주십니다.

♥ 주님! 잘못된 생각으로 상대방의 가치를 무시하는 행동을 하지 않게 하소서.
📖 사람들이 복음을 복음으로 알 수 있게 생활해 주님께 영광이 되게 하소서.

용서의 조건

10월 14일

읽을 말씀 : 마가복음 11:20-25

● 막 11:25 서서 기도할 때에 아무에게나 혐의가 있거든 용서하라 그리하여야 하늘에 계신 너희 아버지께서도 너희 허물을 사하여 주시리라 하시니라

독일의 유명한 작가 베레킨트가 죽을 병에 걸렸습니다. 베레킨트는 자신의 라이벌 막스 할베와 아주 앙숙지간이었는데, 주변의 사람들은 베레킨트가 죽기 전 서로의 앙금을 푸는 것이 좋겠다고 생각하고 잘 설득해 자리를 마련했습니다. 베레킨트와 막스는 병상에서 그간의 실수를 서로 인정하며 짧은 시간이지만 서로 친한 친구처럼 지내기로 했습니다.

그런데 베레킨트의 병이 극적으로 회복되어서 다시 건강해졌습니다. 이 소식을 듣고 기쁜 마음에 막스가 퇴원을 도우러 찾아왔는데 베레킨트는 못 본 척 지나쳤습니다. 막스가 돌아서서 베레킨트에게 물었습니다.

"우리는 화해하지 않았나? 갑자기 나에게 왜 이러나?"

그러자 베레킨트가 냉랭한 목소리로 대답했습니다.

"그거야 내가 죽어갈 때의 이야기지."

용서는 어쩔 수 없는 상황에서가 아니라 어떤 상황에서도 기꺼이 나와야 하는 것입니다. 주님이 나의 모든 죄를 사하셨던 것처럼 나도 되도록 많은 사람들은 용서하며 살아야 합니다. 예수님이 하셨던 것처럼 할 수 있는 모든 사람들을 기꺼이 용서하십시오. 반드시 주님께서 좋은 것으로 채워주십니다.

💗 주님! 제가 용서해야 할 사람에게 주님의 사랑으로 깨끗이 용서하게 하소서.

📖 용서가 필요한 관계 사이에서 서로 용서하고 받고 합시다.

10월 15일

말 한마디의 중요성

읽을 말씀 : 사도행전 16:16-34

● 행 16:31 이르되 주 예수를 믿으라 그리하면 너와 네 집이 구원을 받으리라 하고

1980년대 미국의 대통령선거 토론회가 전국에 생중계되고 있었습니다.

카터 대통령의 연임이 조금 우세한 상황이었는데 상대인 레이건 후보가 토론의 마지막 연설에서 이런 말을 했습니다.

"살림살이가 좀 나아졌습니까? 그렇다면 카터 대통령을 찍으십시오. 그러나 4년 동안 나아진 것이 없다면 저를 찍어주십시오."

역사상 가장 멋진 클로징 멘트로 미국 언론인들의 평가를 받은 이 한 마디 때문에 레이건은 지지율이 대폭 상승하며 대통령이 될 수 있었습니다.

반면에 1992년도에 전쟁영웅으로 칭송을 받던 스톡데일 부통령 후보는 토론을 하러 나와 첫 마디에 이런 실언을 했습니다.

"나는 누구일까요? 그리고 왜 여기 있는 걸까요?"

실제 자기가 왜 있는지 모르겠다는 스톡데일의 표정까지 더해져 당시 돌풍을 일으키던 로스 후보까지 지지율이 급락하며 결국 대선에 실패하고 말았습니다.

때로는 말 한 마디가 모든 것을 결정합니다. 믿음에 대한 분명한 말 한 마디로 사람들에게 이 길이 진리라는 확신을 심어주십시오. 반드시 주님께서 좋은 것으로 채워주십니다.

♥ 주님! 때에 맞는 말을 하게 성령님이 인도해 주소서.
📖 자주 쓰는 말이 가치를 높이는 표현이 아니라면 말하는 훈련을 받읍시다.

본질을 지켜라

읽을 말씀 : 고린도전서 1:10-17

● 고전 1:17 … 오직 복음을 전하게 하려 하심 이로되 말의 지혜로 하지 아니함은 그리스도 의 십자가가 헛되지 않게 하려 함이라

10월 16일

영국의 한 도심에 큰 카페가 있었습니다. 그 카페에는 유독 보험에 관련된 사람들이 많이 모였는데, 매일같이 영업사원들과 조사원들이 들락날락 거리며 정보를 교환했습니다. 그러다 문득 카페 사장님과 자주 오는 단골들과 함께 보험회사를 만들어도 되겠다는 말들이 나왔고, 실제로 작은 카페에서 새로운 보험회사가 생겨났습니다. 그렇게 시작한 로이드보험조합은 지금 세계에서 가장 큰 보험회사 중 하나가 되었습니다.

세계적인 레스토랑을 안내하는 잡지로 유명한 미슐랭 가이드는 원래 자회사의 제품을 구매하는 사람들에게 식당 정보를 제공해 타이어를 빨리 닳게 하려는 목적으로 만들어졌습니다. 그러나 시간이 흘러 본래 의미가 퇴색되었고, 이제는 미쉐린 타이어보다 고급식당을 안내하는 미슐랭 가이드가 더 유명해졌습니다.

변화를 통해 발전한 많은 사례들이 있지만 교회와 신앙에 있어서는 무슨 일이 있어도 본질을 지켜야 합니다. 이 본질에 더하는 것은 괜찮지만 본질이 빠져서는 결코 안됩니다. 많은 선행을 베풀고, 봉사를 하고, 프로그램이 생겨나도 그 본질은 예수 그리스도임을 반드시 기억하십시오. 반드시 주님께서 좋은 것으로 채워주십니다.

♡ 주님! 삶의 전반이 온통 주님에만 대해 관심을 갖게 하소서.
📖 교회 예배나 하는 행사가 주인공이신 예수님이 빠져있지 않은지 살펴봅시다.

10월 17일
공통된 믿음

읽을 말씀 : 로마서 3:19-31

● 롬 3:30 할례자도 믿음으로 말미암아 또한 무할례자도 믿음으로 말미암아 의롭다 하실 하나님은 한 분이시니라

미국의 서부영화가 한창 유행을 하던 때에 영국의 극장에는 이런 간판이 걸려 있었습니다.

'새로 개봉한 화끈한 미국의 서부 영화 – 영어 자막 달립니다.'

미국과 영국은 같은 영어를 쓰지만 발음이 매우 다르고 철자도 다른 단어가 꽤 있습니다. 실제로 최근 인터넷에 이슈가 되었던 유머 영상 중에 '미국 영어 vs 영국 영어'라는 것이 있었습니다. 지금은 좀 낫지만 초창기에는 이로 인한 명사들의 갈등도 조금 있었는데 작가 오스카 와일드는 이런 말을 공공연히 하고 다니기도 했습니다.

"영국인과 미국인에게는 딱 한 가지 차이점이 있습니다. 그게 뭔지 혹시 아십니까? 바로 영어입니다. 영국인과 미국인은 쓰는 말 외에는 별 다른 차이점이 없습니다."

같은 언어라도 체계가 조금만 달라도 의사소통이 힘든 것처럼 성도의 연합을 위해서는 믿음의 공통분모가 확실해야 합니다. 하나님은 연합하게 하시고 마귀는 흩어지게 합니다.

세상을 창조하신 하나님과 예수님의 죽음과 부활, 성령님의 역사하심과 다시 오실 예수님에 대해 우리의 생각이 아닌 성경의 말씀을 깊이 믿으십시오. 반드시 주님께서 좋은 것으로 채워 주십니다.

♡ 주님! 말씀을 믿음으로 받아들이고 잘난 체 하지 않게 하소서.
 지금 믿고 있는 바가 성경의 가르침대로인지 살펴봅시다.

후회의 종류

10월 18일

읽을 말씀 : 사도행전 3:11-26

● 행 3:19 그러므로 너희가 회개하고 돌이켜 너희 죄 없이 함을 받으라 이같이 하면 새롭게 되는 날이 주 앞으로부터 이를 것이요

소설가 마크 트웨인에게 한 친구가 "어린 시절 잘못을 저질렀다가 후회한 적이 없나?"고 물었습니다.

마크 트웨인이 대답했습니다.

"딱 한 번 있었다네. 내가 정말 어렸을 때의 일인데 집 옆에 어떤 아저씨가 멜론을 팔다가 잠시 자리를 비운 것을 봤지. 멜론이 정말 크고 먹음직하게 생겼더군. 잠깐 망설이다가 결국 유혹을 못 이기고 얼른 멜론 하나를 훔쳐왔다네. 집에 가자마자 우선 멜론을 먹어봤는데 갑자기 후회하는 마음이 마구 생기지 뭔가. 그래서 다시 돌아가서 아저씨가 왔는지 확인했지. 아직 안 오셨더군. 그래서 나는 재빨리 수레로 가서 멜론을 하나 더 집어 집으로 가지고 왔다네. 물론 이번엔 잘 익은 놈으로! 첫 번째 멜론은 덜 익어서 맛이 아주 떫었거든."

하나님은 잘못에서 돌이킬 기회를 주시려고 양심을 주셨습니다. 죄를 저질러도 양심의 가책이 있다면 회개함으로 돌아올 수 있지만 가책이 없으면 나서 돌아올 기회조차 잃고 맙니다.

죄에 대한 가책이 느껴지는 바로 그때가 무릎 꿇고 주님께 회개해야 할 때입니다. 모든 죄에 대해 민감하게 반응할 수 있는 양심을 위해 기도하십시오. 반드시 주님께서 좋은 것으로 채워 주십니다.

♡ 주님! 어떠한 죄도 예수님의 보배로운 피로 모두 용서됨을 믿게 하소서.
✍ 주님께서 이미 용서하신 죄를 부둥켜안고 후회하는 대신 주님께 감사합시다.

10월 19일 — 설마와 혹시

읽을 말씀 : 야고보서 1:19-27

● 약 1:21 그러므로 모든 더러운 것과 넘치는 악을 내버리고 너희 영혼을 능히 구원할 바 마음에 심어진 말씀을 온유함으로 받으라

사회를 풍자한 인터넷의 한 유머입니다.
대기업이 사용하고 있는 한 빌딩이 무너져서 많은 사람이 죽고 다쳤습니다. 그런데 건물이 무너질 조짐이 있었는데도 관리자들이 사원들을 대피시키지 않은 정황이 포착됐습니다. 경찰이 관계자를 불러 조사를 시작했습니다.
"건물이 위험하다는 신호가 계속 있었는데 왜 사람들을 대피시키지 않았나요?"
"몇 년 전부터 그래왔지만 멀쩡했거든요. 설마 진짜 무너지겠나 싶었습니다."
"그래요? 그러면 도대체 고위급 임원들은 왜 대피를 시킨겁니까?"
"그야... 혹시 무너질지도 모르지 않습니까?"
구원의 원리와 믿음의 원리가 상황과 사람에 따라 다르게 적용되어서는 안 됩니다. 나를 죄와 심판에서 구원한 예수님의 복음이 다른 사람도 분명히 구원할 수 있고 다른 사람을 넘어뜨리는 죄의 올무가 될 수 있습니다.
하나님의 말씀이 적용되는 원리에는 결코 예외란 없습니다. 상황과 원칙에 따라 말씀의 원리들을 철저히 적용하십시오. 반드시 주님께서 좋은 것으로 채워주십니다.

♥ 주님! 누구에게나 조금의 타협이 없이 복음을 분명하게 전하게 하소서.
🖼 복음을 전할 때 혹시라도 상대방의 사회적 신분에 따라 달리 전하지 맙시다.

살리기 위한 용서

10월 20일

읽을 말씀 : 요한복음 20:19-31

● 요 20:31 오직 이것을 기록함은 너희로 예수께서 하나님의 아들 그리스도이심을 믿게 하려 함이요 또 너희로 믿고 그 이름을 힘입어 생명을 얻게 하려 함이니라

한 초등학생이 학교가 끝나서 인라인스케이트를 타고 친구네 집으로 놀러가고 있었습니다. 횡단보도에서 파란불을 확인하고 건너가는 순간 갑자기 먼 거리에서 승합차 한 대가 돌진해 아이를 쳤습니다. 주변 사람들의 신고로 바로 병원으로 실려 갔지만 상처가 너무 커서 바로 숨졌습니다.

교회를 열심히 다니던 아이의 부모님은 이 소식을 듣고 하늘이 무너지는 것 같은 충격을 받았습니다. 심지어 차를 몰던 사람은 대낮에 술에 취해 있었습니다. 마흔이 다 된 나이에 귀하게 얻은 아들을 허망하게 잃은 부부는 합의도 거부하고 매일 찾아오며 속죄하는 가해자와 부모를 쳐다보지도 않았습니다.

그러나 그런 가운데 자꾸 마음에서 용서하라는 주님의 음성이 들려왔습니다. 남편과 아내 모두 같은 마음임을 기도 중에 확인한 부부는 보상도 받지 않고 합의를 해주었고 가해자를 용서했습니다. 그 큰 용서에 감복한 가해자는 지금 부부가 다니는 교회에 등록해 열심히 신앙생활을 하며 봉사로 남을 도우며 속죄하는 삶을 살고 있습니다.

모든 일에는 하나님의 뜻이 있습니다. 큰 슬픔 가운데에서도 하나님이 주신 음성과 마음에 귀를 기울일 줄 아는 큰 믿음을 가진 성도가 되십시오. 반드시 주님께서 좋은 것으로 채워주십니다.

♡ 주님! 남을 말과 혀로만이 아니라 진실한 마음과 행동으로 용서하게 하소서.
🖼 주님께 받은 용서, 이웃에게 받은 용서에 합당한 삶을 삽시다.

10월 21일

숙면의 5법칙

읽을 말씀 : 시편 127:1-5

●시 127:2 너희가 일찍이 일어나고 늦게 누우며 수고의 떡을 먹음이 헛되도다 그러므로 여호와께서 그의 사랑하시는 자에게는 잠을 주시는도다

4시간 이상 자는 것은 게으름이라고 생각하며 성공가도를 달리던 여성 경영자가 있었습니다.

그러다 하루는 심한 수면부족으로 정신을 잃고 쓰러지며 얼굴을 크게 다쳤는데 이후 수면의 중요성을 깨닫게 되었습니다.

'허핑턴 포스트'의 대표이기도 한 아리아나 허핑턴은 이후 수면에 대해 깊은 공부를 한 뒤 사람들에게 숙면의 중요성을 알리는 숙면 전도자가 되었습니다. 그녀는 매일 7시간을 자려고 다음과 같이 자는 시간을 준비합니다.

1. 잠들기 전 30분 동안은 어떤 전자기기도 가까이 하지 않는다.
2. 뜨거운 물로 목욕을 하며 몸을 이완시킨다.
3. 부드러운 재질의 잠옷으로 갈아입는다.
4. 가벼운 책을 읽으며 수면을 준비한다.
5. 감사 일기를 적으며 좋은 생각으로 하루를 마무리한다.

아무리 하루가 바쁘다 하더라도 하나님은 우리 몸을 충분히 쉬게 창조하셨습니다. 하나님이 주신 새날을 기쁘게 맞기 위해서는 하루를 잘 마무리해야 하고 충분한 수면을 취해야 합니다. 잠을 잘 자야 일도 성공할 수 있듯이 예배도 마찬가지입니다. 충분한 잠을 위해 준비하는 시간을 투자하십시오. 반드시 주님께서 좋은 것으로 채워주십니다.

♡ 주님! 자고 깨는 것이 모두 주님의 도우심에 달려 있는데 숙면케 도와주소서.
📖 토요일 밤만큼은 주일 예배를 위해 충분한 수면을 합시다.

쓸모없는 기둥

10월 22일

읽을 말씀 : 로마서 13:11-14

● 롬 13:14 오직 주 예수 그리스도로 옷 입고 정욕을 위하여 육신의 일을 도모하지 말라

17세기 런던에서는 큰 화재가 났는데, 그로 인해 세인트 폴처치를 비롯한 100여개의 교회가 불에 탔고, 시청까지 불타 사라졌습니다.

유명한 건축가인 크리스토퍼 렌은 화재로 자신의 역량을 발휘해 50여개의 교회를 완벽하게 재건을 했고, 그 실력을 인정받아 윈저 시청까지 복원해달라는 부탁을 받았습니다.

렌은 최신식 공법을 사용해 기둥을 주변에만 둘러 안정성을 확보하며 훨씬 아름답게 만들었습니다. 그런데 공사가 끝날 때쯤 윈저 시의 국회의원들이 찾아와 기둥이 부족해 위험하니 가운데 4개의 기둥을 만들라고 요구했습니다. 렌이 아무리 설명을 하고 설득을 해도 그들은 막무가내였습니다.

결국 공사가 취소되지 않게 하기 위해서 렌은 시청 가운데 4개의 커다란 기둥을 세웠습니다. 그 기둥은 천장에 닿아 있지 않은데, 이것은 기둥은 요구대로 세우되 정치인들의 요구가 얼마나 어리석은 것인지를 알리기 위한 렌의 계획이었습니다.

하나님의 뜻을 구하지 않는 기도와 성공은 천장에 닿지 않는 기둥과 같습니다. 하나님의 음성을 듣고, 그 뜻대로 살기로 결심하는 것이 기도입니다. 하나님을 위한다는 명목으로 나의 안위를 위한 기도를 하고 있지 않은지 돌아보십시오. 반드시 주님께서 좋은 것으로 채워주십니다.

♡ 주님! 기도가 제 뜻을 이루지 않게 하시고 주님의 뜻이 이뤄지게 하소서.

📖 내 기도가 주님의 뜻과 영광을 위한 기도인지 살펴봅시다.

10월 23일
1달러의 진실

읽을 말씀 : 요한1서 2:18-29

● 요1 2:21 내가 너희에게 쓰는 것은 너희가 진리를 알지 못하기 때문이 아니라 알기 때문이요 또 모든 거짓은 진리에서 나지 않기 때문이라

루즈벨트가 미국 대통령이었던 시절 자신을 혹평하는 잡지사의 한 기사를 보게 되었습니다.

'형편없는 능력의 술주정뱅이 루즈벨트'

루즈벨트는 이 기사를 보고 매우 화가 나서 비서와 함께 당장 사무실을 방문해 항의를 하려고 했으나 문득 이런 생각이 들었습니다.

'아니야, 아무리 대통령이라도 이런 식으로 권력을 남용해서는 안 돼. 민주주의의 절차를 따라야지.'

그리고는 정식으로 변호사를 선임해 명예훼손 혐의로 소송을 걸었습니다. 기나긴 공방 끝에 루즈벨트는 승소했고, 이제 과연 손해배상 비용이 얼마나 나올지가 모두의 관심사였습니다. 그러나 그 비용은 고작 '1달러'였습니다. 비서가 1달러를 받으려고 그렇게 오랜 시간을 투자했냐고 묻자 루즈벨트가 대답했습니다.

"중요한 건 진실이지. 돈이 뭐 그렇게 대수인가?"

사람의 인생에서 가장 중요한 것은 지식도 아닌, 명예도 아닌, 돈도 아닌 진리이신 말씀을 만나고 또 믿는 것입니다. 귀한 은혜를 값없이 거저 주신 귀한 주님을 감사함으로 높이십시오. 반드시 주님께서 좋은 것으로 채워주십니다.

♥ 주님! 말씀을 위해 제 모든 것을 바칠 수 있는 믿음을 주소서.
📖 남을 함부로 쉽게 비난하지 말고 존중하며 존귀하게 여깁시다.

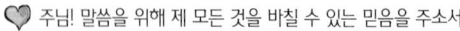

신뢰의 회복

읽을 말씀 : 마가복음 10:35-45

●막 10:45 인자가 온 것은 섬김을 받으려 함이 아니라 도리어 섬기려 하고 자기 목숨을 많은 사람의 대속물로 주려 함이니라

10월 24일

한 때 미국 시카고에서 타이레놀을 먹고 8명의 사람들이 죽었습니다. 경찰의 조사 결과 타이레놀에서 독극물인 청산가리가 발견되었는데, 두통약에서 청산가리가 나왔다는 말에 타이레놀은 사람들의 신뢰를 잃었고, 35%의 시장 점유율은 1주일 만에 7%로 하락했습니다.

그러나 알고 보니 타이레놀을 만든 회사의 잘못이 아니었습니다. 어떤 정신이상자가 약에다 몰래 청산가리를 넣는 묻지마 범행을 저지른 것이었습니다. 그러나 회사는 자신들이 억울하다고 하지 않았습니다.

오히려 사망자에게 애도의 편지를 보내고, 혹시 위험할지 모르는 이미 판매된 타이레놀을 회사에서 검수한 안전한 제품으로 교환해주었습니다. 그리고 한 발 더 나아가 청산가리를 섞을 수 없는 알약 형태로 제품을 개량했습니다. 이런 노력으로 온갖 루머를 이겨내고 4년 만에 다시 이전의 시장점유율을 회복하고 아직까지 신뢰의 기업으로 사람들에게 인정을 받고 있습니다.

내가 저지른 잘못이 아니어도, 우리 교회가 실수하지 않았어도 내가 사과하고 우리 교회가 더욱 열심히 지역을 섬기는 것이 지금 땅에 떨어진 그리스도인들의 신뢰를 회복하는 방법입니다. 논쟁과 무시가 아닌 사과와 섬김의 자세로 세상을 향해 나아가십시오. 반드시 주님께서 좋은 것으로 채워주십니다.

♡ 주님! 억울한 일을 당해도 주님께 맡기게 하소서.
🖼 모든 일과 역사를 주관하는 분이 주님이심을 철저히 믿읍시다.

10월 25일 — 인생의 주인공

읽을 말씀 : 베드로전서 1:3-12

●벧전 1:5 너희는 말세에 나타내기로 예비하신 구원을 얻기 위하여 믿음으로 말미암아 하나님의 능력으로 보호하심을 받았느니라

수많은 사람들이 지나가는 뉴욕의 시내 중심가에서 난데없이 신나는 음악이 나오기 시작했습니다. 음악이 나오는 곳에는 작은 무대가 하나 있었고 그 앞에는 100여명의 사람들이 검은색 바지와 흰티를 맞춰 입고 서있었습니다.

이 모습을 가만히 구경하던 한 여자가 무대에 조심히 올라갔습니다. 그러자 100여명이 그 여자를 바라보며 집중하기 시작했습니다. 그리고 여자가 음악에 맞춰 몸을 움직이자 갑자기 사람들이 춤을 따라 추기 시작했습니다.

이 모습을 보고 재밌게 여긴 다른 사람이 올라가 마구 막춤을 췄는데, 사람들이 또 따라 추기 시작했습니다. 그렇게 수십 명의 사람들이 무대에 올라가 신나게 춤을 췄고, 주변의 사람들도 보기만 해도 힘이 나는지 얼굴에 미소가 만연했습니다.

이 행사는 미국의 한 예술가 단체가 계획한 것인데, 어떤 춤이든 그대로 따라 추는 행동으로 오늘의 주인공은 자신이라는 메시지를 전하기 위해서 계획한 것이었습니다.

하나님은 우리의 삶을 분명히 계획하시고 또 예비하셨습니다. 이 사실을 알고 말씀을 실천하며 사는 모든 성도들이 바로 오늘의 주인공입니다. 오늘 주님이 주신 거룩한 목표를 따라 삶으로 주님의 뜻을 이루는 인생의 주인공이 되십시오. 반드시 주님께서 좋은 것으로 채워주십니다.

♡ 주님! 먹든지 마시든지 무엇을 하던지 주님의 뜻을 이루며 살게 하소서.
🖼 하고 있는 행동들이 주님께 영광을 드리는 삶인지 살펴봅시다.

꿈의 시작

읽을 말씀 : 시편 42:1-11

● 시 42:5 내 영혼아 네가 어찌하여 낙심하며 어찌하여 내 속에서 불안해 하는가 너는 하나님께 소망을 두라 그가 나타나 도우심으로 말미암아 내가 여전히 찬송하리로다

영국 런던시는 전 세계에 깜짝 놀랄만한 광고를 낸 적이 있습니다.

'우리는 런던의 유서 깊은 자랑인 런던브릿지를 팔겠습니다.'

런던브릿지는 점점 늘어나는 차량 통행량을 이기지 못하고 조금씩 무너지고 있었는데, 새로운 다리를 지을 재원 조달을 위해 다리를 팔기로 한 것입니다.

하지만 다리를 가져가 쓸 곳이 없었기에 다들 손을 놓고 있었는데 미국의 사업가 로버트가 이 소식을 듣고 경매에 참여했습니다. 그는 한화로 약 300억 원을 들여 다리를 샀고, 700억 원을 들여 미국으로 싣고 왔습니다. 그리고 마을 하나 없던 황량한 사막인 애리조나의 하바수 지역으로 다리를 그대로 옮겼습니다.

그리고 런던브릿지를 홍보하며 마을을 관광단지로 조성하기 시작했고, 해마다 100만 여명이 찾아가는 관광지로 성장했습니다.

창세 이래로 계속 이어져오고 있는 하나님의 사랑이 나의 마음에 옮겨져 올 때 횡무지 같은 인생에도 꽃이 피게 됩니다. 말씀에 담겨진 하나님의 사랑과 복음을 내 마음에 옮겨 심으십시오. 반드시 주님께서 좋은 것으로 채워주십니다.

♥ 주님! 하나님을 기쁘게 하는 믿음을 가지고 큰일을 하는 삶이 되게 하소서.
🖼 믿음으로 바랄 수 없는 중에 바라게 하여 삶을 향상시킵시다.

10월 27일 모든 것을 판 남자

읽을 말씀 : 고린도후서 12:11-21

● 고후 12:15 내가 너희 영혼을 위하여 크게 기뻐하므로 재물을 사용하고 또 내 자신까지도 내어 주리니 너희를 더욱 사랑할수록 나는 사랑을 덜 받겠느냐

미국 아이오와대학원에 다니던 존 프라이어는 희귀한 인터넷 주소를 구입하려고 다양한 단어를 조합해 특이한 문장들을 만들었습니다.

그러다 '내 모든 것을 팝니다'라는 뜻의 'allmylifeforsale.com'이라는 주소를 구입했는데 문득 주소 내용처럼 자신의 모든 것을 팔아봐야겠다는 생각을 하게 되었습니다. 그는 아파트를 비롯한 모든 물건들을 인터넷에 올려서 사람들에게 팔았고, 유일하게 남은 카메라와 자가용으로 몇 달 뒤에 자기 물건을 산 사람들이 그 물건을 어떻게 쓰는지 미국 전역을 돌아다녔습니다.

그의 서랍장에서 썩고 있던 유리잔이 어떤 사람에게는 귀한 보물취급을 받고 있었고 만나는 사람마다 한두 가지의 귀한 경험과 가르침을 받을 수 있었습니다. 여행을 마친 그는 자신의 경험을 책으로 냈고, 인터넷 웹사이트를 통해 많은 사람들에게 진정한 소유와 나눔에 대해서 생각해볼 수 있는 경험을 공유하고 있습니다.

하나님의 은혜가 아니고서는 우리가 누리고 소유할 수 있는 것이 하나도 없음에도 계속해서 손에 무언가를 쥐려고 아등바등하며 살고 있진 않습니까? 하나님께서 주신 모든 것을 어떻게 하면 더 값지게 사용할 수 있을지 고민해보십시오. 반드시 주님께서 좋은 것으로 채워주십니다.

♡ 주님! 제가 가지고 있는 모든 것은 주님의 것이므로 주님을 위해 쓰게 하소서.
📖 가지고 있는 것 중에 내 것이라고 주장할 수 있는 것이 무엇인지 살펴봅시다.

순교자의 기도

10월 28일

읽을 말씀 : 사도행전 7:54-60

● 행 7:59 그들이 돌로 스데반을 치니 스데반이 부르짖어 이르되 주 예수여 내 영혼을 받으시옵소서 하고

루마니아가 공산주의국가로 종교의 자유가 금지되어 있을 때 리차드 범브랜드 목사님은 꿋꿋이 복음을 전하다 사모님과 함께 지하 감옥으로 끌려갔습니다.

수년간 다행히 목숨은 잃지 않고 감옥 생활을 마친 후 세상에 나왔지만 감옥에서 워낙 심한 고문을 당했기에 사람들은 목사님을 '살아있는 순교자'라고 불렀습니다. 2년 만에 처음 면회 온 아들에게 전한 말도 "아무리 힘들고 어려워도 예수님을 꼭 믿어야 한다"라는 믿음에 대한 당부였습니다.

목사님이 힘든 감옥 생활을 견디고 다시 나올 수 있었던 것은 기도 덕분인데 너무나 힘든 고초를 겪을 때마다 이런 기도를 계속해서 반복해 드렸습니다.

"하나님, 제 몸에 붙어있는 뼈가 없고, 남아 있는 살이 없고, 화상과 구멍이 수십 군데나 나 있습니다. 더 이상 버틸 힘이 없지만 그래도 지금 저보다 저들에게 주님이 더욱 필요합니다. 저에게 침묵하시고 계실지라도 이 믿음이 저를 살게 합니다. 그래서 지금도 기뻐할 수 있습니다. 끝까지 이길 수 있게 도와주세요."

세상 끝날 까지 붙잡고 있어야 할 것은 주님의 손이며, 은혜를 구하는 기도입니다. 어렵고 힘든 가운데 더욱 주님의 은혜를 구하며 또 지금도 고통 받고 있는 모든 선교사님들을 위해 기도하십시오. 반드시 주님께서 좋은 것으로 채워주십니다.

♡ 주님! 어떤 어려움이나 고통도 능히 감당할 수 있는 강한 믿음을 주소서.
※ 알고 있는 순교자의 후손에게 감사와 사랑을 표현합시다.

10월 29일

청년들의 초청방식

읽을 말씀 : 시편 25:1-5

● 시 25:5 주의 진리로 나를 지도하시고 교훈하소서 주는 내 구원의 하나님이시니 내가 종일 주를 기다리나이다

'어떻게 하면 청년들을 교회로 초청할 수 있을까?'라는 주제로 미국의 라이프웨이리서치가 조사를 했습니다.

직접 지역 청년들 2천여 명을 찾아가 '어떤 행사를 하면 교회에 올 것인가?', '어떻게 초청을 해주길 바라는가?'를 물었는데 다음이 그 결과입니다.

- 이런 행사를 하면 교회에 가겠다.
1. 마을 안전에 관한 모임(62%)
2. 지역사회를 위한 봉사(51)
3. 스포츠나 운동 프로그램, 콘서트(46%,45%)
- 원하는 초청방식
1. 아는 사람의 개인적인 초청(51%)
2. TV 광고나 엽서(23%)
3. 페이스북 같은 SNS 광고(18%)

교회에서 가장 중요한 것은 예수 그리스도가 중심이어야 합니다. 그 진리가 세상의 필요와 부합할 때 빛과 소금의 역할을 할 수 있습니다. 귀한 청년들을 교회로 초청하고 또 복음을 소개할 수 있는 다양한 방식에 관심을 갖고 지원해주십시오. 반드시 주님께서 좋은 것으로 채워주십니다.

♥ 주님! 모든 사람이 구원받고 진리를 알게 하는데 쓰임받게 하소서.
📖 어떤 방법이 청년들과 청소년을 교회로 인도 할 수 있는지 알도록 기도합시다.

말씀대로 사는 법

읽을 말씀 : 히브리서 13:1-8

● 히 13:7 하나님의 말씀을 너희에게 일러 주고 너희를 인도하던 자들을 생각하며 그들의 행실의 결말을 주의하여 보고 그들의 믿음을 본받으라

뛰어난 병아리감별사는 알에서 갓 부화한 병아리를 즉시 보고도 성별을 정확히 맞춥니다.

전문가들이 1시간에 감별하는 병아리는 대략 천 마리 정도인데, 성공률이 99%에 육박할 정도로 정확합니다.

이런 사실을 신기하게 여긴 다양한 분야의 전문가를 연구하는 한 학자가 여러 병아리 감별사들을 찾아가 비결을 물었는데, 그때마다 같은 대답을 들었습니다.

"비결이 뭔지는 저도 모르겠어요. 그냥 보면 암컷과 수컷이 달라요."

나중에는 좀 더 심화 연구를 진행해 뇌에서 일어나는 일들을 관찰했는데, 병아리 감별사뿐 아니라 모든 분야의 전문가들이 실제 일을 할 때는 일반인보다 뇌를 더 덜 사용한다는 사실을 알아냈습니다. 평소에 의식적으로 연습을 많이 해 별 다른 노력이 없이도 무의식적으로 분간이 가능한 경지에 올랐기 때문입니다.

하나님의 뜻대로 살기 위해서는 매임 하루를 말씀대로 살아야 하고, 매일 하루를 기도하며 살아야 합니다. 말씀대로 살고자 할 때 성령님의 귀한 인도하심을 따라 즉각 반응하게 됩니다. 말씀대로 살아가는 오늘 하루가 되십시오. 반드시 주님께서 좋은 것으로 채워주십니다.

♡ 주님! 성령님이 인도하는 귀한 삶이 되게 인도하여 주소서.
📷 순간순간 성령님의 인도를 받는 삶인지 살펴봅시다.

10월 31일 인간의 본성 자만

읽을 말씀 : 하박국 2:1-4

● 합 2:4 보라 그의 마음은 교만하며 그 속에서 정직하지 못하나 의인은 그의 믿음으로 말미암아 살리라

메이저 대회에 도전하는 한 골퍼가 있습니다.
약 2미터 거리에 홀컵을 두고 퍼팅을 시도하는데 살짝 멀어 보이지만 대부분 한 타에 넣으려고 무리한 샷을 날립니다. 그러나 과하게 힘이 들어가 공은 홀컵을 지나 더 어려운 지형으로 굴러갑니다.

실제로 대회에 참가하는 80%의 선수들이 한 번에 넣을 수 있다고 확신을 하지만 최상위 실력을 가진 프로골퍼들의 확률을 조사한 결과 1.8미터 거리에서도 들어갈 확률은 54%밖에 되지 않았습니다.

대학교수들의 94%는 자기 강의가 다른 사람보다 월등히 뛰어나다고 생각하고, 운전자의 90%는 자기 운전솜씨가 평균 이상이라고 생각합니다. 광고업계의 전문가들은 자기 전문분야에 대한 문제의 정답률이 39%밖에 되지 않았습니다. 그러나 문제를 풀고 나서 이들이 예상한 문제의 정답률을 90%였습니다.

자만은 모든 인간이 피할 수 없는 죄의 뿌리입니다. 그렇기에 자만에 대한 경계를 소홀히 해서는 안 되며 삶의 우선 순위가 주님이신지 항상 확인해야 합니다. 인간의 본성에 자만심이 있다는 사실을 기억하고 오직 주님 앞에 겸손히 무릎을 꿇음으로 이겨내는 삶을 사십시오. 반드시 주님께서 좋은 것으로 채워주십니다.

♡ 주님! 저의 저 된 것은 오로지 주님의 은혜임을 알고 겸손하게 하소서.
📖 아무리 자신 있는 일이라도 주님이 허락지 않으면 안 됨을 고백합시다.

11월 1일
행복이 만드는 희망

읽을 말씀 : 빌립보서 2:1-11

● 빌 2:5 너희 안에 이 마음을 품으라 곧 그리스도 예수의 마음이니

영국의 정경대학에서 미국의 16살 청소년 1만 명을 대상으로 '행복'에 대한 연구를 진행했습니다.

13년 동안 진행된 이 조사는 단 두 가지 질문으로 이루어졌습니다.

'나는 지금 얼마만큼 행복하다고 느끼는가?'
'내 미래는 얼마만큼 희망적이라고 생각하는가?'

실제로 그 사람의 환경이 어떤지 성적이 어떤지는 아무 것도 조사하지 않았습니다. 그리고 13년 뒤에 통계를 내봤는데, 행복하다고 느끼는 학생일수록 미래도 희망적으로 바라봤고, 그런 학생들의 연봉이 전체 평균보다 10%이상 높았습니다.

반대로 부정적인 쪽은 30%나 낮았습니다. 서로 간에 비교를 하면 40%가량이나 차이가 났고, 비슷한 가정환경과 성적을 기준으로 비교 해봐도 행복감과 희망에 대한 긍정적인 생각이 확실한 소득의 증가와 인생의 만족도를 보장했습니다.

지금 당장 행복할 수 있다면 희망을 품을 수 있고, 그로 인해 진정 더 나은 미래가 찾아오게 됩니다. 내가 행복할 수 있는 이유, 내가 희망을 품을 수 있는 이유인 주님의 사랑을 생각하며 오늘도 행복하게 희망을 품으십시오. 반드시 주님께서 좋은 것으로 채워주십니다.

♡ 주님! 모든 것이 합력하여 선을 이루게 하시는 주님을 의지하게 하소서.
📖 주님 안에서는 오늘 보다 더 나은 내일이 기다리고 있다고 믿고 생활합시다.

모르게 돕는 기쁨

읽을 말씀 : 디모데전서 6:11-21

● 딤전 6:18 선을 행하고 선한 사업을 많이 하고 나누어 주기를 좋아하며 너그러운 자가 되게 하라

11월 2일

경기도 양주의 한 쌀집에 어느 날 한 남자가 찾아왔습니다.
"제가 앞으로 매달 200만 원 정도 쌀을 사서 배달을 주문할 겁니다. 그러나 저에 대해서 어떤 정보도 묻지 마시고, 또 물어보는 사람에게도 대답하지 말아주십시오. 가능하시겠습니까?"

쌀집 주인은 정말 쌀을 살지도 안 살지도 모르는 사람이 다짜고짜 묻는 것이 살짝 기분이 나빴지만 알았다고 대답했습니다. 그리고 그 남자는 매달 한 번씩 찾아와 가장 좋은 쌀을 사서 여기저기 배달을 시켰습니다.

쌀집 주인은 몇 달 뒤 남자가 익명으로 어려운 가정과 시설에 쌀을 보내고 있다는 사실을 알았습니다. 무려 5년이 넘게 계속 이 일을 하는 것을 보고 '이쯤 됐으면 사람들에게 알려져도 되지 않나?'라는 생각에 말을 건넸더니 극구 거부하며 이렇게 말했습니다.

"저는 알려지고 싶어서 이런 일을 하는 것이 아니니 제 기쁨을 빼앗지 말아주십시오. 제 신상이 알려지는 순간 사장님과 거래도 끝낼 수밖에 없습니다."

선행과 봉사는 순수한 의도가 가장 중요합니다. 하나님이 주신 선한 마음으로 남을 돕고, 그로 인한 기쁨을 누리십시오. 반드시 주님께서 좋은 것으로 채워주십시다.

♡ 주님! 주님께서 맡기신 물질을 주님을 믿고 주님을 위해 나눠쓰게 하소서.
📖 가지고 있는 좋은 것을 주님이 원하는 곳에 나누기 위해 계획을 세웁시다.

11월 3일

새벽을 깨우는 도전

읽을 말씀 : 시편 57:1-11

● 시 57:8 내 영광아 깰지어다 비파야, 수금아, 깰지어다 내가 새벽을 깨우리로다

'트위터'의 창업자인 잭 도시는 매일 아침 5시 30분에 일어나 잠시 사색의 시간을 갖고 조깅을 합니다.

직장인들을 위한 인맥 네트워크 사이트 '링크드인'의 샐리 크로첵 대표는 새벽 4시부터 2시간을 가장 생산적인 시간이라고 말하며, 애플의 C.E.O. 팀쿡은 3시 45분에 일어나 개인적인 일과를 시작합니다.

전문가들에 따르면 사람에 따라 아침형 인간, 저녁형 인간이 다르긴 하지만 그럼에도 새벽 4시부터 6시가 온전히 자신만을 위해 집중할 수 있는 가장 효율적인 시간이라는 데에는 이견이 없습니다.

이런 이유로 최근 전 세계적으로 다시 21일간 새벽 4시에 기상하는 운동이 펼쳐지고 있고, 각자 SNS를 통해 21일간의 변화를 공유하는 문화가 형성되고 있는데 대부분은 조금 힘들긴 하지만 삶에 있어서는 훨씬 긍정적인 영향을 미친다고 평가하고 있습니다.

새벽에 일어나는 것은 힘들지만 삶을 더 좋게 변화시켜 줍니다. 그리고 그 시간을 말씀과 기도로 채운다면 주님의 은혜가 매일의 삶에 더 크게 할 것입니다.

가장 이른 시간을 주님께 드리는 예배로 매일의 영성을 풍성히 채우고 하루를 시작하십시오. 반드시 주님께서 좋은 것으로 채워주십니다.

♥ 주님! 새벽 미명에 주님께서 기도로 시작하신 것을 본받아 생활하게 하소서.
📖 한 달간 작정을 하고 새벽 예배를 드려보십시오.

천국을 상상하라

11월 4일

읽을 말씀 : 마태복음 25:1-13

● 마 25:1 그 때에 천국은 마치 등을 들고 신랑을 맞으러 나간 열 처녀와 같다 하리니

'마시멜로 실험'은 역사상 가장 유명한 심리학 실험으로 꼽힙니다. 4살짜리 아이들에게 마시멜로를 주고 먹지 않고 기다리면 더 큰 보상을 준다고 설명을 했을 때 15분을 기다린 아이들은 3초밖에 못 기다린 아이들보다 수능 점수도 월등히 더 높았고 연봉도 훨씬 많이 받았습니다. 마시멜로 실험은 아이큐 측정보다 미래의 수능점수를 맞출 확률이 더 높았습니다.

지금도 마시멜로 실험은 다양한 방식으로 계속되고 있는데, 이 실험을 맨 처음 시행한 미셸 박사는 아이들의 참을성을 결정하는 것은 마시멜로를 바라보는 시선이라는 것을 알아냈습니다.

마시멜로의 유혹을 견디는 아이들은 눈앞의 마시멜로를 잘 보지 않으려 했습니다. 그리고 볼 때도 마치 마시멜로가 그냥 그림인 것처럼 없는 것 같이 상상을 하며 견뎠습니다.

그러나 유혹을 이기지 못한 아이들은 오히려 마시멜로를 똑바로 쳐다보며 꼭 이겨내겠다는 과도한 자신감에 가득차 있었습니다. 결국 유혹을 이겨내는 현명한 방법은 유혹에 맞서는 것이 아니라 유혹을 피해가는 것이었습니다.

매일 눈 앞에 보이는 죄의 유혹들에 현혹되지 마시고 우리가 결국 가야할 곳이 어디인지 기억하며 생활하십시오. 반드시 주님께서 좋은 것으로 채워주십니다.

♡ 주님! 세상 곳곳에 도사리고 있는 사탄의 유혹을 피함으로 이기게 하소서.
📖 이 세상의 생활이 전부가 아님을 믿고 본향인 천국을 향해 살게 하소서.

11월 5일

잠언이 가르치는 경제

읽을 말씀 : 잠언 10:22-32

● 잠 10:22 여호와께서 주시는 복은 사람을 부하게 하고 근심을 겸하여 주지 아니하시느니라

'**잠**언에서 본 성경적 경제부흥'의 저자인 김광선 목사님은 잠언을 깊이 묵상하다 '경제와 돈'에 대한 내용이 굉장히 많이 나온다는 것을 알고는 잠언을 통해 경제적 어려움을 해결할 수 있는 원리를 발견하고 10가지로 정리했습니다.

01. 겸손히 하나님을 경외하라.(잠22:4)
02. 물질을 하나님께 드리라.(잠3:9)
03. 부지런히 일하라.(잠12:27)
04. 번 돈을 잘 관리하라.(잠21:5)
05. 구제에 힘쓰라.(잠11:24)
06. 절약하라.(잠21:20)
07. 방탕하지 말아라.(잠21:17)
08. 의롭게 살라.(잠3:33)
09. 보증을 함부로 서지 말라.(잠22:26)
10. 빚을 지지 말라.(잠22:7)

교회를 다닌다고 다 부자가 되는 것은 아닙니다. 그러나 하나님은 우리의 일용할 양식은 분명히 책임져 주십니다. 그리고 우리가 준비돼 있으면 많은 물질을 맡기십니다. 하나님의 말씀에 순종하므로 하나님이 주시는 큰 복을 누리십시오. 반드시 주님께서 좋은 것으로 채워주십니다.

♡ 주님! 말씀 안에 있는 경제 원리로 물질을 관리하게 하소서.
📖 위 10가지 원리 중 실행하고 있는 것이 몇 가지인지 살피고 개선합시다.

연봉을 묻지 않은 이유

11월 6일

읽을 말씀 : 디모데후서 1:3-18

- 딤후 1:9 … 거룩하신 소명으로 부르심은 우리의 행위대로 하심이 아니요 오직 자기의 뜻과 영원 전부터 그리스도 예수 안에서 우리에게 주신 은혜대로 하심이라

미국 캘리포니아 공과대학에서 물리학을 가르치는 한 교수가 있었습니다. 교수는 나이가 매우 어렸지만 물리학에 인생을 바쳤다고 할 정도로 오로지 연구에만 몰두했습니다.

그런데 이 교수를 스카우트하러 세계에서 가장 노벨상 수상자를 많이 배출한 시카고 대학교의 직원이 찾아왔습니다. 교수는 이들을 보자마자 한 가지 부탁을 했습니다.

"절대로 연봉을 말하지 말아주십시오. 그 조건만 지켜진다면 고려해보겠습니다."

별 수 없이 시카고 대학교 직원은 연봉을 빼고 다른 부분을 제시했고 연구 환경은 지금이 더 좋다는 생각에 교수는 거절했습니다. 그리고 나중에 우연히 친구를 통해 시카고 대학교가 제시하려던 연봉이 지금의 4배나 많다는 걸 알게 됐습니다. 그러나 이 얘기를 들은 교수는 연봉 얘기를 들었다면 제안에 넘어갈 뻔했다며 오히려 안도했습니다.

훗날 교수는 계속된 연구로 노벨물리학상을 탔고 아인슈타인 이후 가장 뛰어난 물리학자인 리차드 파인만으로 물리학 역사에 이름을 남겼습니다.

하나님이 주신 사명이라면, 꼭 해야 할 일이라면 눈앞의 이익보다도 더 먼 미래를 바라볼 줄 알아야 합니다. 주님이 주신 사명을 인생의 최우선 목표로 삼으십시오. 반드시 주님께서 좋은 것으로 채워주십니다.

♡ 주님! 눈앞에 있는 이익 때문에 주님의 일을 망치는 사람이 되지 않게 하소서.
📖 어떤 제안이 들어 왔을 때 조건을 보기 전에 주님의 뜻을 물읍시다.

11월 7일
7가지 고개

읽을 말씀 : 갈라디아서 6:1-10

● 갈 6:10 그러므로 우리는 기회 있는 대로 모든 이에게 착한 일을 하되 더욱 믿음의 가정들에게 할지니라

자신을 노년의 주부라고 밝힌 한 여성이 인터넷 게시판에 '부부가 함께 넘어야할 7가지 고개'라는 장문의 글을 올렸습니다. 간단하게 요약하면 다음과 같습니다.

1. 환상의 고개, 서로에 대한 사랑으로 어떤 것도 문제가 되지 않는 단계입니다.
2. 타협의 고개, 슬슬 보이기 시작하는 서로의 단점을 적절히 타협하는 단계입니다.
3. 투쟁의 고개, 자신이 원하는 것을 요구하며 서로 주도권을 다투는 단계입니다.
4. 결단의 고개, 상대방이 변하지 않음에 체념하고 그럭저럭 다시 맞추는 단계입니다.
5. 분리의 고개, 같이 살지만 마치 따로 사는 것처럼 결혼 생활을 체념하는 단계입니다.
6. 연합의 고개, 새로운 헌신과 책임으로 상대방을 위하는 사랑을 경험하는 단계입니다.
7. 자유의 고개, 노력하지 않아도 서로를 이해하고 함께 행복을 나누는 단계입니다.

사랑과 결혼과 마찬가지로 신앙에도 단계가 있습니다. 어려운 고개도 있겠지만 주님께 순종하며 맞춰 나감으로 진정한 자유를 누리는 성숙한 그리스도인이 되십시오. 반드시 주님께서 좋은 것으로 채워주십니다.

♥ 주님! 날이 갈수록 단단한 믿음으로 성장해 주님께 영광 돌리게 하소서.
📖 더 높은 단계의 믿음을 위해 필요한 것을 합시다.

이미 가진 보화

11월 8일

읽을 말씀 : 빌립보서 1:12-30

● 빌 1:27 오직 너희는 그리스도의 복음에 합당하게 생활하라 이는 내가 너희에게 가 보나 떠나 있으나 너희가 한마음으로 서서 한 뜻으로 복음의 신앙을 위하여 협력하는 것과

필리핀 팔라완 섬의 한 어부가 고기를 잡으려고 배를 타고 바다에 나갔습니다.

그물을 내리려고 닻을 내리는 순간 평소와는 다른 이상한 소리가 들렸는데 밑에 뭐가 있는지 궁금해 바다로 들어간 어부는 커다란 반짝이는 돌을 발견하고는 배에다 실었습니다. 반짝이는 돌이 마냥 신기했던 어부는 집으로 가져와 장식용으로 두었습니다.

그런데 몇 년 뒤 어부의 집에 불이 났습니다. 다행히 목숨에는 지장이 없었고, 중요한 물건들도 모두 가지고 나왔지만 짐을 옮기다 장식용이던 큰 돌이 거추장스러웠던 어부는 관광센터에 기념품으로 팔려고 가져갔습니다. 관광센터 직원은 그 돌을 보자마자 깜짝 놀랐는데, 어부가 가져온 돌은 진주였기 때문입니다.

어부가 발견한 돌은 무게가 34킬로그램인 세상에서 가장 큰 진주였습니다. 감정가가 천억 원이 넘는 진귀한 보물이었지만 어부는 단순한 돌인 줄 알고 몇 년 동안이나 장식장에 보물을 올려두고만 살았습니다.

보물은 알아보는 사람에게만 가치가 있는 것입니다. 예수님을 믿는 순간 우리는 인생에서 받을 수 있는 가장 귀한 구원이라는 보물을 받게 되었음을 믿고 귀히 여기십시오. 반드시 주님께서 좋은 것으로 채워주십니다.

♡ 주님! 구원의 선물을 값없이 은혜로 주심을 찬송하게 하소서.

📖 혹시 가지고 있는 것의 가치를 몰라 천대시하고 있는 것이 있는지 살펴 봅시다.

11월 9일
신앙에 대한 질문

읽을 말씀 : 신명기 30:9-20

● 신 30:20 네 하나님 여호와를 사랑하고 그의 말씀을 청종하며 또 그를 의지하라 그는 네 생명이시요 네 장수이시니...

학자 개리 맥퍼슨은 뛰어난 연주자를 만드는 요인이 무엇인지 궁금했습니다. 그는 유명한 학원을 다니거나 뛰어난 사람들에게 레슨을 받는 학생들 157명을 선정해 다양한 사항을 체크 했습니다. 리듬감, 박자, 재능, 가정환경, 부모의 열정, 청각의 발달, 지능, 설문조사... 그리고 몇 년 뒤 훌륭한 연주가가 된 학생들 사이의 연관성을 찾으려 했으나 대부분 아무런 관계가 없었으나 설문조사의 단 한 질문만이 아주 의미있는 지표의 역할을 했습니다.

그 질문은 바로 "얼마나 오래 악기를 연주할 것이라고 생각합니까?"였습니다.

재능이 떨어지고 당장 실력이 없어도 '연주를 몇 년은 더 할 것이다'라고 응답한 학생들은 대부분 훌륭한 연주가가 됐고 '평생'이라고 적은 학생들은 마스터 클래스가 되었습니다. 그러나 뛰어난 재능을 가지고 있어도 '시간이 나는 만큼', '조금 배우고 말 것임'이라고 적은 학생들은 평범한 학생들만큼의 성과도 거두지 못하고 연주를 그만두었습니다.

실력에 있어서 가장 중요한 것은 재능이 아닌 그 일에 대한 열정과 관심입니다. 하나님을 향한 우리의 사랑과 헌신이 얼마나 유지될 것인지, 그리고 지금은 잘 유지되고 있는지 스스로에게 물어보십시오. 반드시 주님께서 좋은 것으로 채워주십니다.

💙 주님! 주님께서 맡기신 사명과 사역을 주님 오실 때까지 열심히 하게 하소서.
📖 하나님이 주신 은사가 무엇인지 점검하고 더 신실하고 충성스럽게 합시다.

마음을 알고 계시는 하나님

11월 10일

읽을 말씀 : 욥 34:21-25

● 욥 34:21 그는 사람의 길을 주목하시며 사람의 모든 걸음을 감찰하시나니

진시황은 한비자가 쓴 책을 보고 감명을 받아 그를 신하로 얻기 위해 한나라를 공격했을 정도로 한비자의 능력은 출중했습니다.

그 한비자는 관계술이라는 책을 썼는데 그는 사람을 제대로 알기 위해서는 5가지 방법으로 살펴야 한다고 했습니다.

1. 관청법-내가 본 것과 들리는 소문을 함께 평가해야 한다.
2. 일청법-그 사람이 하는 말 하나하나를 세세하게 들어봐야 한다.
3. 협지법-아는 것을 모른 척하며 상대를 시험해 봐야 한다.
4. 도언법-거짓말로 그 사람의 됨됨이를 알아봐야 한다.
5. 반찰법-이득을 위해 거짓말을 할 수 있는지 살펴봐야 한다.

한 사람을 알기 위해서는 많은 노력을 해도 온전히 알기가 힘듭니다. 그러나 그런 복잡한 우리의 마음을 주님은 이미 감찰하고 계십니다. 내 마음의 선한 것과 악한 것을 이미 아시는 주님이시기에 주님께는 어떤 변명도 거짓도 통하지 않습니다.

성경에 이미 자세히 나와 있는 관계방법을 배워 하나님을 속이려는 어리석은 마음을 버리고 오직 순전한 마음으로 모든 것을 주님 앞에서 하십시오. 반드시 주님께서 좋은 것으로 채워주십니다.

♡ 주님! 동역자를 말씀에 따라 잘 분별해 평생 주님의 사역에 함께하게 하소서.
🖐 동역자를 허락하신 주님께 감사하고 동역자에게도 감사를 전합시다.

11월 11일 수렁에서 구하시는 주님

읽을 말씀 : 시편 34:1-7

● 시 34:6 곤고한 자가 부르짖으매 여호와께서 들으시고 그 모든 환란에서 구원하셨도다

영국의 와트 부부가 아프리카의 키쿠유 선교사로 갔을 때, 그곳엔 테러조직에게 용병으로 고용될 정도로 호전적인 마우마우스 종족이 있었습니다.

그 종족들은 끈질기게 와트 부부와 네 자녀들을 위협했습니다. 영국 총독은 선교사 가족을 안전한 곳으로 대피시키기 위하여 군인들을 보내겠다고 했으나 와트 선교사는 "우리는 끝까지 기도로 견디고 하나님께서 가라고 명하신 곳에서 죽겠습니다"라며 거절했습니다. 그리고 며칠 뒤 활로 무장한 수천 명의 원주민들이 선교사 집을 둘러쌌습니다. 살기등등하여 당장이라도 활을 당길 기세였습니다.

선교사와 그 가족은 무릎을 꿇고 절망적인 위기에서 기도로 하나님의 능력을 구했습니다. 그렇게 열심히 기도하고 있을 때, 갑자기 천둥이 나며 큰 불덩어리가 하늘 위를 지나가더니 이글이글 타기 시작했습니다. 하늘에서 심판의 불이 떨어진다고 믿은 원주민들은 놀라 도망갔고 다시는 선교사님의 전도활동을 방해하지 않았습니다.

기도하지 않는 수천 명 보다 기도하는 한 명을 하나님은 더 크게 사용하십니다. 긴급한 것은 긴급한 대로 급하지 않은 것은 때에 맞게 응답하시는 주님은 우리의 기도를 절대로 흘려듣지 않으십니다. 하나님의 마음을 움직일 뜨거운 기도로 기적을 체험해 보십시오. 반드시 주님께서 좋은 것으로 채워주십니다.

💙 주님! 어떤 상황에서도 하나님의 마음에 합한 기도를 드리게 하소서.
📖 기도 생활을 소홀히 하지 말고 때와 시간을 정해 마음을 다해 합시다.

성공의 공통분모

11월 12일

읽을 말씀 : 골로새서 3:18-25

● 골 3:22 종들아 모든 일에 육신의 상전들에게 순종하되 사람을 기쁘게 하는 자와 같이 눈가림만 하지 말고 오직 주를 두려워하여 성실한 마음으로 하라

'**성**공의 법칙'에 대한 책은 그동안 셀 수도 없이 많이 나왔습니다. 그러나 그 책들의 내용들을 분석하면 크게 다음의 10가지 정도로 나눌 수 있습니다.

01. 실패를 인정하고 책임을 진다.
02. 열심히 일하면서도 여유를 즐긴다.
03. 하나님이 주신 시간을 소중히 여기며 잘 관리한다.
04. 경쟁에서 지는 것을 두려워 않고 경쟁을 넘어서 상생을 한다.
05. 고난이 와도 구름 위의 태양을 본다.
06. 문제 속에 과감하게 뛰어들고, 장애물을 밟고 올라가 길을 만든다.
07. 뛰어난 사람을 시기하지 않고 존경하며 배울 점을 찾는다.
08. 강한 자에게는 강하고 약한 자에게는 약하다.
09. 행동으로 말을 증명한다.
10. 자신이 가진 것으로 남을 섬기며 높은 자리에 올라간다.

하나님의 말씀을 따라 하나님의 정의를 실천하는 것이 성도입니다. 세상의 기준에 맞춘 세상의 성공기준을 버리고 성경이 가르치는 대로 행동하여 진정한 성공을 꿈꾸십시오. 반드시 주님께서 좋은 것으로 채워주십니다.

♡ 주님! 주님 안에서 바르게 충성하게 하소서.
▨ 성공에 대한 기준이 주님인지 세상인지 살펴보고 주님께 맞춥시다.

11월 13일
함께 하시는 주님

읽을 말씀 : 마태복음 18:15-20

● 마 18:20 두 세 사람이 내 이름으로 모인 곳에는 나도 그들 중에 있느니라

평양의 어떤 공장에 지하교회가 있었습니다. 여기 성도들은 성경이나 찬송가가 없으므로 극동방송에서 방송되는 목사님들의 설교를 숨어 들으면서 종이쪽지에 적은 성경구절을 돌려가며 읽고는 입만 벙긋벙긋 벌리며 찬송을 불렀습니다.

그런데 하루는 몰래 예배하고 있는데 노동당 반장이 갑자기 찾아왔습니다. 성경을 읽고 기도하며 소리 없는 찬송을 부르고 있는 모습을 보고 인상을 쓰며 "동무들, 무얼 하고 있는거요?"라고 물었습니다.

그 때 한 대담한 여공이 기지를 발휘해 재빨리 대답했습니다. "우리는 지금 독보회를 하고 있습네다, 동무도 같이 앉아서 안하시려요?" 대답을 듣고 의심쩍게 보던 반장은 한참 앉아 있다가 "동무들이나 많이 하시오"하고는 가버렸습니다. 이들은 반장의 눈을 어둡게 만들어 지켜주신 하나님께 눈물로 감사했습니다.

위기에 처할 때 먼저 할 것은 기도입니다. 불가능을 가능하게 하시는 분은 오직 하나님이십니다. 어쩔 수 없는 상황에도 이미 끝나버린 일 같아도 기도할 수 있다면 아직 방법이 있습니다. 사방에 길이 보이지 않을 때는 주님 앞에 무릎을 꿇으십시오. 반드시 주님께서 좋은 것으로 채워주십니다.

♥ 주님! 사망의 음침한 골짜기에서도 주님만을 의지하게 하소서.
🖼 기도를 통해 주님을 체험하여 삶을 강력하게 준비해 갑시다.

영접의 거리

읽을 말씀 : 요한복음 1:1-18

11월 14일

● 요 1:12 영접하는 자 곧 그 이름을 믿는 자들에게는 하나님의 자녀가 되는 권세를 주셨으니

사업에 실패한 사람이 투신자살을 하려고 고층빌딩의 엘리베이터를 탔습니다. 그런데 함께 탄 목사님이 대뜸 "형제님은 구원을 받았습니까?"라고 물었습니다. 엘리베이터 안에는 단 두 사람뿐이었습니다. 잠시 침묵이 흐른 뒤에 그 사람은 "목사님, 저는 지금 천국에서 너무나 먼 거리에 서 있습니다"라고 대답했습니다.

목사님은 "구원과 천국은 형제님을 위해 언제나 예비되어 있습니다"라고 말했고 남자는 "그렇다면 그 거리가 얼마나 됩니까? 무슨 노력을 해야 합니까?"라고 다시 물었습니다.

목사님은 품 안에서 성경을 꺼내며 "단지 한 걸음만 다가오시면 됩니다. 예수 그리스도를 구세주로 마음속에 영접하기만 하면 됩니다. 그러면 천국이 임합니다"라고 말했습니다. 그 형제는 그 자리에서 눈물을 흘리며 자살을 하러 가려던 자신의 처지를 목사님에게 설명을 했고, 목사님이 청년을 위해 기도한 뒤에 자기 입으로 예수 그리스도를 구주로 영접했음을 시인했습니다.

삶의 기로에 서서 결정이 너무나 힘들 땐 주님을 바라보십시오. 주님은 우리를 위해 모든 것을 준비하고 계십니다. 우리를 향해 내미는 주님의 손을 꼭 잡으십시오. 반드시 주님께서 좋은 것으로 채워주십니다.

♡ 주님! 모든 문제의 해결자 되시는 주님을 항상 믿고 의지하게 하소서.
🖼 믿을 수 있는 기회를, 전할 수 있는 기회를 놓치지 맙시다.

11월 15일
두 개의 눈

읽을 말씀 : 시편 107:1-9

● 시 107:9 저가 사모하는 영혼을 만족케 하시며 주린 영혼에게 좋은 것으로 채워주심이로다.

일본의 유명한 전략가인 야마모토 간스케의 그릇을 알아보기 위해 다케다 신겐이 찾아갔습니다. 신겐은 간스케에게 일본을 통일할 수 있는 방법을 알려달라고 했는데, 간스케는 눈이 왜 두 개인지 생각해보라는 아리송한 말을 할뿐이었습니다. 재차 가르침을 구하자 간스케가 말했습니다.

"사람의 눈이 두 개인 것은 하나는 나의 눈으로 세상을 바라보라는 것이고, 다른 하나는 상대방의 눈으로 세상을 바라보라는 뜻입니다. 그런데 보통 사람들은 한 쪽 눈만 사용합니다. 그래서 상대방의 눈으로 세상을 바라보며 그가 진정으로 원하는 것이 무엇인지 살펴보아야 합니다. 그래야 진짜 실력을 가진 인재를 영입할 수 있고 전쟁에 있어서도 상대가 원하는 것을 미끼로 수를 쓴 다음 방심한 틈을 타서 일격에 섬멸할 수 있습니다."

이 말에 매료된 신겐은 간스케에게 무릎을 꿇고 자신과 함께 해줄 것을 요청했고, 함께 전국시대를 호령한 위대한 왕과 신하로 이름을 남겼습니다. 믿는 사람의 눈으로, 하나님의 눈으로, 또 믿지 않는 사람의 눈으로 세상을 바라볼 줄 알아야 합니다.

상대방의 입장에서 헤아릴 수 있는 눈으로 적합한 때에 복음을 전할 줄 아는 지혜로운 성도가 되십시오. 반드시 주님께서 좋은 것으로 채워주십니다.

♡ 주님! 믿지 않는 사람의 입장에서도 생각할 수 있는 여유와 지혜를 주소서.
📖 오늘 생활 하면서 상대방의 입장에서 모든 상황을 생각해봅시다.

사명의 성공

11월 16일

읽을 말씀 : 시편 119:73-78

● 시 119:73 주의 손이 나를 만들고 세우셨사오니 나로 깨닫게 하사 주의 계명을 배우게 하소서

엔디 그로브는 미국 실리콘 밸리에 있는 인텔사의 최고 경영자입니다. 그는 망해가던 인텔에 혁신을 일으켜 지금과 같은 위치로 성공시켰는데 그가 직접 밝힌 성공한 이유는 다음과 같다고 합니다.

- 첫째, 미친 듯이 자신의 일에 전념했기 때문입니다.
- 둘째, 마음과 몸을 젊게 하면서 사업본능을 더욱 뾰족하게 다듬었기 때문입니다.
- 셋째, '지금도 배우고 있다'를 좌우명으로 삼을 정도로 검손하기 때문입니다.
- 넷째, 임원들에게 귀를 땅에서 떼지 않도록 끊임없이 경각심을 일깨우고 있기 때문입니다.

영적인 원리도 이와 마찬가지입니다.

- 첫째, 하나님께로부터 받은 사명에 죽기 살기로 충성을 다하기 때문.
- 둘째, 영육 간에 깅긴히기 위해 맘씀위에 굳게 살기 때문.
- 셋째, 배우는 일에 힘씀으로 믿음을 세우기 때문.
- 넷째, 성령님의 음성에 민감하도록 노력하기 때문.

사업의 성공보다 더한 노력으로 우리의 영성을 가꿀 때, 우리의 삶에 풍성한 열매가 맺히게 됩니다. 이 원리를 실천하며 살아가십시오. 반드시 주님께서 좋은 것으로 채워주십니다.

💗 주님! 저에게 주신 사명에 충성하며 열심히 주님을 섬기게 하소서.

📖 주님이 주신 사명에 제대로 충성하고 있는지 생각해봅시다.

11월 17일 - 이기주의의 모습

읽을 말씀 : 야고보서 1:12-18

●약 1:14 오직 각 사람이 시험을 받는 것은 자기 욕심에 끌려 미혹됨이니

심리학자들은 사람이 이기주의에 빠지면 다음과 같은 다섯 가지의 결과가 나타난다고 합니다.
1. 유별나게 주관적인 사람이 됩니다.
2. 지나친 우월주의에 빠집니다.
3. 자기도취에 빠집니다.
4. 자기애(self-love)에 빠집니다.
5. 세상적인 물질에 지나친 가치를 부여합니다.

이기주의가 위험한 것은 실제로 자기의 본 모습을 인식하지 못하게 만들어주고 그것을 가리기 위해서 외적인 것에 지나치게 집착함으로 삶을 서서히 무너뜨리기 때문입니다. 신앙에도 이런 이기주의가 끼어들면 자칫 껍데기만 거룩한 위선의 신앙생활을 하게 됩니다.

이기적이고 물질에 집착하는 나의 본 모습을 인정하고, 이 모습마저도 안아주시고 고쳐주시는 주님께 나아감으로 순종하는 것이 유일한 처방입니다.

이기주의가 신앙에 끼어들면 영혼이 병들고 편협한 사고를 가지게 되어 점점 외로워집니다. 하나님 앞에 우리의 약한 모습을 그대로 내어 놓고 이기적인 생각을 십자가에 못 박아야 합니다. 우리 안에 사는 분이 그리스도가 되게 하십시오. 반드시 주님께서 좋은 것으로 채워주십니다.

♥ 주님! 제 잘못된 자아와 이기심을 십자가에 못 박아 주님만 나타나게 하소서.
📷 세상 그 무엇보다 더 주님을 사랑하고 있는지 스스로에게 질문해봅시다.

나눠야 산다

읽을 말씀 : 누가복음 6:27-38

● 눅 6:38 주라 그리하면 너희에게 줄 것이니 곧 후히 되어 누르고 흔들어 넘치도록 하여 너희에게 안겨 주리라

최근에 심리학자들의 봉사에 대한 연구에 따르면 받기보다 주는 사람이 더 건강하고, 행복하고, 장수한다는 결과가 대부분입니다.

심지어 건강의 제 1원리인 주 3회의 규칙적인 운동이나 일관된 생활습관보다도 봉사와 기부가 장수에 더 좋다고 합니다.

캘리포니아 대학교에서 2,000여명을 대상으로 실시한 조사 결과에 의하면, 두 개 이상의 단체에서 자원봉사를 하고 있는 사람은 봉사하지 않는 사람에 비해 복합적인 사망확률이 63%나 줄어들었다고 합니다.

록펠러 역시 50대 초에 근육무력증, 탈모증, 불면증, 위궤양 등으로 건강에 문제가 많았습니다. 죽음의 문턱에 이르자 악착같이 모았던 재산도 아무런 의미가 없었습니다. 그때 그의 삶을 바꾼 것이 누가복음 6장 38절 말씀이었습니다.

"주라. 그리하면 너희에게 줄 것이요. 곧 후히 되어 누르고 흔들어 넘치도록 하여 너희에게 안겨 주리라."

이 말씀에 따라 기부를 시작한지 12개월이 되었을 때 그는 건강을 완전히 회복하게 되었습니다. 그리고 돈을 벌 때는 많은 잘못을 했던 록펠러지만 이때의 깨달음으로 록펠러의 기부와 투자는 지금도 이어지고 있습니다.

결국 남을 돕는 사람은 곧 자기를 돕는 행위입니다. 남을 돕는 삶을 살아가십시오. 반드시 주님께서 좋은 것으로 채워주십니다.

♡ 주님! 주님이 맡겨주신 물질을 가지고 기쁨으로 남에게 베풀게 하소서.
📖 주변에 도와야 할 곳에 정기적인 봉사와 기부를 계획합시다.

11월 19일

실패의 공통분모

읽을 말씀 : 마태복음 6:19-34

● 마 6:30 오늘 있다가 내일 아궁이에 던져지는 들풀도 하나님이 이렇게 입히시거든 하물며 너희일까보냐 믿음이 작은 자들아

성공하는 사람들에게 공통점이 있는 것처럼 실패하는 사람에게도 공통적인 특징이 있습니다. 수많은 책에 나온 내용들을 종합해 보면 크게 다음 10가지입니다.

01. 실패했을 때 남에게 책임을 돌린다.
02. 게을러 일이 밀려 있으면서 늘 바쁘다고 말한다.
03. 시간에 끌려 살고, 실패로 넘어지면 미래가 아닌 과거를 본다.
04. 경쟁에서 승리하는 것을 염려하고 결과만을 위해 산다.
05. 구름 속의 해가 아닌 그 안의 비를 본다.
06. 문제의 주변을 맴돌고 눈이 오면 녹기를 기다린다.
07. 잘난 사람을 질투하고, 그 사람에게 흠이 없는지 찾는다.
08. 강한 자에게 약하고 약한 자에게 강하다.
09. 행동보다 말이 앞서고, 때로는 말만 앞선다.
10. 생각 없이 약속을 하고, 사람이 아닌 자리에 연연하다 패망한다.

성경은 실패를 승리로 바꾸는 원리도 말씀하고 있습니다. 과정이 달라야 결과가 다를 수 있습니다. 지금 실패의 길을 걷고 있다면 성경이 가르치는 바른 길로 걸어갈 지혜를 주님께 구하십시오. 반드시 주님께서 좋은 것으로 채워주십니다.

♡ 주님! 승리를 약속하신 주님의 가르침을 따라 형통을 향해 전진하게 하소서.
📖 주님이 약속하신 복되고 형통한 삶을 위해 성경을 연구합시다.

실패하지 않는 방법

11월 20일

읽을 말씀 : 사무엘상 12:20-25

● 삼상 12:23 나는 너희를 위하여 기도하기를 쉬는 죄를 여호와 앞에 결단코 범치 아니하고

사업 때문에 신앙을 소홀히 했던 한 장로님의 공장에서 있었던 일입니다. 해외에서 70만 불의 주문을 받고 작업을 하던 중 부품공급회사의 노사분규로 작업이 중단되었습니다. 20일 이내에 선적을 하지 못하면 2억 원의 손해를 보게 되어 회사가 도산 위기에 처할 수도 있는 상황이었습니다. 장로님은 그동안 하나님 앞에 드릴 시간과 헌금을 소홀히 한 것을 진심으로 뉘우치고 담임목사님께 예배를 부탁했습니다.

목사님은 인간의 지혜와 방법을 의지하지 말고 해결사 되시는 하나님께 전적으로 맡겨드리며, 어렵더라도 하나님의 것은 구별하여 드리고 기도하라는 말씀을 전했습니다. 함께 예배를 드리며 마음이 뜨거워진 모든 직원들은 그날부터 합심하여 간구했습니다.

그러자 갑자기 기적이 일어났습니다. 타협점이 보이지 않던 노사분규가 기적적으로 해결되고 부품도 원활하게 공급 되었습니다. 회사는 큰 위기를 넘겼을 뿐만 아니라 직원들이 단결될 수 있는 좋은 계기가 되었고, 하나님께 믿음으로 매달릴 때 놀라운 해결을 받는 기적을 체험함으로 신앙도 회복되었습니다.

하나님은 기도할 때 하늘문을 열어서 보여주십니다. 일터를 위해 기도하십시오. 반드시 주님께서 좋은 것으로 채워주십니다.

♡ 주님! 어려움이 생길 땐 주님을 먼저 찾게 하소서.
 기도할 때 주님이 응답해주시는 복을 누리며 사는 삶을 기대합시다.

11월 21일 길들여짐의 최후

읽을 말씀 : 신명기 8:11-20

● 신 8:19 네가 만일 네 하나님 여호와를 잊어 버리고 다른 신들을 따라 그들을 섬기며 그들에게 절하면 내가 너희에게 증거하노니 너희가 반드시 멸망할 것이라

영국의 해안을 따라 여행을 하던 남자가 있었습니다. 도중에 너무나 아름다운 백사장을 발견해 잠시 내려 여유를 만끽하고 있는데, 조금 둘러보니 저 멀리 갈매기들이 떼로 죽어 널려 있었습니다. 혹시 바다가 오염됐나 싶어 둘러봤지만 바다는 청명했고 눈부신 햇살에 공기까지 좋았습니다.

도저히 갈매기가 죽을 이유를 찾을 수 없었습니다. 그런데 조금 걷다 보니 갈매기 시체를 치우는 청소부가 있어 이유를 물었고, 청소부는 이렇게 대답했습니다.

"이곳은 여름에는 유명한 관광지입니다. 관광객들이 와서 갈매기들에게 먹이를 주죠. 그런데 여름이 지나면 관광객들의 발길이 뚝 끊어집니다. 그러면 던져주는 쉬운 먹이에 익숙해진 갈매기들이 힘든 사냥을 않고 무작정 기다리다가 굶어죽는 것입니다. 저기 하늘을 날아다니는 갈매기들은 모두 바다에서 먹이를 잡을 줄 아는 녀석들입니다."

그리스도인은 삶의 지혜를 세상에서 찾는 것이 아니라 성경에서 찾아야 합니다. 세상에는 진정한 지혜가 없기에 아무리 노력해도 헛될 뿐입니다. 넓은 바다를 두고 주변에서 던져주는 먹이를 바라는 갈매기처럼 세상의 지혜에 집중하지 말고 다함이 없는 진리의 보고인 성경에서 모든 답을 찾으십시오. 반드시 주님께서 좋은 것으로 채워주십니다.

♡ 주님! 삶의 모든 지혜와 해결책이 성경에 있음을 믿고 해답을 찾게 하소서.
🖼 행여 요행을 바라는 삶의 태도가 있다면 땀을 흘려 얻는 기쁨으로 바꿉시다.

그 한 사람

읽을 말씀 : 고린도전서 9:19-27

● 고전 9:24 운동장에서 달음질하는 자들이 다 달릴지라도 오직 상을 받는 사람은 한 사람인 줄을 너희가 알지 못하느냐 너희도 상을 받도록 이와 같이 달음질하라

캐나다의 남침례신학교에서 신입생 유치를 맡고 있는 랜디 본드라씨의 이야기입니다.

어느 날 40명 가까운 신학교 지망생들이 있다는 연락을 받고 무려 7시간이나 운전을 해 지방의 한 고등학교를 찾아갔는데 학교 측의 말과는 달리 입학설명회 때 단 한 명도 지원하지 않았습니다. 다시 7시간 거리를 돌아오면서 랜디는 계속 혼잣말로 화를 냈습니다.

'도대체 그 많은 지원자들이 다 어디 갔단 말인가? 하나님은 캐나다의 복음화를 원하지 않으신단 말인가? 아니, 다시 생각해 보니 하나님은 도대체 뭐 하시는거야?'

그런데 그렇게 불평을 하다 보니 캐나다의 복음화에 대한 사명이 자기 마음에 무겁게 느껴지기 시작했습니다. 랜디는 곧 기도하며 이렇게 고백했습니다.

"오, 하나님... 바로 접니다. 저에게 성령님이 필요합니다."

캐나다의 복음화에 대한 사명을 운전 중에 깨달은 랜디는 자기가 학교에 입학해 졸업 후 목사님이 되어 많은 사람들을 하나님께 인도하는 훌륭한 목회자로 쓰임 받았습니다.

어딘가 반드시 필요한 한 사람이 바로 나일 수 있습니다. 성령님이 주시는 확신이 드는 일이라면 즉각 순종하는 삶을 오늘부터 시작하십시오. 반드시 주님께서 좋은 것으로 채워주십니다.

♥ 주님! 성령님이 주시는 싸인을 깨닫지 못하고 헛되이 살지 않게 하소서.
📖 요즘 심적 부담을 느끼고 있는 주님의 일이 있다면 깊이 살펴봅시다.

11월 23일

세 가지 변화

읽을 말씀 : 욥기 27:1-11

● 욥 27:4 결코 내 입술이 불의를 말하지 아니하며 내 혀가 궤휼을 발하지 아니하리라

어떤 신학자가 성경에서 하나님께 쓰임 받은 믿음의 인물들에 대해서 연구를 했습니다.

그런데 대부분 별 다를 게 없는 평범한 사람이거나 오히려 못난 사람들이었습니다. 다만 이들은 3가지가 변화됨으로 놀라운 믿음의 인물로 쓰임 받았습니다.

- 첫째, 생각의 변화입니다. '할 수 없다'는 생각을 '할 수 있다'는 생각으로 바꿨고, 절망 가운데서 희망을 바라보는 믿음이 있었습니다.
- 둘째, 말의 변화입니다. 믿음이 약했던 모세도 하나님의 기적을 체험하고는 백성들을 흔들림 없이 이끄는 힘이 말에 의해 생겼습니다.
- 셋째, 자아상의 변화입니다. '노력해도 어쩔 수 없는 나'에서 '하나님께 쓰임 받는 나'로 자아상이 변화될 때 할 수 있다는 생각을 넘어 해내야 한다는 생각을 갖게 됩니다.

반대로 마귀는 부정적인 생각과 거짓된 말, 왜곡된 자아상으로 우리를 넘어뜨립니다. 십자가 보혈의 능력으로 이러한 마귀의 궤계를 물리치고 천국 시민다운 생각과 말, 그리고 긍정적인 자아상을 그리십시오. 반드시 주님께서 좋은 것으로 채워주십니다.

💙 주님! 하나님 자녀로서의 성경적 자아상을 갖게 하소서.

📖 세 가지 변화가 일어나는 삶을 위해 기도합시다.

추수감사절의 의미

11월 24일

읽을 말씀 : 누가복음 18:18-30

● 눅 18:22 … 네게 있는 것을 다 팔아 가난한 자들을 나눠 주라 그리하면 하늘에서 보화가 네게 있으리라 그리고 와서 나를 좇으라 하시니

한 노인이 해마다 추수감사절만 되면 공원으로 나가 걸인들을 찾았습니다. 그리고 그날은 만나는 걸인들마다 식당으로 데려가 원 없이 음식을 시켜주었습니다. 한 걸인이 왜 자신들에게 음식을 사주느냐고 묻자 노인이 대답했습니다.

"그야 오늘은 추수감사절이니까."

그런데 그날 저녁 병원의 응급실에 두 명의 환자가 실려 들어왔습니다. 한 사람은 돈이 없어 며칠 째 음식을 먹지 못해 실려 온 사람이었고, 다른 한 사람은 너무 과식을 하다 탈이 나서 실려 온 사람이었습니다.

이 내용은 미국의 소설 오 헨리가 사람들이 잘못 이해하고 있는 추수감사절의 참된 의미를 알리기 위해 쓴 소설의 내용입니다.

추수감사절에 하나님께 받은 것을 기뻐하며 감사드리는 것은 당연한 일이지만 떨어진 이삭을 가난한 사람들이 가져가게 줍지 않았던 나눔을 잊어서는 안 됩니다. 성도들의 하나님을 향한 감사와 사랑은 언제나 믿지 않는 사람들에게도 향하고 있어야 합니다.

참된 사랑과 넉넉함으로 주님이 주신 사랑을 이웃에게 베푸는 사람이 되십시오. 반드시 주님께서 좋은 것으로 채워주십니다.

💗 주님! 의무감이 아니라 주님께서 주신 사랑으로 넉넉히 나누게 하소서.
🎨 추수감사절을 맞아 주님께 감사하는 마음을 이웃과 풍성히 나누십시오.

11월 25일 - 하나님이 주시는 행복

읽을 말씀 : 야고보서 3:13-18

● 약 3:13 너희 중에 지혜와 총명이 있는 자가 누구뇨 그는 선행으로 말미암아 지혜의 온유함으로 그 행함을 보일찌니라

'하나님이 주시는 행복을 누리는 10가지 법칙'이라는 작자 미상의 글입니다.

01. 하나님의 눈으로 자신을 바라보라.
02. 내 인생을 적극적으로 사랑하라.
03. 자제력을 길러라.
04. 나만의 장점을 찾아내고, 그 장점을 키우라.
05. 자신에게 긍정적인 기대를 가지라.
06. 좋은 자기 이미지를 창조하라.
07. 하나님이 주신 인생의 목표를 분명하게 정하라.
08. 동역자들과 나누는 삶에서 의미를 찾으라.
09. 한 번 결정한 내용을 미루지 말라.
10. 자신의 생각을 적극적으로 표현하라.

인생의 행복이란 부나 스펙이나 명예...등 가진 것에 달려있는 것이 아닙니다. 하나님 안에서 자기를 발견하고, 이 땅에 두신 목적을 이루어 가는 것이 행복입니다. 잘못된 행복을 찾느라 눈앞의 진짜 행복을 놓치는 사람처럼 어리석은 사람은 없습니다. 주님 안에서 참된 행복을 누리는 인생을 만드십시오. 반드시 주님께서 좋은 것으로 채워주십니다.

💚 주님! 주님이 주시는 행복을 누리며 주님의 영광을 위해 살게 하소서.
📖 10가지 중 나에게 부족한 것이 무엇인지 체크해 보고 보완합시다.

하나님의 성공 기준

11월 26일

읽을 말씀 : 전도서 10:1-10

● 전 10:10 무딘 철 연장 날을 갈지 아니하면 힘이 더 드느니라 오직 지혜는 성공하기에 유익하니라

여론조사기관 갤럽이 미국인을 대상으로 '성공의 기준'에 대해 조사를 했습니다. 그 결과 미국인들은 다음의 6가지를 성공의 기준으로 세웠습니다.

'건강, 천직, 행복한 가정, 높은 지적수준, 마음의 평안, 좋은 친구'

그렇다면 성경이 말하는 하나님의 성공기준은 무엇일까요?

갤럽의 조사결과에 대해 성경이 말하는 내용을 덧붙이면 다음과 같습니다.

● 첫째, 몸의 건강만큼 영혼도 건강해야합니다.
● 둘째, 하나님이 주신 사명을 펼칠 수 있는 직업을 가져야 합니다.
● 셋째, 주님과 동행하는 믿음의 가정이 되어야 합니다.
● 넷째, 말씀을 공부하고, 자녀들에게 말씀을 가르쳐야 합니다.
● 다섯째, 주님이 주시는 평안을 알아야 합니다.
● 여섯째, 마음이 통할 수 있는 참된 친구를 사귀어야 합니다.

말씀이 알려주는 기준이 바른 성공의 기준입니다. 비록 나의 기준과 다를지라도 언제나 말씀을 기준으로 나의 모든 것을 맞춰야 합니다. 말씀의 원리를 따라 삶과 신앙, 직장의 균형을 지혜롭게 잡으십시오. 반드시 주님께서 좋은 것으로 채워주십시오.

♥ 주님! 성공의 기준을 성경을 통해 올바로 정하게 하소서.

📖 성공 기준의 몇 가지를 이루었는지, 몇 가지가 부족한지 적어보십시오.

11월 27일 — 성도의 생애

읽을 말씀 : 고린도후서 4:1-15

● 고후 4:7 우리가 이 보배를 질그릇에 가졌으니 이는 능력의 심히 큰 것이 하나님께 있고 우리에게 있지 아니함을 알게 하려 함이라

무디 선생은 모세의 생애를 세 가지의 단계로 묘사했습니다.

- 첫째는 'something'의 단계로 왕자로 있을 때입니다. 이 때 모세는 자신을 뭔가 할 수 있는 대단한 인물로 여겼습니다. 그래서 자신이 배운 지식과 자신이 누리는 지위로 무엇이든 해보려고 했으나 결과는 실패였습니다.
- 둘째는 'nothing'의 단계로 왕궁에서 도망 후 40년간 광야에서 목자로 있을 때입니다. 모세는 광야에서 살며 자신이 아무것도 아닌 부족한 종이라는 것을 깨달았습니다. 'something'에서 'nothing'으로 오히려 낮아진 것입니다.
- 셋째는 'everything'의 단계로 이후 이스라엘의 리더로 쓰임 받았을 때입니다. 이 때 모세는 자기같이 아무것도 아닌 사람도 전능하신 하나님이 들어 쓰시면 권능자(everything)가 될 수 있다는 것을 깨달았습니다.

하나님이 사용하신 모든 사람들을 보면 처음에는 지극히 평범한 질그릇에 불과하였습니다. 하지만 하나님만 의지하는 사람이 되었을 때, 그들은 모두 하나님의 보배를 담은 질그릇으로 성화되었습니다. 결국 우리의 능력이란 어떻게 하나님의 능력을 받아서 사용하느냐에 달려 있습니다. 하나님의 손에 붙들린 사람이 되십시오. 반드시 주님께서 좋은 것으로 채워주십니다.

♥ 주님! 제가 하나님의 보배를 담은 질그릇이 되게 하소서.

📖 나를 내려놓고, 철저하게 하나님께 매달립시다.

하나님이 주신 재물

11월 28일

읽을 말씀 : 시편 2:1-12

● 시 2:8 내게 구하라 내가 열방을 유업으로 주리니 네 소유가 땅 끝까지 이르리로다

미국에 스탠리 탬은 플라스틱으로 제품을 만드는 회사를 창업했습니다. 확실한 아이디어라고 생각해 고등학교를 졸업한 뒤 사업에 뛰어들었지만 실패하고 말았습니다. 모든 것을 잃고 너무 낙심해 주님께 기도하며 울부짖고 있었는데 "너의 사업을 나에게 넘겨주면 내가 성공시켜 주리라"는 응답을 받았습니다.

이후 탬은 하나님을 공동경영자로 모시고 37달러로 다시 사업을 시작했습니다. 같은 내용의 같은 사업이었으나 이번엔 결과가 달랐습니다. 그는 크게 성공해 억만장자가 되었고 수입의 51%를 공동경영자인 하나님께 드렸습니다.

이후 남미에 선교를 갔다가 큰 감동을 받은 그는 하나님께 모든 것을 넘겨드리겠다는 결심을 하고는 회사의 모든 이익금을 선교와 전도에 사용했습니다. 그는 평생 7천 번이나 선교여행을 떠났고 해마다 백만달러를 교회 설립을 위해 헌금했습니다.

하나님께 드리면 반드시 깊이주십니다. 하나님께 맡기면 또 절대 실패하지 않습니다.

단지 하나님이 주신 것을 다시 돌려드리기만 하면 주님께선 백배의 축복으로 부어주십니다. 진정 좋은 것으로 내 유업을 세우시고 내 영혼을 만족시키실 주님을 신뢰하며 믿음이 허락하는 만큼 아낌없이 드리십시오. 반드시 주님께서 좋은 것으로 채워주십니다.

♡ 주님! 제게 맡기신 물질이오니 영원한 것을 위해 투자하게 하소서.
📖 우리의 일터와 사업장에 주님을 동업자로 모십시다.

11월 29일 기도의 계단

읽을 말씀 : 골로새서 4:2-6

● 골 4:2 기도를 항상 힘쓰고 기도에 감사함으로 깨어 있으라

영국의 영화감독 J. A. 랭크에게는 아주 특이한 습관이 있었습니다. 그는 매일 사무실에 출근할 때 엘리베이터를 절대 이용하지 않고 꼭 계단으로 걸어 올라갔습니다. 아주 천천히 한 걸음씩 계단을 올라가며 하나님께 기도를 드렸는데, 이런 습관 때문에 그를 아는 사람들은 그의 사무실이 있는 계단을 '기도의 계단'이라고 불렀습니다.

처음부터 그가 계단을 올라가며 기도를 드렸던 것은 아니었습니다. 그러나 우연히 기도를 드리며 계단을 올라간 날은 일이 잘 진행되기 시작했고, 이 같은 경험을 반복하자 나중에는 퇴근을 할 때도 기도하며 계단을 내려오기 시작했습니다.

랭크는 비록 유명한 스타 감독은 아니었지만 은퇴할 때까지 다양한 감독들을 돕는 역할로 업계에서 실력을 인정받는 감독으로 좋은 대우를 받으며 커리어를 마쳤습니다.

이 땅에 우리의 구원을 위해 내려오신 예수님도 기도하는 습관을 가지셨는데 한낱 우리가 바빠서, 장소가 없어서 기도할 수 없다는 것은 말이 안 되는 핑계입니다. 하나님의 역사는 기도가 있는 곳 어디에서나 일어납니다.

오늘 내가 있는 그 자리에서 언제나 기도로 시작하십시오. 반드시 주님께서 좋은 것으로 채워주십니다.

💛 주님! 수시로 주님께 기도하는 습관을 가지는 사람이 되게 하소서.
 장소와 상황을 핑계로 기도를 쉬지말고 계단에 오르내리면서도 기도합시다.

내면의 매력을 키워라

11월 30일

읽을 말씀 : 잠언 27:22-27

● 잠 27:23 네 양떼의 형편을 부지런히 살피며 네 소떼에 마음을 두라

서울의 중심가 지하철역의 광고는 대부분 성형외과일 정도로 우리나라는 유독 외모에 민감하며 투자 또한 많이 합니다.

그러나 사람의 진정한 매력은 외면보다도 내면에서 나옵니다. 다음은 심리학자들의 연구에서 추린 내면의 멋을 성장시키는 7가지 법칙입니다.

1. 할 수 있다고 자신 있게 말할 능력이 있는 사람.
2. 한 번 맡은 일에는 최선을 다하는 사람.
3. 자신을 하나님의 자랑스러운 창조물로 여기는 사람.
4. 자신의 실수를 인정하고 고칠 수 있는 사람.
5. 타당한 비판이라면 웃으며 수용할 수 있는 사람.
6. 선한 동기로 다양한 방법으로 남을 돕는 사람.
7. 감사를 표현할 줄 아는 사람.

진짜 멋진 사람이 되는 길은 '우리를 향한 남의 시선'에 신경 쓰는 것이 아니라 우리를 보시는 '하나님의 시선'을 통해 다른 사람을 바라보는 여유를 갖는 것입니다. 외모보다도 내면의 아름다움에 더 많은 신경을 쓰십시오. 반드시 주님께서 좋은 것으로 채워주십니다.

💚 주님! 제 안에 주님의 마음이 있어서 제 삶이 향기롭게 하소서.
📖 다른 사람의 시선을 너무 의식하지 말고 자신감을 가집시다.

12

"나는 항상 소망을 품고
주를 더욱 더욱 찬송하리이다"
(시편 71편 14절)

12월 1일
최전선 선교지

읽을 말씀 : 디모데전서 3:1-13

● 딤전 3:5 사람이 자기 집을 다스릴 줄 알지 못하면 어찌 하나님의 교회를 돌아보리요

어떤 선교사님이 하나님의 부름을 받은 선교지에 나가기 전에 훈련을 받다가 자신이 얼마나 아내와 자녀들에게 무관심 했던가를 알게 되었습니다.

그동안 헌신이라는 이름으로 이곳저곳 다니면서 성경을 가르치고 전도하며 자신이 참 괜찮은 그리스도인이라는 자부심을 가졌는데 막상 아내와 자녀와 함께 있을 때 너무나 형편없는 자신의 모습을 바로 보게 되었습니다.

자신이 아내에게 그렇게 좋은 남편도 아니며 자녀들에게 자상한 아빠도 아니었다는 사실을 깨달았던 것입니다. 그 깨달음 이후 선교사님은 먼저 좋은 가장과 좋은 아버지가 되기 위해 노력했습니다. 선교를 떠나서도 마찬가지였습니다. 이런 노력으로 예정보다 선교지에는 훨씬 늦게 파송됐지만 그 덕분에 선교지에서 힘들게 복음을 전하는데 좋은 동역자인 아내와 자녀가 세워졌고 진정으로 하나님이 주신 사랑이 통하는 행복한 가정이 되었습니다.

우리가 교회에서 어떤 종류의 직분을 가졌다 할지라도 좋은 남편이며, 아내, 아빠이며, 엄마가 되려고 노력해야 합니다. 하나님이 가장 먼저 세우신 공동체가 가정이며 가장 먼저 보내신 선교지가 가정입니다. 가정에서의 소임을 결코 소홀히 마십시오. 반드시 주님께서 좋은 것으로 채워주십니다.

♥ 주님! 먼저 가족에게 인정받는 삶과 사람이 되게 하소서.
🖼 가정에서 하나님이 맡겨 주신 역할에 충성을 다 합시다.

시간관리 10계명

12월 2일

읽을 말씀 : 시편 90:1-17

● 시 90:10 우리의 년수가 칠십이요 강건하면 팔십이라도 그 년수의 자랑은 수고와 슬픔 뿐이요 신속히 가니 우리가 날아가나이다

무한정 주어져있지 않은 소중한 시간을 잘 활용하기 위한 '시간관리 10계명'입니다.

01. 결정된 것은 무슨 일이든 미루지 않고 바로 시작하라.
02. 출퇴근 시간을 적극 활용하라.
03. 자잘한 업무는 묶어서 한꺼번에 처리하라.
04. 사무실 환경을 효율적으로 배치하라.
05. 모든 업무상의 문서는 확인 표시를 하라.
06. 하루 전날 계획을 짜고 우선순위를 적어놓으라.
07. 어디서든 아이디어를 적을 수 있는 노트를 챙겨라.
08. 약속시간보다 10분 먼저 도착해 만남을 준비하라.
09. 1시간에 10분 정도는 휴식을 하며 재충전하라.
10. 자신이 시간을 최대한 효율적으로 쓰고 있는지 늘 주님 앞에 자문해 보라.

하나님이 부르시기 전까진 맡겨주신 시간을 지혜롭게 활용하는 것이 성도의 의무입니다. 100%는 아닐지라도 주어진 시간을 최대한 소중하게 사용하고 허튼 시간들을 줄이기 위해서 끊임없이 노력해야 합니다. 세월을 아껴 주님께서 맡기신 일들을 충성스럽게 하십시오. 반드시 주님께서 좋은 것으로 채워주십니다.

♥ 주님! 시간을 잘 활용할 수 있는 지혜가 있게 하소서.

 시간이 모자라다는 변명대신 시간을 활용하는 습관을 익힙시다.

12월 3일
하나님이 맡기신 인생

읽을 말씀 : 빌립보서 2:12-18

● 빌 2:13 너희 안에서 행하시는 이는 하나님이시니 자기의 기쁘신 뜻을 위하여 너희로 소원을 두고 행하게 하시나니

세계적으로 유명한 긍정심리학의 대가이자 동기부여 연설가인 앤서니 라빈스는 '캘리포니아 베니스'라는 가난한 사람들이 모여 사는 곳의 작은 아파트에서 끼니를 걱정하며 살았습니다.

거인같이 큰 키에 못생긴 외모, 거기에 고등학교도 나오지 못해 아는 것까지 없다는 절망감으로 열등감에 빠져 하루하루를 보냈습니다. 가끔 나갈 일이 있어도 차비가 없어 먼 길을 걸어야 했으며, 쓰레기통을 뒤져 남이 입다 버린 옷가지를 걸치고 살았습니다.

그러나 20년 뒤 그는 국제상공회의소가 선정한 '세계에서 가장 뛰어난 인물 10인'에 꼽히고, 수백만 달러짜리 고급주택에서 부를 누리며, 전용기로 이동하여 대규모 청중 앞에서 강연을 하는 강사가 되었습니다.

'가난한 빈민굴에서 내 인생을 끝마치기에는 너무 억울해. 아무도 내 인생을 대신 살아주지 않아'라는 생각이 그가 변화된 이유였습니다.

내가 비록 부족하더라도 내 마음의 소원을 반드시 이루어주실 주님, 할 수 있게 해주실 주님, 가질 수 있게 해주실 주님을 믿고 최선을 다하십시오. 반드시 주님께서 좋은 것으로 채워주십니다.

♥ 주님! 목표를 가지고 즐겁게 인생을 준비하며 살아가게 하소서.
📖 어떠한 역경에도 최고의 기대감을 가지고 살아갑시다.

현대 기독교인의 모습

12월 4일

읽을 말씀 : 야고보서 2:14-26

● 약 2:14 내 형제들아 만일 사람이 믿음이 있노라 하고 행함이 없으면 무슨 이익이 있으리요 그 믿음이 능히 자기를 구원하겠느냐

한신학교의 교수가 '한국 기독교인의 의식구조'라는 논문을 썼습니다. 그 논문에는 앞서 세상사람들이 교인들에 대해서 가지고 있는 시선에 대해 조사를 한 내용이 나오는데 먼저 "그리스도인들의 어떤 점이 긍정적인가?"라는 질문에는 다음과 같은 답변들이 나왔습니다.

'선한 일을 많이 한다. 진실하다, 성실하다, 낯선 사람에게도 친절하다.'

반면에 "어떤 점이 부정적인가?"라는 질문에는 다음과 같은 답변들이 나왔습니다.

'교회 출석을 강요해서 싫다, 위선적이다, 잘난 척을 많이 한다, 거짓말을 많이 한다. 현실적인 문제에 게으른 사람들이 많다.'

세상 사람들이 보는 그리스도인들의 장점과 단점은 묘하게 겹쳐있는 부분이 많습니다. 세상 사람들이 보는 좋은 모습도 그리스도인들의 모습이며, 나쁜 모습 역시 그리스도인들의 모습입니다. 먼저 부족함들을 인정하고 더 나은 모습을 보여주려는 노력만이 이런 사람들의 생각과 마음을 되돌릴수 있습니다.

'나는 아닌데'의 사고방식이 아니라 나부터 인정하고 변화되는 모습으로 하나님이 주신 믿음을 실천하며 사는 성도로, 말씀대로 살아가는 그리스도인이 훨씬 많음을 세상 사람들에게 보여주십시오. 반드시 주님께서 좋은 것으로 채워주십시다.

💚 주님! 행함이 따르는 진실한 행동으로 주님께 영광 돌리게 하소서.
📖 믿는다고 하면서 말만 잘하고 행함이 없지는 않은지 돌아봅시다.

12월 5일 — 아침 해가 뜬다

읽을 말씀 : 시편 46:1-11

● 시 46:5 하나님이 그 성중에 거하시매 성이 요동치 아니할 것이라 새벽에 하나님이 도우시리로다

전 세계의 대부분의 나라와 민족들은 하루의 시작을 아침부터라고 생각합니다.

한 해의 시작도 당연히 1월부터고 그래서 연말은 새로운 해를 준비하는 과정으로만 생각하는 것이 보편적입니다. 그러나 이스라엘 사람들은 유일하게 하루가 저녁에 시작해 아침으로 끝난다고 생각합니다.

유대인은 고통과 박해와 모욕을 받으면서 살아온 민족입니다. 나라 없이 떠돌고, 돈을 밝힌다고 무시 받고, 히틀러에게 6백 여 만명이 학살당하기까지 한 민족의 역사가 한밤과 같이 캄캄한 절망 가운데에 있었지만 언젠가 밝은 동이 틀 것이라는 사실을, 밤이 깊을수록 새벽이 오고 있다는 진리를 믿었기 때문입니다.

슬픈 과거는 현실이지만 이미 과거이며 밝은 동이 트는 새벽은 반드시 자신들에게 찾아오리라는 것을 유대인들은 믿었습니다. 그리고 이 믿음 때문에 견딜 수 없는 고통에 처할 때마다 이 시간이 지나면 내일은 반드시 더 좋아질 것으로 생각할 수 있었습니다.

지금 다가오고 있는 인생의 새벽은 바로 우리들의 것입니다. 우리의 소원대로 믿음대로 큰 복을 주실 날이 반드시 올 것입니다. 그 날을 기다리십시오. 반드시 주님께서 좋은 것으로 채워 주십니다.

♡ 주님! 믿음으로 인내하며 기쁘게 새벽을 기다리게 하소서.

📖 지금은 어려워도 다가오는 새벽을, 주님의 찬란한 영광을 기다립시다.

고통이 주는 유익

읽을 말씀 : 시편 71:17-24

● 시 71:20 우리에게 많고 심한 고난을 보이신 주께서 우리를 다시 살리시며 땅 깊은 곳에서 다시 이끌어 올리시리이다

계속되는 사업 실패와 어수룩한 인간관계로 고통 받는 인생을 살고 있는 남자가 있었습니다.

죽고 싶다는 생각만 가득할 정도로 인생에 탈출구가 보이지 않았지만 그 순간 예수님을 만나고 복음을 믿게 되었습니다. 그렇게 버티고 버티다 보니 마침내 희망의 빛이 한 줄기 찾아왔고, 그 빛을 따라 살며 나중에는 아메리카 은행의 부사장에 올랐으며 전미중소기업 행정 관리 위원회의 전국 고문이 되었고 캔사스에 있는 친트러스트 은행의 회장이 되었습니다.

'예수님이 함께 하신다는 믿음'이 성공의 비결이었다는 론 발드윈은 고통 가운데서 자신을 변화시켜준 5가지 깨달음을 다음과 같이 말했습니다.

1. 하루하루를 새로운 기회로 생각하며 소중히 여기게 된 것.
2. 사람들과의 관계는 최고의 재산이라는 것.
3. 영적인 건강이 무엇보다 중요하다는 것.
4. 받는 만큼 베푸는 사람이 되어야 한다는 것
5. 지금 나의 재정 상태를 항상 잘 정리하고 계획을 세워야 한다는 것.

지금의 모든 환경은 하나님께 맡기십시오. 소망을 가진 자는 인내합니다. 환경을 바라보지 말고 주님을 바라보십시오. 반드시 주님께서 좋은 것으로 채워주십니다.

♥ 주님! 고통이 제게 유익한 것임을 믿고 더 견고한 믿음을 갖게 하소서.
📖 고난을 통해 하나님은 무엇을 말씀하시는지 귀를 기울입시다.

결국 이루시는 분

12월 7일

읽을 말씀 : 로마서 4:18-25

● 롬 4:21 약속하신 그것을 또한 능히 이루실 줄을 확신하였으니

제약회사를 창업한 남편을 잘 뒷바라지하며 보필하던 사모님이 있었습니다.

그런데 남편이 큰 병에 걸려 갑자기 세상을 떠났습니다. 마땅한 후계자가 없어 유산을 물려받은 사모님이 이제 회사를 꾸려가야 했습니다. 한 번도 사회경험이 없었는데 졸지에 400명이 넘는 중견회사를 운영해야 했고, 설상가상으로 외환위기까지 터져 재정이 어려워졌습니다. 회사를 당장 정리하고 도망가고 싶은 마음뿐이었습니다. 그러나 그동안 함께 했던 남편의 노력과 정성을 생각하며 마지막 방법으로 하나님께 지혜를 구했습니다.

아침에 눈을 뜨면 회사를 잘 이끌 수 있도록 지혜와 용기를 달라고 기도했고, 저녁에는 오늘 하루 무사히 마칠 수 있게 해주셔서 감사하다고 기도했습니다. 모든 것을 주님께 맡기겠다는 다짐과 함께 간절한 기도를 했습니다. 마침내 하나님은 기도에 응답하셨고, 회사는 다시 높은 매출을 기록하며 국무총리상까지 받았습니다. 전문지식도 없이 전보다 더 크게 회사를 성장시킨 비결에 대해서 사모님은 '결국은 주님이 이루어주시는 것'이라고 말했습니다.

불가능을 가능케 하시는 주님을 믿고, 자신의 자리에서 맡은 일에 최선을 다하는 크리스천이 되십시오. 반드시 주님께서 좋은 것으로 채워주십니다.

♥ 주님! 저의 모든 것을 주님께 묻고 맡기며 최선을 다하게 하소서.
📖 어떤 기도도 주님께서 응답하실 것을 확신하며 기도합시다.

스마트 시대의 위험성

읽을 말씀 : 잠언 4:18-27

● 잠 4:23 무릇 지킬만한 것보다 더욱 네 마음을 지키라 생명의 근원이 이에서 남이니라

한 때 생활필수품이 된 컴퓨터가 사람들의 삶에 어떤 부정적인 영향을 미치고 있는지 한 컨설팅 업체에서 조사를 했습니다.

주요 내용은 다음과 같습니다.
- 집에서 아내나 자녀와 보내는 시간보다 컴퓨터와 더 많은 시간보냄.
- 시간이 갈수록 가족 간의 대화가 줄어들었음.
- 1년에 8번 이상 컴퓨터 때문에 가족과 갈등을 빚음.
- 80%의 사람들은 컴퓨터에 심각하게 의존하는 것 같다고 생각하고 있음.

한 가지 재밌는 것은 수십 년 전에는 비슷한 내용으로 컴퓨터 대신 TV와 관련된 연구가 있었고 지금은 스마트폰이 그 자리를 대체하고 있다는 사실입니다.

그리고 지금은 컴퓨터보다 훨씬 심한 '스마트폰'이 우리 삶을 지배하고 있습니다. 그러나 우리 삶을 지배하고 관장해야 할 분은 오직 주님이시기에 주님보다 더 집중하며 나를 얽메이게 하는 것이 있다면 과감히 끊어내야 합니다.

중요한 업무와 경건생활에 문제가 생길정도로 스마트폰과 전자기기에 얽매이지 마십시오. 반드시 주님께서 좋은 것으로 채워주십니다.

♥ 주님! 삶의 우선순위를 올바로 세울 지혜와 결단력을 허락하여 주소서.
📖 생활을 지배하고 있는 것이 주님 외에 다른 것이라면 바꿉시다.

12월 9일 사람의 마음을 움직이는 법

읽을 말씀 : 베드로전서 5:1-11

● 벧전 5:6 그러므로 하나님의 능하신 손 아래서 겸손하라 때가 되면 너희를 높이시리라

리더십과 대인관계 전문가인 데일 카네기는 '사람의 마음을 움직이는 법'이라는 책에서 그 비결을 다음의 9가지로 밝혔습니다.

1. 대화나 편지는 진심에서 우러나오는 칭찬과 감사의 말로 시작하라.
2. 잘못을 지적할 때는 간접적인 표현을 쓰라.
3. 상대방을 비난하기에 앞서 자신의 과오를 고백하라.
4. 명령을 하기 전에 질문을 하라.
5. 상대방의 체면을 살려주라.
6. 사소한 일이라도 칭찬해주라.
7. 상대방에게 큰 기대를 표명하라. 그리고 도와주라.
8. 상대방의 능력에 대해 자신감을 갖도록 격려하라.
9. 당신의 희망에 자발적으로 협력하도록 하라.

사람의 마음을 바꾸는 일은 결코 쉬운 일이 아닙니다. 우리가 먼저 상대방을 배려하고 진실된 마음으로 다가가야 합니다.

주님이 주시는 지혜로 만나는 모든 사람들에게 칭찬과 격려의 말을 아낌없이 전하십시오. 반드시 주님께서 좋은 것으로 채워주십니다.

♥ 주님! 저에게 지혜를 주셔서 칭찬과 격려의 말을 아낌없이 하게 하소서.
🕮 하루에 한 사람으로 시작해 점점 위의 원리를 적용해 나갑시다.

은혜가 임하는 때

12월 10일

읽을 말씀 : 골로새서 1:24-29

● 골 1:25 내가 교회 일군 된 것은 하나님이 너희를 위하여 내게 주신 경륜을 따라 하나님의 말씀을 이루려 함이니라

철저한 불신자였던 한 청년이 있었습니다. 그러나 다니던 대학이 미션스쿨이었기 때문에 학점을 위해 억지로 채플에 참석해야 했습니다. 다른 많은 학생들도 그와 같이 억지로 채플에 참석했기 때문에 불만과 불평을 가지고 예배를 드리곤 했는데 하루는 설교가 다 끝나갈 무렵 목사님이 "예수님을 만나기 원하는 사람은 모두 앞으로 나오십시오"라고 말했습니다. 그러나 아무도 나오는 사람이 없었습니다. 그때 학생의 친구들이 청년의 어깨를 툭 치며 장난스럽게 말 했습니다

"지금 나가면 목사님이 감동해 장학금을 줄지도 몰라. 대표로 나가볼래?"

학생들은 서로 나가보라며 웃었습니다. 그런데 기독교를 싫어하긴 해도 이런 장난을 싫어했던 청년이 갑자기 일어나 목사님 앞으로 나갔습니다. 그리고 순간 마음에 감동을 받고 예수님을 영접하게 되었습니다. 장난스런 채플에서 우연히 회심한 이 스탠리 존스라는 청년은 훗날 인도에서 수십만 명을 주님 품으로 인도한 위대한 선교사가 되었습니다.

하나님의 은혜와 성령님의 인도하심을 우리는 알 수 없습니다. 그러나 하나님의 때에 하나님의 은혜와 큰 복은 분명히 임합니다. 그때를 사모하며 복음을 힘써 전하십시오. 반드시 주님께서 좋은 것으로 채워주십니다.

♡ 주님! 주님께서 계획하신 일들이 이뤄짐을 깨닫고 감사하게 하소서.
🖼 가까이 있는 사람들에게 오늘 함께 읽은 내용을 이야기 합시다.

12월 11일
사람이 모이는 사람

읽을 말씀 : 사도행전 8:4-25

● 행 8:12 빌립이 하나님 나라와 및 예수 그리스도의 이름에 관하여 전도함을 저희가 믿고 남녀가 다 세례를 받으니

'이런 사람 주변에 사람이 모인다'의 저자 지병림 작가가 한 신문기사에서 밝힌 '주변에 사람이 모이게 하는 노하우'입니다.
1. 큰 꿈을 가지고 도전하는 입지전적인 사람 주변에 사람이 몰린다.
2. 어려운 상황에도 긍정적인 사람 주변에 사람이 몰린다.
3. 깔끔하게 자신을 가꾸는 사람 주변에 사람이 몰린다.
4. 돈에 끌려다니지 않는 강한 사람 주변에 사람이 몰린다.
5. 솔선수범하려는 리더십 있는 사람 주변에 사람이 몰린다.
6. 경청으로 시작하는 대화를 잘하는 사람 주변에 사람이 몰린다.

먼저 사람이 모여 이야기를 듣고 싶은 매력이 있어야 복음도 전할 수가 있고 사명도 든든히 감당할 수 있습니다. 먼저 다가서고 먼저 마음을 여는 사람이 될 때 하나님이 바라시는 신앙인의 모습으로 사명을 감당하며 살아갈 수 있습니다.

열등감과 낮은 자존감 같이 관계를 힘들게 하는 약점들은 모두 주님께 내어 맡기고 나보다 상대를 소중히 여기며 복음을 전하는 하루가 되십시오. 반드시 주님께서 좋은 것으로 채워주십니다.

♡ 주님! 축복의 통로로 쓰임 받을 수 있는 매력을 가진 사람이 되게 하소서.
 위에 제시된 6가지 중 내게 부족한 부분은 무엇인지 살피고 보완합시다.

비교와 만족

12월 12일

읽을 말씀 : 사도행전 14:8-28

● 행 14:17 … 곧 너희에게 하늘로서 비를 내리시며 결실기를 주시는 선한 일을 하사 음식과 기쁨으로 너희 마음에 만족케 하셨느니라 하고

아프리카에서 남편과 함께 52년이나 선교를 한 엘라라는 분이 있었습니다.

타는 듯한 무더위와 불편한 환경 속에서도 그녀는 세상을 떠나는 날까지 원주민들에게 복음을 전했고, 불편한 생활이나 상황에 대해서 한 마디도 불평을 하지 않았습니다. 엘라의 딸 미미는 어머님이 불평을 하는 모습을 단 한 번도 본 적이 없었다고 말할 정도였습니다. 그리고 그녀가 하늘나라로 떠난 뒤에 유품에서 발견된 한 수첩에 다음과 같이 적혀진 세 가지 좌우명을 발견할 수 있었습니다.

- 첫째, 날씨로 시작되는 하루의 어떤 상황에 대해서도 불평하지 않겠다.
- 둘째, 더 좋은 환경이나 다른 장소에 있는 나의 모습을 그리지 않겠다.
- 셋째, 나의 몫을 남의 것과 비교하지 않겠다. 그리고 '그때 이렇게 했디라면' 이리고도 인생을 가정하지 않겠다.
- 넷째, '내일'은 하나님께 속한 것이지 내게 속한 것이 아님을 기억하겠다.

하나님의 관점으로 환경과 인생을 바라던 것이 평생 불평을 하지 않을 수 있었던 비결입니다. 모든 것은 하나님께 속한 것임을 기억하십시오. 반드시 주님께서 좋은 것으로 채워주십니다.

♡ 주님! 불평대신 주님의 뜻이 있음을 깨닫고 순응하며 살게 하소서.
📖 주어진 환경 속에서도 주님께 감사할 제목들을 찾아냅시다

12월 13일 — 1초의 복음

읽을 말씀 : 시편 90:11-17

● 시 90:12 우리에게 우리 날 계수함을 가르치사 지혜의 마음을 얻게 하소서

한 때 방영되었던 시계회사 세이코의 '1초의 기쁨, 1초의 눈물'이라는 광고 카피입니다.

1. 처음 뵙겠습니다.
   1초의 만남을 통해 일생일대의 중요한 순간을 느낄 때가 있습니다.
2. 고마워요.
   1초의 감사를 통해 사람의 따뜻함을 알게 될 때가 있습니다.
3. 힘내세요.
   1초의 격려를 통해 용기가 살아날 때가 있습니다.
4. 축하해요.
   1초의 축하로 인해 행복이 넘쳐나는 때가 있습니다.
5. 용서하세요.
   1초의 용서로 인간의 약한 모습을 보게 될 때가 있습니다.
6. 안녕.
   1초의 짧은 인사로 평생의 이별을 가져올 때가 있습니다.

1초의 짧은 시간일지라도 우리의 마음과 생각을 충분히 전할 수 있습니다. 오늘 '1초'를 투자해 따뜻한 감정과 칭찬을 표현하고, 또 복음을 전하는 하루를 사십시오. 반드시 주님께서 좋은 것으로 채워주십니다.

♥ 주님! 1초의 시간을 밝은 표정과 함께 잘 활용하게 하소서.
🖼 주위 사람들에게 한마디의 말로라도 따뜻한 마음을 전합시다.

신앙을 위한 10가지 질문

12월 14일

읽을 말씀 : 창세기 6:9-22

● 창 6:9 노아의 사적은 이러하니라 노아는 의인이요 당세에 완전한 자라 그가 하나님과 동행하였으며

하나님과 가까워지는 신앙생활을 하고 있는지 체크하는 '10가지 질문'입니다.

01. 매일 시간을 정해놓고 기도하고 있는가?
02. 전도 대상자를 위해 부르짖는가?
03. 중요한 행동을 하기 전에 하나님께 어떻게 영광 돌릴 수 있는지 생각하는가?
04. 기쁜 일이 있었을 때 즉시 하나님께 감사하였는가?
05. 하루동안 내린 결정의 동기가 순수했는가? 그렇지 않다면 반성했는가?
06. 충분히 행할 수 있는 선을 행했는가?
07. 먹고 마실 때 감사한 마음을 가졌는가?
08. 다른 이들에게 교만하게, 허탄하게, 참지 못하게 하지는 않았는가?
09. 사람들에게 불친절하게 행동하거나 말하지 않았는가?
10. 매일 밤 감사하며 나의 모든 죄를 고백하였는가?

매일 바쁘게 살아가는 생활 속에서 우리 신앙인들은 주님과 만나는 시간을 소홀히 할 때가 종종 생기게 됩니다. 매일 신앙을 돌아볼 수 있는 시간을 가져 항상 주님과 함께하는 삶을 살 수 있도록 노력하십시오. 반드시 주님께서 좋은 것으로 채워주십니다.

♡ 주님! 매일 마음에 말씀이 있게 하시어 주님과 동행함을 느끼게 하소서.
▩ 위의 10가지 질문에 답해 부족한 것이 무엇인지 살펴봅시다.

12월 15일
인간관계를 바꾸는 인사

읽을 말씀 : 창세기 12:1-9

● 창 12:3 너를 축복하는 자에게는 내가 복을 내리고 너를 저주하는 자에게는 내가 저주하리니 땅의 모든 족속이 너를 인하여 복을 얻을 것이니라 하신지라

인사가 만사라는 말처럼 많은 책들이 성공의 중요한 요소로 '밝게 먼저 인사하는 것'을 꼽습니다.

그러나 캐나다의 정신과의사이자 교류분석의 창시자인 에릭 번은 여기에 한 술 더 떠서 '안녕하세요' 뒤에 오는 한 마디가 모든 관계를 급격히 진전시켜주는 황금의 사다리라고 말합니다.

요즘 많은 사람들은 길 가다 사람을 만나도 인사를 잘 안합니다. 그렇기에 밝게 인사를 하는 사람들이 더 기억에 남고 평판도 좋습니다. 그런데 그 뒤에 좋은 의미를 가지고 한 마디를 더 덧붙인다면 인사의 몇 배나 되는 긍정적인 파급효과가 밀려옵니다.

실제로 에린 번은 자신의 이론을 미국의 많은 기업과 단체, 그리고 가정에까지 적용할 수 있는 운동법을 만들었고 대부분 3달 안에 자신의 인간관계가 드라마틱하게 좋아졌다고 말했습니다.

성경의 가르침처럼 우리는 늘 할 말을 준비하고 다녀야합니다. 상대방을 향한 관심과 사랑이 있다면 패에 맞는 말을 할 지혜를 주님이 주실것입니다. 밝게 인사하며, 마음을 다해 축복하며, 언제든 복음을 전할 준비를 하고 다니십시오. 반드시 주님께서 좋은 것으로 채워주십니다.

♡ 주님! 남에게 대접을 받고자 하는 대로 늘 남을 축복하는 말을 하게 하소서.
📖 반갑게 인사를 하며 축복의 한마디를 더하는 습관을 만듭시다.

어디에나 있는 기회

12월 16일

읽을 말씀 : 요한계시록 3:14-22

● 계 3:20 볼지어다 내가 문 밖에 서서 두드리노니 누구든지 내 음성을 듣고 문을 열면 내가 그에게로 들어가 그와 더불어 먹고 그는 나와 더불어 먹으리라

미국 오하이오의 시골 마을에서 가난한 집안의 12남매 중 다섯 번째로 태어난 아이가 있었습니다.

여기에 간질과 학습장애 그리고 말까지 어눌해 3년인 고등학교 과정을 7년 만에 졸업했습니다. 이런 사람이 할 수 있는 사업이나 일이 세상에 몇 개나 있을까요? 그러나 이 아이는 성인이 되어 자신의 이름을 딴 '롱거버거 바구니'를 만드는 회사를 창업해 매출 7억 달러를 넘는 회사를 세웠습니다.

게다가 50년 넘는 역사를 바탕으로 마을에 바구니 모양의 여러 조형물과 공장을 만들어 가난하고 별 볼일 없는 시골마을을 유명 관광지로까지 만들었습니다. 롱버거는 자신이 이런 성공 비결은 엄청난 포부나 재능이 있었던 것이 아니라 찾아온 기회를 놓치지 않았을 뿐이라며 이렇게 말했습니다.

"우리 주위에 기회는 얼마든지 있습니다. 중요한 것은 기회가 찾아와 문을 두드릴 때 일어나 달려가 문을 열고 맞아들이는 것입니다."

하나님이 주신 꿈을 이룰 수 있는 기회가 언제 올지 아무도 알 수 없습니다. 그렇기에 처한 상황과 상관없이 항상 준비하는 자세가 필요합니다. 주님이 주신 꿈을 마음에 품고 언젠가 다가올 기회를 잡기위해 최선을 다해 준비하는 삶을 사십시오. 반드시 주님께서 좋은 것으로 채워주십니다.

♡ 주님, 주님이 주신 고귀한 꿈을 위해 준비하는 삶을 살게 하소서.
📖 주님이 이뤄주시길 바라는 꿈이 무엇인지 생각해봅시다.

12월 17일
필요한 한 가지 책

읽을 말씀 : 마가복음 12:28-34

●막 12:32 서기관이 이르되 선생님이여 옳소이다 하나님은 한 분이시요 그 외에 다른 이가 없다 하신 말씀이 참이니이다

의사라는 성공한 직업을 가지고도 불우한 환자를 위해서 평생을 사신 장로님이 계셨습니다. 장로님은 은퇴 후에도 무의촌에 내려가서 주민들을 진료하셨고, 92세에 돌아가실 때까지 청진기를 목에서 빼지 않으셨는데 워낙에 인품이 훌륭해서 서울에서 많은 사람들이 장로님을 뵈러 찾아왔습니다. 그런데 장로님의 집에 온 사람들이 하나같이 묻는 질문이 있었습니다.

"아니, 그 많은 책들은 다 어디로 갔습니까?"

쉬면서도 손에서 책을 떼지 않을 정도로 많은 책들을 읽으시던 장로님인데, 시골의 집과 병원에는 책은커녕 책장조차 없었기 때문입니다. 그 질문을 들을 때면 장로님은 탁자에 있는 성경을 가르키며 말씀하셨습니다.

"나이 여든이 넘으니 이제 신문이나 다른 책들이 필요가 없더군. 그래서 그때부터 성경만을 읽고 있네, 여기에 모든 게 다 있어. 필요가 없으니 다른 책은 한 권도 가져오지 않았고."

하나님의 말씀은 평생을 함께 해야 할 진리의 말씀이며 인생의 앞길을 밝혀주는 밝은 등불입니다. 그러나 하루에 하나님의 말씀인 성경을 몇 절씩이나 읽고 묵상하십니까? 하나님을 믿고 따르는 성도라는 호칭이 부끄럽지 않도록 매일 꾸준히 성경을 읽으십시오. 반드시 주님께서 좋은 것으로 채워주십니다.

♡ 주님, 다윗처럼 말씀의 깊은 뜻과 맛을 깨닫게 해주소서.
📖 성경을 가지고 있다는 것에만 만족하지 말고 순간순간 읽읍시다.

하루를 위한 기도

읽을 말씀 : 디모데후서 1:3-18

● 딤후 1:7 하나님이 우리에게 주신 것은 두려워하는 마음이 아니요 오직 능력과 사랑과 근신하는 마음이니

영화감독 테일러 스미스는 매일 아침 일어나자마자 침대에서 무릎을 꿇고 기도했습니다.

"주님, 이 침대는 주님의 제단이고 저는 주님의 산 제물입니다."

유명한 학자이자 정치가인 비커스토크는 집을 나서기 전 책상에 앉아 이렇게 기도했습니다.

"오직 주님만을 두려워하고 다른 어떤 것도 두려워하지 않을 용기를 주십시오. 하나님만을 무서워하고 그 어떤 것도 무서워하지 않는 용기를 주십시오.'

조지 뮬러는 "주님, 내 뜻대로 마시고 주님의 뜻대로 하옵소서"라고 시시때때로 기도했고, 구세군의 창시자 윌리엄 부스는 "하나님께서 저에 대한 모든 것을 소유하셔야 된다고 결정했습니다"라고 말하고 하루를 시작했습니다.

우리가 매일 드리는 기도가 누구를 위해 일하고 있으며 누구의 소유인지, 우리를 좋은 것으로 만족케 하시는 분이 누구인지를 알 수 있는 척도입니다. 나는 무엇을 위해 기도하며, 무엇을 위해 살고 있습니까? 우리의 가장 약한 부분을 주님께 맡기며 오늘 하루 주님의 인도하심을 구하는 우리만의 기도문을 만들어 매일 기도하십시오. 반드시 주님께서 좋은 것으로 채워주십니다.

💗 주님, 주님의 인도하심을 구하며 세상에서 승리하며 살아가도록 하소서.
🔲 그날그날에 맞는 기도문을 작성해 매일 아침 기도합시다.

12월 19일

순종의 기록

읽을 말씀 : 에베소서 3:14-21

● 엡 3:20,21 … 구하거나 생각하는 모든 것에 더 넘치도록 능히 하실 이에게 교회 안에서와 그리스도 예수 안에서 영광이 대대로 영원무궁하기를 원하노라 아멘

프랭크 로바흐라는 사람은 얼마나 하나님의 음성을 순종하며 사는지 알고 싶었습니다. 그래서 그는 먼저 아침마다 말씀과 기도로 삶의 방향을 잡았습니다. 집을 나서면서는 작은 수첩을 항상 챙겼는데, 하루 중 하나님이 주신 마음과 자신의 생각이 부딪칠 때마다 어떤 선택을 했는지, 그리고 어떤 결과를 가져왔는지를 적었습니다.

처음에는 생각보다 하나님이 주신 마음과 자신의 생각이 많이 달라 당황했고, 또 의외로 자신의 생각대로 결정하는 일이 많다는 사실에 놀랐습니다. 그러나 시간이 지나며 차츰 순종하는 삶을 살기 시작했고 삶에도 많은 변화들이 일어났습니다. 그는 하나님의 음성에 순종하는 체험에 대해 이렇게 말했습니다.

"내 작은 생각보다 훨씬 큰 계획안에서 나의 몫을 감당하며 매 시간 주님께 실려 가는 기분입니다. 내 맘대로 살 때는 전에는 전혀 느껴본 적이 없었습니다. 필요한 것이 있어 돌아보면 바로 그것이 나를 기다리고 있었습니다. 하나님이 나와 함께 일하고 계신다는 것을 확고히 믿게 되었습니다."

진정한 행복은 내 생각과 뜻대로 살고 이루어지는 것이 아니라 하나님이 예비하신 뜻을 이루고 그대로 살아가는 것입니다. 좋은 것으로 소원을 만족하게 하시는 하나님이라고 고백했던 다윗의 고백이 나의 고백이 되게 하십시오. 반드시 주님께서 좋은 것으로 채워주십니다.

♥ 주님! 생각하고 구하는 모든 것을 이루시는 주님을 의지하게 하소서.
📖 나의 마음, 시선, 언어는 누구를 중심으로 생활하는지 살펴봅시다.

4가지 실종

12월 20일

읽을 말씀 : 고린도후서 13:1-13

- 고후 13:4 그리스도께서 약하심으로 십자가에 못 박히셨으나 오직 하나님의 능력으로 살으셨으니 우리도 저의 안에서 약하나 너희를 향하여 하나님의 능력으로 저와 함께 살리라

사회학자들은 우리 시대에 중요한 4가지 가치가 점점 사라지고 있다고 합니다.
- 첫째, '감동'입니다. 감정이 병들어 이성이 둔감해지기 때문에 기뻐할 때 기뻐할 줄 모르고, 무엇 때문에 슬퍼할 줄을 모르게 됩니다.
- 둘째, '책임'입니다. 무책임은 곧 도덕적 질병을 의미합니다. 서로 책임을 회피하기만 하기에 잘못된 것에 대해서 책임지는 사람이 아무도 없습니다. 병든 사회에서는 책임을 질 줄 모릅니다. 실패에 대한 책임을 모두 남한테 전가시킵니다.
- 셋째, '관심'입니다. 극단적 이기주의가 낳은 결과로 모든 사람들이 이기적인 생각으로 가득 차 있기 때문에 자기 말고는 아무에게도 관심을 기울일 수 없게 된 것입니다.
- 넷째, '목적'입니다. 유물론적 사고방식에 빠져 영혼과 신앙에 점점 관심이 없어집니다. 눈앞의 삶이 전부로 착각하기에 굉장히 애쓰고 수고하는 것 같으나 무엇을 위한 것인지 알 수 없습니다.

인간에게 중요한 4가지 가치가 사라지기에 사회는 점점 혼란해지고 삭막해집니다. 그러나 세상에 없는 것을 가지고 있는 사람들이 있음을, 진리를 알게 되면 확실히 변화됨을 알리십시오. 반드시 주님께서 좋은 것으로 채워주십니다.

💚 주님! 언제 어디서나 주님을 바라보며 살아 승리하게 하소서.
📖 부족한 가치와 충만한 가치는 무엇인지 생각해봅시다.

12월 21일
세상을 이끄는 성도

읽을 말씀 : 전도서 5:1-9

● 전 5:1 너는 하나님의 전에 들어갈 때에 네 발을 삼갈찌어다 가까이 하여 말씀을 듣는 것이 우매자의 제사 드리는 것보다 나으니 저희는 악을 행하면서도 깨닫지 못함이니라

미국의 행동과학자인 피고스 교수는 리더십을 전문으로 연구하는 사람입니다.

그는 학생들에게 리더십을 교육하기 위해서 연구하는 도중에 'LEADER'의 영어 알파벳 글자마다 자신이 발견한 원리의 단어를 붙여 다음과 같이 만들었습니다.

'L(listen) - 다른 사람들의 말을 경청하다.
E(educate & explain) - 알기 쉽게 가르치다, 모르는 것을 설명하다.
A(assist) - 일을 잘할 수 있도록 돕는다.
D(dialogue) - 허심탄회하게 대화한다.
E(evaluation) - 성과를 바르게 평가한다.
R(response) - 화답하다 또는 책임지다.'

피고스 교수는 다른 덕목의 순서는 갖춰 있기만 하면 상관없지만 리더십의 첫 단계는 반드시 'L', 즉 경청에서 시작해야 한다고 말했습니다.

성도들은 세상에 바른 길을 알려주고 인도하는 리더가 되어야 합니다. 위의 원리에 복음을 대입하면 어떻게 전도하고, 어떻게 양육해야 하는지 답이 나옵니다. 그러나 먼저 상대방의 입장을 듣고 귀 기울이는 데에서 모든 일이 시작됨을 잊지 마십시오. 그리하여 진정한 리더로 사십시오. 반드시 주님께서 좋은 것으로 채워주십니다.

♡ 주님! 말하기는 더디 하고 듣기는 속히 하는 사람이 되게 하소서.
📖 위의 법칙을 전도와 양육에 적용합시다.

1분의 기적

12월 22일

읽을 말씀 : 야고보서 2:14-26

● 약 2:22 네가 보거니와 믿음이 그의 행함과 함께 일하고 행함으로 믿음이 온전하게 되었느니라

'**칭**찬은 고래도 춤추게 한다', '리더의 심장'이라는 책으로 전설이 된 컨설턴트 캔 블랜차드는 직장인들이 성공을 위한 목표를 잃지 않도록 도움을 주기 위해 '1분 경영'이라는 방법을 만들었습니다.

1분 경영은 다음 6가지 단계로 이루어집니다.
1. 자신이 해야 하는 일과 목표에 먼저 동의하라.
2. 그 일을 하기 위한 최고의 방법을 생각하라.
3. 각각의 목표와 이룰 방법을 작성하되 250자 이내로 하라.
4. 이 목표들을 반복해서 읽고 숙지하며 수정하라. 단, 읽는데 1분 이상이 걸려서는 안 된다.
5. 매일 일을 시작하기 전에 1분을 투자해서 글을 읽어보라.
6. 일과를 마치고는 자신의 행동이 목표와 일치했는지 살펴보라.

단 1분이지만 제대로 투자하면 목표와 방법을 잊지 않고 방향을 제대로 설정할 수 있습니다. 그리고 그 방향을 유지하기 위해서도 1분이면 됩니다. 1분을 통해 정말로 목표를 잊지 않을 수 있다면 일단 시작해야 합니다.

삶과 신앙에 올바른 목표를 설정하고 그 방향을 유지하기 위해 노력하십시오. 반드시 주님께서 좋은 것으로 채워주십니다.

♥ 주님! 말과 생각보다 행동하는 삶을 살아 주님께 영광 돌리게 하소서.
📖 주님을 중심으로 삶과 신앙을 위한 1분 경영을 시작합시다.

12월 23일 자살을 부르는 상황

읽을 말씀 : 요한1서 3:1-12

● 요1 3:10 이러므로 하나님의 자녀들과 마귀의 자녀들이 드러나나니 무릇 의를 행하지 아니하는 자나 또는 그 형제를 사랑하지 아니하는 자는 하나님께 속하지 아니하니라

우리나라의 자살률은 OECD 국가 중 1위이고, 청소년 사망 원인의 1위 또한 자살입니다.

미국에서도 급속도로 늘고 있는 청소년 자살은 심각한 사회문제여서 '아동기 부정적 경험과 자살'의 상관관계를 정부차원에서 조사를 한 적이 있었습니다. 아이들의 자살은 특히 부모의 불완전함과 관련이 많았는데 성인이 되기 전에 '신체 학대, 정서 학대, 방임, 성폭력, 이혼, 부모의 우울증, 편부편모가정, 부모의 사망, 잦은 부부싸움, 부모의 수감'과 같은 항목에 6개 이상에 해당하는 사람들은 자살률이 그렇지 않은 사람에 비해 무려 5,000배나 높았습니다.

'자살, 불필요한 죽음'이라는 책을 쓴 바서만 박사는 이런 경험이 아이들이 자신은 쓸모없는 사람이라는 생각이 들게 해 자살로 몰아간다면서 이런 아이들을 알고 있는 어른들이나 전문가의 '넌 소중한 사람'이라는 격려가 아주 큰 자살 예방효과가 있다고 말했습니다.

우리는 모든 사람이 하나님이 창조하신 소중한 존재임을 알려야 합니다. 모든 사람이 하나님의 귀한 자녀라는 사실을 먼저 내미는 따스한 손으로, 먼저 건네는 따스한 말 한마디로 사람들에게 전하십시오. 반드시 주님께서 좋은 것으로 채워주십니다.

♥ 주님! 슬픈 선택을 하는 사람들에게 생명과 희망인 복음을 전하게 하소서.
🖼 주변의 어려운 상황에 있는 사람들을 찾아가 위로합시다.

치유하는 말씀

12월 24일

읽을 말씀 : 시편 119:41-50

● 시 119:50 이 말씀은 나의 곤란 중에 위로라 주의 말씀이 나를 살리셨음이니이다

'하버드 비즈니스 리뷰'에 성경과 관련된 아주 특이한 연구가 실려 많은 사람들을 놀라게 한 적이 있습니다.

'성경 묵상이 현대인의 스트레스를 해소한다'라는 제목이었는데 하버드 의대 교수인 허버트 벤슨 박사가 자신의 환자들을 관찰한 내용을 정리한 것이었습니다. 박사는 심한 스트레스로 심장에 이상이 생긴 환자들을 많이 맡았는데 그 중 몇몇에서 급격히 증상이 좋아지는 현상을 발견했습니다.

그들의 생활을 분석한 결과 '하나님의 말씀 묵상'이 원인이라고 생각하게 된 교수는 미시간 대학교의 심리학 교수인 스티븐 카플란 박사의 도움을 받아 본격적으로 연구를 했는데, 성경을 보는 환자들이 누리는 치유 효과는 상상 이상이었습니다.

이들의 연구에 따르면 성경을 묵상하는 사람들은 아스피린이나 소화제보다도 약효가 좋았고, 정신적 피로를 해소하는 효과가 특히 컸습니다. 특히나 말씀을 묵상할 때 집중하는 정도에 비례해 그 효과도 좋아졌습니다.

말씀이 영혼과 몸을 치유하는 것은 단순한 느낌과 착각이 아닌 실제 과학적인 효과입니다. 오늘 주시는 말씀을 놓치지 말고 깊이 묵상함으로 주님과 매일 힐링 타임을 가지십시오. 반드시 주님께서 좋은 것으로 채워주십니다.

💚 주님! 말씀이 주는 능력으로 저의 몸과 마음과 영혼을 치유해 주소서.
📖 순간순간 성경을 보지 않고도 묵상할 말씀 5구절을 암송합시다.

12월 25일 하나님의 선물

읽을 말씀 : 요한복음 3:1-21

● 요 3:16 하나님이 세상을 이처럼 사랑하사 독생자를 주셨으니 이는 그를 믿는 자마다 멸망하지 않고 영생을 얻게 하려 하심이라

아프리카와 동유럽, 중동의 여러 극빈국에 사는 아이들은 성탄절에 대해서 전혀 모릅니다.

성탄절의 주인공인 예수님은 물론, 아이들이 좋아하는 산타클로스마저 들어본 적이 없는 아이들이 대부분입니다. 그래서 이런 아이들을 위해 미국의 여러 자선단체에서는 '크리스마스 상자 보내기' 운동을 하고 있습니다. 단체마다 다르지만 제 3세계 아이들에게 필요한 물품을 보내주기도 하고, 혹은 직접 준비한 물건을 담아서 보내주기도 합니다. 다만 일반적인 봉사단체에서는 이 기부를 '산타의 선물'이라는 의미를 담고, 기독교 단체에서는 '선물로 오신 예수님'의 의미를 담고 있습니다.

작년 크리스마스 때 번잡한 홍대 중심가에 커다란 박스가 쌓여 있었습니다. 국내의 한 문화단체에서 서울의 주요 번화가에 크게 상자를 쌓아놓았는데 가만히 보면 평범한 박스이지만 조금 떨어져서 보면 박스의 무늬들이 합쳐져 커다란 예수님을 형상을 하고 있었습니다. 성탄절의 참된 의미를 사람들에게 되새기기 위해서 펀딩을 받아 마련된 이 행사는 매년 조금씩 규모가 커지고 있습니다.

성탄절은 오로지 예수님에 초점이 맞춰져야 합니다. 성탄절의 참된 의미를 가슴에 새기고 함께 모여 그 기쁨을 예배하십시오. 반드시 주님께서 좋은 것으로 채워주십니다.

♡ 주님! 독생자를 기꺼이 내어주신 하나님의 크신 사랑을 마음에 품게 하소서.
❋ 성탄절의 참의미를 사람들에게 알릴 수 있는 행동을 한 가지 이상 하십시오.

변화를 위한 십계명

읽을 말씀 : 고린도후서 3:1-18

● 고후 3:18 우리가 다 수건을 벗은 얼굴로 거울을 보는 것 같이 주의 영광을 보매 그와 같은 형상으로 변화하여 영광에서 영광에 이르니 곧 주의 영으로 말미암음이니라

오카프 후미히토의 '나를 변화시키는 정리법'에 나오는 10가지 수칙입니다.

01. 쓸데없는 물건부터 버리라.
02. 남는 시간을 생산적으로 활용하라.
03. 가장 중요한 일부터 처리하라.
04. 예상보다 50% 넉넉하게 시간을 잡아라.
05. 최대한 단순하게 생각하라.
06. 쉬운 방법으로 즐겁게 일을 하라.
07. 나만의 능력을 찾고 계발하라.
08. 목표는 구체적으로 수치화 시켜라.
09. 일을 인생의 목표가 아닌 수단으로 삼아라.
10. 한 가지 일에 너무 집착하지 말아라.

우리를 위해서도, 주님의 일을 위해서도 새로운 변화가 필요합니다. 그동안 해왔던 당연한 습관이라 하더라도 마음만 먹는다면 언제든지 변화시킬 수 있습니다. 이미 여러 번 실패했더라도 일으켜 주시고 힘주시는 주님을 바라보며 다시 시작해야 합니다.

우리에게 불필요한 습관들을 제하고 빈 공간을 주님을 향한 사랑과 더 나은 미래를 향한 좋은 습관들로 채우십시오. 반드시 주님께서 좋은 것으로 채워주십니다.

♡ 주님! 저에게 주어진 모든 것을 주님을 위해 잘 활용할 수 있도록 도와주소서.
📖 위 10가지에서 부족한 부분을 찾아서 보완합시다.

12월 27일 - 예배를 위한 결심

읽을 말씀 : 시편 119:123-131

● 시 119:123 내 눈이 주의 구원과 주의 의로운 말씀을 사모하기에 피곤하니이다

세계당구챔피언 윌리엄 호프 주니어는 집중력을 키우기 위해 5가지 결심을 했습니다.
1. 당구에 방해가 되는 모든 방해물을 제거하겠다.
2. 경기 중에는 모든 에너지를 당구에만 집중하겠다.
3. 한 구 한 구 완벽하게 치려고 최선을 다 하겠다.
4. 다음에 칠 동선도 계산하며 치겠다.
5. 결과와 상관없이 연습을 끊임없이 계속하겠다.

그리고 이 원칙을 예배로 바꿔보겠습니다.
1. 예배에 방해가 되는 모든 장해물을 제거하겠다.
2. 예배 중에는 오로지 하나님에게만 집중하겠다.
3. 드리는 모든 예배에 최선을 다하겠다.
4. 예배를 드리고 난 후의 삶도 신경 쓰며 살겠다.
5. 상황과 상관없이 언제나 예배하겠다.

주님께 집중하기 위해서는 많은 노력이 필요합니다. 100% 주님만 바라보고, 주님만 경배하는 예배와 삶을 위해 얼마나 노력하고 계십니까? 주님께서 기뻐 받으시는 예배를 위해 주님께 집중하며 말씀과 찬양으로 예배하는 훈련을 하십시오. 반드시 주님께서 좋은 것으로 채워주십니다.

♥ 주님!, 예배시간에 오로지 주님과 말씀에 집중하게 하소서.
🖼 예배할 때, 기도할 때, 찬양할 때 잡념을 떨치고 집중합시다.

주님의 기쁨이 되십시오

12월 28일

읽을 말씀 : 로마서 14:1-12

● 롬 14:8 우리가 살아도 주를 위하여 살고 죽어도 주를 위하여 죽나니 그러므로 사나 죽으나 우리가 주의 것이로라

생계가 어려워 17살 때 장사를 시작한 소년이 있었습니다. 부친이 남겨주신 적은 유산을 가지고 정육점을 시작한 소년은 가게를 여는 순간부터 '어떻게 해야 고객들이 만족할까?'라는 한 가지 생각만으로 머리 속이 가득 찼습니다.

먼저 그는 정해진 크기로만 사갈 수 있는 시스템을 바꿔 고객이 원하는 만큼 사갈 수 있게 방식을 바꿨습니다. 곧 동네에서 가장 사람이 많이 몰리는 정육점이 됐지만 거기서 멈추지 않았습니다.

손님들에게 좋은 고기를 제공하고 싶어 육질이 좋기로 유명한 시카고의 소고기를 수입해 왔습니다. 먼 거리를 오면서 고기의 신선도가 떨어지지 않게 하기 위해서 냉동 창고까지 구입했습니다. 이제는 그 지역에서 가장 잘 팔리는 정육점이 됐지만 그는 계속해서 고객을 위한 서비스를 시작했고, 스위프트라는 소년이 시작한 정육점은 지금 미국에서 가장 큰 식료품회사인 '스위프드'로 성장했습니다.

사업을 위해 고객을 만족시키는 것처럼 전도할 때도 전도 대상자들에게 친절을 베푸십시오. 주님을 찬양하고 주님의 복음을 전하는 것이 내가 창조된 이유이며 내가 아직도 살아가는 이유이기 때문입니다. 언제나 주님을 위해 사는 삶을 살아가십시오. 반드시 주님께서 좋은 것으로 채워주십니다.

♥ 주님! 상대방을 배려하는 삶을 살며 무엇을 하든지 주님을 위해 하게 하소서.
📖 하루에 한 가지씩이라도 주님이 기뻐하실만한 일을 시작합시다.

12월 29일 — 어둠을 피하라

읽을 말씀 : 마태복음 13:10-30

● 마 13:22 가시떨기에 뿌려졌다는 것은 말씀을 들으나 세상의 염려와 재물의 유혹에 말씀이 막혀 결실하지 못하는 자요

성인 100명을 무작위로 뽑아 두 그룹으로 나눴습니다. 그리고 무감독으로 간단한 시험을 보게 했는데, 한 그룹은 정직하게 시험을 봤으나 다른 그룹은 대부분 부정행위를 했습니다. 다시 다른 성인 100명을 무작위로 뽑아 같은 실험을 했는데 결과는 마찬가지였습니다. 몇 번을 반복해도 꼭 다른 한 그룹이 부정행위를 많이 저질렀고, 다른 한 그룹은 정직하게 시험을 치렀습니다.

이 두 그룹은 딱 한 가지만 빼고 다른 모든 조건은 동일했습니다. 바로 부정행위를 많이 저지른 그룹은 어두운 색이 들어간 안경을 끼고 시험실로 들어갔습니다.

단순히 어두운 안경을 끼고 시험을 본 것뿐이지만 어두운 곳에서는 죄에 더 가까워지는 인간의 습성과 실제로 그렇게 살아온 사람들 때문에 자기도 모르게 부정행위를 저지른 것입니다. 반면에 시험장의 조명을 더 밝게 한 그룹에서는 부정행위를 저지르는 사람이 거의 없었습니다.

같은 사람이어도 빛과 어둠 중 어디에 속해 있느냐에 따라서 죄에 대한 태도가 달라집니다. 지금 내가 죄 가운데 있다면 어쩌면 세상과 가까워 있는지도 너무 모릅니다. 세상의 어둠에 물들지 않기 위해서 빛 되신 주님과 더 가까이 하십시오. 반드시 주님께서 좋은 것으로 채워주십니다.

♥ 주님! 매일의 삶이 주님 안에서 빛 가운데 사는 삶이 되게 하소서.
📖 밝던지 어둡던지 상관없이 주님 안에서 바르게 삽시다.

한 마디의 비결

읽을 말씀 : 야고보서 3:1-12

12월 30일

● 약 3:5 이와 같이 혀도 작은 지체로되 큰 것을 자랑 하도다 보라 어떻게 작은 불이 어떻게 많은 나무를 태우는가

한 대기업의 임원이 점심시간에 커피를 한 잔 사러 거리로 나왔습니다. 커피를 즐기는 사람들이 많아지면서 회사 근처에는 정말 많은 카페들이 있었습니다. 그런데 한눈에 보기에도 사람들이 북적거리는 곳이 있었습니다.

'왜 저기만 저렇게 사람들이 붐비지?'라는 생각에 임원은 비결이 궁금해 줄까지 서가며 그 카페에서 커피를 시켰습니다. 그리고 종업원의 첫 마디를 듣자마자 비결이 뭔지 알게 되었습니다. 주문한 커피를 받으러 가자 종업원이 환한 미소와 함께 말했습니다.

"오래 기다리셨습니다. 천천히 맛있게 드세요."

점심시간의 회사 근처 카페는 회전률이 중요합니다. 그래서 테이크아웃을 해가면 가격을 깎아주기까지 합니다. 하지만 아랑곳하지 않고 편하게 쉬면서 커피를 드시고 가시라는 인사말 한마디가 비슷한 장소와 비슷한 커피라 하더라도 더 장사가 잘되는 비결이 있습니다.

편안함을 느낄 수 있게 하는 말 한 마디가 직장에서도, 교회에서도, 가정에서도 중요합니다. 처음 온 사람이라 하더라도, 행색이 초라한 사람이더라도 마음껏 안에 들어와 함께 교제할 수 있는 분위기를 만들 수 있도록 우리부터, 말부터 먼저 시작하십시오. 반드시 주님께서 좋은 것으로 채워주십니다.

♡ 주님! 제게 지혜를 주셔서 하는 말 한마디도 상대방에게 위로가 되게 하소서.
📖 쉽게 할 수 있는 말 한마디도 먼저 3초간 생각하고 합시다.

12월 31일 — 중심을 보시는 분

읽을 말씀 : 여호수아 1:1-9

● 수 1:5 네 평생에 너를 능히 대적할 자가 없으리니 내가 모세와 함께 있었던 것 같이 너와 함께 있을 것임이니라 내가 너를 떠나지 아니하며 버리지 아니하리니

'내일 중요한 약속에 늦지 않을 것'을 목표로 세운 두 남자가 있었습니다. 그런데 둘 다 모두 버스를 놓쳐 약속에 늦고 말았습니다.

한 남자는 그날 밤에 목표를 체크하며 적었습니다.

'중요한 약속에 늦다니 왜 더 신중하지 못했을까? 오늘의 목표는 완전히 실패했다.'

다른 남자는 이렇게 적었습니다.

'비록 약속은 늦었지만 어쩔 수 없었어. 배차 간격까지 예상해서 여유 있게 나왔지만 버스가 생각보다 너무 늦게 왔어. 하지만 다음에는 중요한 약속은 더욱 신경써서 준비하자.'

둘 다 똑같은 목표를 적었고, 똑같이 실패를 했습니다. 그러나 심리학자들에 따르면 뒤와 같이 생각하는 사람이 실패에도 발전을 하며, 스트레스도 원활하게 이겨낼 수 있는 사람이라고 합니다. 따라서 결과보다 중요한 것은 과정을 위해 어떤 노력을 했느냐에 집중하는 것입니다.

비록 금년에 원하던 목표와 비전을 다 이루지 못했더라도 최선을 다했다면 중심을 보시는 주님은 우리를 위로하시고 다시 새해를 살아갈 새 힘을 주십니다.

한해를 지켜주신 주님께 감사하며, 늘 우리와 동행하시는 능력의 주님 안에서 새해를 힘차게 준비합시다. 반드시 주님께서 좋은 것으로 채워주십니다.

💗 주님! 올해도 주님의 인도하심 가운데 잘 마치게 해주심을 감사하게 하소서.
📖 새로운 한 해를 여호수아 1장 5절 말씀을 암송하며 시작합시다.

암담한 어려움 중에 있는 분들에게
용기와 소망과 위로를 주는
김장환 목사의 기적 인생 이야기

김장환 목사(극동방송이사장)와 결혼해
60여 년 동안 한국인으로 사는
트루디 사모의 **무지개 인생 이야기!**

맞춤형
무릎 기도문 시리즈

30일 작정 기도서

기도가 답입니다! - 가정에 비상약이 있듯이 / 비상 기도서도 함께!

가정 ❶ 30일용
자녀를 위한
무릎 기도문

가정 ❷ 30일용
가족을 위한
무릎 기도문

가정 ❸ 30일용
남편을 위한
무릎 기도문

가정 ❹ 30일용
아내를 위한
무릎 기도문

가정 ❺ 30일용
태아를 위한
무릎 기도문

가정 ❻ 30일용
아가를 위한
무릎 기도문

교회 ❶ 30일용
태신자를 위한
무릎 기도문

교회 ❷ 30일용
새신자
무릎 기도문

교회 ❸ 30일용
교회학교 교사
무릎 기도문

기도 ❷ 수시로
선포(명령)
기도문

가정 ❼ 30일용
재난 재해 안전
무릎 기도문 (부모편)
"주님, 우리 자녀들이 재난 재해를 당하지 않게 하옵소서!"

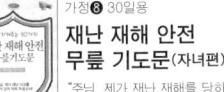
가정 ❽ 30일용
재난 재해 안전
무릎 기도문 (자녀편)
"주님, 제가 재난 재해를 당하지 않게 하옵소서!"

망망한 바다 한가운데서 배 한 척이 침몰하게 되었습니다.
모두들 구명보트에 옮겨 탔지만 한 사람이 보이지 않았습니다.
절박한 표정으로 안절부절 못하던 성난 무리 앞에 급히 달려 나온 그 선원이
꼭 쥐고 있던 손바닥을 펴 보이며 말했습니다.
"모두들 나침반을 잊고 나왔기에 … "
분명, 나침반이 없었다면 그들은 끝없이 바다 위를 표류할 수밖에 없을 것입니다.

삶의 바다를 항해하는 모든 이들을 위하여
우리는 그 나침반의 역할을 하고 싶습니다.
우리를 구원하신 위대한 주 예수 그리스도를 널리 전하고 싶습니다.

"하나님은 모든 사람이 구원을 받으며
진리를 아는 데에 이르기를 원하시느니라"
(디모데전서 2장 4절)

좋은 것으로 채워주리라
김장환 목사와 함께 / 경건생활 365일

발행처 | 나침반출판사
발행인 | 김용호

발행일 | 2017년

등 록 | 1980년 3월 18일 / 제 2-32호
주 소 | 157-861 서울 강서구 염창동 240-21
         블루나인 비즈니스센터 B동 1607호
전 화 | 본 사(02)2279-6321
         영업부(031)932-3205
팩 스 | 본 사(02)2275-6003
         영업부(031)932-3207

홈페이지 | www.nabook.net
이 메 일 | nabook@korea.com
           nabook@nabook.net

ISBN   978-89-318-1528-3
책번호 마-1052

값은 뒷표지에 있습니다.